高等院校网络教育系列教材

国际公法

任　虎　主编

華東理工大學出版社
EAST CHINA UNIVERSITY OF SCIENCE AND TECHNOLOGY PRESS
·上海·

图书在版编目(CIP)数据

国际公法 / 任虎主编.—上海：华东理工大学出版社，2021.8

ISBN 978 - 7 - 5628 - 6522 - 3

Ⅰ. ①国… Ⅱ. ①任… Ⅲ. ①国际公法 Ⅳ. ①D99

中国版本图书馆 CIP 数据核字(2021)第 167143 号

项目统筹 / 左金萍
责任编辑 / 左金萍
装帧设计 / 戚亮轩
出版发行 / 华东理工大学出版社有限公司
地址：上海市梅陇路 130 号，200237
电话：021 - 64250306
网址：www.ecustpress.cn
邮箱：zongbianban@ecustpress.cn
印　　刷 / 江苏凤凰数码印务有限公司
开　　本 / 787 mm × 1092 mm　1/16
印　　张 / 18.75
字　　数 / 385 千字
版　　次 / 2021 年 8 月第 1 版
印　　次 / 2021 年 8 月第 1 次
定　　价 / 68.00 元

前　　言

2019 年年底一场突如其来的新冠肺炎疫情是对全世界范围内远程教育课程速度和质量的一次大考验。近年来，通信技术的飞速发展和线上会议平台的大力建设，极大地推动了慕课课程等大批互联网教学内容的丰富和改善，从而加快了远程教育供给侧技术体系、教育内容的完善。然而，远程教育需求侧的教材建设却仍停留在起步阶段，无法真正体现远程教育教学的特征和学生的学习需求。

本教材基于远程教育的交互性和自主性相结合的特征，注重吸引学生主动学习、利用零散时间学习，帮助学生有效消化远程视频课程理论知识，吸引学生们自主完成课后习题，最终达到熟练运用所学理论知识、准确分析当今国际社会主要法律争端的水平。

本教材在每章内容安排方面采取案例引入、辨析关键问题、阐明知识结构、引经据典分析问题并做出结论、点明学术前沿或学术争论的“五步骤”结构体系，在形式上突破了现有普通高等教育教材的陈述句形式，灵活采用图片、符号、典型案例、边框注解、二维码等手段，以符合交互性和自主性相结合的远程教育的教学特点。

此外，在内容体系方面，本教材遵循了一般法学的体系划分，在“总论”和“分论”的两分法基础上，将“分论”再划分为“实体法”和“程序法”，共由十六章构成。总论部分包括了国际法学的基本理论以及国际法所要调整的主体和客体等六个章节。其中，第一章“国际法导论”主要包括国际法的发展、国际法的主体和效力根据、国际法的渊源和编纂、国际法与国内法的关系以及国际法的基本原则等内容。条约虽然是外交关系建立的基础，但是条约法的很多内容是研究其他国际法的基础，因此，本教材将“国际条约法”纳入第二章。接着，本教材从国际法的主体角度，依次编写了第三章“国际法上的国家”、第四章“国际组织法”和第五章“国际法上的居民”。虽然针对“个人”是否能成为国际法的主体存在争议，但随着国际人权法、国际环境法和国际刑法的发展，个人在国际社会中的法律地位将不断得到提升，故本教材将其纳入总论部分。作为国际法所调整的客体，“国际法上的领土”被纳入第六章。国际法分论再分为实体法和程序法两个部分。按照国际法发展的顺序，实体法包括第七章“国际海洋法”、第八章“国际航空法”、第九章“外层空间法”、第十章“外交与领事关系法”、第十一章“国际人权法”、第十二章“世界贸易组织法”和第十三章“国际环境法”。最后，按照国际争端的解决以及国家责任的划分，程序法包括第十四章“武装冲突法”、第十五章“国际争端的和平解决制度”和第十六章“国际责任法”。之所以将“国际责任法”作为最后一章，是因为“国际责任法”这一章中有很多内容涉及实体法，如“国际法不加禁止行为的国家责任”直接关系到“国际环境法”的实体法律。并且，从国内法律体系构成来分析，责任的区分往往是在通过“争端解决程序”划分双方过错之后才适用的部分，是建立在初级规范之上的次级规范，故须先确立初级规范的其他各实体法规范。此外，从国际法教学角度来看，将“国际责任法”作为对国际法整体内容的总结纳入国际法教材体系的责任部分，能够在阐述“国家责任”基本理论的同时，结合其他国际法的内容逐一分析其国家责任，以便对系统地讲授和帮助学生掌握国际法体系起到更为有效和积极的作用。

本教材的编写参考了大量国内已出版的专著和教材，这些均详细记载于参考文献中。同时，感谢华东理工大学网络教育学院和华东理工大学出版社的大力支持和协助。

由于本教材的编写系针对远程教育需求侧的要求而进行的探索性尝试，故难免有疏漏之处，恳请读者不吝赐教，批评指正。

任　虎

2020 年 10 月 10 日于上海

目　　录

第一章　国际法导论

案 例 导 入

【案情】 1926年8月2日，法国轮船"荷花号"与土耳其轮船"波兹-库特号"在爱琴海公海处相撞，造成"波兹-库特号"8名人员死亡。翌日，"荷花号"在土耳其伊斯坦布尔上岸后，土耳其当局随即对法国籍船员戴蒙展开调查，并于9月15日判处其短期监禁与罚款。法国政府抗议土耳其法院无管辖权。两国相持不让，于1926年10月12日经合意将争端提交常设国际法院(Permanent Court of International Justice，PCIJ)解决。

法国主张，根据1923年7月24日的《居住、商务和管辖相关公约》第15条"关于管辖权之有无，签约国需依国际法处理"，土耳其政府应提供有利于土耳其法院行使管辖权的国际法依据。土耳其政府则主张，只要土耳其法院的管辖权不与国际法原则发生冲突，公约第15条规定就允许土耳其行使管辖权。

常设国际法院认为，根据公约，问题不在于陈述是否允许土耳其采取刑事诉讼原则，而在于确定这种诉讼可能违反的原则。这种陈述方式则由国际法的性质和现有条件决定。

【问题】 国际法的性质是什么？

第一节　国际法的概念、特征和发展

一、国际法的名称

1. 英文名称的由来

目前，国际法的通用英文表达方式是"International Law"或"Law of Nations"，这一说法可以追溯至古罗马时期。古罗马时期有市民法(Jus Civile)和万民法(Jus Gentium)

之分，市民法适用于罗马市民之间的关系；万民法则适用于罗马市民和外国人之间以及外国人与外国人之间的关系，具有现今涉外私法的性质。

近代国际法之父、荷兰国际法学家胡果·格劳秀斯（Hugo Grotius）依然认同市民法和万民法的区别。而他所称的万民法是指其拘束效力来自所有国家或许多国家的意志的法律。因此，格劳秀斯所指的万民法是国际法，后来被西方翻译成万国法（Law of Nations）。

1789 年，英国哲学家、法学家杰里米·边沁（Jeremy Bentham）在其首次出版的《道德与立法原理概论》（*An Introduction to the Principles of Moral and Legislation*）一书中第一次使用“International Law”的名称，之后国际法学界普遍使用“International Law”来指称调整国家之间相互关系的法律。

2. 中文名称的由来

1864 年，美国传教士丁韪良（Willian Martin）将亨利·惠顿（Henry Wheaton）的《国际法原理》（*Elements of International Law*）翻译成《万国公法》。丁韪良的这本《万国公法》传播到日本后，在日本被重新翻译。到了清朝末年，日本使用的“国际法”表述传播到中国，并成为普遍使用的中文名称。

【思考题】 美国传教士为什么把《国际法原理》翻译并引入中国？

二、国际法的概念和特征

国际法是指调整国际法主体之间，主要是国家之间关系的，有法律拘束力的规则的总体。

国际法具有如下四点特征。(1) 国际法主体主要是国家。此外，还有政府间国际组织，特别是世界性的国际组织，如联合国。(2) 国际法调整的对象是国际关系，主要是主权国家之间的关系。(3) 国际法是由两个以上国家或许多国家通过协议共同制定的。国际社会没有专门的立法机关，如第三次联合国海洋法会议制定了《联合国海洋法公约》。(4) 国际法的实施主要依靠国家本身的行动。在强制实施方面，国际法与国内法不同。在国内，法院、警察、军队和监狱等可以保证国内法的实施，而国际法则没有居于国家之上的强制机构，尽管有国际法院（International Court of Justice, ICJ）、国际海洋法法庭（International Tribunal for the Law of the Sea, ITLOS）、国际刑事法院（International Criminal Court, ICC）等国际司法机构，但这些都不具有强制管辖权。

【思考题】 个人能否成为国际法主体？主权国家之间都有什么关系？国际法的特征是什么？

三、国际法的发展

现代意义上的国际法始于 16 世纪，始于现代意义上的国家形成之际。因为根据将国际法看作主权国家之间法的旧国际法理论，国际法的形成当然地以现代国家的成立为前提。但是，从国际法是国际社会的法以及国际共同体的法这种立场上来看，哪怕是国际社会松散地存在，也可以从中探索出国际法的历史起源。

国际法发展历史年代表(英文)

http://www.tiki-toki.com/timeline/entry/459289/The-History-of-International-Law/

1. 古代国际法(476 年罗马帝国灭亡之前)

(1) 古埃及：公元前 1292 年，埃及法老拉美西斯二世为了与叙利亚发动战争，和赫梯帝国国王哈杜西勒三世签订了《埃及赫梯和约》，该和约不仅规定了同盟关系，而且还规定了政治犯引渡问题。

(2) 古希腊：古希腊许多城邦之间的往来关系对国际法的形成做出了很大贡献。城邦之间经常互派使节、从事贸易、订立条约，而且建立联盟，实行仲裁以解决纠纷。还制定了战争规则，例如，战争中对很多庙宇等宗教设施予以中立化，规定奥林匹克等全希腊体育竞赛期间休战。

(3) 古罗马：古罗马在战争和使节方面，不仅制定了更多的原则、规则和制度，而且使它们法律化。古罗马的万民法被认为是国际法的前身。

(4) 中国春秋时期：中国历史上的春秋时期，列国并存，为国际法规则的萌芽和国际法实践提供了土壤，但后来秦汉统一中国，就没有了国际法产生和发展的基础。春秋时期，各诸侯国之间外交活动频繁，形成了一定做法和规则。例如，外交使节享有不可侵犯权；外交使节代表君主，不得侮辱、不得伤害。各国之间的战争也促使了和平同盟条约的发展，例如，公元前 579 年，晋国和楚国在弥兵会盟上订立盟誓，若有一方遭受第三国攻击，就帮助其与第三国作战，相当于签署了和平同盟条约。

2. 中世纪国际法(476 年—15 世纪)

中世纪时期，由于国王们在国内没有最高权力，对外则需要向教皇和罗马皇帝表示忠诚，因此中世纪并不存在适合国际法正常发展的条件，国际法的形成与发展受阻，其在中世纪是不发达的。虽然没有形成近代意义上的国际法，但这一时期也直接和间接地影响了国际法内容的形成，主要体现在以下四点。(1) 区别了战争法和平时法，按照基督教法重新定义正义的战争和非正义的战争等。(2) 条约和仲裁制度继续得以发展。(3) 外交使节制度得以发展。(4) 随着海上航行的发展,海洋制度也相继出现。

3. 近代国际法(15 世纪—第一次世界大战之前)

随着地理大发现时代的到来,资本主义生产方式在西欧产生和迅速发展,西方国家不断的海外殖民扩张以及世界市场的形成,使得世界各地之间的隔绝状态被打破,逐步形成相互依存又相互矛盾的一体,这为近代国际法的诞生和发展奠定了社会基础。具体体现在以下五点。

(1) 近代国家的出现。近代意义上的国家,是指在特定的领土上排除来自外部的支配,形成排他的支配权,即巩固独立,加强内部中央集权,充分行使国家统治职能的主体。

(2) 主权国家理论。根据让・博丹(Jean Bodin)的主权国家理论,主权是国家绝对的和永恒的权利;主权是至高无上的权力,不受法的限制;主权是不能转让的,也是不能分割的。

(3)《威斯特伐利亚和约》。1618—1648 年,欧洲爆发大规模战争,从根本上改变了欧洲的政治版图。战争中,罗马皇帝和教皇惨败,包括瑞典和法国等在内的同盟国获胜。该和约承认了罗马帝国统治下的许多邦国为独立主权国家(包括瑞士和荷兰),确立了主权平等、领土主权等原则,是第一次承认近代意义上的国家的国际文献,被称为欧洲宪章的和约。这标志着国际法发展的新阶段,近代国际法开始形成。

《威斯特伐利亚和约》

(4) 国际法之父:格劳秀斯。格劳秀斯在 1625 年出版的《战争与和平法》中系统地论述了国际法的主要内容,概括了国际法的全部范围,使国际法成为一门独立的学科。格劳秀斯的国际法以以下三个理论为基础:誓约应遵守;不得侵犯他人财产,不当利益应予以返还;因过错造成他人损失,应予以赔偿。格劳秀斯的《战争与和平法》还将战争分为正义战争和非正义战争。格劳秀斯的另外一本著作是《捕获法》,他在此书中主张海洋的自由。他认为,海洋是流动的,人在海洋中不能定居,所以海洋不能成为人所有的对象;陆地上的经济得失与人的积极劳动息息相关,但是海洋的经济收益与人的劳动无关,而是基于鱼类的自然繁殖,因此海洋不能成为人所有的对象,也无需设定主权;国际贸易是基于自然法则而认定的原理,海洋交通是必需的工具,因此海洋的自由是来自自然法则的原则。

国际法趣谈

国际法之父：胡果·格劳秀斯

荷兰国际法学家胡果·格劳秀斯(1583—1645)是近代国际法学的奠基人，15岁时获得博士学位，并同年随荷兰首相出使法国，16岁获得荷兰律师资格，21岁成为奥兰治亲王的法律顾问。1609年，在其26岁时发表一本著名的国际法著作《海洋自由论》，主张海洋是属于所有人的共有物，所有人都享有海上的航行自由，葡萄牙无权以发现、教皇赠予、战争或先占的名义取得对东印度群岛的主权。这一理论为当时新兴的海权国家如荷兰、英国提供了相关的法律原则基础。格劳秀斯在国家领域中所提出的一系列原则对后来国际法理论的发展产生了深刻影响，故而被称为“国际法之父”或“国际法奠基人”。但是，真正的“国际法之父”应为意大利法学家和哲学家阿尔柏利克斯·贞提利斯(Albericus Gentilis, 1552—1608)，他的著作《战争法论》被后人认为为格劳秀斯的《海洋自由论》做了一个示范。

(5) 法国大革命。1789年的法国大革命开启了国际法发展的新阶段，形成了一系列近代国际法的主要原则。例如，国家的基本权利和义务概念；国家主权原则，包括国家对领土的主权和国家对公民的管辖权；不干涉海洋自由原则；条约神圣不可侵犯原则等。

此外，国际社会的变化也促进了国际法的发展。由于国际关系的内容不断增多，国家之间开始签订一系列国际公约，如《保护工业产权巴黎公约》(1883年)、《保护文学和艺术作品伯尔尼公约》(1886年)以及《和平解决国际争端公约》(1899年)、《陆战法规和惯例公约》(1907年)等一系列海牙体系公约，而且建立了许多国际行政联合，成为后来建立世界性国际政治组织的重要基础。中立制度也获得了重大发展，例如，中立国不得提供任何直接或间接援助，但不排除支援人员和贸易。1815年瑞士宣布永久中立，《巴黎条约》确立了其中立性。

【思考题】 2002年瑞士加入了联合国，由此引发其中立地位已丧失的争论。瑞士是否仍然为中立国？中立国应满足什么条件？

4. 现代国际法(第一次世界大战之后)

第一次世界大战破坏了国际法，使国际法遭到了重创，但是国际法并没有消亡。战后的国际关系仍然需要国际法的原则、规则和制度来维系，而且经历了战争的考验，国际法规则有了新的变化。(1) 1917 年,俄国十月革命对国际法的变化起了重要的作用。列宁领导的苏维埃政府提出不兼并和不赔款的民主概念,宣布侵略战争为反人类罪行,提出废除秘密外交和废除不平等条约的主张,强调民主自决原则,为国际法的变化注入了新的理念。(2) 第一次世界大战之后,"国际联盟"(League of Nations)于 1919 年成立,"常设国际法院"于 1922 年成立。国际联盟虽然开始就缺乏普遍性,但是它毕竟是有史以来第一个世界性国际政治组织,虽然有许多失败的教训,但是仍然树立了一些重要的国际法的基本原则,并进行了有计划的国际法的编纂。(3) 1928 年 8 月 28 日,美国国务卿凯洛格和法国外交部部长白里安发起签订的《关于废弃战争作为国家政策工具的一般条约》,即《巴黎非战条约》或《白里安-凯洛格条约》,第一次以普遍性国际条约的形式,正式宣布全面废弃以战争作为施行国家政策的工具。对于缔约各方之间可能发生的一切争端或冲突,不论其性质或起因如何,只能用和平方法加以处理或解决。(4) 第二次世界大战结束之后,1945 年联合国的建立和《联合国宪章》的通过意味着以欧洲为中心的传统国际法逐渐转变为现代的、以普遍性为特色的国际法。为了有序地组织国际法的编纂,1947 年 11 月 21 日,作为联合国下设机构的联合国国际法委员会(International Law Commission, ILC)成立。国际社会的变化不仅推动了传统领域的国际法,如海洋法和战争法等得到了质的变化,而且促进了国际法新的分支和部门的涌现,如国际经济法、外层空间法、国际人权法、国际环境法以及欧盟法等,国际法进入了前所未有的发展阶段。

第二节　国际法的主体和效力根据

一、国际法主体

1. 国际法主体的概念

国际法主体是指有能力享有国际法上的权利和承担国际法上的义务,有能力进行国际关系活动的实体。也就是说,国际法主体应具有国际法上处理国际关系的权利能力和行为能力,而且必须是直接的、自主的或独立的。进而,除了权利能力和行为能力的标准之外,确定"国际法上的国际关系"的标准或依据也会影响国际法主体资格的判断,并且这种判断会随着国际关系的发展变化而发生改变。

2. 现代国际法主体的类型

(1) 国家。国家是国际法的基本主体,也是传统国际法上认可的唯一主体。国家作为国际法主体,应具备固定的居民、确定的领土、政府和主权。

(2) 民族解放运动组织。民族解放运动组织一般是指已实际上控制一定的地域或根据地,有一定政治组织和机构作为其在国际上的代表,正在为摆脱殖民统治而斗争着的民族解放运动的组织。其之所以被认为是国际法的主体，是由于国际法赋予了其民族自决权，因此本质上它们是正在形成中的国家。民族解放运动组织的法律地位可概括为以下三点：有一定的国际交往能力；不同程度地参加国际组织；有权采取包括武装斗争在内的不同方式来争取和维护独立。

(3) 国际组织。第二次世界大战之后，联合国及其他一些国际组织在国际关系中的作用越来越重要，使国际组织在国际法上的主体地位获得广泛承认。国际组织的国际法主体地位一般在其组织约章中予以规定。例如，《联合国宪章》第 104 条规定："本组织于每一会员国之领土内，应享受于执行其职务及达成其宗旨所必需之法律行为能力。"第 105 条规定："本组织于每一会员国之领土内，应享受于达成其宗旨所必需之特权及豁免。"

(4) 个人。个人是不是国际法主体的问题，在国际法学中存在两种对立的观点。一种观点认为，个人是国际法主体，另一种观点则否定。前者主张，个人在战争罪、海盗罪等方面直接承担国际法上的责任，而且有些国际人权条约直接适用于个人，故应赋予个人国际法的主体地位。后者则主张，个人在国际关系中所表现出来的权利能力和行为能力与国家和国际组织在国际关系中的表现相比只是少数例外情况，最多只能说个人有某种国际法律地位，但这并不等于认为个人就是国际法的主体。

【思考题】 应如何分析个人的国际法主体地位问题？

二、国际法的效力根据

国际法的效力根据指的是国际法何以对国家及其他国际主体有拘束力的问题，即国际法为什么具有法律效力的问题。

1. 格劳秀斯学派

格劳秀斯学派认为，国际法的效力根据是自然人和国家意志的合一。国际法对国家有拘束力，一部分是依据自然法和理性，另一部分是依据各国的同意。

2. 自然法学派

自然法学派认为，国际法是自然法的一部分。国际法之所以有效力，是因为国际法以自然法为依据。自然法是指人类的良知、理性和法律意识等。

3. 实在法学派

实在法学派认为，国际法的效力根据不是抽象的"人类理性""人类良知"，而是现实的"国家意志"。国家意志表现为习惯和条约。其主张"公认"是国际法的唯一基础，即某个原则在列为国际法规范之前，必须先证明它确实为各国公认。

4. 社会连带法学派

社会连带法学派认为，国际法的效力根据是社会连带关系的事实，并由统治阶级把这种连带关系的事实制成条约或法律的形式。因此，“各民族的法律良知”成了国际法的唯一根据。

5. 规范法学派

规范法学派认为，一切法律规则的效力都出自上一级的法律，全部法律可归纳为一个体系，国际法为最上级。每一级规则的效力来源于上一级规则，最后溯源至国际法及“最高规范”，这个最高规范是唯一的法律依据。

6. 权力政治学派

权力政治学派认为，“势力均衡”是国际法存在的基础，是国际法的效力根据。

7. 政策定向学派

政策定向学派认为，国际法的效力根据取决于国家的对外政策。

8. 我国国际法学者的主张

我国国际法学界在国际法的效力根据问题上比较通行的提法：国际法的效力根据是各国统治阶级的意志，但是这种意志不可能是各国的共同意志，而是体现在国际习惯和条约中的“各国的协调意志”。

案例导入答案

【答案】 各国的共同意志赋予国际法以法律的权威，这取决于国家的同意。常设国际法院在“荷花号案”中指出：“国际法支配着独立国家之间的关系。对各国具有约束力的法律规则产生于它们自己的自由意志，这些自由意志表现在公约或惯例中，这些公约或惯例通常被认为是表达法律原则的方式，其设立是为了规范这些共存的独立共同体之间的关系，或者是为了实现共同的目标。因此，不能假定对国家独立的限制。”

【追加问题】 常设国际法院对“荷花号案”的判决属于或更接近于上述哪个学派的观点？

第三节　国际法的渊源和编纂

一、国际法渊源的含义

在法律规则适用于社会生活之前，首先需要知道相关法律规则的产生、形成过程和程序，了解其存在形式和方式，这种探究法律现实存在的问题则为法律渊源或法源问题。法律渊源一般分为实质渊源(Material Legal Source)和形式渊源(Formal Legal Source)。前者是指对形成某种法律内容做出贡献的所有社会现象及价值因素，包括社会的习惯、道德、传统、历史和必要性等，一般由法哲学领域来进行研究；后者则指法律现在存在的形式或形成程序，通常情况下法律渊源是指形式渊源。

国际法趣谈

国际法渊源的区分历史

国际法的法律渊源在国际法诞生之初就已存在，但实质性提出国际法渊源问题，则是在对国际法渊源进行系统分类之后。国际法渊源的分类开始于1907年第二次海牙和平会议。海牙和平会议创设了国际捕获法院(International Prize Court，IPC)，赋予其在有关战时船舶捕获问题上对国内法院判决的上诉进行审判的职能。

创设国际捕获法院的1907年，海牙第12公约第七条将法院所要适用的法律渊源按顺序规定为处理船舶捕获问题的条约、一般国际法规则及在无此类规则时的公平正义原则。但是海牙第12公约因各国对选任法官的方法和海战习惯法内容发生意见分歧而未能生效。因此，将国际法渊源进行分类，并使之系统化之后体现在1920年12月通过的《常设国际法院规约》第38条中。1945年6月签署的《国际法院规约》(Statute of International Court of Justice)(以下简称《ICJ规约》)第38条承袭了《常设国际法院规约》的内容。《ICJ规约》第38条常被认为是对国际法渊源的权威说明。

二、国际法渊源的内容

1. 国际法渊源概述

由于国际社会的无政府性，什么被视为国际法，什么不属于国际法，并没有一个自上而下的说明，只有依靠各国的公示和实践。因为《ICJ规约》第38条规定了国际法院在处理案件时应当依据的国际法规范，所以被国际社会视为国际法渊源存在的权威说明。

《ICJ规约》第38条包括两项规定。(1)法院对于陈诉各项争端，应依国际法裁判之，裁判时应适用：① 不论普通或特别国际协约，确立诉讼当事国明白承认之规条者；② 国际习惯，作为通例之证明而经接受为法律者；③ 一般法律原则为文明各国所承认者；④ 在第59条规定下，司法判例及各国权威最高之公法学家学说，作为确定法律原则之辅助资料者。(2)前项规定不妨碍法院经当事国同意本“公允及善良”原则裁判案件之权。

第59条：法院之裁判对于当事国及本案外，无拘束力。

《ICJ 规约》第 38 条通常作为国际法渊源而被引用。但第 38 条本身不能创造其中所列举的渊源的法律有效性，因为它本身就属于这些渊源之一。第 38 条在《ICJ 规约》中作了规定，从而对国际法院是有法律拘束力的，而且一般说来是有权威性的，因为它反映了国家实践。

《ICJ 规约》第 38 条将国际法的主要渊源归结为条约、国际习惯法和一般法律原则，并确立了国际法的辅助资料。那么这三者之间存在什么关系？《ICJ 规约》第 38 条似乎表明了国际法渊源的层次，即条约居于首位，国际习惯法次之，最后是一般法律原则。但是《ICJ 规约》并没有规定三者之间的次序。因为条约往往是通过习惯才形成国际法原则、规则和制度的，所以有些学者认为国际习惯法应当在国际法渊源中居于首要的地位。从国际成文法的编纂和国际习惯法的形成中可以得知，国际法的这些渊源不是各自独立的，而是相互关联的。实践中，一般首先确认条约的存在与否，如果不存在条约时，才去确认与之相关的国际习惯法，条约和国际习惯法没有先后次序。但不管是条约还是国际习惯法，如果其为强行规范的时候，就认定其具有绝对优势地位。

2. 条约

关于条约的具体内容参见本书第二章。

3. 国际习惯法

《ICJ 规约》第 38 条规定，国际习惯法是指"国际习惯，作为通例之证明而经接受为法律者"。国际法院在 1969 年"北海大陆架案"判决中指出，国际习惯法的形成包括两个因素：一个是国家实践的一般性因素或客观因素（物质因素），即先例，是指包括最有利害关系的国家在内的广泛而有代表性的一致性、重复性国家实践；另一个是"法律确信"，是主观因素（心理因素），是指上述国家实践是基于对一项法律规则或法律义务的一般承认。

【思考题】 国际习惯区别于没有法律义务的国际礼让或作为友好表示而进行的单纯惯例。请问，此处的国际礼让或单纯惯例是指什么？

北海大陆架案

1959 年，欧洲北海的荷兰近岸地区被发现有大型天然气田，这引起了各国对北海大陆架天然气田勘探开发的重视。1963—1966 年，北海 5 个沿岸国家（英国、挪威、丹麦、荷兰、联邦德国）先后公布了本国关于大陆架的法令，并陆续进行了一系列双边划界活动，其中联邦德国和荷兰、联邦德国和挪威之间的大陆架划界出现争端，最后提交 ICJ 来解决。该案的焦点是划界是否按等距离原则来划分？等距离原则是否已经成为国际习惯？ICJ 的最后判决认为：法院不否认等距离原则是一种简便的方法，但这并不足以使某种方法变成法律规则。如果不顾现实情况，硬要把等距离原则用于某些地理环境，那就有可能导致不公平。

关于国际习惯法的形成，ICJ 指出，一项创造规则的条款，尽管其起源是协定性的，但是可以构成一项由于法律确信而最终进入一般国际法范畴的规则的基础。至于一项协定规则能够被认为已演变为一项国际法的一般规则所必需的其他要素，在包括其利益深受影响的国家的前提下，国家非常广泛的、有代表性的参与该公约可以是充分条件。关于时间因素，ICJ 指出，虽然短暂的时间并不一定会阻碍在协定性规则的基础上形成一项新的国际习惯法规则，但在该期间内，包括其利益深受影响的国家在内的国家实践应是广泛和实际统一的，这是一项必不可少的条件。

1）客观因素：先例

（1）先例的概念。先例是指习惯法形成中作为物质因素基础的行为。作为先例的行为必须是对国际法律秩序具有发生法律效果的行为，如一个国家的外交宣言、外交文书以及国际诉讼过程中政府代表的立场等。先例也包括国际组织和非国际组织的行为。

（2）先例的重复及其时间和空间因素。

① 在 1950 年“哥伦比亚和秘鲁的庇护权案”与 1960 年“印度领土通行权案”中，国际法院皆要求“持续”和“一致的”先例。即先例的重复需要连续性，重复的次数要依据具体情况个别判断；先例的重复意味着连续行为的内容要相互一致，如果先后行为并不相同，则不能认为是重复先例。

哥伦比亚和秘鲁的庇护权案

1948 年 10 月，美洲人民革命同盟组织指挥的一场叛乱未遂，该同盟领导者托雷被秘鲁政府通缉并被追诉。1949 年 1 月，托雷到哥伦比亚驻秘鲁大使馆寻求庇护。哥伦比亚大使馆宣布托雷为政治避难者，并且要求秘鲁政府给其开通行证明。两国因此发生了有关庇护权的争端，最后决定将此案交给 ICJ 来判决。

ICJ 对此案作了三项判决。① 外交庇护权不得侵犯领土主权。② 受庇护人员的犯罪判断应由两国政府共同进行。哥伦比亚主张的单方面确定庇护权，未能证明这些权利已得到这些国家长期、一致的实践的确认。在 ICJ 看来，哥伦比亚政府为证明存在这一区域习惯所提出的条约与本案问题无关。③ 本案没有达到庇护的条件之一——紧急情况，且“紧急情况”不能对抗正常的司法程序。

印度领土通行权案

1947 年，印度摆脱英国殖民统治独立之后，在印度次大陆一些地区发生若干争端。争端的发生主要与属于葡萄牙的位于西海岸的达曼、飞地达德拉和纳加尔-阿维利有关。1954 年，该地区被印度的民族主义集团占领，他们逮捕了葡萄牙政府官员，建立了印度的地方政权。当葡萄牙政府要求印度政府允许其从达曼派一定数量的官员和士兵到飞地达德拉的时候，印度政府拒绝任何葡萄牙士兵通过其领土。关于此争端，葡萄牙和印度声明接受 ICJ 的判决。

ICJ 判决：① ICJ 对此案有管辖权，并驳回印度政府声称的 ICJ 对此案无管辖权的主张；② 葡萄牙的私人、文职官员的通行除了接受一般管理外不受任何特别的限制，非武器、弹药的商业目的的通行，除了在特别时期出于安全和税收的目的，也只要遵守海关法规和服从行政管理，就可以通行。

ICJ 认为，在有关国家之间，进出飞地达德拉的惯例已形成，它们长时间和连续不断的实践，说明相互间的权利和义务关系已建立，不过这项惯例仅适用于私人、文职官员和一般货物。

② 先例重复的时间。一般来讲，国际习惯法的形成需要漫长的过程，但是对于时间的长短则没有统一的观点，并且随着国家之间的频繁交往，国际习惯法形成的时间一般也较短。例如，在 1969 年"北海大陆架案"中，ICJ 判决，"不能因时间的短暂而否认新的国际习惯规则未形成，虽然经过的时间短暂，但如果有关国家的习惯频繁且一致就能形成习惯法"。

③ 先例重复的空间。先例只在一国重复就不能形成作为国际习惯法的惯例，这并不要求在全世界所有国家重复，但至少要在部分国家实施。虽然要求众多国家参与，并不是必须要众多国家参与先例，而是要依据具体情况具体判断。例如，有关外空活动的国际法是通过美国和苏联的实践形成的，国际社会只是予以承认而已。在 1960 年"印度领土通行权案"中，葡萄牙主张区域性习惯法，印度则以两国的习惯不同为由主张不能承认区域性习惯法。对此，ICJ 认为，国家的数量并非必须超过两个。在 1969 年"北海大陆架案"中，ICJ 宣称，形成国际习惯的实践由包括特别有关国家的众多国家参与并具代表性即可。

2）主观因素：法律确信

(1) 在一定区域连续重复先例的事实，对于形成习惯法还不够充分，重复行为要出于义务，也就是说，国际法主体重复先例时要有一种拘束感，这就是法律确信。在 1950 年"哥伦比亚和秘鲁的庇护权案"中，ICJ 判决："以习惯法为依据的一方……必须证明这个习惯已经确立，因此对他方是有拘束力的……所援引的规则是符合有关各国实行的持续和一致的惯例的，而且，这个惯例是表明给予庇护的国家享有权利而当地国家负有义务的。”

(2) 法律确信的证明。一般国际习惯法须由否定其存在的一方负举证责任，区域国际习惯法则由援引该习惯法规则的一方负举证责任。在证明方法上，因法律确信并非必须客观外在的表示，故而证明它十分困难。在现在的国家行为中，法律因素和政治因素复杂地纠缠在一起，所以证明“先例的重复处于法律确信”是很微妙的问题。因此，ICJ 通常判定客观因素的存在之后，就推定主观因素也存在。在 1960 年“印度领土通行权案”中，ICJ 就采取了这样的方式。

国际法学术观点

法律确信的判断：默认的后果

如果针对某一国家的行为，其他国家不提出异议、请求，而予以默认时，可推定该行为为合法。默认就是同意国际习惯法，抗议的缺乏即承认。例如，某一国家提出其行为是具有法律效力的合法行为，其他国家的默认就是指同意，缺乏抗议是指承认，如果要制止这样的先例形成，就要提出抗议。在 1951 年“英国和挪威渔业案”中，“如果各国默认一个国家做出违反既存国际习惯法的行为时，则该国不受既存规则的约束”。

(3) 习惯法的适用。在国际法律秩序中，国际习惯与条约规范的冲突问题十分复杂。在国际法中，习惯法和条约法的法律效力是相同的。在采取成文法国家的国内法律秩序中，习惯法只不过具有补充的效力，而在国际法律秩序中，习惯法非常重要，与条约法在等级顺序上不存在任何差异。

在条约法与习惯法发生冲突时，一般遵循以下规则。首先，习惯法为强行规范时，承认其绝对优先性，从而不论一般法或特别法按时间先后确定优先适用。与该强行规范冲突的其他所有规范均为无效。其次，在普通习惯法和其他条约法发生冲突时，因为没有等级标准，所以不是一方使另一方无效的问题，而是两个规范中适用哪一个的问题。在决定两个规范的优先适用时没有一般的标准，具体情况具体分析。只是习惯法和条约法的冲突，大致上与当事者不同的条约间的冲突及优先顺序类似，所以可以类推适用，即类推适用《维也纳条约法公约》第 41 条第 1 款的规定。在特别法和一般习惯法对立的情况下，如果两个规范的当事者相同，则优先适用后面的规范；如果当事者不相同，则适用当事者共同的条约；如果两种规范无法区分时，则优先适用一般习惯法。但这些只是一般的标准，实际案例中也应该考虑具体情况的特殊性。

4. 一般法律原则

《ICJ 规约》第 38 条第 1 款(c)项规定，一般法律原则是指“为文明各国所承认的”、各国国内法特别是私法中所共有的原则。从 ICJ 的实践来看，被援引的一般法律原则主要有“已判事项不重开(Resjudicata)”“诚信原则(Bona Fide)”“信守约定(Pacta Sunt Servanda)”“禁止食言(Estopel)”“禁止滥用权力(Jusabutendi)”“行使自己权利不得损害他人(Qui Jure Sure Utitur, Neminin Facit Injuriam)”,以及“不法行为不产生权利(Exinjuria Jus Non Oritur)”。

【思考题】 《ICJ 规约》第 38 条第 1 款(c)项规定的“文明各国”是指什么?世界上是否存在“不文明国家”?你对本条规定有何看法?

国际法学界就一般法律原则的法律渊源性存在肯定说和否定说两种学说。韩国著名国际法学者柳炳华教授认为:“《ICJ 规约》第 38 条规定内容中,在首先规定‘法院对于陈诉各项争端,应当根据国际法裁判之’的任务之后,列举了国际法渊源的内容,表明对一般法律原则的法律渊源性予以肯定;同时主张,其已形成习惯法。”我国周鲠生教授则否定一般法律原则的法律渊源性,他认为:“《ICJ 规约》第 38 条列入这样一项规定,只能认为是准许法院在审判某种案件时,在从习惯或条约中都找不出适用的规范的场合,比照使用一般法律原则,作为变通解决办法;而那并不具有新创一种国际法渊源的作用。”

本书同意肯定说,即“一般法律原则是为补充国际法不足的辅助性法律渊源”。

5. 司法判例、权威国际法学者的学说

司法判例、权威国际法学者的学说不能与国际习惯法、条约法相提并论。两者并不是国际法渊源,而是一种证据或证明材料等补助资料。此外,司法判例受《ICJ 规约》第 59 条的限制,即“法院之裁判除对当事国及本案外无拘束力”。

6. 公允及善良原则

该原则的本意是建立在公平和善意的基础上,即可以不严格依照国际法进行裁判,但条件是必须经当事国同意。“公允”是指考虑具体情况下一切有关因素,最有可能做出实现正义的决定的因素和感情。公允一般用于法律的解释和补充。例如,在 1969 年“北海大陆架案”中,ICJ 声称大陆架的界限应依公允原则,按具体情况划定;在 1974 年“渔业管辖权案”中,ICJ 也要求当事国为谋求公允的解决方案,进行诚实信用的谈判。此外,公允依法律规定,即构成法律规则的一部分,如 1971 年《空间物体造成损害的国际责任公约》第 12 条规定,赔偿额的决定依照国际法和正义及公允原则。

渔业管辖权案

1958 年,冰岛宣布距其海岸 12 海里[①]范围内为其专属渔区,这一行为遭到了英国的反对。在 1961 年 3 月 11 日冰岛与英国的协议中,英国表示不再反对冰岛 12

① 1 海里=1.852 千米。

海里渔区的主张，并将其渔船从该区撤出。冰岛将继续执行本国1959年关于扩大渔业管辖权的决定，但是在扩大渔业管辖权6个月以前应通知英国。如果对这种扩大存在争议，经任何一方请求，应提交ICJ解决。1971年，冰岛政府宣布终止上述与英国关于渔业管辖权的协议，并将冰岛的专属渔业管辖权扩大到50海里。1972年9月1日，冰岛正式将渔业管辖权扩大到50海里，并规定一切外国船舶在此区域内的渔业活动均被禁止。英国认为该协议不能单方面废止，并认为冰岛所采取的措施无国际法上的根据。于是，1972年4月14日和6月15日，英国在ICJ向冰岛提起诉讼。

1974年ICJ判决认为，为了公平解决争端，双方应对有关海域渔业依赖进行评估，同时考虑其他国家的权利和保护渔业资源的需要，对冰岛的优惠捕鱼权与英国的传统捕鱼权应基于1961年双方同意的12海里外的海域，但这并不意味着英国在12～50海里的争议区域中捕鱼是对冰岛不承担义务。双方有义务不断核查海域中的渔业资源，共同审查保护和发展所需的措施，公平开发资源，并要考虑现行国际协定或谈判后可达成国际协定。

7. 国际组织的决议

一般来讲国际组织的决议不具有法律约束力，而只具有建议性质。例如，联合国的决议只在程序和预算方面约束成员方，而实体方面相关的决议，只具有建议的性质。但是，联合国大会的决议对各国的影响很大，因此，其有时候也被视为“软性法”。总的来讲，联合国的决议本身不能直接成为国际法的渊源，但是能成为形成国际法渊源的证据表现。

国际法学术观点

国际法上的“软性法”

1. 软性法的概念

因国际社会的特殊必要性或因立法技术中的限制，国际法体系中不可避免地存在“不完全的”或者“较弱”拘束力的法律规范，被称为“软性法”。

2. 产生背景

在国际环境法、国际经济法和国际人权法等新兴国际法领域中，很多国家认为这些法律规范将限制自己国家的主权，所以不愿意参与具有拘束力的国际条约或国际会议。为了能让这些国家参与进来，国际条约在制定过程中往往不具体规定权利和义务，而比较模糊地规定内容，且很多时候，以宣言的形式拟定文书。

3. 形式和法律效力

(1) 条约：虽然“软性法”在形式上是条约，但其权利和义务的规定比较抽象，或者虽然规定的义务内容很多，但也规定了很多例外，所以不具有像条约一样的法律拘束力。

(2) 决议(或宣言)：国际机构的决议原则上被认为不具有法律拘束力，但是一些重要的联合国的决议可以具有一定的法律拘束力，但在效力上远不及条约或习惯法。

(3) 法律效力：被害国家可根据“软性法”规范要求加害国家承担国际责任，但在其责任上不能要求完全责任。

4. 法律地位

“软性法”是造法阶段的重要部分，是习惯法形成过程中所必要的“法律信念”不断建构的有力证据，故被称为“凝固过程中的法”。

三、国际法的编纂

国际法的编纂狭义上一般是指把现有的国际法规则，特别是习惯法规则，加以准确表述和条文化、系统化；广义上则一般还包括修订、补充原有规则或提出新的规则，将它们编成条款草案，由一个有权确定的机构，通常是外交会议，予以认可，并通过一定程序，形成国际公约。现在国际法的编纂通常是指广义上的编纂。

联合国国际法委员会规约规定，国际法的编纂是指“在已经有广泛的各国实践、先例和学说的领域内对国际法规则进行更精确的制定和系统化”。

国际法的编纂具有如下意义。(1) 国际法的编纂可以缩短甚至直接完成习惯法形成和发展所需要的漫长的过程。例如，海洋法中的领海宽度问题，长期未能解决，各国的实践颇不一致，但在第三次联合国海洋法会议中达成了协议，1982 年通过的《联合国海洋法公约》规定，领海的宽度为从基线起不超过 12 海里。(2) 习惯法规则往往缺乏明确性和精密性，国际法的编纂可以弥补这一欠缺。例如，在外交关系法方面，关于大使的任命是否需要得到接受国同意的问题，过去各国实践并不一致，但《维也纳外交关系公约》对此作出了明确的规定。(3) 解决习惯法的证明难、适用难的问题。

联合国非常重视国际法的编纂工作，正如《联合国宪章》第 13 条规定，联合国大会的职权之一，是“提倡国际法之逐渐发展及编纂”。除了 ILC 之外，联合国大会第六委员会(法律委员会)、联合国大会决议成立的特别委员会，以及联合国专门机构都有起草国际法的职能或编纂国际法的任务。例如，1948 年《防止及惩治灭绝种族罪公约》是在联合国大会第六委员会的工作基础上完成的，1970 年《国际法原则宣言》是根据联合国大会决议而成立的特别委员会草拟的宣言，1973 年《国际防止船舶造成污染公约》则是由国际海事组织主持起草的国际公约。此外，联合国还主持召开一些外交会议，如第一、二、三次联合国海洋法会议，以及编纂和制定《联合国海洋法公约》。

但是，在国际法编纂方面负基本责任的是 ILC。ILC 是根据《联合国宪章》第 13 条于 1947 年成立的，目前共有 34 名委员。ILC 委员是由各国政府提名，经联合国大会选举产生的。我国担任过委员的有倪征聰、黄嘉华、史久镛、贺其治、薛捍勤，黄惠康是现任委员。

ILC 的工作程序一般包括：先就所要编纂的专题内容列出问题清单，提请各国政府提出意见，收回后经综合研究提出一部分或全部初步条款草案，再发给各国政府征求意见，如此反复若干次，经 ILC 三读通过，形成最终草案。最终草案经联合国大会认可，并召开外交会议讨论通过，最终形成公约。

国际法前沿探索

ILC：习惯国际法的识别草案

草案 1：

http://legal.un.org/docs/index.asp?symbol=A/CN.4/L.872&referer=http://legal.un.org/ilc/status.shtml&Lang=C

草案 2：

http://legal.un.org/docs/index.asp?symbol=A/CN.4/L.908&referer=http://legal.un.org/ilc/status.shtml&Lang=C

第四节　国际法与国内法的关系

一、国际法与国内法的体系关系

国际法与国内法的体系是属于两个体系，还是属于一个体系，其结果将决定国际法的效力和法律地位。

1. 二元论学说

二元论学说认为，国际法和国内法在主体、法律渊源和调整对象等方面，是两个互不相同、各自独立、平行运作的法律体系。这一学说的代表学者为特里佩尔（Triepel）、安齐洛蒂（Anzilotti）、奥本海（Oppenheim）等。

二元论学说的主要论据有三点。第一，两者各有不同主体和调整对象。国内法调整国家统治下的个人之间的和国家与个人之间的关系，而国际法则调整国际法主体之间、国际社会成员方之间的关系，故而两者所调整或规范的关系也不一样。第二，两者的法律渊源不同。国际法主要是国际社会内形成的习惯和国际社会成员缔结的条约，而国内法主要是一个国家境内形成的习惯和立法机关制定的法律。第三，两者的法律实质不同。国际法是各主权国家之间的法律，不是凌驾于各主权国家之上的权力对国家的法律，而国内法主要是主权国家对受其统治的个人的法律。

因此，二元论学说的结论包括：第一，国际法无论是总体还是部分，它自己本身不能成为国内法的一部分；第二，国际法没有权力变更或创立国内法的规则，只有根据国内法中形成的程序或规则才能在国内具有效力。

2. 一元论学说

一元论学说将国际法和国内法看作上下级关系的法律，或者主张国际法优先于国内法，或者主张国内法优先于国际法。这一学说的代表学者为凯尔森(Kelsen)。

一元论学说的主要论据有三点。第一，从主体来看，国际法和国内法所规定的归根结底都是个人的行为。唯一不同之处在于，这种行为在国际法上被归属于国家。第二，从法律本质来看，不论是国际法还是国内法，皆是不顾法律主体的意志而具有拘束力的命令。第三，从法律概念的表现来看，两者是一个法律概念的两种表现。两者不仅所用名称相同，更重要的是，只有提出一种更高的法律秩序，并认为各国对于这种法律秩序的关系都是平等的，才能设想许多主权国家的独立和平等。

我国国际法学界和世界各国的主要观点是二元论。一元论学说中，将代表国家行事的官员行为等同于该官员个人行为是一种十分牵强的观点。

二、国际法在国内法的实施

1. 与条约在国内的实施有关的国际法原则和规则

(1) 条约必须信守原则。《维也纳条约法公约》第 26 条规定，“凡有效之条约对其各当事国有拘束力，必须由各该国善意履行”；1945 年《联合国宪章》前文规定，“联合国各成员方应承担国际法上的义务”。

(2) 一国不得以援引其国内法规定为理由而不履行条约(《维也纳条约法公约》第 27 条)。PCIJ 在 1932 年“关于在但泽的波兰国民待遇问题的咨询意见案”中指出，住在但泽的波兰国籍人的待遇是由国际法和国际条约所调整的范畴，各国不能援引本国的国内法规定而回避国际法上的义务。

关于在但泽的波兰国民待遇问题的咨询意见案

但泽(现称“格但斯克”)原为德国领土的一部分。第一次世界大战之后，根据《凡尔赛和约》，但泽作为自由市交给国际联盟管理。但其外交关系事务委托波兰政府负责处理，并将其划入波兰关税区。由于但泽 96%的居民为德国人，波兰血统的居民仅占极少数，因此《凡尔赛和约》第 104 条第 5 款规定："在自由市内禁止歧视，不得损害波兰公民或其他波兰血统或讲波兰语言的人的利益。"1921 年 11 月 9 日，波兰和但泽自由市签订《巴黎专约》，规定了更详细的反歧视条款，后来但泽的《但泽宪法》也规定了上述内容的条款。1930 年 9 月 30 日，波兰驻但泽的外交代表要求国际联盟驻但泽高级专员就有关波兰血统居民在但泽遭受"不利待遇"的问题做出决定。国际联盟对其是否要应波兰的要求做出决定和对和约中有关在但泽禁止歧视的条款如何解释的问题，请求 PCIJ 发表咨询意见。1932 年 2 月 4 日，PCIJ 针对上述问题提出以下咨询意见：国际联盟的机构不能就波兰主张的《但泽宪法》被违反而损害了波兰少数居民利益的问题做出决定，有但泽居民资格的波兰人也应与但泽市民享有同等待遇。

(3) 在遵守有效国际义务的条件下，国家可以决定其履行国际义务的方式方法。

(4) 一国的行为或不行为如构成违背该国的国际义务，包括违背其条约义务，即构成该国的国际不法行为。一国对其国际不法行为应负国际责任。

2. 关于国际法与国内法关系的国家实践

在条约方面，可通过国内立法使其在国内有效力；条约是国内法的一部分，有国内法的效力，不必经过特别立法程序；条约与国内法相抵触时，各国做法并不一致。

在习惯法方面，习惯法规则在国内的适用主要有两种实践情况：第一种为在宪法中规定，把公认的国际习惯法规则(如果并不与现行国内法相抵触)作为国内法律的组成部分，由法院加以适用，而不必经过特别的、个案的纳入程序；第二种为必须经立法纳入。习惯法规则与国内法相抵触时，主要有两种实践情况：一是习惯法优于国内法，二是国内法优先。

3. 我国的实践

在国际条约的国内适用方面，我国主要采取如下三项措施。

(1) 直接适用条约。我国宪法并没有关于国际法在中国适用的规定。但是根据分散于我国一些法律、法规当中的有关条款，凡是我国缔结或者加入的国际条约，经全国人民代表大会常务委员会(以下简称"全国人大常委会")决定批准或经国务院核准的，一般即在我国发生效力，可以直接适用。例如，1986 年《中华人民共和国民法通则》第一百四十二条规定："中华人民共和国缔结或者参加的国际公约同中华人民共和国的民事法律有不同规定的，适用国际条约的规定，但中华人民共和国声明保留的条款除外。"1991 年《中华人民共和国民事诉讼法》第二百三十九条规定："对享有外交特权与豁免权的外国人、外国组织或者国际组织提起的民事诉讼，应当依照中华人民共和国有关法律和中华人民共和国缔结或者参加的国际条约的规定办理。"

(2) 依照国际条约规定由立法机关采取必要措施。在现行法律规定与条约规定明显不一致或现行法律没有相应规定的情况下，适用这种方式。例如，我国 1985 年加入《保护工业产权巴黎公约》之后，为了保证公约义务的全面履行，国务院于 1985 年制定了《关于申请商标注册要求优先权的暂行规定》，对《中华人民共和国商标法》做了重要补充。全国人民代表大会(以下简称“全国人大”)1993 年修订《商标法》时，将注册商标的保护范围扩展到服务商标。

(3) 国内制定法律对条约所规定的事项予以明确规定。原则上，既然条约直接适用于国内，就不需要国内制定法律予以实施。但这并不排除在国内制定法律对条约所规定的事项予以明确的情况。这种方式的优点是明确、清楚，并可以直接利用国家强制力保证执行。例如，1982 年《中华人民共和国宪法》(以下简称《宪法》)第十八条关于对外国投资保护的规定，第三十二条关于外国人法律地位的规定，以及对要求政治避难的外国人可以给予受庇护的权利的规定等，都是国内法对国际法或国际习惯法规则的规定。

在条约与我国国内法冲突时，原则上条约在我国具有直接法律效力。国家在制定法律和缔结条约时，应充分照顾到条约和国内法的要求，尽最大努力使两者保持一致、避免冲突。但是，由于缔结条约和制定法律的出发点并不总是完全一致的，两者往往会出现冲突。

对于条约与国内法的冲突问题，历次修订的《宪法》都没有明确的规定。按照现在的规定，条约均与全国人大常委会制定的法律具有同等地位和效力。但是如果条约与法律规定相冲突，一律适用条约规定。例如，《中华人民共和国民事诉讼法》规定，如果我国缔结或者参加的国际条约与本法有不同规定的，适用条约的规定，除了我国声明保留的条款以外。由此可得出结论，条约优于法律。

第五节　国际法基本原则与国际强行法

国际法学界对国际法基本原则在国际法体系中的地位似乎还没有一致的看法。西方的国际法教材和著作中甚至没有列入“国际法基本原则”章节，如奥本海的《奥本海国际法》、布朗利的《国际公法原理》。但是我国和苏联的学者则非常重视这一部分的内容。

一、国际法基本原则

国际法基本原则是指各国公认的、贯彻到国际法各领域的，构成现代国际法基础而具有强行法性质的一般法律原则。国际法基本原则具有如下三点特征。第一，各国公认。一项原则要成为国际法基本原则，必须得到各国的公开承认，不能只是部分国家或地区承认。各国公认是国际法基本原则产生普遍拘束力的法律基础。第二,具有普遍意义。国际法基本原则不是国际法个别领域的原则,而是具有普遍意义的全局性原则,对国际法各个领域都具有指导作用。第三,构成国际法体系的基础。所谓构成国际法体系的基础,是指国际法基本原则在与国际法其他原则、规则和制度的关系上,国际法基本原则不仅是国际法与其他原则、规则和制度据以产生和确立的法律基础,而且是判断其他原则、规则和制度是否符合国际法的标准,同时对它们具有规范和制约的作用。

为了对国际法基本原则进行编纂和发展,联合国大会 1962 年成立了特别委员会,在该委员会的努力下,1970 年在联合国大会上全体一致通过了《关于各国依联合国宪章建立友好关系及合作之国际法原则之宣言》,该宣言宣布了七项基本原则:(1) 禁止非法使用威胁或武力原则;(2) 和平解决国际争端原则;(3) 不干涉内政原则;(4) 国际合作原则;(5) 各民族享有平等权利与自决权原则——每一国均不得采取目的在局部或全部破坏一国国内统一及领土完整之任何行动;(6) 各国主权平等原则;(7) 履行依宪章所承担义务原则。

此外,中国、印度和缅甸这三个发展中国家在 1954 年首先共同倡导的、适用于双边关系中的"和平共处五项原则",也发展成为一组系统的国际法原则体系。这五项原则包括互相尊重主权和领土完整原则、互不侵犯原则、互不干涉内政原则、平等互利原则、和平共处原则。凡我国跟外国建交时,都会重申和平共处五项原则,并将其纳入建交公报中对外进行公告。因此,英国国际法学家布朗利教授高度评价和平共处五项原则,"许多国家接受了这些原则,并且可以拿它同《联合国宪章》和《白里安-凯洛格条约》相提并论或者作为其补充"。

二、国际强行法的概念、特征和内容

由于国际法基本原则是国际法其他原则、规则和制度产生的基础,因此,它们是国家在国际关系中必须遵守和不得违犯的。如果这些原则遭到破坏,国际法的基础就会被动摇,国际法就无法存在。国际法称这些原则为强行法(Jus Cogens),或强制性规范(Peremptory Norm)。

根据 1969 年《维也纳条约法公约》第 53 条,国际强行法是指"国家之国际社会全体接受并公认为不许损抑且仅有以后具有同等性质之一般国际法规律始得更改之规律"。

国际强行法具有如下四点特征。(1) 属于一般国际法规范。按照联合国 ILC 条约法公约起草委员会的解释,《维也纳条约法公约》第 53 条所指的国际强行法规范是一般国际法规范,而一般国际法是指普遍国际法,不包括区域国际法。(2) 必须经国际社会全体接受。对于如何理解"国际社会全体",联合国 ILC 条约法公约起草委员会指出,不存在要求一个规则被全体国家接受或承认的问题，如果这个规则被大多数国家接受或承认，那就足以。(3) 公认为不许损抑。国际强行法公认为不许损抑的基本要求是国家不得缔结背离或违反国际强行法的条约或协定，任何此类条约或协定不发生法律效力。(4) 只有新的国际强行法规则可对其进行更改。

国际法学界对哪些属于国际强行法则议论纷纷。苏联国际法教授亚历克西兹主张下列原则具有国际强行法的性质：(1) 确立国家和民族主要的主权权利的原则，如民族的平等权、自决权和不受干涉的权利；(2) 保卫国家和平和安全的原则，如禁止使用武力或威胁使用武力，和平解决争端；(3) 确立主要的人道主义要求的原则，如不分种族、性别、语言和宗教保护人的自由、平等和尊严，禁止种族隔离、种族歧视或其他一切形式的对人的歧视，禁止奴隶制、奴隶贩卖和贩卖妇女儿童，禁止海盗，禁止侵犯个人主要的政治、经济、社会、文化和民事方面的权利；(4) 禁止反人道主义犯罪的原则；(5) 关于进入某些对世界各国至关重要的部分及空间的原则，如公海及其上空自由的原则、和平利用外层空间的原则、和平利用月球和其他天体的原则、和平利用南极的原则。英国国际法学家布朗利教授则认为，国际强行法规范包括：禁止侵略战争、禁止灭绝种族和种族歧视、禁止反人道主义的犯罪、禁止贩卖奴隶、禁止海盗行为。1963 年 ILC 条约法问题专题报告人沃尔多克在其报告中指出如下行为属于强行法规范：(1) 违反《联合国宪章》的原则使用武力或以武力相威胁；(2) 国际法规定为犯罪的任何行为或不行为；(3) 国际法要求各国合作加以惩处的任何行为或不行为。同时 ILC 的其他委员认为，诸如人权保护、国家平等、条约必须遵守、公海自由、民族自决、禁止奴隶贩卖等规范亦具有国际强行法的性质。在 2014 年 ILC 第六十六届会议期间，ILC 将国际强行法专题列入长期工作方案，在特别报告员迪雷・特拉第提交的三次报告基础上，国际法委员会于 2019 年 5 月提交给联合国第六委员会讨论的《“一般国际法强制性规范(强行法)”起草委员会一读暂时通过的结论草案》将如下行为列为一般国际法的强制性规范的非详尽无遗的清单：(1) 禁止侵略；(2) 禁止灭绝种族；(3) 禁止危害人类；(4) 国际人道主义法的基本规则；(5) 禁止种族歧视和种族隔离；(6) 禁止奴役；(7) 禁止酷刑；(8) 自决权。

总结上述观点，现今国际法学界一般认为国际强行法规范包括以下几种：(1) 禁止侵略战争；(2) 禁止贩卖奴隶和奴隶制度；(3) 民族自决权不受干涉；(4) 禁止灭绝种族和种族歧视；(5) 禁止海盗行为；(6) 禁止反人道主义犯罪；(7) 禁止酷刑。

国际法前沿探索

ILC：一般国际法强制性规范

第一次报告：

http://legal.un.org/docs/index.asp?symbol=A/CN.4/693&referer=http://legal.

un.org/ilc/status.shtml&Lang=C

第二次报告：

https://undocs.org/zh/A/CN.4/706

第三次报告：

http://legal.un.org/docs/index.asp?symbol=A/CN.4/714&referer=http://legal.un.org/ilc/guide/1_14.shtml&Lang=C

第四次报告：

http://legal.un.org/docs/index.asp?symbol=A/CN.4/727&referer=http://legal.un.org/ilc/guide/1_14.shtml&Lang=C

本章重点

- 简述国际法的渊源以及国际法渊源之间的关系。
- 简述国际习惯法的形成。
- 简述国际法的编纂及其意义。
- 简述国际法基本原则的特征。
- 简述国际法与国内法的关系。
- 论述国际强行法。

思考题

- 中国为国际法的发展做出的贡献是什么？
- 构建人类命运共同体的国际法意义是什么？
- 从国际法的演变和编纂历史角度分析，如何提升我国参与制定国际规则的能力？
- 一般国际法强制性规范的效力依据、范围和内容是什么？

阅读扩展目录

- 曾令良.国际法治与中国法治建设[J].中国社会科学，2015(10)：135-146.
- 张乃根.人类命运共同体入宪的若干国际法问题[J].甘肃社会科学，2018(6)：81-89.
- 任虎.国际强行法和普遍义务关系之争论及其辨析[J].中国政法大学学报，2021(1)：60-80.

本章知识树

- 国际法导论
  - 国际法的发展
    - 古代国际法
      - 市民法、万民法
      - 战争法、平时法
    - 近代国际法
      - 《威斯特伐利亚和约》
      - 格劳秀斯：《海洋自由论》
      - 《联合国宪章》、ICJ
    - 现代国际法——国际法编纂
  - 国际法的主体和效力根据
    - 国际法主体
      - 国家
      - 国际组织
      - 民族解放组织
      - 个人
    - 效力根据学说
      - 格劳秀斯学派
      - 自然法学派
      - 实在法学派
      - 我国国际法学者观点
  - 国际法的渊源
    - 《ICJ 规约》第 38 条
      - 条约
      - 习惯法：先例＋法律确信
      - 一般法律原则
      - 司法判例、学说
    - 国际组织决议：软性法
  - 国际法与国内法的关系
    - 一元论、二元论
    - 国际法在国内的实施
  - 国际法基本原则与国际强行法
    - 国际法基本原则
    - 国际强行法

第二章　国际条约法

案例导入

【案情】　1977年9月16日，匈牙利和捷克斯洛伐克签订条约，计划在两国交界的多瑙河流域合作建设和管理盖巴斯科夫-纳吉玛洛水利枢纽工程，以充分利用多瑙河的自然资源，特别是水力发电、改善航运以及防洪。其中，盖巴斯科夫位于捷克斯洛伐克境内，纳吉玛洛则位于匈牙利境内，两者不可分割。由于受到广泛批评，匈牙利政府于1989年10月27日决定废弃该工程，并在1992年5月19日通知捷克斯洛伐克自25日起终止两国1977年签订的条约。捷克斯洛伐克则另起替代方案，从1991年11月起开始施工，1992年10月15日开始施工以封闭多瑙河，10月23日起在河上筑坝。1993年1月1日，斯洛伐克成为一个独立国家。1993年4月7日，匈牙利与斯洛伐克签订特别协定，决定将两国的争端提交国际法院，以判定如下问题：(1) 匈牙利是否有权暂停和随后在1989年废弃它应承担的工程建设；(2) 捷克斯洛伐克是否有权在1991年11月开始实施替代方案，并且在1992年10月开始实施工程；(3) 匈牙利1992年5月19日终止条约的通知有什么法律效果。

【判决】　国际法院判决匈牙利无权暂停和随后废弃它应该负责的工程；捷克斯洛伐克有权在1991年11月开始实施替代方案，但无权单方面将该工程投入运行，因为其违反了1977年签订的条约，并构成国际不法行为。虽然双方应履行1977年签订的条约，但鉴于双方已经多年没有完全履行条约，故国际法院要求双方应秉承善意进行谈判，联合管理斯洛伐克境内的工程，各方赔偿对方因自己的行为造成的损失。

【问题】　条约的效力是什么？

第一节 条约法概述

一、条约的概念和特征

条约是指国际法主体之间，主要是国家之间依据国际法所缔结的据以确定其相互权利与义务的国际协议。1969 年《维也纳条约法公约》第 2 条规定，条约是国家间所缔结而以国际法为准之国际书面协定，不论其载于一项单独文书或两项以上相互有关之文书内，也不论其特定名称如何。

条约具有如下三点特征。(1) 条约是国际法主体间缔结的协议。根据 1969 年《维也纳条约法公约》以及 1986 年《关于国家和国际组织间或国际组织相互间条约法的维也纳公约》，条约的缔结主体是国家、国际组织，以及正在争取独立的民族、罗马教廷、交战团体或叛乱团体等。此外，国家的特定领土组成单位，如我国的香港、澳门特别行政区，在一定条件下也可以成为条约缔结的主体。(2) 条约受国际法支配。条约的缔结程序和内容必须符合国际法的规则并且由国际法加以规范。条约的内容是确定国际法主体相互间在某一问题或某些问题上的权利和义务，或者确立某方面的国际法原则和制度。条约不是没有法律拘束力的政治或道义上的承诺或声明，也不是受国内法支配的协议。(3) 条约的缔结通常采用书面形式。《维也纳条约法公约》以规范书面条约为出发点，将适用于该公约的条约定义为书面形式，但是并没有排除其他形式的条约的存在和有效性。

【思考题】 请举例说明我国香港特别行政区签署的条约及其条件。

盎格鲁-伊朗石油公司案

1933 年，伊朗政府与盎格鲁-伊朗石油公司之间达成了石油特许权协议。1951 年，伊朗通过了有关石油工业国有化的法律。这些法律导致伊朗与该公司之间发生争执。英国受理了该公司的案件，并向国际法院提起诉讼。伊朗对国际法院的管辖权提出异议。国际法院在 1952 年 7 月 22 日的判决中裁定，国际法院无权处理该争端。其管辖权取决于伊朗和英国根据《ICJ 规约》第 36 条第 2 款接受法院的强制管辖权的声明。国际法院认为，1932 年批准的“伊朗宣言”仅涵盖基于伊朗在该日期之后缔结的条约的争端，而英国的主张直接或间接地基于 1932 年之前缔结的条约。国际法院反对1933年的协议既是伊朗与公司之间的特许协议，又是伊朗与英国之间的国际条约的观点，因为英国不是协议的当事方。

国际法院判决认为，1933年伊朗政府与盎格鲁-伊朗石油公司的石油特许协议是由英国公司与伊朗政府签署的受国内法支配的特许协议，而不是国际条约，国际组织的调解和两国政府为解决该争端而进行的谈判都不能改变该协议的非条约性质。

二、条约的名称和种类

1. 条约的名称

广义的条约名称包括符合条约特征的所有国际协议，狭义的条约名称则指广义的条约名称中以“条约”命名的那一类国际协议。但无论适用何种名称，其法律拘束力是没有区别的。

(1) 条约，即“Treaty”。条约是指适用于重大政治、经济、法律等问题的协议，且有效期较长，也是最常用的名称，如1968年《不扩散核武器条约》、1959年《南极条约》、1999年《中华人民共和国和越南社会主义共和国陆地边界条约》等。

(2) 公约，即“Convention”。公约通常是多个国家举行国际会议缔结的多边条约，内容多属于造法性的，如1969年《维也纳条约法公约》、1982年《联合国海洋法公约》等。

(3) 协定，即“Agreement”。协定多是解决某一方面具体问题的协议，如1973年《保护北极熊协定》等。

(4) 宪章、盟约、规约，即“Charter，Covenant，Statute”。这些通常是国际组织的条约，如1945年《联合国宪章》、1945年《国际法院规约》等。

(5) 文件，即“Act”。文件通常为国际会议上通过的规定一般国际法规则或解决一般国际问题的多边条约，如1890年《关于禁止非洲奴隶贸易的布鲁塞尔总文件》等。

(6) 议定书，即“Protocol”。议定书多是辅助性的法律文件，内容一般比协定还要具体，有的议定书是一个独立文件，本身就是一项重要条约，如1925年《关于禁用毒气或类似毒品及细菌方法作战议定书》等。

(7) 换文，即“Exchange of Notes”。换文是指相互交换外交照会，就有关事项达成的协议。如1955年《中、印尼关于双重国籍问题的条约的目的和实施办法的换文》等。

(8) 谅解备忘录，即“Memorandum of Understanding”。谅解备忘录一般是处理较小事项的条约，如1963年《美苏关于建立直接通信联络的谅解备忘录》。

(9) 宣言，即“Declaration”。宣言是规定国家间权利和义务或行为规则的声明，如

1856 年《巴黎会议关于海上若干原则的宣言》、1948 年《世界人权宣言》等。但是，单纯的政策声明而没有规定具体权利和义务的宣言不是条约。

(10) 联合声明、联合公报，即“Joint Declaration, Joint Communiqué”。这是指两个以上的国际法主体就同一事项发表的声明，如 1984 年《中华人民共和国政府和大不列颠及北爱尔兰联合王国政府关于香港问题的联合声明》等。

除此之外，还有其他名称，如补充协定，即“Arrangement”等。

2. 条约的种类

国际上对条约并没有统一的分类方法，且按照一定标准将条约进行完整的分类是比较困难的。(1) 条约可被分为造法性条约(Law-Making Treaty)和契约性条约(Contractual Treaty)。造法性条约是指那些规定在一定时期内当事方对某方面或某事项上的普遍行为规则的条约；契约性条约则限定于特定的交易，规定某个特定事项或特定义务。(2) 按照缔约方的数量，条约可分为双边条约和多边条约。多边条约还可以分为开放性条约和非开放性条约。开放性条约允许单方面的加入，或规定一个专门的接纳程序；非开放性条约则在缔结之后不允许其他国际法主体成为缔约方。(3) 按照缔结条约的程序，条约可分为程序复杂的条约和简单的条约。(4) 条约还可根据内容领域来划分，可被分为政治、经济、文化等各方面或领域的条约。

三、条约法的编纂

第二次世界大战以后，国际社会开始了系统的条约法编纂工作，具体从 1947 年设立 ILC 开始。1949 年 ILC 在第一次会议上确定条约法的编纂为优先主题，并任命了担当草案工作的特别报告委员，先后由杰姆斯·布莱尔利、赫希·劳特派特、吉拉德·费茨莫里斯担任。1961 年沃尔多克成为特别报告委员后，条约法的编纂才全面展开。1962 年起，特别报告委员按不同领域准备草案，收集各国意见。1966 年，第十八次 ILC 会议上提出了 75 个条款，且草案的调整对象限定于国家间缔结的条约上。ILC 向联合国大会提交草案且建议召开缔结“条约法公约”的国际会议。基于 1968 年和 1969 年的会议，《维也纳条约法公约》正式通过。该公约于 1980 年 1 月 27 日生效，我国于 1997 年 5 月 9 日加入该公约。1986 年 3 月 21 日，联合国通过了《关于国家和国际组织间或国际组织相互间条约法的维也纳公约》，该公约适用于国家和国际组织或国际组织相互间的条约关系，其实质性内容与 1969 年《维也纳条约法公约》基本相同。

2011 年 ILC 通过了《条约保留的实践指南》和《关于武装冲突对条约的影响的条款草案》，并着手编纂“与条约相关的嗣后协议和嗣后惯例”“条约的暂时适用”和“最惠国条款”等条约法专题。

国际法前沿探索

ILC：条约法相关编纂工作

• 条约保留的实践指南

https://legal.un.org/docs/? path=../ilc/texts/instruments/english/draft_articles/1_8_2011.pdf&lang=EF(英文)

• 武装冲突对条约的影响的条款草案

https://legal.un.org/docs/? path=../ilc/texts/instruments/english/draft_articles/1_10_2011.pdf&lang=EF(英文)

• 与条约相关的嗣后协议和嗣后惯例

https://legal.un.org/docs/? path=../ilc/texts/instruments/english/draft_articles/1_11_2018.pdf&lang=EF(英文)

国际法趣谈

劳特派特和剑桥国际法中心

赫希·劳特派特爵士(Sir Hersch Lauterpacht)是20世纪著名的国际法学者，1897年8月16日出生于奥匈帝国的佐尔基奥(Zolkiew)。在伦贝格大学(University in Lemberg)完成中学课程并学习法律后，他于1919年移居维也纳，在汉斯·凯尔森(Hans Kelsen)的领导下工作，并先后获得了法学博士和政治科学博士学位。1923年他进入伦敦经济学院从事教学，并认识阿诺德·麦克奈尔(Arnold McNair)。在麦克奈尔教授的指导下，劳特派特完成了博士学位论文《私法渊源和国际法类比》。1929年他同麦克奈尔教授共同发起了《国际法年度摘要》(后更名为《国际法报告》)，1935年起，劳特派特单独编辑《奥本海国际法》。1937年，他继任麦克奈尔当选为剑桥惠威(Whewell)国际法主席，并任教至1955年。劳特派特爵士曾经是1946年“纽伦堡审判案”、1947年“科孚海峡案”，以及1952年“盎格鲁-伊朗石油公司案”等著名国际争端中的英国方律师。1953年和1954年，他当选为国际法委员会委员，曾担任条约法编纂特别报告委员。1954年劳特派特当选为国际法院法官，在“西南非洲案”“监护权公约案”“挪威公债案”中分别发表了意见，并在“国际工商业投资公司案”和“航空事件案”中发表了不同意见。劳特派特于1956年被授予爵士爵位，于1960年5月8日去世。剑桥大学劳特派特国际法中心是劳特派特爵士的儿子埃里胡·劳特派克爵士(Sir Elihu

Lauterpacht)于1983年创立的，是国际法学界享有最高声誉的国际法研究机构。

第二节 条约的缔结

条约的缔结程序是指缔结条约经过的过程和履行的一定手续。条约的缔结程序从古至今变化了许多，但是其程序仍然很繁杂，在1969年《维也纳条约法公约》签订之前，几乎没有一个统一的缔结程序规范。1969年《维也纳条约法公约》和1986年《关于国家和国际组织间或国际组织相互间条约法的维也纳公约》完善了关于条约缔结程序的法律制度。双边条约和多边条约的缔结程序有些不同，下面将分别加以说明。

一、双边条约缔结的一般程序

双边条约在缔约实践中占很大比例，其缔结程序基本上分为两种，即繁复程序和简化程序。在一般情况下，内容重要的条约通常采用繁复程序，而议定书或换文则往往采用简化程序。繁复程序主要包括：谈判和议定约文；约文的认证；签署；批准；批准书的交换；登记和公布。

1. 谈判和议定约文

谈判是缔约双方就条约内容达成一致而进行的交涉，是缔结条约的第一步。1969年和1986年的维也纳公约没有另行规定谈判程序，只规定了约文的议定，但是两者在实际操作过程中并没有严格区分，而是同时进行。具体来说，就是谈判当事方就其中的一个或几个事前准备的约文草案提出建议，其他谈判方进行审议；审议结束后，在他们各自的立场上提出相关建议；经过这些过程后，双方最终能够对约文达成协议。谈判成熟到某种程度后就议定草案，可根据多数表决，也可根据一致表决或协商一致决定草案采取与否。双边条约的双方应一致同意才能议定约案。

> 《维也纳条约法公约》第9条：(1) 除依第2项之规定外，议定条约约文应以所有参加草拟约文国家之同意为之；(2) 国际会议议定条约之约文应以出席及参加表决国家三分之二多数表决为之，但此等国家以同样多数决定适用另一规则者不在此限。

谈判开始时，双方全权代表互相交换全权证书，审查对方代表全权证书的真实性及内容，特别是授权的范围。有时全权证书也可稍迟出示，但最迟在条约签字之前应该相互校阅。《维也纳条约法公约》第2条第1项规定，全权证书是指一国主管当局所颁发给其指派的一人或数人代表该国谈判、议定、认证约文或表示该国同意受条约的拘束，或完成有关条约的任何其他行为的文件。

国际法趣谈

全权证书制度的起源

全权证书制度原是交通、通信手段不发达的君主时代的遗物。君主不能长期外出，因此为了谈判而采用全权委任制度是必需的。但现在交通、通信手段已非常发达，这种全权证书制度只具有形式上的意义，实践中也有被省略的时候。1969 年《维也纳条约法公约》考虑到这种现实，一方面规定了全权证书制度，一方面也允许免除或事后追认，尤其是国家元首、政府首长及外交部部长，大使馆馆长和国家派驻国际会议或派驻国际组织或该国际组织一机关的代表等被推定为已受到全权委任，无需提供委任状。（《维也纳条约法公约》第 7 条第 2 项）

2. 约文的认证

约文的认证是指谈判双方确认共同同意该约文是正确的和作准的，除经修正程序外不得更改的缔约程序，其约文应该作为这两个国际法主体间拟缔结的条约的约文。

约文的认证通常采取草签、暂签和签署的方式。草签时，谈判代表将其姓名的第一个字母（我国代表用其姓的第一个汉字）签在约文的下面，以此表示对约文的认证。暂签是附加条件的签署，仅有认证约文的效力，如果当事方事后明确确认，这样的签字也可以具有签署的效力。签署是指全权代表把其全名签于条约约文的下面。

签署在条约法上可能有三种意义：（1）仅仅表示对约文的认证；（2）除认证约文外，还表示该方已确定同意缔结该条约，接受其约束；（3）除认证约文外，仅表示该方已初步同意缔结该条约，但只有经过批准才能接受其约束。在某一个特定的场合，签署代表哪种意义，依当事方的意思表示来确定。

3. 签署

在繁复程序中，签署应仅具有第三种效果，即条约在签署后还要经批准和批准证书的交换才能生效。

《维也纳条约法公约》第 12 条规定，在下列情况下，签署也可以表示确定同意接受条约的拘束：（1）条约规定签署具有这样的效果；（2）另经谈判国协议确定签署有此效果；（3）谈判国在全权证书上或在谈判时作出这样的意思表示，使签署有这样的效果。

在条约的签署过程中，根据国家主权原则，双边条约的签署通常采用轮换制。即签署条约时，签字是左右相对，左方为首位，右方为次位。双方全权代表在本国保存的文本上于左方签字，另一国则在它的右方签字，依次轮换。

4. 批准

批准是指缔约方的权力机关对其全权代表所签署的条约的认可并同意接受条约约束的行为。《维也纳条约法公约》第 14 条规定，遇有下列情形，一国得以批准表示接受条约拘束：(1) 条约有此规定；(2) 另经确定谈判国协议需要批准；(3) 该国代表已对条约作出须经批准之签署；(4) 该国对条约作出须经批准之签署之意思可见于其代表的全权证书或已于谈判时有此表示。

从缔约实践来看，绝大多数条约都会明确规定该条约是否需要批准。如果条约没有明确规定，通行的观点是条约须经缔约方的批准。批准条约是国家的缔约权利，因而国家对已签署的条约并无批准的义务，通常是给予批准，但也有拒绝批准的实例，如美国参议院就曾拒绝批准威尔逊总统签署的 1919 年《凡尔赛和约》。

条约在签署后需要批准的主要原因有三点：(1) 批准使缔约方的权力机关和行政机关有时间对已经签署的条约做进一步和全面的审查，以便最后做出确定接受条约约束的结论；(2) 批准可以避免由于谈判代表主观上的错误而对条约进行的签署；(3) 批准可能因为缔约方内部法律规定"条约的实施赖于国内立法机关通过相应的国内立法"。

5. 批准书的交换

双边条约在批准以后，一般需要互换批准书，其意义在于使条约在国际法上约束各缔约方。自批准书交换之日起，条约就开始对缔约方发生约束力。

6. 登记和公布

条约的登记制度是从国际联盟时期就已开始，其目的在于反对秘密外交。这是 1918 年 1 月美国总统威尔逊宣布的"十四点原则"中的一项内容。《联合国宪章》第 102 条规定，联合国的任何会员国应将缔结的一切条约及国际协定尽速在秘书处登记，并由秘书处公布。但在联合国秘书处登记条约不是强制性规定，有关当事国不履行这一程序的唯一后果是丧失向联合国任何机关援引该条约的权利。

二、多边条约的缔结、加入和保留

1. 缔结

多边条约的谈判多是在有关国家或国际组织召集的国际会议上进行的，国家或国际组织的全权代表要出示全权证书。约文的起草通常有三种方式：(1) 各方代表共同起草；(2) 会议组成的专门委员会起草；(3) 交由一个国际组织起草。一些多边条约是由 ILC 起草的。

多边条约约文的认证往往需要缔约方的特定多数票决定或者协商一致通过。多边条约的签署顺序一般是按照缔约方名称的字母排列，依次签字。因无法交换批准书，故一般将批准书交给保存条约正本的某缔约方政府或国际组织。负责保管批准书的机关在接到批准文件后，应向所有条约缔约方发出通知。

协商一致是指经过协商，只要在有关问题的基本点上达成一致，而在非基本点上即使存在分歧，如成员方不提出反对，决议即可通过的决策方式。

2. 加入

条约的加入是指未签署条约的国家同意受已签署或已生效的开放性的多边条约的拘束的国际法律行为。双边条约不发生加入的问题，因为如果第三国希望接受条约的约束，三个国家可以共同签订一个新的条约，而不必采用加入的方式。加入条约时，可以加入业已生效的条约，也可以加入尚未生效的条约。很多开放性的多边条约都明确规定加入条约所应遵循的程序；加入的法律效果，除条约另有规定外，应与签署或批准的法律的效果相同。在程序上，一般是加入国以书面形式通知条约保存方，由保存方转告其他缔约方。

《维也纳条约法公约》第 15 条规定，如有以下三种情况，一国得以加入方式表示接受条约拘束的同意：(1) 条约有此规定，即条约本身规定该国得以加入方式表示这种同意；(2) 另经谈判国协议确定，即另经谈判国协议确定该国得以加入方式表示这种同意；(3) 全体当事国嗣后协议，即通过全体当事国的嗣后协议，该国得以加入方式表示这种同意。

3. 保留

条约的保留是指一国于签署、批准、接受、赞同或加入条约时所提出的片面声明，不论措辞或名称为何，其目的在于排除或更改条约中若干规定对该国适用时的法律效果。

国际法趣谈

保留制度的起源

保留制度最早在 18 世纪末 19 世纪初出现。在签署 1815 年《维也纳公会最后文件》时，瑞典暨挪威的全权代表罗文汉姆提出了一项正式声明，声称瑞典政府将不会接受有关卢卡地区主权和承认斐迪南四世为西西里国王的第 101、102 和 104 条。这被人们称为历史上第一个对多边条约提出保留的事例。1890 年 7 月 2 日关于废除奴隶制度的《布鲁塞尔总法和宣言》是最早承认保留制度的条约之一。法国在批准该条约时对“登临及搜查权”的有关规定提出了保留。

随着国际法的发展，多边条约的制定技术也日益发达，在约文的通过上采取多数表决制度，这种多数表决制度令约文的通过变得较为容易，但相对一些少数国家则会因对部分规定不满而无法加入条约，为解决这样的问题，国际社会承认了保留制度。

1) 保留制度和双边条约

一般来讲，双边条约不发生保留问题。但也存在一些例外。例如，1977 年 9 月 7 日，美国和巴拿马签订了《巴拿马运河条约》，1978 年 4 月 18 日美国参议院批准该条约时，对某些规定附加了保留，而巴拿马政府则毫无异议地接受了这些保留。美国 20 世纪 50 年代与许多国家签订的友好通商条约中，也有不少这样的情况。

2）对保留的限制

缔约方只能在允许保留的条约或条款的范围内提出保留。《维也纳条约法公约》第 19 条规定，在以下三种情况下保留是不允许的。(1) 该项保留为该条约所禁止，如 1956 年《废止奴隶制、奴隶贩卖及类似奴隶制的制度与习俗补充公约》第 9 条规定，不得对公约提出保留。(2) 该条约只允许提出一些特定的保留，而提出的该项保留不在其内。例如，1958 年《大陆架公约》规定，不得对公约第 1—3 条提出保留；1957 年《已婚妇女国籍公约》规定，可以对公约第 1 条和第 2 条以外的条款提出保留。(3) 该项保留与条约的目的和宗旨不符，如 1966 年《消除一切形式种族歧视国际公约》第 20 条第 2 款规定，“凡与本公约之目标及宗旨抵触的保留不得容许……”。

知识拓展

条约对是否允许保留未作规定时，单方声明保留的法律效力问题

传统见解认为，除非得到所有其他缔约方一致同意，缔约方不得提出保留，否则保留要么无效，要么该保留国不被承认为缔约方。另一种观点则认为，从为了更多的国家参加公约，使公约具有更大的广泛性这一宗旨来讲，应允许国家提出保留，而且给予一个国家或一些国家阻止另一国家或另一些国家参加公约的权利也是不恰当的。

对此，1951 年 ICJ 在“灭绝种族罪公约保留案”的咨询意见中支持了第二个观点。(1) 即使一个公约没有保留条款，并不表明保留是被禁止的；如果一国提出的保留不为全体缔约方所反对，就可以被认为是该公约的缔约方，只要保留符合该公约的宗旨和目的。(2) 保留的效力具有相对性。反对保留的国家如果认为保留不符合公约的宗旨和目的，可以不把保留国当作缔约方。

3）保留的接受

保留是一个国家的单方行为，其他国家可以同意或反对保留，即有权决定本国是否接受该保留造成的对有关权利和义务排除或变更的拘束。《维也纳条约法公约》第 20 条有四点相关规定。(1) 条约明文允许保留的，一般不需要其他缔约方事后予以接受，除非条约有相反的规定或者相关保留违背条约的目的和宗旨。(2) 如果从谈判国数目有限的事实，以及从条约的目的和宗旨可以看出，该条约在全体当事国间全部适用是每一当事国同意受该条约拘束的必要条件时，保留须经全体当事国接受才能成立。(3) 条约若是一个国际组织的组织约章，除另有规定外，保留须经该组织的有权机关接受。(4) 凡不属于上述情况的，除条约本身另有规定外：① 如果保留经另一缔约方接受时，就该国而言，保留国就成为该条约的当事国，但以该条约对保留国和接受国均已生效或开始生效为条件；② 保留经另一缔约方反对时，并不妨碍该条约在反对国与保留国之间生效，除非反对国明确表示反对条约在两国间生效；③ 一国表示同意受该条约拘束而附有保留的行为，只要至少有一缔约方接受该项保留，该项保留就发生效力。

4）条约保留的程序

《维也纳条约法公约》第 23 条规定，保留、明示接受保留以及反对保留都必须以书面形式提出，并通知各缔约方及有权成为条约当事国的其他国家。撤回保留、撤回对保留的反对，也应以书面形式提出。用电子邮件和传真等形式通知条约保留的事项是可以的，但应以书面正式照会为准。

三、我国缔结条约的程序法

1.《宪法》

1982 年《宪法》第六十七条第十四款规定，全国人民代表大会常务委员会决定同外国缔结的条约和重要协定的批准和废除；第八十一条第二款规定，中华人民共和国主席根据全国人民代表大会常务委员会的决定，批准和废除同外国缔结的条约和重要协定；第八十九条第九款规定，国务院管理对外事务，同外国缔结条约和协定。

2.《中华人民共和国缔结条约程序法》

1990 年 12 月 28 日通过的《中华人民共和国缔结条约程序法》（主席令第三十七号）根据《宪法》规定了我国的缔约权、缔约名义、缔约步骤等缔约程序事项问题。该法适用于我国与外国缔结的双边和多边条约、协定和其他具有条约、协定性质的文件。

《中华人民共和国缔结条约程序法》第四条规定，中华人民共和国以下列名义同外国缔结条约和协定：(1) 中华人民共和国；(2) 中华人民共和国政府；(3) 中华人民共和国政府部门。以中华人民共和国名义或以中华人民共和国政府名义缔结条约，由外交部等委派代表，其全权证书由国务院总理或外交部部长签署；以政府部门名义缔结协定，由部门首长委派代表，其全权证书由国务院总理或外交部部长签署。

条约和重要协定签署后，由外交部等报请国务院审核，由国务院提请全国人大常委会决定批准；国家主席根据全国人大常委会的决定予以批准。批准书由国家主席签署、外交部部长附署。《中华人民共和国缔结条约程序法》第七条规定了须由全国人民代表大会常务委员会批准的条约和协定：(1) 友好合作条约、和平条约等政治性条约；(2) 有关领土和划定边界的条约、协定；(3) 有关司法协助、引渡的条约、协定；(4) 同中华人民共和国法律有不同规定的条约、协定；(5) 缔约各方议定须经批准的条约、协定；(6) 其他须经批准的条约、协定。该法第八条和第十二条规定，除应由全国人大常委会决定批准或加入的条约、协定外，条约的核准、加入或接受由国务院决定。

外交部保存以中华人民共和国和中华人民共和国政府的名义缔结的双边条约、协定；国务院各部门保存以中华人民共和国政府部门的名义缔结的双边协定。全国人大常委会负责公布经全国人大常委会决定批准或者加入的条约和重要协定；国务院负责规定其他条约、协定的公布办法。《中华人民共和国缔结条约程序法》第十七条和第十八条规定，外交部负责按照《联合国宪章》的有关规定向联合国秘书处登记中国缔结的条约和协定；需要向其他国际组织登记的，由外交部或国务院有关部门按照该国际组织章程的规定处理。

第三节　条约的效力与适用

一、条约生效的条件

条约生效的条件即条约成立的实质要件。

1. 缔约方的缔约能力和缔约权

《维也纳条约法公约》第 6 条规定，每一国家皆有缔结条约之能力。缔约能力是指国际法主体作为国际人格者依照国际法所享有的缔结条约的权利能力或法律资格，是与国家主权相联系的国家自身固有的权利能力。缔约权是指国际法主体的特定机构或其授权的人代表该主体缔结条约的权限，其有无应根据缔约方的国内法或内部法来确定。

缔约能力与缔约权是相互联系的。缔约能力是缔约权的前提，无缔约能力的实体就不存在由谁行使缔约权的问题；缔约权是实现缔约能力的条件，缔约能力必须通过具体的职能部门行使缔约权来实现。因此，在以下三种情形下，缔约方因缔约主体的缔约权存在瑕疵而可能导致条约无效。(1) 缔约方逾越因其国际地位对缔约权产生的限制缔结条约。例如，《中华人民共和国香港特别行政区基本法》规定，特别行政区有权以“中国香港”的名义，在经济、贸易、金融、航运、通信、旅游、文化、体育等领域单独地与世界各国、各地区以及有关国际组织签订和履行有关协定，但它在上述范围之外签订的协定是无效的。(2) 缔约机关逾越其国内法对缔约权的限制缔结条约。《维也纳条约法公约》第 46 条第 1 款规定，“一国不得援引其同意接受条约拘束之表示为违反该国国内法关于缔约权限之一项规定之事实以撤销其同意，但违反之情事显明且涉及其具有基本重要性之国内法之一项规则者，不在此限。”(3) 经授权缔结条约的代表逾越其权限缔结条约。《维也纳条约法公约》第 47 条规定，对于被授权缔结条约的代表逾越本国对其缔约权限的特定限制所缔结的条约，除非该国事先已将对该位代表缔约权限的特定限制通知了其他谈判国，否则，该国不得援引其代表未遵守这一限制的事实，主张所缔结的条约无效。

2. 条约是缔约方自由同意的结果

跟契约一样，条约是缔约方意思表示一致的协议，缔约方自由表达其意志是条约成立的必要条件，而违反自由同意的条约不发生法律效力。在国际实践中，违反自由同意的情况有错误、诈欺、贿赂、强迫等几种类型。

1）错误

错误是指作出意思表示的当事者不知道条约的内容与其表示的意思有重大区别的情况，即客观存在的事实与主观认识不一致的情况。条约中出现错误有两种情况：一种是文字存在错误；另一种是国家在缔约时假定存在并构成其同意承受条约拘束的必要根据的事实或情势存在错误。《维也纳条约法公约》第 48 条规定，仅与条约约文用字有关的错误，不影响条约的效力，缔约方可以根据《维也纳条约法公约》第 79 条，对约文作适当的更正。如果错误关涉国家缔约时假定存在并构成其同意的必要根据的事实或情势，则该国可以以条约的错误撤销其接受条约拘束的同意。但如果错误是由该国本身的行为造成的，或者缔约时的情况足以使该国只是存在错误的可能，则不得以错误为理由主张条约无效。

隆端寺案

隆端寺是位于柬埔寨和泰国交界处的一座寺庙。1904 年 2 月，法国与暹罗（现为泰国）签订了边界条约，边界应沿分水岭划出，但负责勘界的人员未能完成勘界和绘制地图的工作。泰国政府委托法国的一个调查队绘制了该地区地图。地图于 1908 年在巴黎出版，泰国政府得到数十份地图，且广为分发。按照这份地图，隆端寺在柬埔寨一边，对此泰国政府没有表示异议。但是在 1935 年泰国政府发现地图有误，1941 年后泰国派人去看守该寺，认为该寺属于泰国。法国（当时柬埔寨的保护国）多次交涉无效后，独立后的柬埔寨于 1959 年向 ICJ 起诉。

ICJ 判决认为，泰国政府如果不同意地图上所标示的界线，应当在相当的时间内向法国政府提出，但是泰国政府并没有这样做。泰国以自己的行为接受了该地图，尽管这条国界线背离了 1904 年条约的规定，在法律上仍然是有约束力的。

2）诈欺

条约法上的诈欺是指一国故意以虚伪的陈述或其他诈欺行为欺骗一国，使其陷于错误，因而取得该国同意与之缔结条约的情况。《维也纳条约法公约》第 49 条规定，一国如因另一谈判国的欺诈行为而被诱使缔结一项条约，可援引欺诈为理由以主张其受该条约拘束的同意无效。

3）贿赂

缔约一方可以援引条约是由于另一方直接或间接贿赂该方代表而缔结为由主张条

约无效。《维也纳条约法公约》第 50 条规定，一国的一项条约拘束如果是由于另一谈判国直接或间接贿赂其代表而造成的，可援引贿赂为理由以主张其受该条约拘束的同意无效。

4）强迫

在缔约过程中的强迫包括一国对另一国谈判代表的强迫和一国对另一国的强迫。一国同意接受条约拘束的表示是以行为或威胁对其他代表所施加强迫而取得的，应无法律效果。《维也纳条约法公约》第 51 条和第 52 条规定，以行为或威胁对一国的代表施加强迫而取得的该国同意受条约拘束的表示应无任何法律效果；违反《联合国宪章》所体现的国际法原则，以武力胁迫或使用武力而获缔结的条约无效。例如，1968 年 10 月，苏联武装入侵捷克斯洛伐克之后，将杜布切克等捷克斯洛伐克领导人召到莫斯科，强迫他们签署的《关于苏军暂时留驻捷克斯洛伐克社会主义共和国境内的条约》无法律效力；1938 年 9 月，纳粹德国强迫捷克斯洛伐克政府签订同意将苏台德地区割让给德国的《关于捷克斯洛伐克割让苏台德领土给德国的协定》无法律效力。ICJ 在 1973 年"渔业管辖权案"判决中明确肯定，缔约方所作的真正的同意，而不是在强迫之下所作的同意，是条约有效性的条件之一。

3. 条约内容符合国际强制性规范

条约内容如与国际强制性规范相冲突则无效。《维也纳条约法公约》第 53 条规定，条约在缔结时与一般国际法强制性规范抵触者无效；就适用本公约而言，一般国际法强制性规范是指国家之国际社会全体接受并公认为不许损抑且仅有以后具有同等性质之一般国际法规范始得更改之规范。

驻德黑兰美国外交与领事人员案

1979 年 11 月 4 日，在美国驻德黑兰使馆外示威的一部分伊朗人袭击了美国使馆。尽管美国使馆一再请求伊朗当局给予帮助，但伊朗的保安部队并没有进行干预或试图解除这一局势。结果，美国使馆的整个馆舍被侵占，美国使馆人员和当时位于使馆内的来宾均遭逮捕。之后美国驻伊朗的部分领事馆也遭占领。占领者洗劫使馆和领事馆的档案和文件，并将 28 名使馆外交人员、20 名使馆行政人员和 2 名美国公民作为人质关押在使馆内，迫使美国接受他们的各种要求。在这期间，伊朗政府未采取任何措施来终止上述侵犯使馆的行为，也未对美国使馆及有关人员遭受的损害进行赔偿，相反却对伊朗人占领使馆和扣押人质的行为表示赞同和认可，并拒绝与美国就此问题进行谈判。1979 年 11 月 29 日，美国政府向 ICJ 递交申请书。

1979 年 12 月 15 日，ICJ 针对"驻德黑兰美国外交与领事人员案"，在为实施临时措施所下达的命令中声明："任何国家都没有与他国维持外交或领事关系的义务，但要承认这种关系产生的内在的强制性义务。这类强制性义务在1961年及1963年的维也纳公约中已作了明确规定，而美国和伊朗都是该两项公约的当事国。”其中“内在的强制性义务”是指外交领事关系中特权与豁免的重要内容，属于强制性规范。

二、缺乏成立要件的条约的处理

1. 无效的形态

根据导致条约无效的原因可分为相对无效和绝对无效，缔约能力的不具备、错误、诈欺、贿赂等是导致条约相对无效的原因；对谈判代表或缔约方的强迫、违反国际强行法等是导致条约绝对无效的原因。条约相对无效和绝对无效的区别有两点。(1) 条约存在相对无效的原因时，只有受害国有权援引其作为主张条约无效的理由；而条约存在绝对无效的原因时，任何有关的第三国都有权援引其主张条约无效。(2) 如果存在使条约相对无效的原因，条约可能由于受害国事后明示或默示表示同意其有效而得到补救，使其成为一项有效的条约；如果存在使条约绝对无效的原因，条约不可能通过受害国明示或默示同意而得到补救，使其成为一项有效的条约。

2. 无效的程序

1) 无效主张的书面通知

《维也纳条约法公约》第65条规定，要使某一项条约无效，主张无效的受害国需先将无效主张通知对方当事国，要用书面形式将自己的主张通报对方当事国。此项通知应载明对条约所提议采取的措施及其理由。至于何时发通知，公约没做任何规定，因此任何时间通知应均可以。在一非遇特别紧急情形不得短于自收到通知时起算3个月之期间届满后，倘无当事国表示反对，实施其所提议的措施。

2) 解决争端

一方当事国主张条约无效时，经常因意见不一致而发生争端，当事国要按照一般国际法原则，适用《联合国宪章》第33条所规定的方法力求和平解决争端。如果努力无效，在对方提出异议后12个月内仍未解决争端时，要根据《维也纳条约法公约》第66条解决。

《维也纳条约法公约》第66条第1款规定，关于第53条或第64条之适用或解释之争端之任一当事国得以请求书将争端提请国际法院裁决之，但各当事国同意将争端提交公断者不在此限；第2款规定，关于本公约第5编任一其他条文之适用或解释之争端之任一当事国得向联合国秘书长提出请求，发动本公约附件所规定之程序。第1款指的是违反强制性规范的条约的无效情况，违反强行法的条约另一方请求，ICJ就能行使管辖权。第2款指的是联合国秘书长主持下的调解程序，秘书长将争端提交给由5名调解员组成的调解委员会，如果该调解委员会成立之后12个月内仍未解决争端，该调解委员会起草报告书交给秘书长和当事国，但报告书没有拘束力。

3. 无效的效果

1）无效溯及力

因未能满足法律行为的成立要件，依无效程序确定无效的条约，自始无效，如《维也纳条约法公约》第69条第1款规定，无效条约的规定无法律效力。

2）无效溯及力的变通

有时可能存在经过很长时间后才发现该条约的生效条件缺乏，而此前由于认为条约已生效，从而根据条约已从事了许多法律行为的情况。因此，如果主张因条约无效而自始无效要求恢复原状的话，会导致相信该条约有效而做出的合法行为的无效问题。因此《维也纳条约法公约》第69条2款规定了变通方案，即“在援引条约失效之理由前以善意实施之行为并不仅因条约失效而成为不合法”，也就是说，依据诚实信用原则承认溯及力的例外。但是，此规定在诈欺、贿赂和强迫的情况下则不予适用。

3）条约的可分性

条约的无效，原则上是指其全部规定无效。但实际上，条约内容和性质多种多样，条约的所有内容并非密不可分地组成统一的整体，有时候将一部分内容完全分离也不会产生任何问题。因此，考虑到现实情况，《维也纳条约法公约》第44条规定了条约的义务性分离和任意性分离。

《维也纳条约法公约》第44条第3款规定，义务性分离是指无效只涉及某些条款，在下列情况下，可以仅对这些条款进行援引：(1) 这些条款在适用上可以与条约的其余条款分离；(2) 这些条款不构成其他当事者同意接受条约拘束的必要根据；(3) 继续实施条约的剩余条款不致有失公平。第4款规定，任意性分离是指援引诈欺或贿赂主张条约无效的情况。当事国可主张整个条约的无效，也可主张特定条款的无效。当条约因强迫缔结或违反强制性规范而无效时整个条约无效，故第5款规定，条约的条款一概不许分离，即不承认条约的可分性。

4）多边条约

多边条约的当事国中，因某些当事国的意思表示有瑕疵而产生的无效只适用于发生问题的当事国，与此无关的其他当事国之间不发生任何问题。只有当条约因违反强制性规范而无效时，客观上条约全部无效，从而对所有当事国不发生法律效力。

三、条约的遵守和适用

1. 条约必须遵守原则

条约必须遵守原则是指在条约缔结后，各方必须按照条约的规定，行使自己的权利，履行自己的义务，不得违反。《维也纳条约法公约》第 26 条规定，凡有效之条约对其各当事国有拘束力，必须由各该国善意履行。但是，条约必须遵守原则也不能绝对化，条约并非在任何情况下都必须遵守。例如，如果条约成立所依据的基本情况发生了根本性的变化，致使一缔约方继续履行条约会对其产生不公平的后果时，其可以援引情势变迁为理由终止条约，不再履行条约义务。

2. 条约适用的时间范围和空间范围

在时间上，条约通常自生效之日起开始适用，其有效期由条约明文加以规定。《维也纳条约法公约》第 28 条规定，条约没有溯及力，除非条约另有规定，条约一般不溯及既往。对于当事国在条约生效以前发生的任何行为或事实，条约的规定对该国不发生法律效力。

在空间上，《维也纳条约法公约》第 29 条规定，除条约表示不同意思，或另经确定外，条约对每一当事国的拘束力及于其全部领土。条约是否适用于当事国全部领土，可由当事国根据意思自治原则协议决定，因此在国际条约的实践中，确实存在限制条约适用的空间范围的情况。例如，1985 年我国与丹麦签订的《中华人民共和国和丹麦王国政府关于鼓励和相互保护投资协定》就明文规定，该协定不适用于丹麦属地格陵兰岛和法罗群岛。

3. 条约冲突时的适用

条约的冲突是指缔约方就同一事项缔结了两个或者两个以上内容不同的条约，从而造成不同条约之间发生矛盾的情形。关于如何解决相互冲突的条约中优先适用的问题，《维也纳条约法公约》第 30 条规定了以下三项规则。(1)《联合国宪章》义务优先。《联合国宪章》第 103 条规定，联合国会员国在本宪章下义务与其依据任何其他国际协定所负的义务有冲突时，其在宪章下的义务应居优先。(2) 依照条约规定的规则。如果条约明确规定了优先适用的规则，则依照该规则解决条约的冲突。如果条约规定本条约不得违反后订条约或者不得视为与后订条约不符，则后订条约的义务优先；如果条约规定本条约不得违反先订条约或者不得视为与先订条约不符，则先订条约的义务优先。例如，1963 年《维也纳领事关系公约》第 73 条第 1 款规定：本公约之规定不影响当事国间现行有效之其他国际协定。(3) 适用同为当事国的条约。如果就同一事项先后缔结了两个条约，并且后订条约的当事国没有包括先订条约的全体当事国，则在同为先后两个条约当事国的国家之间，按照后法优于前法的原则适用后订条约，先订条约仅在与后订条约不相冲突的范围内适用；在作为先后两个条约当事国的国家与仅为其中一个条约当事国的国家之间，适用他们之间同为当事国的条约。

四、条约对第三国的效力

一般来讲，条约仅对各当事国有拘束力，而对作为非缔约方的第三国不发生效力，所谓“条约相对效力原则”。《维也纳条约法公约》第 34 条规定，条约非经第三国同意，不为该国创设义务或权利。这是罗马法中的“约定对第三者既无损也无益”一般法律原则的具体体现，也是国家主权原则的具体体现。

条约相对效力原则是一项被普遍接受的国际法原则，但是在实践中不可避免地存在条约对第三国产生权利和义务的情形。

1. 条约为第三国创设权利

在国际实践中，条约为第三国创设权利的情形并不少见。例如，《联合国宪章》第35条的规定，非联合国会员国的争端当事国，有权将争端提请大会和安全理事会注意；第50条的规定，如果由于安全理事会采取执行行动给非会员国造成特殊经济问题，该国有权与安全理事会会商解决。

《维也纳条约法公约》第36条规定了条约为第三国创设权利所必须具备的三个条件：(1) 条约当事国有意以条约的规定为第三国创设权利，即当事国有为第三国创设权利的意图；(2) 如果第三国没有相反的表示，可以推定其同意；(3) 第三国同意接受有关权利后，应按照条约的规定行使该项权利。

2. 条约为第三国创设义务

根据国家主权平等原则，条约当事国不能为第三国创设义务，但在严格的限制下，允许有例外。例如，《联合国宪章》第2条第6款明确规定，联合国在维持国际和平与安全的必要范围内，应保证非会员国遵行主权平等、善意履行宪章义务、和平方法解决国际争端、禁止武力威胁或使用等原则。在涉及整个国际社会的根本利益的情况下，如果条约的目的和宗旨是创设国际社会的"公共产品"并为实现条约的目的和宗旨所必需，条约也可以例外地为第三国创设某种一般性义务。

《维也纳条约法公约》第35条规定了条约为第三国创设义务时所必须具备的两个条件：(1) 当事国有此意思表示；(2) 第三国以书面形式明示接受。同时，《维也纳条约法公约》第38条规定了国际习惯法的遵守义务，即如果条约所载义务已经构成一项国际习惯，则第三国有予以尊重的义务。

3. 第三国权利和义务的取消或变更

《维也纳条约法公约》第37条规定：(1) 除非原条约当事国和第三国另有协议，否则要取消或变更该第三国已负担的义务，须经条约当事国和该第三国同意；(2) 如果经确定原意为不经该第三国同意不得取消或变更该项权利，当事国就不得取消或变更。

第四节　条约的解释、修订与终止

一、条约的解释

1. 条约的解释主体

条约的解释是指条约当事方或其授权的解释机关按照一定的规则对有分歧的条约条

款或其他条约适用问题做出明确具体的说明。

条约当事方、经授权的国际组织的机关、有管辖权的国际仲裁或国际司法机关有解释条约的权利，其所做的解释有拘束力。

(1) 当事方以协议方式做出的解释。这是所有缔约方进行协商并解释条约的方式，包括：① 缔约方拟定约文时起草关于解释条约的协定书；② 由缔约的一方做出单方声明，其他缔约方表示承认；③ 条约生效后另行缔结解释协定；④ 由部分主要缔约方通过协商解释条约。例如，关于 1906 年 4 月 7 日《阿尔赫西拉斯最后议定书》的效力范围，法国和德国于 1909 年 2 月 9 日发表了共同宣言。由各当事方通过平等协商达成有拘束力的解释协议是最好的选择。

(2) 经条约授权的国际组织的有关机关的解释。例如，1944 年《国际民用航空公约》第 84 条规定，如果出现解释争议，经任何与争议有关的一国申请，应由理事会裁决。

(3) 有管辖权的国际仲裁和国际司法机关的解释。国际仲裁机构或司法机关依据争议双方达成的协议或条约争议解决条款有权就该条约的解释获得权利，但该解释权仅对提交争端的当事方有效。此外，《国际法院规约》第 62 条和第 63 条规定，如果条约的其他当事方经申请参加了诉讼的，ICJ 的解释对这些诉讼参加国也有拘束力。

2. 条约的解释原则

《维也纳条约法公约》第 31 条规定，“条约应依其用语按其上下文并参照条约之目的及宗旨所具有之通常意义，善意解释之”“就解释条约而言，上下文除指连同弁言及附件在内之约文外，并应包括：全体当事国间因缔结条约所订与条约有关之任何协定；一个以上当事国因缔结条约所订并经其他当事国接受为条约有关文书之任何文书”“应与上下文一并考虑者尚有：当事国嗣后所订关于条约之解释或其规定之适用之任何协定；嗣后在条约适用方面确定各当事国对条约解释之协定之任何惯例；适用于当事国间关系之任何有关国际法规则”“倘经确定当事国有此原意，条约用语应使其具有特殊意义”。

《维也纳条约法公约》第 31 条包含了条约的善意解释、整体解释、目的解释，以及通常意义解释等解释原则。

(1) 善意解释，即诚实、公正和合理的解释。善意是适用任何解释规则时都应同时适用的规则。善意解释意味着，即使条约用语含义清楚，但如果导致了明显荒谬和不合理的结果，就应该寻找其他解释；解释应该服从缔约方之间真实的共同意图等。

(2) 整体解释，即依照条约用于在上下文中的含义解释，推定为上下文一致，把条约作为一个整体来解释，避免孤立的、片面的、断章取义的解释。同一条约中的字句应作前后一致的解释，同一字句在不同条款中应作一贯解释，解释不得违反国际法原则及条约法规则。根据条约的全部条款而不拘泥于个别字句进行解释；上下文有矛盾的，应结合上下文的整体意思；特殊用语与一般用语矛盾的，先依特殊用语；有明显错误的，依正确的意思。整体解释原则包括适用条约的准备工作等补充资料。上下文包括条约的序言、正文和附件在内的全部约文，以及全体当事国间因缔结条约所签订与条约有关的任何协定和文书。同时，应与上下文一并考虑的还有嗣后协定和惯例，以及适用于当事国间关系之任何有关国际法规则。

（3）目的解释，即条约用语的解释应参考条约的目的和宗旨，有两种以上解释时应采用最符合条约的目的和宗旨的解释。在国际组织宪章性条约的解释中，经常诉诸这种灵活的目的解释方法，以确定国际组织为实现其宗旨所必需的权利。此外，在人权条约解释中，也经常诉诸目的解释方法，以实现有效保护人权的宗旨。

（4）通常意义解释，即条约应按照其用语的自然的、通常的含义进行解释，这是条约解释的基本出发点。因为条约用语的通常含义被认为反映了当事国的真实的共同意图。

3. 以两种以上文字认证之条约之解释

《维也纳条约法公约》第 33 条规定了以两种以上文字认证之条约之解释原则，条约约文经以两种以上文字认证作准的，除依条约之规定或当事国之协议遇意义分歧时应以某种约文为根据外，每种文字之约文应同一作准；以认证作准文字以外之他种文字作成之条约译本，仅于条约有此规定或当事国有此协议时，始得视为作准约文；条约用语推定在各作准约文内意义相同；除依第一项应以某种约文为根据之情形外，倘比较作准约文后发现意义有差别而非适用第 31 条及第 32 条所能消除时，应采用顾及条约目的及宗旨之最能调和各约文之意义。

二、条约的修订

1. 修订的概念

条约的修订是指条约当事国在缔结条约后于该条约有效期间内改变其规定的行为。条约的修订主要涉及多边条约，双边条约的修订实际上与缔结一新的条约并无二致。

《维也纳条约法公约》将条约的修订分为“修正”（Amendment）和“修改”（Modification），前者是指条约全体当事方对条约的修订，而后者是指部分当事方对条约的修订。

2. 条约的修正

条约的修正是重新缔结条约的部分规定，应当适用原条约的缔结程序。《维也纳条约法公约》第 39 条规定，条约得以当事国之协议修正之。该条约修正通则既适用于双边条约的修正也适用于多边条约的修正。双边条约，当然须双方当事国都表示同意，才能修正。多边条约，该通则只要求当事国之间的同意，而并不要求全体当事国之间的同意，这一点在 ILC 对草案的释文中解释得很清楚。其原因是，由于现在国际间修正多边条约已有很广泛的不经原条约全体当事国同意的实践，且为了便利多边条约的修正，以此适应实际情况的变更。

《维也纳条约法公约》第40条规定了条约的修正规则，但仅适用于多边条约对条约的修正未作规定的情况。(1)任何修正提议必须通知全体缔约方，各缔约方均有权参加对修正提议采取行动的决定，以及参加修正条约的任何协定的谈判和缔结。这是鉴于原缔约方对于该条约的修正都有利害关系，因而都应享有上述权利。享有上述权利的是原条约的一切缔约方，而不是原条约的一切当事国。当事国是同意承受条约拘束及条约对其有效的国家，而缔约方是不问条约是否已生效，同意受条约拘束的国家。公约没有明文规定提议的权利，既然原条约的一切缔约方都有权的话，该条约的一切缔约方和当事国均有权提议，但是谈判国显然没有这种权利。(2)凡有权成为条约当事国的国家也有权成为修正后条约的当事国。有权成为一个多边条约当事国的国家，包括曾参加草拟和议定该条约的国家与有权加入该条约的国家。这些国家虽然还没有同意受该条约的拘束，且不是该条约的当事国，但是该项规定也承认其对修正后的该条约具有利益关系，从而容许其同时同意受这两个条约的拘束而成为他们的当事国。(3)未参加修正协定的原条约当事国不受修正协定的约束。这些国家与既是原条约又是修正后的条约的当事国相互间的权利和义务，适用原条约的规定。(4)修正协定生效后成为条约当事国的国家，如无相反表示，应被视为修正后的条约当事国，并就其与不受修正协定拘束的原条约当事国的关系而言，应被视为未修正条约的当事国。如果按照修正后的条约，原条约并不因该条约的缔结而被废止，那么第三国自然可以自由选择，或者仅加入原条约，或者仅加入修正后的条约，或者同时加入这两个条约。但是，如果第三国加入时并未明示加入哪个条约，那么按照该项规定，该第三国如于修正后的条约生效后加入，就其与已接受修正的那些国家的关系来说，其应该被推定为加入了修正后的条约，而就其与未接受修正的那些国家的关系来说，其应同时被推定为加入了原条约。

因多边条约一般明文规定修正的程序、条件和效力等，则这些多边条约适用各自条约中有关修正的规定。例如，《联合国宪章》第108条规定，本宪章之修正案经联合国大会会员国三分之二表决并由联合国会员国三分之二，包括安全理事会全体常任理事国，各依其宪法程序批准后，对于联合国所有会员国发生效力。

3. 多边条约的修改

多边条约的修改在实践上并非罕见，因为它有利于一些关系特别密切的国家之间的合作。有些多边条约还明文规定当事国之间可以缔结特别协定，例如，《联合国宪章》第52条规定，联合国会员国显然有权缔结不违反联合国宗旨和原则的区域协定；1944年《国际民用航空公约》第83条明文规定，该公约当事国可以缔结双边协定，但须通知国际民用航空组织，由该组织将这种双边协定予以公布。因为原条约一部分当事国相互间缔结修改原条约的协定，可能有损于该条约的其他当事国，所以《维也纳条约法公约》第41条对原条约的修改问题采取较为严格的规定，以保护后者。

《维也纳条约法公约》第 41 条规定，处于以下情形之一时，多边条约的两个或多个当事方彼此间可缔结协定修改条约。(1) 必须是条约内规定有作这种修改的可能，或者这种修改不为条约所禁止，而且不影响其他当事国的权利和义务。违反第 41 条第 1 款规定而缔结的修改原条约的协定，在进行修改的当事国之间仍然是有效的。这是因为该款规定并不是由强行法规定，所以违反该款规定的协定并非无效。然而，进行这种修改的当事国由于违反了原条约，就属于国际违法行为，从而须对其他当事国承担国际责任，只有废除这种协定，它们才能解除其责任。(2) 有关当事国应将其缔结修改协定的意思及内容通知其他当事国。本条款的目的在于，其他当事国在及时知悉修改的意思和内容后，可以表示其对修改的立场，从而可能导致各有关国家之间就修改问题进行谈判，必要时其他当事国也可以参与修改协定的缔结。因此，该款规定既保护了其他当事国的利益，也有助于国际间良好关系的维持。

案例导入答案

【答案】 1969 年《维也纳条约法公约》第 26 条规定了条约必须遵守，即凡现行有效的条约对各当事国具有拘束力，必须由其善意履行，故本案中 1977 年的条约仍然对双方有效，应继续履行。国际法院认为，国际习惯法承认，危机情况可以作为解除行为不法性的理由，不过这只是例外的情况。匈牙利对该地区自然环境的关切涉及一项基本利益，但在 1989 年并不存在严重迫切的危险。即使在 1989 年存在与履行条约相关的危机情况，匈牙利也不能以此作为其不履行条约义务的理由。故法院判定匈牙利无权暂停和随后废弃其应负责的工程。

三、条约的终止与停止施行

1. 条约的终止

条约的终止是指条约生效以后，由于国际法所承认的原因的出现，条约所规定的权利和义务不再拘束原有的当事方。条约终止的后果是指当事方因条约终止而享有的国际法上的权利或应承担的国际法上的义务。

根据《维也纳条约法公约》第 54 条、第 56—62 条和第 64 条及国际实践，以下情形发生时，条约终止：条约到期；条约执行完毕；条约解除条件成熟；条约被代替；退约；各缔约方同意终止条约；条约不能履行；与国际强行法相抵触；单方面废约。例如，《维也纳条约法公约》第 54 条规定，有下列情形之一时，一项条约可以终止或由一当事方退出：(1) 依照条约的规定；(2) 不论何时，经同各缔约方和缔约组织磋商后全体当事方表示同意。

《维也纳条约法公约》第 60 条规定，条约因违约而终止或停止实施的情形：(1) 双边条约当事国一方有重大违约情势时，他方有权援引违约为理由终止该条约，或全部或局部停止其施行；(2) 多边条约当事国之一有重大违约情势时，其他当事方有权采取包括终止条约在内的相应措施。《维也纳条约法公约》第 62 条规定，条约缔结时所依据的基本情况发生缔约方未能预料的根本性变化时，缔约方可以此为理由终止或暂停施行该条约的条件、结果以及限制。

在国际社会中，国家和国际组织经常援引情势变迁原则。例如，1926 年中国政府以情势变迁原则为依据，宣布废除 1856 年与比利时签订的含有领事裁判权的《中比条约》；2001 年美国政府宣布退出 1972 年与苏联签订的《限制反弹道导弹系统条约》，美国认为该条约是两国冷战时期签订的，已不再适应目前的国际形势。

国际法院在 1973 年英国和冰岛的“渔业管辖权案”中，一方面，承认了国际法上的情势变迁原则，在缔约方决定接受条约时的状况发生根本性改变后，缔约方就有了主张终止或暂停施行条约的根据。但是，另一方面，国际法院认为传统观点上的根本的情势变迁是指情势的变迁危及缔约一方的生存与发展。在本案中，冰岛在主张把渔业区的范围扩大到 50 海里时，援引了情势变迁原则。冰岛主张的情势变迁是冰岛沿岸海域的渔业资源开发持续增加，影响了冰岛的重大利益。在 1997 年匈牙利和斯洛伐克的“盖巴斯科夫-纳吉玛洛水利枢纽工程案”中，国际法院认为匈牙利所主张的情势变迁无论是单独的还是整体的都不具有这样的性质，即其影响将从根本上改变为完成该工程尚待履行义务的范围。因此，《维也纳条约法公约》第 62 条规定，作为终止条约的条件包括：(1) 存在缔结条约时的情况的变化；(2) 变化是根本性的；(3) 变化是缔约方无法预料的；(4) 该情势的存在构成缔约方接受条约拘束的必要基础；(5) 情势变迁给条约义务的范围带来根本改变，即可将情势变迁作为主张终止或退出条约的根据，但并不因为存在着情势变迁，条约便自动终止或无效。

什么叫根本改变？ 在“渔业管辖权案”中，ICJ 指出，根本改变是危及缔约方之一的生存和发展的情况的变化。但这种标准过于严格，只要能够从客观上承认情势变更和由此而引起的条约义务范围的严重改变，且继续维持条约规定不符合公平和正义，便可被视为根本改变。

但《维也纳条约法公约》第 62 条也规定了适用该原则的两个限制：(1) 当事国不得援引情势变迁作为终止或退出边界条约的理由；(2) 如果情势的基本改变是援引此项理由的当事国自己违反条约或者违反其对该条约任何其他当事国所负的任何国际义务造成的，则该当事国不得援引情势变迁为由终止或退出条约。这反映了“任何人不能从自身错误中获得利益”的法律原则。

2. 条约的停止施行

条约的停止施行是指一个或数个当事国在一定期间内暂停施行条约的一部分或全部，在停止施行期间中止条约效力。《维也纳条约法公约》第58条第1款规定，多边条约的两个以上当事国可以暂时并仅于彼此间缔结的协定停止施行条约。例如，条约内规定有此种停止的可能；有关的停止非为条约所禁止，且不影响其他当事国享有条约上的权利或履行其义务；非与条约的目的及宗旨不合。此外，有关当事方应将其停止施行的协定通知其他当事方。

条约的停止施行与条约的终止是两个不同的概念。条约的终止是从终止之日起终止条约的效力，解除当事方履行条约的义务；而条约的停止施行只是在停止施行期间解除当事方履行条约的义务，此外并不影响其他当事方之间的法律关系。必要时，可以通过一定程序恢复条约的施行，但也可能导致条约效力的终止。

本章重点

- 试述条约的保留。
- 试述条约生效的条件。
- 简述条约相对无效和绝对无效的区别。
- 简述无效条约的效果。
- 简述条约冲突时的适用原则。
- 试述条约对第三方的效力。
- 简述条约解释的规则。
- 试述情势变迁原则。

思考题

- 从中国对条约保留的实践来看，中国对条约的立场是什么？
- “一国两制”对我国条约缔结和适用方面产生的问题是什么？
- 如何理解不平等条约及其效力？

阅读扩展目录

- 曾令良.论我国《缔结条约程序法》的完善[J].政治与法律，2014(9)：2-9.
- 曾令良.论诚信在国际法中的地位和适用[J].现代法学，2014,36(4)：146-153.
- 赵建文.条约法上的善意原则[J].当代法学，2013,27(4)：121-130.

本章知识树

- 国际条约法
  - 条约法概述
    - 概念和特征
    - 名称和种类
    - 条约法的编纂
  - 条约的缔结
    - 双边条约缔结的一般程序
      - 谈判和议定约文
      - 约文的认证
      - 签署
      - 批准
      - 批准书的交换
      - 登记和公布
    - 多边条约的缔结、加入和保留
      - 缔结
      - 加入
      - 保留
    - 我国缔结条约的程序法
  - 条约的效力与适用
    - 生效条件
      - 缔约能力
      - 自由意思表示
      - 符合强行法
    - 无效处理
      - 无效的形态
      - 无效的程序
      - 无效的效果
    - 遵守适用
      - 条约必须遵守原则
      - 条约的适用
      - 条约的冲突
    - 对第三方的效力
  - 条约的解释、修订与终止
    - 条约的解释
      - 解释主体
      - 解释原则
        - 善意原则
        - 整体原则
        - 目的原则
        - 通常意义原则
    - 条约的修订
      - 条约的修正
      - 条约的修改
    - 条约的终止与停止实施：情势变迁原则

第三章　国际法上的国家

案例导入

【案情】 20世纪80年代以来，美国出于反对尼加拉瓜奥尔特加政府的目的，不断对尼加拉瓜内政进行干涉，并支持该国反政府武装，反对尼加拉瓜政府的军事行动。1984年4月9日，尼加拉瓜就在尼加拉瓜境内及针对尼加拉瓜的军事和准军事行动中美国应承担责任的问题，向国际法院提起诉讼，要求国际法院判决美国违反了其根据若干国际文件以及一般国际习惯法对尼加拉瓜承担的义务，并宣布美国有责任立即停止所有对尼加拉瓜使用武力，侵犯其主权、领土完整或政治独立的行动，以及对在尼加拉瓜从事反尼加拉瓜的军事与准军事活动的任何人的任何形式的支持。

【判决】 美国在尼加拉瓜境内的行动违反了禁止使用武力原则，构成对尼加拉瓜非法使用武力和以武力相威胁；美国支持尼加拉瓜反政府武装是对尼加拉瓜内政的干涉，明显违反了不干涉原则；美国对尼加拉瓜的行动违反了尊重国家领土主权原则；美国有义务立即停止并不再采取任何上述违背其国际义务的行为，并对违反行为所造成的损害予以赔偿。

【问题】 国家行使自卫权的条件是什么？

第一节　国家的概述

一、国家的概念和要素

国际法上的国家是指由定居的居民和特定的领土组成的、有一定的政府组织和对外独立交往能力的政治实体。

1933年签订的《蒙特维多国家权利义务公约》第1条规定，国家作为一个国际人格者必须具备下列条件，即固定的居民、确定的领土、政府、与他国建立关系的能力。

国际法上的国家应具有以下四个要素。

第一，长久定居的居民——居民是国家的基本要素。构成一个国家的人口必须是永久性的人口，即在国家领土上长久定居的人。有定居的或固定的人口，才能形成社会和一定的经济及政治结构，进而构成国家。

第二，确定的领土——领土是国家存在和发展的物质基础。领土是国家行使排他性权利的空间，是确立国家属地管辖权的基础。一个没有固定领土、漂泊不定的民族或部落不能形成现代意义上的国家。

第三，一定的政权组织或政府——具有中央集权的行政与立法机关是国家存在的最佳证据，也是国家区别于部落的重要依据。政府代表国家对内实行管辖，对外进行国际交往。国家一旦建立，无论是受到他国的军事占领，还是爆发内战，都不影响该国作为国家的法律地位，即便该国政府武力控制其大部分领土。

第四，主权——主权是国家的根本属性。主权意味着不依赖他国，独立自主地处理对内和对外事务的能力。主权不但是区分国家和其他国际法主体的重要标志，而且也是区分国家和其他地方行政单位的重要标志。主权是国家具有的对内的最高权力和对外的独立地位。

国际法趣谈

西兰公国是国家吗?

西兰公国(Principality of Sealand)位于英吉利海峡之上的废弃人造建筑上，约距英国英格兰萨福克郡海岸10千米。此建筑是第二次世界大战时英国为防止德国入侵而修建的海洋堡垒，被称为怒涛塔(Roughs Tower)，战后被英国政府遗弃。1967年9月2日，前英国皇家海军上校派帕蒂·罗伊·贝茨(Paddy Roy Bates)占领怒涛塔，并声称对其行使主权。1967年怒涛塔被占领时，其位于国际公海水域范围内，并不属于英国或任何其他第三国的管辖范围内。西兰公国的常住人口很少超过5人，其可供居住的面积约550平方米。西兰公国设有王室、宪法、政府、元首、货币，签发护照，并流通邮票。1968年，一艘英国海军的巡逻船进入西兰公国，罗伊和儿子向他们鸣枪示警，并向巡逻船投掷燃烧瓶，结果被英国法庭传令受审。但英国法院于1968年11月25日宣布，由于事件发生地处在英国领海之外，他们对此事件无权干预。目前，西兰公国没有被国际社会承认为一个国家。

二、国家的类型

1. 单一国和复合国

单一国(Unitary State)是指由若干行政区域构成的单一主权的国家。单一国是中央集权制国家,有统一的宪法和法律,在国际上是统一的主权国家,只有一个中央最高权力在对外关系上代表国家,所有公民只有一个国籍。

复合国(Composite State),也称为国家的联合,是指两个或两个以上的成员组合起来形成复合结构的国家或国家依协议组成的国家联合体,目前有联邦(Federation)和邦联(Confederation)两种形式。

联邦是指由若干个成员单位根据联邦宪法组成的国家。联邦国家具有统一的宪法和法律,联邦人民具有一个共同的国籍,在国际关系上,联邦是一个代表其全体联邦成员的国家,具有国际法主体资格。至于联邦成员的国际交往权,则取决于各联邦国家的宪法规定。

邦联则为两个或两个以上的国家通过签订条约而建立的联合体。邦联本身不是国际法主体,而组成邦联的成员才是国际法主体。邦联虽然有自己的组织机构并被赋予一定的权力,但该机构的权力仅及于各成员,而不及于各国的公民。公民没有邦联的共同国籍。例如,1982 年塞内加尔和冈比亚组成了塞内冈比亚邦联;苏联解体之后,由十几个原苏联加盟共和国组成的独立国家联合体,在性质上也类似于邦联。

2. 永久中立国

永久中立国(Permanent Neutralized State)是指根据国际条约或国际承认,在对外关系中承担永久中立义务的国家。永久中立国的存在必须满足以下两个条件。第一,有关国家要明白地宣布自愿承担永久中立义务,包括除自卫外不得对他国进行战争或参加其他国家之间的战争;不得缔结与其中立地位相抵触的条约,如军事同盟条约、共同防御条约等;不得采取任何可能使自己卷入战争的行动或承担这方面的义务,如不得允许外国军队过境或允许其在本国境内建立军事基地和组织军队等。第二,其永久中立地位得到国际条约的承认。实践中通常由一些强国通过缔结国际条约以保证中立国的中立地位不受侵犯。

瑞士永久中立国的地位始于 1815 年的维也纳会议。在此会议上,英国、俄国、法国等部分欧洲国家在宣言上签字,承认并集体保障瑞士的永久中立。第一次世界大战以后,瑞士永久中立国的地位为 1919 年《凡尔赛和约》再次确认。1955 年,奥地利国民会议通过联邦宪法,宣布奥地利为永久中立国。1995 年 12 月,第 50 届联合国大会一致通过决议,承认土库曼斯坦的永久中立国地位。

【思考题】《联合国宪章》第 48 条规定，联合国会员国应履行安全理事会为维持国际和平与安全而做出必要行动的决议。奥地利 1955 年加入联合国时，没有获得任何照顾其永久中立地位的承诺；瑞士 2002 年加入联合国时也一样没得到任何承诺。**联合国集体安全保障体制是否会影响奥地利和瑞士的永久中立地位?**

3. 附属国

附属国是指对他国居于从属地位的国家，其对外交往权不同程度地受到他国的控制，主要有附庸国和被保护国两种类型。前者是指在对内事务上有自主权，但对外关系完全或主要由宗主国控制的国家，如 19 世纪的埃及和保加利亚是土耳其的附庸国。后者是指根据条约将自己重要的国际事务交由他国处理，其则处于被保护地位的国家。因被保护国把重要的对外事务交给保护国处理，因此被保护国的主权是不完全的，但仍是国际法的主体。并且，被保护国不是保护国的一部分，保护国与第三国进行战争不会使被保护国处于战争地位，如埃及曾在 1914—1922 年由英国保护。

三、国家的基本权利和义务

国际法学界一般承认国家享有基本权利并承担基本义务，但是对国家基本权利的根据和内容一直存有不同看法。自然法学派主张，如同个人的生存必然要享有某些天赋人权一样，作为国际社会的成员，其存在必然要享有一定的基本权利。实在法学派则主张，国家的基本权利来源于国家作为国际社会成员的资格，或者是基于实在国际法（特别是一般国际习惯法）的承认。

虽然有争论，但是国家基本权利的概念还是逐渐得到了国际社会的普遍确认。1933 年美洲国家通过了《蒙特维多国家权利义务公约》，其后又于 1948 年通过了《美洲国家组织宪章》，该宪章第 7 条规定，“每一个美洲国家都有按照国际法尊重其他国家权利的义务”。第 8 条规定，“各国的基本权利不得以任何方式加以侵害”。此外，联合国成立之后通过的《国家权利和义务宣言草案》《国际法原则宣言》《各国经济权利和义务宪章》《关于各国依联合国宪章建立友好关系及合作之国际法原则之宣言》等国际文件，以及区域性国际组织和国际会议通过的许多宣言和决议，都直接或间接地确认了国家基本权利和义务。例如，1946 年联合国大会通过的《国家权利和义务宣言草案》规定，国家承担的基本义务有不干涉他国内政、不使用武力或武力威胁、和平解决国际争端、真诚履行国际义务、尊重人权和基本自由等。

国家在享有基本权利的同时，必然负有尊重他国基本权利的义务。一国享有的基本权利，正是他国承担的相应义务。在国际关系中，根据国家主权平等原则，不可能存在只享受权利而不承担义务的国家，也不可能存在只承担义务而不享受权利的国家。权利和义务的内容比较多,主要有独立权、平等权、自卫权、管辖权等基本权利,以及不干涉内政义务、国家的普遍义务(Obligations Erga Omnes)等基本义务。

1. 独立权

独立权是指国家根据自己的意志处理其对内和对外的事务而不受任何外力干涉的权利。独立权是国家主权的集中体现。依据独立权,国家可以自主地选择社会制度、政治制度、经济制度,立法、司法和行政措施,对内和对外方针政策等。

独立权是国家主权的重要标志,丧失了独立就意味着丧失了主权。与独立权相对应的国家基本义务之一是不干涉他国内政,国家的独立权是不干涉内政原则的基础。

随着现代国际法的发展,独立权的内容从原来的仅指国家在政治上的独立,扩大到包括国家在经济上的独立,即不受他国掠夺和剥削的权利。例如,联合国大会在 1974 年通过的《建立新的国际经济秩序宣言》《建立新的国际经济秩序行动纲领》和《各国经济权利和义务宪章》等都在强调国家政治独立的同时,主张国家的经济独立。

2. 平等权

平等权是指每个国家在国际法上都享有平等地位的权利。即国家不管其大小强弱,社会制度和发展水平如何,各国在国际社会上的法律地位一律平等。国家的平等权主要体现在以下几个方面。(1) 国家在国际组织和国际会议中享有平等的代表权和投票权(除了国际金融组织和联合国的否决权制度等少数特殊规定外)。(2) 国家享有平等的缔约权。缔约时各国有权使用本国文字,除非另有约定,各国文字具有同等效力。(3) 国家在外国享有司法豁免权。主权国家之间互不管辖,司法豁免权就是基于国家的平等权而发展的代表性国际法理论。(4) 国家享有平等的尊荣权。尊荣权是指国家元首、政府首脑、国旗、国徽等不受侮辱,在外交礼仪上享有平等的尊荣。(5) 国家享有平等的位次权。国家在签署条约时实行"轮署制"或依商定文字的国名字母顺序签署,国家在国际会议上的位次按照会议所用文字的国名字母顺序排列。(6) 一国侨民享受与各国侨民的平等待遇。

3. 自卫权

自卫权是指国家为了保卫自己的生存和独立而具有的权利。广义的自卫权包括国家平时进行国防建设的权利,即国防权。狭义的自卫权是指当国家遭到外来的武力攻击时,实施单独或集体的武装自卫以打击侵略者保卫国家的权利,也是一般意义上的自卫权。《联合国宪章》第 51 条规定,"联合国任何会员国受武力攻击时……本宪章不得认为禁止行使单独或集体自卫之自然权利"。

加罗林号案

1837 年,英国殖民地加拿大发生武装叛乱,英军出动镇压。美国政府采取了中立措施。英军发现加拿大叛军利用美国船舶"加罗林号"运送武器,因此派遣一支英国军队深入美国境内的斯洛塞港，袭击并放火击沉了该船，在此过程中一些美国人不幸身亡。美国抗议英国侵犯美国的领土主权，英国则主张英军行动是自卫所必要的，因为当时没有时间请求美国政府来阻止叛军对英国领土的急迫侵犯。当时的美国国务卿写信给英国在华盛顿的大臣时，提出了如下主张，以否认英国的主张：

国家实施自卫的前提必须是实际上遭到了直接或间接的武力攻击、刻不容缓、压倒一切（不可对抗的）、没有选择的余地和考虑的时间，且不包括任何不合理和过分的行为（自卫权的行使必须遵守“相称性原则”）。

自卫权的行使受到严格的条件限制。根据《联合国宪章》第 51 条和国际习惯法，自卫权行使须满足以下四点条件。(1) 自卫权行使的前提条件必须是“受到武力攻击”。“武力攻击”不仅包括一国正规部队跨越边界的直接攻击行为，还包括一国或以其名义派遣武装小分队、武装团体、非正规军或雇佣兵，对另一国使用武力，如果其严重性等同于正规部队进行的实际攻击，也属于武力攻击。但不包括向反对派提供武器或后勤、财政和其他支持的援助行为，尽管这种行为可能构成使用武力或武力威胁，或造成对一国内部或外部事务的干涉。(2) 自卫的时间应在安全理事会“采取必要办法以维持国际和平与安全之前”，即一旦安全理事会采取了维护国际和平与安全的必要措施，自卫行动即宣告结束。在《联合国宪章》的规定下，自卫是受制于安全理事会的临时性补救办法。(3) 联合国会员国行使自卫权所采取的行动应向安全理事会报告，并不得影响安全理事会行使维持国际和平与安全的职权。(4) 自卫权行使的武力限度是须遵守必要性和相称性原则。前者是指受攻击国必须是在没有其他切实可行的和平手段可供选择而做出反应的情况下，才不得不使用武力诉诸自卫。后者是指自卫所使用武力的强度和规模要与所遭受的武力攻击大体一致。根据国际法和《联合国宪章》的规定，国家在行使自卫权时要承担相应的义务，不得对他国造成威胁。

【思考题】 美国遭受“9·11”恐怖袭击之后，声称本·拉登恐怖组织劫持民用航空飞机撞击纽约兄弟大厦的恐怖袭击是对美国的“武力攻击”，美国采取的军事行动是自卫。**“9·11”恐怖袭击是否为“武力攻击”？**

案例导入答案

【答案】 国际法院指出，自卫是否合法，取决于自卫行动的必要性和相称性。无论自卫是单独的还是集体的，都只能是对武装攻击的反应。自卫必须由受武装攻击的国家进行和宣布，集体自卫也不能改变这个条件，亦即集体自卫只有在受到武力攻击的国家提出请求时才可行使。对于尚未构成武装攻击的行为，现行国际法不允许采取集体对抗措施。

4. 管辖权

管辖权是指国家通过立法、司法和行政等手段对本国领土范围内和域外的一定的人、事、物进行管理和处置的权利。根据国际条约和国际习惯，国家行使管辖权的原则主要有四种：属地管辖（Territorial Jurisdiction）、属人管辖（Personal Jurisdiction）、保护性管辖（Protective Jurisdiction）和普遍管辖（Universal Jurisdiction）。

（1）属地管辖是指国家对其领土范围内的一切人、事、物所享有的完全的、排他的管辖权。如1929年《防止伪造货币的国际公约》规定，构成伪造货币的行为发生地国都应将该行为按照普通犯罪办理。属地管辖原则是国家主权的具体表现，是国家领土主权的重要内容，因此在各种管辖权类型中，属地管辖权往往居于优先地位。除了领土以外，一国可以对处于其属地领域以外具有该国国籍的航空器、船舶等交通工具上的人、事或物行使管辖权，如《中华人民共和国刑法》第六条规定，凡在中华人民共和国船舶或者航空器内犯罪的，也适用本法。但这种情况下行使管辖权的依据不是属地原则，而是一种具有独立基础的管辖原则。

（2）属人管辖是指国家对于具有本国国籍的人，不论其在国内还是在国外，都具有管辖的权利。如《中华人民共和国刑法》第七条规定，中华人民共和国公民在中华人民共和国领域外犯本法规定之罪的，适用本法，但是按本法规定的最高刑为三年以下有期徒刑的，可以不予追究。属人管辖权的行使要受到所在国属地管辖权的限制，如对在外国境内的本国人，如果没有当地国有关当局的协助，不能采取强制措施。

知识拓展

属地管辖权与属人管辖权的冲突解决

（1）有可能存在对同一对象之上既有属地管辖权与属人管辖权的现象，当属地管辖权与属人管辖权分属不同的主权者时，就会造成冲突。在此情况下，属地管辖权处于优先地位。PCIJ在1927年“荷花号案”中指出：“一个国家不得以任何方式在另一个国家的领土上行使他的权力，除非依据国际习惯或一项公约所产生的允许性规则。”

（2）在税收方面容易出现属人管辖权与属地管辖权交叉的现象，如双重征税或偷税漏税的现象。此时，国家之间可以通过签订双边协定予以解决。

（3）在刑事法律方面，国家同样可以规定对在国外的侨民行使其管辖权，各国对此有不同的做法。不论国家主张对其国外侨民的刑事管辖权到什么程度，由于国家不能在外国行使其主权权力，通常必须等待该国民回到国内。《中华人民共和国刑法》第七条规定："中华人民共和国公民在中华人民共和国领域外犯本法规定之罪的，适用本法，但是按本法规定的最高刑为三年以下有期徒刑的，可以不予追究。"

(3) 保护性管辖是指国家对于外国人在本国领域外侵害该国的国家或公民的重大利益的犯罪行为行使管辖的权利。这种管辖是受害国针对外国人的严重罪行，如伪造货币罪、诽谤罪、杀人罪、纵火罪等而实施的。如《中华人民共和国刑法》第八条规定，外国人在中华人民共和国领域外对中华人民共和国国家或者公民犯罪，而按本法规定的最低刑为三年以上有期徒刑的，可以适用本法，但是按照犯罪地的法律不受处罚的除外。因保护性管辖权的行使受到罪行发生地国家的属地管辖权限制，故一般通过引渡犯罪嫌疑人、缺席判决，或者在罪犯进入受害国领土时将其逮捕等途径实现。

(4) 普遍管辖是指对国际法上规定的严重危害国际和平与安全以及全人类利益的国际犯罪行为，任何国家均可以行使的管辖权。由于普遍管辖权突破了地域、国籍和利益保护这三种传统管辖的因素，因而它在国际法上历来受到一定的限制。已获得明确公认的犯罪有公海上的海盗行为、奴隶贸易和战争罪等，其他如种族灭绝和隔离、空中劫持、贩卖和走私毒品、危害人类罪等，也被较多的国家和学者认为是各国有普遍管辖权的犯罪。《中华人民共和国刑法》第九条规定，对于中华人民共和国缔结或者参加的国际条约所规定的罪行，中华人民共和国在所承担条约义务的范围内行使刑事管辖权的，适用本法。由于国际社会对有效防止和惩治各种国际罪行的日趋关注以及国际人权运动的迅速发展，普遍管辖权的重要性日益得以增强，对传统国际法中豁免权理论造成了冲击。例如，在"皮诺切特案"(1998—2000年)中，作为智利前总统的皮诺切特在1998年到英国治病时，被西班牙以犯有酷刑等国际罪行为由，要求英国政府将他引渡给西班牙进行审判。西班牙请求引渡皮诺切特的依据是普遍管辖权，而皮诺切特则以外交豁免权进行抗辩。英国法院最后判决指出，一国的前国家元首犯有酷刑罪不能要求享有司法豁免权而免于引渡或起诉，皮诺切特应被引渡到西班牙受审。与此相反，国际法院在"刚果诉比利时逮捕令案"的判决中，坚持了国际法上权威人士的管辖豁免原则，认定比利时发布国际逮捕令的行为违反了国际习惯法所规定的外交部部长享有的刑事管辖豁免权和不可侵犯性，裁定比利时必须撤销该逮捕令并通知其他收到逮捕令的国家。

刚果诉比利时逮捕令案

2000年4月11日，比利时布鲁塞尔初审法院根据本国的《万国管辖权法》，对刚果外交部部长阿普杜拉·耶罗迪亚·努道姆巴西(Abdoulaye Yerodia Ndombasi)发出国际逮捕令，指控其涉嫌构成"严重违反国际人道主义法的罪行"。逮捕令已转交给刚果民主共和国在内的所有国家，要求发现努道姆巴西的相关国家予以拘留并将其引渡给比利时。2000 年 10 月 17 日，刚果向国际法院提起诉讼，认为比利时的行为违反了一国不得在另一国领土上行使权利的原则、《联合国宪章》第 2 条规定的会员国主权平等原则以及 1961 年《维也纳外交关系公约》规定的外交部部长所享有的外交豁免原则，要求国际法院裁定撤销比利时的逮捕令。

国际法院在 2002 年 2 月 14 日的判决中认为，比利时当局散发有争议的逮捕令违反了尊重刚果现任外交部部长所享有的豁免权的义务；现任或前任外交部部长根据国际法所享有的豁免权，不构成刑事起诉的条件，裁定比利时必须撤销该逮捕令并通知其他收到逮捕令的国家。

5. 国家的基本义务

国家享有国际法确认的基本权利，也要承担国际法规定的基本义务，这种义务关涉国际社会的和平与安全、民主与发展的根本利益，因此也是各国必须遵守的和不可推卸的根本性义务。根据《联合国宪章》《国际法原则宣言》《国家权利和义务宣言草案》等国际文件规定，国家基本义务的核心内容是尊重他国的主权和由主权引申的各项基本权利，具体为以下四点：(1) 不得使用武力或武力威胁，或以与联合国宗旨不符的任何其他方法侵犯他国的领土完整和政治独立；(2) 不得以任何理由和方法直接或间接地干涉他国的内政；(3) 用和平方法解决与他国的争端；(4) 善意履行依公认的国际法原则和规则以及有效的国际条约所负的义务。

国家的基本义务包括不干涉内政义务和国家的普遍义务。前者是指国家在不违反国际法的前提下自由的处理其内政和对外关系，他国有对此不干预的义务。后者是指作为国际社会的成员应当遵守的义务，是整个国际社会所负有的义务。

知识拓展

强行法与普遍义务

强行法和普遍义务概念之间的密切关系是一个始终造成混乱的根源。国际法院在 1970 年 2 月 5 日“巴塞罗那电力公司案”的判决中定义了普遍义务，称其为“一个国家对整体国际社会所负有的义务……是所有国家共同担负的义务……它们是普遍义务”，且把禁止侵略、禁止种族灭绝、免受奴役和种族歧视等四项内容列举为普遍义务。1969 年《维也纳条约法公约》第 53 条则将强制性规范定义为“国家之国际社会整体接受并公认为不许损抑且仅有以后具有同等性质之一般国际法始得更改之规范”，禁止侵略战争、禁止贩卖奴隶、禁止灭绝种族、禁止海盗行为等被普遍接受为强行法规范。

强行法和普遍义务皆是为了反映和维护国际社会整体基本价值观而引入的，是为调整国际法主体之间的国际关系而所必要的国际法律规范，故两者存在较大的重叠。但两者存在以下三个区别。首先，从普遍适用性角度来讲，强行法适用于整体国际社会的所有国家，但普遍义务则根据义务来源可“选择性地普遍适用”，因此可推定普遍义务的范围大于强行法，且所有的普遍义务不能总是反映强行法。其次，从法律地位来讲，强行法是为了确立国际法律规范的等级、位阶而引入的，是在国际法等级体制中高于条约法和习惯法的国际法律规范。普遍义务是为了解决国际社会全体对个别国家的诉求利益及其主体资格和程序事宜而引入的，属于国际法律程序规范。第三，从违反后果来讲，强行法的违反后果涵盖普遍义务的违反后果。强行法除产生普遍义务外，还可以产生国际社会整体须予以合作制止、不予承认不法行为等初级规则义务，但普遍义务只产生国家不法行为责任等次级规则责任，不再创制其他初级规则义务。

巴塞罗那电力公司案

巴塞罗那电力公司是一家控股公司，1911 年成立于加拿大多伦多，其总部、账户及股份登记册均设在该市。为在西班牙建立和发展电力生产和输送系统，该公司分别在加拿大和西班牙建立了许多附属公司。第一次世界大战结束以后，除第二次世界大战期间的一段时间外，巴塞罗那电力公司的大部分股份一直为比利时国民所拥有。第一次世界大战结束后，公司发行了几批比塞塔债券和英式债券，其中英式债券预定从位于西班牙的附属公司向巴塞罗那电力公司的汇兑中偿付。1936 年，偿付上述债券的工作由于西班牙内战的爆发而中断。1940 年，比塞塔债券的偿付工作得以恢复，但由于西班牙外汇管制当局拒绝批准本国境内的公司向巴塞罗那电力公司汇兑外汇，使得英式债券仍得不到偿付。1948 年 2 月，西班牙塔拉戈纳省的雷乌斯地方法院应本国 3 名英式债券持有人的请求，判决并宣布巴塞罗那电力公司破产，同时命令没收公司及其附属公司的资产。1958 年 9 月 23 日，比利时政府向 ICJ 单方提出针对西班牙政府的诉讼请求。

在 1970 年 2 月 5 日的判决中，ICJ 称对一个公司的外交保护只能由该公司的国籍国行使。该公司具有加拿大国籍，与加拿大保持密切的联系，加拿大政府一直为该公司所受损失与西班牙交涉，加拿大具有行使外交保护的能力。比利时是为其国民受该公司的损失而行使外交保护的，这些股东所受的损失，是对一个外国公司采取措施而产生的结果，而不是这些股东的直接权利受到损害的结果。公司国籍国的权利是第一位的，股东国的权利是第二位的，当第一位的权利仍然存在时，第二位的权利就不得行使。因此，ICJ 认为比利时行使外交保护是不适当的。

四、国家豁免

国家豁免(State Immunity,也称为国家主权豁免、主权豁免、国家管辖豁免)是指国家根据国家平等原则不受他国管辖的特权,是一个国家及其机构和财产在外国法院享有管辖豁免权。豁免是相对司法管辖而言的,即免除所在国法律的管辖,主要包括以下三个方面:(1) 一国法院不得受理以外国国家为被告或以外国国家财产为标的的诉讼,即外国国家不能被诉,除非经后者同意;(2) 国家可以作为原告在另一国法院起诉,在这种情况下,该法院可受理被告提出的同本诉有直接关系的反诉;(3) 即使国家在外国法院败诉,该国也不受强制执行的约束,即国家财产不受所在国法院的扣押和强制执行。

正如国际法院在2012年的"德国诉意大利国家豁免权案"判决中所承认的,国家可以豁免一项程序性抗辩,即性质上是程序性的抗辩。国家豁免规则是确定有关管辖权的行使问题,而与有关外国的行为不当性、救济和责任问题没有关系,因而给予某一外国管辖豁免权并不等于认可该国的国际违法行为。

国家豁免是19世纪逐渐形成的一项习惯法规则,其根据是国家主权平等原则,主张绝对的国家豁免。国际法院在"德国诉意大利国家豁免权案"中也确认了尊重国家根据国际习惯法所享有的豁免的义务。但自20世纪中期以后,国家大量地参与跨国贸易、金融、投资等商业活动,其交易方包括了大量的外国自然人和法人。国家享有普遍的管辖豁免权,使得外国人或法人在与国家进行交易中,处于不利地位。因此,这引发了将国家行为分为商业行为和非商业行为,认为国家的商业行为不应享有豁免权的限制豁免理论的出现,这也是ILC在1991年二读通过、2004年联合国大会特别会议通过的《联合国国家及其财产管辖豁免公约》的观点。其实,1926年《统一国有船舶豁免的某些规则的公约》是国家豁免领域里的第一个国际公约,也立足于限制豁免理论。1972年《欧洲国家豁免公约》也主张限制豁免理论。ILC自1979年开始起草"国家及其财产管辖豁免条款草案",该草案于1991年二读通过,2004年在联合国大会特别会议上通过。除了这些国际条约以外,美国于1976年、英国于1978年等也制定了国内相关法律。

尽管《联合国国家及其财产管辖豁免公约》尚未生效,但ICJ在"德国诉意大利国家豁免权案"的判决中对此予以了认真考虑,而且其已被欧洲人权法院所适用。中国政府于2005年9月签署了该公约,但至今尚未予以批准。

那么作为国家豁免的主体"国家"是由哪些机构构成?而个人是否可以代表国家?《联合国国家及其财产管辖豁免公约》第2条规定,享有国家豁免权的主体有以下四种:(1) 国家及其政府的各种机关;(2) 有权行使主权权力并以该身份行事的联邦国家的组成单位或国家政治区分单位;(3) 国家机构、部门或其他实体,但它们必须有权行使并且实际在行使国家的主权权利;(4) 以国家代表身份行事的国家代表。第10条第3款规定,当国家企业或国家所设的具有独立法人资格的其他实体，并有能力起诉或被诉，以及获得、拥有或占有和处置财产，包括国家授权其经营或管理的财产，当其被卷入与其从事的商业交易有关的诉讼时，该国享有的管辖豁免不受影响，即国家豁免不因那些具有独立法律人格的国有企业涉诉而受影响。同时，《联合国国家及其财产管辖豁免公约》的附件《对公约若干规定的理解》规定，第 10 条第 3 款并不预断“掀开公司面纱”的问题，包括涉及国家实体故意虚报其财务状况或继而减少其资产，以避免清偿索赔要求的问题，或其他有关问题。即第 10 条第 3 款规定并不影响“掀开公司面纱”原则的适用。

【思考题】 “掀开公司面纱”原则是指什么？

《联合国国家及其财产管辖豁免公约》第 10—17 条列举了国家不得援引管辖豁免的 8 种情况，即国家豁免的例外情形。

(1) 商业交易是指一国与外国自然人或法人进行的商业交易。根据该公约第 2 条第 2 款的规定，在确定一项合同或交易是否为商业交易时，应主要参考该合同或交易的性质，但如果合同或交易的当事方已达成一致，或者根据法院地国的实践，合同或交易的目的可确定与非商业性质有关，则其目的也应予以考虑。

(2) 一国在该国和个人间关于已全部或部分在另一国领土进行或将进行的工作的雇佣合同的诉讼。

(3) 国家对由于其作为或不作为引起的人身伤害或财产损害的诉讼。

(4) 国家对财产的所有、占有和使用的诉讼。

(5) 关于知识产权和工业产权的诉讼。

(6) 关于国家参加公司或其他集体机构的诉讼。

(7) 关于国家拥有或经营的船舶引起的诉讼。

(8) 关于国家与外国自然人或法人订立的仲裁协定的效力的诉讼。

其中，在第(2)(3)(4)(5)和(7)种情形下，如有关国家之间另有协议，被告国亦可主张管辖豁免。第(8)种情形表明，同意仲裁意味着国家放弃对有关仲裁协定的有效性、解释或适用、裁决的确认等所引起的诉讼的管辖豁免。此外，根据该公约第 11 条规定，雇佣合同的诉讼一般不予豁免，但如果雇佣合同是与政府行使权力紧密相关的职务，如该职务为履行政府权力方面的特定职能，那么有关该雇佣合同的诉讼也享有豁免。

国家豁免权可以放弃，因为其是一种主权行为，但这种放弃必须是自愿的和清楚确定的。国家豁免权的放弃是指国家同意在外国法院不援引管辖豁免，接受外国法院的管辖。根据《联合国国家及其财产管辖豁免公约》第 7 条规定，国家可以采取以下方式明示放弃国家豁免：国际协定；书面合同；在法院发表的声明或在特定诉讼中提出的书面函件。第 8 条和第 9 条规定了默示放弃，包括一国本身在外国法院提起诉讼、介入该诉讼或采取与案件实体有关的任何其他步骤、提起反诉等情形，此时一国不得在另一国法院的诉讼中援引管辖豁免。

同时，《联合国国家及其财产管辖豁免公约》第 7 条 2 款和第 8 条第 2—4 款规定了一国的行为不应该解释为同意另一国的法院对其行使管辖权的情形：(1) 一国同意适用另一国的法律；(2) 一国仅为援引豁免或对诉讼中有待裁决的财产主张一项权利或利益，而介入诉讼或采取任何其他步骤；(3) 一国代表在另一国法院出庭作证；(4) 一国未在另一国法院的诉讼中出庭。

此外，《联合国国家及其财产管辖豁免公约》第 20 条规定，第 7 条规定中的一国明示放弃管辖豁免，并不构成该国默示同意对其国家财产采取强制措施。但是根据第 18 条和第 19 条规定，国家在外国法院放弃管辖豁免，并不意味着也放弃执行豁免，在以下三种情形下不享有此项豁免。(1) 该国以下列方式明示同意采取此类措施：国际协定；仲裁协议或书面合同；在法院发表的声明或在当事方发生争端后提出的书面函件。(2) 该国已经拨出或专门指定财产用于清偿该诉讼标的的请求。(3) 已经证明该财产被该国具体用于或意图用于政府非商业性用途以外的目的，并且处于法院地国领土内，但条件是只可对与被诉实体有关联的财产采取判决后强制措施。

但是也有例外。《联合国国家及其财产管辖豁免公约》第 21 条规定，下列财产不属于被一国具体用于或意图用于政府非商业性用途以外目的的财产：(1) 该国外交代表机构、领事机构、特别使团、驻国际组织代表团、派往国际组织的机关或国际会议的代表团履行公务所用或意图所用的财产，包括任何银行账户款项；(2) 属于军事性质，或用于或意图用于军事目的的财产；(3) 该国中央银行或其他货币当局的财产；(4) 构成该国文化遗产的一部分或该国档案的一部分，且非供出售或意图出售的财产；(5) 构成具有科学、文化或历史价值的物品展览的一部分，且非供出售或意图出售的财产。除非以明示的方式放弃或以偿还债务为目的而专门拨出之外，上述 5 种国家财产在任何情况下都不能被他国法院采取扣押、查封、执行等强制措施。

德国诉意大利国家豁免权案

1998 年 9 月 23 日，一位名为路基·费拉尼(Luigi Ferrini)的意大利公民向本国的阿雷佐法院提起对德国的诉讼，理由是其于 1944 年 8 月被德国部队逮捕，并被遣至德国的一弹药工厂，被迫进行劳动，直至战争结束。2000 年 11 月 3 日，阿雷佐法院作出判决，认为其无权受理以德国为被告的案件，因为德国作为主权国家，享有国家管辖豁免。费拉尼上诉至佛罗伦萨法院，该法院以同样的理由驳回上诉。费拉尼遂又上诉至最高法院，最高法院于 2004 年 3 月 11 日作出判决，认为意大利法院具有对该案的管辖权，因为如果一国的行为构成国际罪行，则其不享有国家豁免。案件被发回至阿雷佐法院，该法院判决，尽管法院具有该案的管辖权，然而赔偿请求已超过了诉讼时效。佛罗伦萨法院在上诉程序中推翻了阿雷佐法院的判决，在其作出的最终判决中称，德国应对费拉尼进行赔偿，并指出国家豁免不是绝对的，如果一国的行为构成了国际罪行的话，则不得享有豁免。

2008 年 12 月 23 日，德国对意大利提起诉讼，要求国际法院宣判意大利没有尊重德国根据国际法享有的司法管辖豁免权，因为它允许在意大利法院对其提起民事诉讼，并寻求赔偿在第二次世界大战期间因违反国际人道主义法而造成的伤害时，德国享有豁免权。此外，德国要求国际法院裁定，意大利还采取了限制位于意大利领土上的德国国有财产维戈尼别墅的措施，从而侵犯了德国的豁免权。

国际法院判决认为，意大利法院否认德国豁免权的行为违反了意大利的国际义务。根据目前的国际习惯法，一个国家并不会因被指控严重违反国际人权法或武装冲突法而被剥夺豁免权。强行法规范与国家豁免规则之间并不冲突，两者处理不同的问题。此外，国际法院指出，维戈尼别墅是被用于完全非商业的政府目的，德国没同意对有关法律请求进行登记，也未满足将该别墅安排至司法措施下的要求，故在本案中未满足允许对属于外国的财产采取限制措施的条件，因而意大利违反了其尊重德国财产免于强制执行的义务。最终，国际法院宣布，意大利必须通过颁布适当的立法或诉诸其他方法，确保其法院和其他司法机关侵犯德国根据国际法享有豁免权的决定不再有效。

第二节　国家和政府的承认

一、承认的概念和特征

国际法上的承认是指国际法主体对新国家、新政府或其他情势的出现表示接受，并表明愿意与有关实体发展正常关系的单方面行为。

国际法上的承认具有以下主要特征。(1) 承认的对象主要是国家、政府，以及交战团体和叛乱团体等实体，可以分为国家承认、政府承认、对交战团体的承认和对叛乱团体的承认等。(2) 承认是国际法主体的单方面政治行为，是国际法主体的自由裁量的问题。(3) 承认将产生一定的法律效果。承认一经宣布，便会影响承认者和被承认者之间的权利和义务关系，故承认又是一项法律行为。

国际法上的承认根据主体、方式和内容或效力可被区分为以下几种。(1) 明示承认和默示承认。前者一般是指通过向被承认者发出照会、函电或发表声明，宣告承认，也可以签订相关条约而予以承认。后者一般是指承认者通过某种实际行为表示其承认被承认者，如建立外交关系或领事关系、签订双边条约等。但是，同新国家共同参加国际组织、国际会议或多边国际公约，并不当然构成对新国家的默示承认。(2) 单独承认和集体承认。国际法上的承认可从由一个国家单独作出还是由多个国家集体作出分为单独承认和集体承认。(3) 法律上的承认和事实上的承认。前者是指既存国际法主体给予新国际法主体确定的完全的承认，这种承认是永久的、不可撤销的，是法律上的承认。后者是指一种非正式的承认，通常表现在经济、商业、贸易、科学教育方面的交往，不发生政治、外交和军事关系，具有暂时的和不稳定的性质。这种承认只发生一定的交往，而不建立全面的正式关系。

二、国家承认

国家承认是指既存国家以明示或默示的方式对新国家出现的事实给予确认、接受，由此产生的法律后果和愿意与新国家建立外交关系的单方面政治和法律行为。

关于国家承认的法律性质和作用，学界有以下两种学说。(1) 构成说。该学说认为承认的作用在于使国家成为一个国际人格者，成为国际社会的成员，持此种观点的学者有奥本海、劳特派特、凯尔逊等。但该学说存在以下问题：① 无法说明未被承认国的领土与主权不得侵害的国际法一般原则；② 无法说明未被承认国的领土是不得先占的国际法一般原则；③ 新国家一产生就是客观存在的，就具有国际法主体资格。(2) 宣告说。该学说主张，承认只是既存国家对新国家存在的事实的确认或宣告而已，并不具有创造国际人格的作用，新国家的国际法主体资格取决于其成为国家的事实，持此种观点的主要学者有布莱尔利、威廉等。但该学说对承认使一个新国家能与承认国进行正常国际交往方面的作用，没有给予应有的注意。我国学者倾向于宣告说。

根据国际法原则和规则，既存国家要对新国家给予承认必须遵守两个条件，这两个条件是缺一不可的。(1) 新产生的实体具备了国际法意义上的国家要素。(2) 新国家必须是符合国际法原则而产生的。既存国家对于不符合这两个条件的新国家不予承认是一项各国都应遵守的国际义务。例如，在 1996 年的“波黑诉南斯拉夫的《防止及惩治灭绝种族罪公约》适用案”中，南斯拉夫主张其与波黑在 1991 年没有相互承认，公约还没有在两国间生效，波黑无权根据公约起诉。国际法院在判决中称，国际法院没有必要考虑多边条约成员方之间没有承认关系是否影响该多边条约的效力问题，只要波黑被接受为联合国的会员国，就有资格成为该公约的成员方。

对新国家的承认将产生以下几个方面的法律效果。(1) 奠定两国全面交往的基础。两国间可以建立正常的外交关系和领事关系，但承认本身并不等于建交。(2) 承认国承认被承认国的立法、司法和行政的效力，以及在承认国的诉讼权和豁免权。(3) 在国际法上，承认有溯及力的效果。因此，新国家在未被承认之前完成的法律行为的效力，承认国应予以承认。

波黑诉南斯拉夫的《防止及惩治灭绝种族罪公约》适用案

1993 年 3 月 20 日，波黑向国际法院递交了针对南斯拉夫的请求书，指称后者在波黑但不限于波黑境内针对穆斯林等团体实施了灭种行为；针对穆斯林等团体预谋灭种、共谋灭种、意图灭种和公然煽动灭种；未能防止和惩治灭种行为，违反了 1948 年《防止及惩治灭绝种族罪公约》，因而与之存在着公约意义内的争端。针对上述指控，1995 年 6 月 30 日，南斯拉夫提出了 7 项初步反对意见，分别从波黑公约当事国身份、波黑的被承认违反国际法、自身没有参与冲突等角度质疑了波黑请求的可接受性及国际法院对波黑请求所拥有的管辖权。

1996 年 7 月 11 日，国际法院判决驳回了南斯拉夫的 6 项初步反对意见，认为自己拥有管辖权，波黑的请求具有可接受性。

三、政府和其他实体的承认

1. 政府承认

政府承认是指承认一个新政府为该国的合法代表，并愿意同它发生或继续保持正常关系的行为。

政府承认一般发生在以下两种情况时：第一，出现了对该国政府的承认的情势，因为国家的产生须满足政府要件，故承认新国家也就承认了其政府；第二，一个既存国家的内部发生了革命，建立了新政府。但一国按照宪法程序所进行的政权变动，如王位的继承、选举产生新政府等则不发生政府承认问题。

政府承认和国家承认的区别在于，前者不涉及或影响国家的国际人格，国家的国际法主体资格不因政府更迭而有所改变；而后者是承认一个新产生的国际法主体，其结果是国际社会的国际法主体数量将有所增加。

根据国际实践，一个新政府获得承认的必要条件是"有效统治"，即一个新政府要获得别国的承认必须是在新政府已经在其国家的全部或绝大部分领土内行使了有效统治，并且得到了大部分居民的支持和服从。但是一个政府是由于得到在其领土上的另一国家的武装部队的支持而控制着国家的，则不应被承认。

政府承认的方式有明示或默示，以及法律上的承认或事实上的承认，都是国家的自由裁量权。但是，国际上一般倾向于以默示方式承认新政府。政府承认效果同国家承认的效果类似。但政府承认并不意味着双方就随之建立外交关系。政府承认的效果原则上可追溯到新政府成立之时。

【思考题】 1949年10月2日，苏联外交部副部长致电我国外交部部长周恩来，表示苏联政府决定同中华人民共和国建立外交关系。**苏联的承认属于国家承认还是政府承认?**

2. 其他实体的承认

1）民族解放运动组织的承认

民族解放运动组织的承认是指既存国家对旨在为摆脱外国奴役或殖民主义统治，争取建立独立国家而斗争的组织给予的承认。

国际社会承认民族解放运动组织的原因在于：(1) 民族解放运动组织在其成为独立国家前，具有类似国家性质的政治实体地位；(2) 可对其控制的地区实行有效统治并获得支持。承认民族解放运动组织，对支持它所代表的殖民地人民或受外国奴役的民族解放组织进行解放运动，争取建立独立国家，具有重要意义。

2）叛乱团体的承认

叛乱团体是指一国内反抗政府或进行起义的团体。一般不出现叛乱团体的承认问题。但是，叛乱时间持续且还没达到内战程度时，为确保在叛乱团体控制地区的商务和侨民利益，承认叛乱团体。但是这并不会使叛乱团体获得交战者的权利。

3）交战团体的承认

交战团体是指一国内为政治目的而向本国政府发动内战的团体。国际实践中，在满足以下条件时对交战团体予以承认：(1) 在负责任的政治组织和军事组织的领导下进行有组织的军事行动；(2) 在交战行动中，遵守战争法规则；(3) 占领领土的相当地区，并在一定程度上在该地区进行着有序的管理，形成与政府对峙的态势。

承认交战团体的效果有以下三点：(1) 使被承认的交战团体取得战时交战一方的地位，具有战争法上的权利和义务；(2) 承认国应保持中立地位；(3) 被承认的交战团体对在其控制的地区实施的国际不法行为应负国际责任。

第三节 国际法上的继承

一、国际法上的继承概念和特征

国际法上的继承是指国际法上的权利和义务由一个承受者转向另一个承受者所发生的法律关系。根据参加继承关系的主体不同，可分为国家继承、政府继承和国际组织的继承。国际法上的继承具有如下特征：(1) 继承的主体有国家、政府和国际组织，但不包括个人；(2) 继承的对象是国际法上的权利和义务；(3) 继承的发生是由于国家领土的变更，包括部分领土变更、国家的合并、国家的分离、国家的分立，以及殖民地、附属地或非自治领土获得独立地位而成为新生独立国家，也涉及国家政权性质发生重大变化的新政府的产生、国际组织的改组或解散等。

国际法前沿探索

ILC：关于国家责任方面的国家继承

特别报告员：帕维尔·斯图尔马

第一次报告：

https://legal.un.org/docs/index.asp?symbol=A%2FCN%2E4%2F708&referer=http://legal.un.org/cod/&Lang=C

第二次报告：

https://legal.un.org/docs/index.asp?symbol=A%2FCN%2E4%2F719&referer=http://legal.un.org/cod/&Lang=C

第三次报告：

https://legal.un.org/docs/index.asp?symbol=A%2FCN%2E4%2F731&referer=http://legal.un.org/cod/&Lang=C

二、国家继承

国家继承是指因国家的领土变更而引起一国的权利和义务转移给另一国的法律关系。

根据国际法，国家继承必须具备两个条件。(1) 国家继承的合法性，即国家继承必须符合国际法，尤其是《联合国宪章》所体现的国际法原则，不合法的权利和义务不属于继承范围。(2) 国家继承的权利和义务必须与所涉领土有关联，与领土变更无关的权利和义务不在继承之列。

关于国家继承的法律渊源，目前主要是国际习惯法和国际条约。其中，1978 年联合国大会通过的《关于国家在条约方面的继承的维也纳公约》(以下简称《维也纳条约继承公约》)于 1996 年生效，1983 年联合国大会通过的《关于国家对国家财产、档案和债务的继承的维也纳公约》则至今尚未生效。这两个公约的许多规定反映了国家继承的习惯规则，尽管 1983 年的公约尚未生效，但南斯拉夫联邦解体时普遍遵循了上述两项公约的原则。此外，ILC 于 2017 年委任特别报告员帕维尔·斯图尔马着手起草《关于国家责任方面的国家继承公约》,ILC 的起草工作仍在进行中。

1. 条约的继承

条约的继承实质上是被继承国缔结或参加的国际条约对继承国是否继续有效的问题。

条约对继承国有效与否的判断一般基于以下两项原则。(1) 凡是与国际法主体资格相关联的条约(又称为人身条约),如参加国际组织的条约等,一般都不继承。此外,政治性条约,如和平友好条约、同盟条约、共同防御条约等,由于情势变迁,一般不继承。(2) 关于处分性条约或非人身性条约,如领土划界、河流使用、水利灌溉、道路交通等,原则上要继承。但上述规则并不排除有关国家达成协议或通过谈判来解决条约的继承问题。《维也纳条约继承公约》第 11 条规定,国家继承本身不影响条约规定的边界,以及条约规定的同边界制度有关的义务和权利。在 1986 年的"布基纳法索诉马里边界案"中,国际法院的一个分庭指出,疆界不变更原则(Principle of Uti Possidetis)构成一般性质的原则,其旨在防止新独立国家的独立和稳定受到因边界争议引起的手足断杀的危险。

此外,《维也纳条约继承公约》根据领土变更的不同情况作出了如下规定。(1) 国家部分领土转移情况下的条约继承。出让国的条约对该部分领土失效,而受让国的条约对所涉领土生效。(2) 国家领土合并情况下的继承。对其中任何一个国家有效的任何条约,继续对继承国有效,但原则上只对原来适用该条约的那部分领土有效,而不适用于合并后的全部领土。(3) 国家领土分离或分立的继承。不论被继承国是否存在,原来对被继承国全部领土有效的条约,对所有继承国继续有效;原来仅对被继承国部分领土有效的条约,只对该领土组成的继承国有效。(4) 由殖民地或附属领土取得独立而建立的新国家的条约继承采取特殊规则。新独立国家没有义务继承所有的条约或成为其当事国,是否继承原则上可以自主决定。例如,《维也纳条约继承公约》第 17 条规定,新独立国家对所涉领土有效的多边条约,可发出继承通知,确立其成为该条约当事国的地位;第 24 条规定,对有关的双边条约,在新独立国家与别的当事国之间有明示同意的情况下被视为有效。

2. 国家财产的继承

国家财产的继承是指被继承国的国家财产转属继承国。其中,国家财产是指国家继承发生时,按照被继承国国内法为该国所拥有的财产、权利和利益。

国家财产分为不动产和动产,不动产随领土转移,动产的继承则遵循以下原则:被继承国的国家财产必须与变更的国家领土相关联;处理国家财产的继承必须根据所涉领土的实际生存原则,并顾及公平。1983 年《关于国家对国家财产、档案和债务的继承的维也纳公约》规定,国家财产继承因国家领土变更的不同情况而有不同的规则:部分领土转移时一般按协议解决,如果无协议,领土内不动产各自继承;国家合并时,全部继承;国家分离或分立时,按协议解决,如果无协议,各自继承,如果因分立不存在被继承国时,海外资产应按公平比例继承;新独立国家对殖民国家和宗主国的财产继承,按照财产与独立领土相关联和领土实际生存原则，予以继承。

3. 国家债务的继承

国家债务的继承是指被继承国的国家债务转属继承国。其中，国家债务是指公共债务，即一国对另一国、某一国际组织或任何其他国际法主体所负的财政义务。国家债务通常包括以国家名义所借并用于全国的债务之国债，以及以国家名义所借但用于国家领土的某一部分的债务之地方债务，这两者都属于继承的范围。而由地方当局所借并用于该地区的债务，则不属于国家债务范围的地方债务，国家对此不承担责任。此外，国家违反国际法基本原则所举的债，即国家恶债不属于继承的范围。

1983 年《关于国家对国家财产、档案和债务的继承的维也纳公约》规定，国家债务的继承因国家领土变更的不同情况而有不同的规则：部分领土转移时，应按协议继承，如无协议，应按公平比例分担；国家合并时全部承担；国家分离或分立时也按协议继承，如无协议，应按公平比例分担；新独立国家一般不继承，但另有协议的除外。

4. 国家档案的继承

国家档案是指被继承国为执行其职能而编制或收藏的，在国家继承之日按照被继承国国内法的规定属其所有并作为档案保存或控制的一切文件。国家档案不同于国家财产，一般不能分割，所以不能按比例分配，但国家档案可复制以供使用。除了新独立国家作为继承国这一特殊情况外，一般按协议继承，如无协议，一般将与所涉领土有关的档案转属继承国。当新独立国家作为继承国时，在领土附属期间成为被继承国的国家档案，应归还新独立国家；被继承国的国家档案中与所涉领土有关部分，其转属或复制问题，应由被继承国与新独立国家协议解决。

三、政府继承

政府继承是指由于革命或政变导致政权更迭，旧政府在国际法上的权利和义务被新政府所取代的法律关系。

政府继承与国家继承的不同主要表现在三个方面。(1) 发生继承的原因不同。前者是由领土变更的事实而引起，后者则是政府的更迭。只有在因社会革命而引起的根本性政府变动，新政府在本质上不同于旧政府的情况下，才发生政府继承问题。(2) 参加继承关系的主体不同。前者是两个不同的国际法主体，后者则发生在同一国际法主体内部的新旧两个政府之间。(3) 国家继承因领土变更的情况不同而在范围上有全部继承和部分继承之分，但政府继承一般是全部继承。

政府继承一般遵循以下规则：(1) 新政府通常根据条约的具体内容来决定是否继承，对一切不平等的掠夺性的秘密条约以及与新政府所代表的国家利益根本对立的条约，则不予继承；(2) 旧政府的一切国家财产及权益都应转属新政府；(3) 对旧政府的债务不予继承或者根据具体情况区别对待，但新政府可无条件地废除一切恶意债务。

1949 年，中华人民共和国中央人民政府成立以后，其在继承方面采取了如下做法。(1) 在条约方面，对清政府以来的历届中国政府所缔结或参加的条约，按其性质和内容注意审查，区别对待。1949 年《中国人民政治协商会议共同纲领》第五十五条规定，对于国民党政府与外国政府所订立的各项条约和协定，中华人民共和国中央人民政府应加以审查，按其内容，分别予以承认，或废除，或修改，或重订。(2) 在国家财产方面，中华人民共和国中央人民政府有权继承之前中国政府在中国境内外的一切财产。(3) 在国家债务上，中华人民共和国中央人民政府对之前中国历届政府遗留下来的债务，根据其性质和情况，分别处理。对外国政府为援助之前中国政府进行内战、镇压革命而产生的债务，属于恶债，一律拒绝继承；对合法的债务，则同相关国家友好协商，进行清理，公平合理地解决。(4) 在国际组织的代表权方面，取代中国台湾当局，获得在一切国际组织内的代表权。

本章重点

- 简述国家的基本权利和义务。
- 简述自卫权的行使条件。
- 试述国家豁免权的内容、主体以及限制豁免的情形。
- 简述国家承认的条件、方式和法律效果。
- 简述国家对条约的继承。
- 简述国家继承与政府继承的联系与区别。

思考题

- 普遍管辖权概念对传统国际法豁免权理论的冲击是什么？
- 预防性自卫权是否具有正当性？
- 中国香港特别行政区是否可以采取与中央人民政府不同的国家豁免原则？

阅读扩展目录

- 丁成耀.对国际法上“自卫权”的探讨——兼评美国发动伊拉克战争的“自卫”理由[J].法制与社会发展，2003(4)：46－53.
- 曾涛.中国在国家及其财产豁免问题上的实践及立场[J].社会科学，2005(5)：51－55.
- 任虎.文化遗产的国家继承研究[J].中国政法大学学报，2017(2)：5－17,159.

本章知识树

- 国际法上的国家
  - 国家的概述
    - 概念和要素
      - 定居的居民
      - 确定的领土
      - 政府
      - 主权
    - 国家的类型
    - 国家的权利和义务
      - 独立权
      - 平等权
      - 自卫权
      - 管辖权
        - 属地管辖权
        - 属人管辖权
        - 保护性管辖权
        - 普遍管辖权
      - 基本义务
        - 不干涉内政义务
        - 国家的普遍义务
    - 国家豁免权
      - 豁免主体
      - 豁免限制情况
      - 国家豁免权的放弃
  - 国家和政府的承认
    - 国家承认
    - 政府承认
    - 其他实体的承认
  - 国际法上的继承
    - 国家继承
      - 条约的继承
      - 国家财产的继承
      - 国家债务的继承
      - 国家档案的继承
    - 政府继承
      - 特点
      - 一般规则
      - 中国的实践

第四章　国际组织法

案例导入

【案情】 1948年9月17日，联合国巴勒斯坦问题调解专员贝纳多特(瑞典籍)和观察员赛罗(法国籍)在耶路撒冷的以色列控制区内被人开枪暗杀。以色列警察反应迟缓，未能及时追捕凶手，也没有查明罪犯。但联合国应对一切为联合国服务的人提供最大可能的保护。因此，联合国为赔偿牺牲者的损害，决定向有责任的政府请求赔偿。联合国大会于1948年12月3日通过第258(Ⅲ)号决议，请求ICJ提供咨询意见。

【问题】 联合国工作人员在履行职务期间受到损害时，联合国作为一个国际组织是否有对那个在法律上或事实上存在的政府提出国际求偿的权利，是否可以为联合国和受害者本人提出赔偿要求？

第一节　国际组织法律制度概述

一、国际组织的概念和特征

国际组织是两个以上的国家的政府、民间团体或个人为特定的国际合作通过协议形式而创设的常设机构，包括政府间国际组织和非政府间国际组织，但是由国际法规范来调整的国际组织是政府间国际组织。

1975年《维也纳关于国家在其对国际组织关系上的代表权公约》和1986年《国家和国际组织间及国际组织相互间条约法的维也纳公约》均规定，国际组织是指政府间国际组织，但并没有做出明确定义。2011年，ILC通过的《国际组织的责任条款草案》第2条规定，国际组织是指根据条约或其他受国际法调整的文件所建立，并具有自己的国际法律人格的组织。国际组织的成员除了国家也可以包括其他实体。综上所述，国际法意义上的国际组织是指国家以及这些国家所认可的其他实体为实现特定合作目的,依据条约或其他国际法文件而建立的具有国际法律人格的常设机构。

国际法意义上的国际组织具有以下特征。(1) 国家之间的组织,其成员是主权国家或其政府,但也有例外。在实践中,有些国际组织允许一些非国家实体作为其成员或准成员。国际组织无权干涉成员方的内政,国际组织的成员一律平等。(2) 国际组织依据国家间协议而创立的,该协议是国际组织的基本文件。(3) 国际组织具有特定的目的或宗旨,其权利也具有职能性特征。(4) 国际组织具有连续性工作机制的常设机构,并规定具体的运作机制。(5) 国际组织具有独立的法律人格。国际组织一旦成立,独立开展活动,以独立的国际法律人格参加国际法律关系,享有和承担国际法上的权利和义务。

案例导入答案

【答案】 ICJ 在 1949 年 4 月 11 日“关于为联合国服务而受损害的赔偿案”的咨询意见中,肯定了联合国的国际法律人格。联合国组织旨在行使并享有而且事实上正在行使并享有各种职权。如果不赋予其国际法律人格,就不可能贯彻其创立的宗旨。因此,联合国组织是一个国际法律人格者。这既不是说它是国家,也不是说它在法律人格与权利义务方面与国家一样。这只是说,其为国际法主体并能享有和承担国际权利与义务,其有资格通过国际求偿维护自己的权利。ICJ 进一步宣布,联合国组织不仅可以就对其本身造成的损害要求赔偿,也可以就受害人或通过其授权的人遭受的损害要求赔偿。尽管根据传统规则,外交保护必须由国籍国家行使,但在国际法中应将联合国组织视为被国籍国家赋予行使这些权利。因此,ICJ 认为,联合国有能力要求适当的赔偿,包括对受害人或有权利的人所遭受的损害进行赔偿。这是普遍确立国际组织国际法律人格的国际判例。

国际组织通常可以被区分为以下几种不同的类型。(1) 根据活动宗旨和职权范围,国际组织可分为一般性国际组织和专门性国际组织。(2) 根据地域特点,国际组织可分为全球性国际组织和区域性国际组织。(3) 根据是否向其他国家开放,国际组织可分为开放性国际组织和封闭性国际组织。(4) 根据成员的性质,国际组织可分为政府间国际组织和非政府间国际组织。(5) 根据一体化程度,国际组织可分为国家间国际组织和超国家国际组织。

二、国际组织的法律制度

1. 国际组织的法律人格

国际组织的法律人格是指国际组织具有的可以作为国际法权利的承受者和义务的履

行者的主体资格。

大部分国际组织在其基本文件中都承认国际组织的法律人格，如《国际劳工组织宪章》第39条、《欧洲经济共同体条约》第210条、《欧洲原子能共同体条约》第184条等。但有的宪章也不作规定，而根据特别条约予以承认。例如，关于联合国的法律人格，由1946年2月13日通过的《联合国特权与豁免公约》第1条第1款规定；联合国专门机构的法律人格，由1947年11月21日通过的《联合国专门机构特权与豁免公约》第1条第3款规定。

国际组织的法律人格可分为国内法律人格和国际法律人格。国际组织的国内法律人格是指国际组织在特定国家享有的国内法上的权利和义务能力，如签订国内法上的合同、取得或转让动产和不动产等。例如，《联合国宪章》第104条规定，本组织于每一会员国之领土内，应享受于执行其职务及达成其宗旨所必需之法律行为能力。国际组织的国际法律人格是指国际组织在国际关系上享有权利、承担义务、实施法律行为并受到国际法承认的资格。但各个国家往往对承认国际组织的地位感到困难，对承认国际组织的国际法律人格也一向表现消极，因此在宪章中承认国际组织的国际法律人格则非常罕见。例如，1951年4月18日通过的《巴黎条约》第6条第2款规定，欧洲共同体为在国际关系中行使职能和实现其宗旨享有必要的法律能力。

2. 国际组织的成员

国际组织的成员是国际组织的主体。国际组织的成员资格的取得和丧失一般由国际组织的章程予以规定，其内容不尽相同。

国际组织的成员资格，根据不同的标准可以有不同的分类，如原始成员和纳入成员、完全成员和准成员，以及观察员。完全成员为正式成员，准成员和观察员为非正式成员。完全成员是指在国际组织中享有全部权利和承担全部义务的成员，一般都是主权国家及其政府。准成员是指可以在一定的范围内参与各有关组织的活动，但并不能和其他正式成员那样享有完全权利和承担完全义务的实体。一般来说，准成员享有出席组织会议、参加讨论的权利，但没有表决权，也不能在主要机关中任职。观察员是指能够和愿意致力于某一组织的工作，被邀请或被接纳参加该组织的一定活动的成员。观察员一般有权参加该组织的会议，取得该组织的正式文件，但是没有发言权和表决权。观察员既可能来自非成员方，也可能是来自其他国际组织的代表。观察员不是一种成员资格，其具体地位一般由有关国际组织的大会决议或相关法律文件决定。

国际组织的成员资格的取得由其组织文件规定，不同类型的成员，其加入的程序与条件也不尽相同。国际组织的成员资格的取得一般分为原始成员取得和纳入成员取得。有关国家只要参加了组织的创建会议或在建立组织的基本文件上签字，并在某一特定日期之前批准、接受或加入了该组织章程，即取得原始成员资格。而对于纳入成员而言，则需要按照国际组织章程所规定的条件与程序办理，即首先由有关国家提出申请，然后经该组织有关机关审议核准才能取得成员资格，有的还需要申请国和组织签署加入条约或议定书。

国际组织的成员资格的丧失原因一般有两种，即成员的自愿退出和被开除。大多数国际组织的章程文件都明文规定了退出条款。国际组织对成员退出组织的权利没有太多条件限制，但一般要求退出国提前通知和清偿债务。除了自愿退出以外，国际组织的章程还规定了成员资格的开除，即某一成员方如果严重或屡次违反组织章程和国际法基本规范，则有可能造成被开除的后果。例如，《联合国宪章》第6条规定，联合国之会员国中，有屡次违犯本宪章所载之原则者，大会经安全理事会之建议，得将其由本组织除名。

国际组织使用开除的方式来制裁其成员的情况实际上并不多见，而比较普遍采用的方式是中止行使权利或暂停成员资格的办法，而被中止的权利在一定条件下是可以恢复原状的。

3. 国际组织的主要机关和职权

国际组织一般有三个主要机关，即审议机关、执行机关和行政机关。

审议机关，或称为决策机关，是国际组织的最高权力机关，由组织的全体成员组成，组成人员一般是全权代表，审议机关的名称大多为“大会”“首脑会议”或“部长会议”等，是非常设机关。一般每年召开一次例会，但也有规定更长时间的情形。

执行机关，由少数成员组成，一般称为执行局或理事会，国际组织均设有一个执行机关。其职权主要是执行审议机关的决议，监督行政机关的工作，对审议机关休会期间所发生的问题进行处理。

行政机关是国际组织处理日常工作的常设机构，一般称为秘书处。行政长官一般称为秘书长或总干事。其主要职责是进行提供会议场所、复制文件等服务工作。例如，国际劳工组织的行政机关被称为国际劳工局，万国邮政联盟和世界知识产权组织的行政机关被称为国际局。

4. 国际组织的议事规则

国际组织的议事规则是指组织的各机构在行使其职能和日常活动过程中所遵循的程序性规则和制度，主要包括会议制度和表决程序等内容。

国际组织各机关召开的会议，可以被概括为经常会议、定期会议和特别会议等三种类型，通常有确定具体议题和讨论次序的会议议程，且为确保会议的有效和顺利执行，通常都实行会议主席制度。会议主席一般可以由组织的上一级机关任命、成员方选举或由成员方轮流担任等几种方式产生。

国际组织的表决程序通常涉及两个基本问题：投票权的分配问题和表决权的集中问题。前者是表决的前提条件，分配方法主要包括一国一票制和加权投票制；后者是表决的有效结果，其方法主要包括全体通过制、多数通过制及协商一致等。

在投票权的分配问题中，加权投票制是第二次世界大战以后为了实现成员方，特别是国际经济组织的特殊利益而采用的，一种按照成员方的实力大小、责任和贡献的多少而分配投票权的方法。例如，国际货币基金组织和世界银行等几个国际金融组织的加权投票权，分别是根据成员方在组织中认缴的份额和出资比例来确定的。

在表决权的集中问题中，协商一致是指经过协商，只要在有关问题的基本点上达成一致，而在非基本点上即使存在分歧，如果成员方不提出反对，决议即可通过的决策方式。协商一致可以通过避免易于引发对抗的生硬投票方式做出基本上能为大家所接受的决议，因此，只有当不能以协商一致做出决定时，才采用投票方法。

5. 国际组织的决议

国际组织的决议可以采取决定、命令、建议、宣言、规则和标准等不同的形式，各种决议的法律效力也有所不同，可分为有拘束力的决议、限制性有拘束力的决议和无拘束力的决议。有拘束力的决议，主要是对其组织本身、下属机关和成员有拘束力的国际组织内部规则，以及联合国安全理事会和美洲国家组织在有关维持国际和平与安全方面可以做出对成员方有拘束力的决议。限制性有拘束力的决议，例如，国际民用航空组织理事会可以以三分之二多数的决议通过有关国际航空的“国际标准”规章，经过 3 个月或更长的时间，即对成员生效，但如果半数成员表示不能接受，则对成员无拘束力。无拘束力的决议则有两种。一种是对其成员方，有时也对组织的其他机关或其他国际组织做出的，目的是希望改变一种存在的情势。此类决议没有法律拘束力，但是在实践中，当被建议者正式接受，接受建议的行为就为其创设了法律义务，而对其具有法律拘束力。另一种是虽然没有法律拘束力，但是作为软性法律对习惯法的形成起到很重要的作用。

第二节　联合国及其法律制度

一、联合国成立背景

1. 联合国概述

联合国是继国际联盟之后，又一个以集体安全、和平解决争端原则为基础的维持国际和平、发展国际合作的普遍性国际组织。截至 2020 年 6 月底，联合国共有 193 个会员国，南苏丹共和国是最后被批准加入的会员国。2011 年 7 月 14 日，联合国大会接纳南苏丹共和国为新会员国。

联合国创立于 1945 年 10 月 24 日，2020 年是联合国创立七十五周年。

2. 国际联盟的经验

联合国是在国际联盟的基础上建立起来的，而作为联合国前身的国际联盟，是

1919年4月在美国威尔逊总统倡导下于巴黎和平会议上成立的。国际联盟的宗旨是维持国际和平和促进国际合作，但国际联盟没有禁止战争，只是规定了限制战争的程序，并设置了3个月的缓冲期。

但是，美国等强国开始就没参加或中途退出，这使国际联盟存在许多问题，最后因第二次世界大战瓦解。国际联盟虽然未能阻止第二次世界大战的爆发，但战争的悲剧证明了国际联盟理想的正确性。国际社会更加认识到创立一个更加完善的普遍性政治组织的必要性。

3. 联合国的成立过程

主张在战后建立一个国际安全体系的思潮，早在第二次世界大战中期就已经出现。1941年8月，英、美两国首脑共同签署了《大西洋宪章》，宣布尊重各国人民选择其政府形式的权利，恢复被暴力剥夺的各国人民的主权，各国在贸易和原材料方面享受平等待遇，促成一切国家在经济方面最全面的合作。1942年1月1日，正在与轴心国作战的26个同盟国的代表在华盛顿签署了《联合国家宣言》，赞同《大西洋宪章》的宗旨和原则，第一次正式采用了罗斯福总统提出的“联合国”名称。但这还不是指一个定型的国际组织，只是对德、意、日法西斯作战的各个国家的总称。1943年10月30日，中国、苏联、美国、英国四国代表在莫斯科签署了《普遍安全宣言》(又称为《莫斯科宣言》)，确定了战后建立普遍安全组织的共同方针和基本原则。

1944年，中国、苏联、英国、美国代表在华盛顿敦巴顿橡树园开始着手建立联合国，形成了《关于建立普遍性国际组织的建议案》(“联合国宪章草案”)，建议将组织命名为“联合国”。在此会议上确定了五大常任理事国和安全理事会的主要职权，但是未解决安全理事会的表决程序。1945年，雅尔塔会议中，苏联、美国、英国三国达成了安全理事会关于非程序性事项需“五大国一致同意”的表决程序。

1945年4月25日，50个国家的代表在旧金山召开的联合国国际组织会议上起草了《联合国宪章》，对1944年在美国敦巴顿橡树园提出的建议进行了审议。1949年6月26日，50个国家的代表签署了《联合国宪章》。当时波兰没有派代表参加此次会议，但后来签署了《联合国宪章》，因而成为联合国51个创始会员国之一。

在中国、法国、苏联、英国、美国以及大多数其他签字国批准《联合国宪章》以后，《联合国宪章》于1945年10月24日生效，联合国正式宣告成立，包括51个创始会员国，总部设在纽约。

二、联合国的宗旨和原则

1. 联合国的四项宗旨

《联合国宪章》第1条规定了四项宗旨。

(1) 维持国际和平与安全。这是联合国的首要目的。为了达到这一首要目的,《联合国宪章》规定了两个措施:第一,采取有效集体措施,以防止和消除对和平的威胁,制止侵略行为或其他破坏和平的行为;第二,用和平的方法并依据正义及国际法原则,调整或解决可能导致破坏和平的国际争端或情势。

(2) 发展各国之间的友好关系。《联合国宪章》规定,发展国际间以尊重人民平等权利及自决原则为根据的友好关系,并采取其他适当办法,以增强普遍和平。

(3) 促进国际合作。《联合国宪章》规定,促成国际合作,以解决国际间属于经济、社会、文化或人道主义性质的问题,并且不分种族、性别、语言或宗教,促进和鼓励对于一切人的人权和基本自由的尊重。

(4) 构成一个协调各国行动的中心,以达成上述共同目的。《联合国宪章》之所以如此规定,是为了强调联合国应当成为一个协调一切国家的行动并使之进行协作的重要场所。

2. 联合国的七项原则

《联合国宪章》第 2 条规定了联合国本身及其会员国应遵循的七项原则。

(1) 会员国平等原则。联合国是基于各会员国主权平等的基础上的。

(2) 会员国善意履行宪章义务。各会员国应一秉善意,履行其依宪章所担负的义务。

(3) 和平解决国际争端。各会员国应以和平方法解决国际争端。

(4) 禁止使用武力。各会员国在其国际关系上不得使用武力威胁,或以与联合国宗旨不符的任何其他方法,侵害任何会员国或国家的领土完整或政治独立。

(5) 会员国协助联合国行动。各会员国对于联合国依宪章规定采取的行动,应尽力予以协助;联合国对任何国家正在采取防止或执行行动时,各会员国对该国不得给予协助。

(6) 保证非会员国遵守上述原则。联合国在维持国际和平与安全的必要范围内,应保证非会员国遵行上述原则。

(7) 不干涉内政原则。《联合国宪章》中的任何规定都不得视为授权联合国干涉本质上属于任何国家国内管辖权的事项。

三、联合国的会员国

《联合国宪章》第 2 章专门规定了联合国会员资格的取得与丧失。

1. 会员资格的取得

联合国的会员可以分为创始会员国和纳入会员国两类。前者为凡参加联合国国际组织会议或以前曾签署《联合国家宣言》的、签署了宪章并依法予以批准的国家;后者为根据宪章规定的条件和程序被接纳的成员。《联合国宪章》第 4 条规定,纳入会员的实质条件为"爱好和平、接受宪章的义务、经联合国确认能够并愿意履行义务"的。在程序方面，首先，由相关国家按规定向联合国秘书长提出申请；其次，由秘书长将申请书交安全理事会"接纳新会员国委员会"进行审查并提交审查报告；再次，由安全理事会审查并推荐；最后，由联合国大会审议并作出决议。

2. 会员国的权利中止、除名以及退出

《联合国宪章》规定了会员国的权利中止、除名以及退出的情形。

《联合国宪章》第 5 条规定，经安全理事会对其采取防止或执行行动的会员国，大会经安全理事会建议，以三分之二多数，可中止会员国权利及特权的行使。安全理事会单独可以决定权利的恢复，无须经过大会决议。例如，1990 年以前，由于南非推行种族隔离和种族歧视政策，遭到联合国的经济制裁和武器禁运，被中止了会员国的权利；1992 年，塞尔维亚和黑山组成的南斯拉夫联盟共和国也曾被中止过会员国资格。此外，《联合国宪章》第 19 条规定，拖欠联合国经费摊款的会员国，其数目如已达到其前两年应缴纳的总数，即应丧失其在大会的投票权。如果大会认定欠缴的原因是该会员国无法控制的情况，则可准许投票。当缴纳足以恢复其投票权的欠款后，投票权即应恢复。

《联合国宪章》第 6 条和第 18 条规定，对屡次违反宪章原则的会员国，大会经安全理事会建议，以三分之二的多数可将其除名。

《联合国宪章》未明文规定会员国是否有权退出联合国，实践中也很少发生退出的情况。只有印度尼西亚曾于 1965 年 1 月，正式通知联合国秘书长退出联合国；1966 年 9 月，又通知联合国秘书长，决定恢复与联合国的全面合作。

国际法趣谈

联合国成立初始为什么苏联在联合国占有三个席位?

自 1945 年联合国成立到 1991 年苏联解体，苏联在联合国一直拥有三个席位，即苏维埃社会主义共和国联盟、乌克兰和白俄罗斯。那么，其原因是什么呢?

联合国的称呼是由美国罗斯福总统首次提出的。1942 年 1 月 1 日，中国、美国、英国、苏联等 26 国代表在华盛顿发表了《联合国家宣言》，1944 年 8 月 21 日至 9 月 28 日，美国、苏联、英国三国代表在华盛顿附近的敦巴顿橡树园举行会议，讨论联合国的筹建。美国主张，联合国的会员国除了包括在 1942 年 1 月通过的《联合国家宣言》上签字的国家外，还要加上 8 个没有和轴心国交战的国家，其中 6 个是拉丁美洲国家。但斯大林不仅反对美国的主张，而且还要求将苏联十多个加盟共和国全部成为联合国的会员国。1945 年，美国、英国、苏联三国在雅尔塔召开会议，苏联再次提出加盟共和国成为联合国会员国的要求，但做出一些让步，"起码有乌克兰、白俄罗斯两个共和国或者包括立陶宛的三个加盟共和国"成为联合国会员国。此时，英国首相丘吉尔也想让其自治领加入联合国，故丘吉尔赞成斯大林的提议。美国罗斯福总统也只能同意乌克兰和白俄罗斯成为联合国会员国。但罗斯福也经苏联和英国的同意，获得了将美国的两个州加入联合国会员国的权利，但美国国内在哪两个州有资格加入联合国问题上一直存有争议，至今尚无结论。

四、联合国组织及其职权

1. 联合国大会

联合国大会是联合国最具代表性及职能和权限最为广泛的机关。

《联合国宪章》第 4 章规定，联合国大会由全体会员国组成。观察员在联合国大会没有投票权和发言权，但经大会主席允许，可就与其有关的问题发言。

《联合国宪章》规定，联合国大会具有广泛的职权。(1) 国际方面的职权。联合国大会可审议为维持国际和平与安全而进行合作的一般原则，并提出相关建议；讨论会员国、安全理事会或一定条件下的非会员国提出的涉及国际和平与安全的任何问题，除安全理事会正在处理者外，也可提出建议；提请安全理事会注意足以危及国际和平与安全的情势；除安全理事会正在处理者外，可就和平解决任何其认为足以妨碍国际公共福利或友好关系的情势，建议应采取的调整措施；发动研究并提出建议，以促进政治方面的国际合作，推动国际法的进一步发展与编纂；促进经济、社会、文化、教育和卫生方面的国际合作，帮助实现全人类的人权和基本自由；行使有关托管职能，核准、更改或修正托管协定。(2) 组织监督方面的职权。接受并审议安全理事会和其他机构的报告；选举安全理事会的非常任理事国、经济和社会理事会的所有理事国、托管理事会的必须经选举的理事国，同安全理事会平行并彼此独立投票选举国际法院的法官；依据安全理事会的推荐委派联合国秘书长；根据安全理事会的推荐通过决议接纳新会员国；根据安全理事会的建议中止会员国的权利或开除会员国。(3) 内部行政方面的职权。审议和批准联合国的预算；分配会员国的经费负担；审查各专门机构的行政预算。

联合国大会虽然在政治、经济、社会、文化、教育、卫生等领域享有极为广泛的职权，但这些职权多属于建议性质，其中政治方面的讨论和建议权还受到安全理事会职能的制约。

《联合国宪章》规定，联合国大会在表决权方面遵循如下规定：实行一国一票制，各会员国不论大小，每一个会员国都享有一个投票权；对于重要问题应以到会并投票的会员国三分之二多数决定；对于其他问题的决议，包括另有何种事项应以三分之二多数决定的问题，应以到会并投票的会员国过半数决定。在实践中，以协商一致方式通过决议的比例不断提高。联合国大会的表决权如表 4 - 1 所示。

表 4-1　联合国大会的表决权

重要问题(到会并投票国的三分之二多数决定)	(1) 关于维持国际和平与安全的建议 (2) 安全理事会非常任理事国的选举 (3) 经济和社会理事会理事国的选举 (4) 依宪章规定选举托管理事会必须经选举的理事国 (5) 接纳新会员国 (6) 会员国权利的停止和会员国除名 (7) 施行托管制度的问题 (8) 预算问题
其他问题(到会并投票国的二分之一决定)	(1) 决定何种事项为三分之二多数决定的问题 (2) 联合国秘书长的任命(安全理事会推荐)
宪章的修改	包括安全理事会常任理事国的会员国三分之二批准
大会特别会议的召集	(1) 安全理事会的建议 (2) 二分之一会员国建议
ICJ 法官的任命	安全理事会以及大会的绝对多数

联合国大会下属六个委员会，且联合国大会每届还设有两个程序委员会，即总务委员会和全权证书委员会。

2. 安全理事会

安全理事会是联合国维持国际和平与安全的主要机关，在联合国的六大主要机关中占有首要的政治地位。

安全理事会由中国、美国、英国、俄罗斯和法国等 5 个常任理事国和 10 个非常任理事国组成。非常任理事国由联合国大会选举产生，任期为 2 年，交替改选，每年改选 5 个，改选时不得连选连任。联合国大会在选举非常任理事国时，首先应特别考虑联合国各会员国对维持国际和平与安全以及联合国其他宗旨的贡献，也需顾及地理上的公允分配。

作为联合国中唯一有权采取行动来维护国际和平与安全的机关，安全理事会的主要责任是维护国际和平与安全，其有关决议对会员国具有约束力，所有会员国都有义务按照宪章的规定执行安全理事会的决定。(1) 和平解决争端方面的职权。可以促请各争端当事国用和平方法解决争端；可调查任何争端或情势，以断定其继续存在是否足以危及国际和平与安全；对于上述性质的争端或情势，可在任何阶段建议适当的调整方法；任何会员国、在一定条件下的非会员国、联合国大会或秘书长，均可就可能危机国际和平与安全的争端提请安全理事会注意。(2) 维持和平与制止侵略方面的职权。应断定任何对和平的威胁、破坏和平的行为或侵略行为是否存在；可促请有关当事国遵行安全理事会认为必要或适当的临时措施，以防止情势恶化；可建议或决定采取不牵涉使用武力的措施，并促请会员国执行此措施；如认为上述措施不够，可采取必要的武力行动(包括会员国的空、海、陆军示威，封锁或其他军事行动)，以维持和恢复国际和平与安全。(3) 其他方面的职权。负责拟定军备管制方案；在战略性地区行使联合国的托管职能；选举国际法院法官；建议或决定应采取措施以执行国际法院的判决；向联合国大会推荐新会员国和联合国秘书长；向联合国大会建议停止会员国的权利或开除会员国；参加宪章规定的修正程序。

安全理事会每个理事国享有一个投票权，其表决程序主要包括两项。(1) 程序事项。由 15 个理事国中 9 个理事国的可决票决定。(2) 程序事项以外的事项。包括全体常任理事国在内的 9 个理事国的可决票决定。在有必要决定某一事项“是否属于程序性这一先决问题”时，常任理事国也有否决权。

常任理事国不参加投票或者弃权，不构成否决。如果一常任理事国不支持某项决定，但又无意阻止该决定的通过，则可弃权。关于和平解决争端及区域办法或区域机关提交解决的争端的决议，争端当事国不得投票，这是为了防止大国滥用否决权。

知识拓展

联合国安全理事会的否决权

在安全理事会的表决程序中，常任理事国的否决权(“大国一致”原则)占有极其重要的地位。虽然安全理事会实行的是“一国一票制”，但由于各常任理事国可行使否决权，所以每个非常任理事国与每个常任理事国的表决效果并不相同。“否决权”实质上是一种少数体制或阻止多数的权力。因此，安全理事会的表决程序是一种“受限制的多数表决制”。在这种制度下，一方面，只要一个常任理事国对某一决定投反对票，即使安全理事会其他所有 14 个理事国都投赞成票，该项决定也不能通过。但是，另一方面，某项得到 5 个常任理事国一致同意的决定，如果有 7 个非常任理事国反对或弃权，因而不能获得 9 票的多数时，该项决定同样也不能通过，即非常任理事国的“集体否决权”。

从理论上讲，安全理事会的表决程序可称为一种“复轨表决制”。对程序事项来说，只要求多数，而不要求一致；对实质事项来说，不仅要求理事国的多数，而且要求常任理事国的一致。这种多数既不是简单的过半数，也不是理事国清一色的同意，它是国际组织中突出大国的一种特殊的表决制度，其核心是赋予大国以特权，即“否决权”。

3. 经济和社会理事会

经济和社会理事会是负责协调联合国及联合国系统各组织的经济和社会工作的主要机关。

经济和社会理事会由 54 个理事国组成。理事国由联合国大会选举产生，任期为 3 年，交替改选，每年改选三分之一。理事国名额基本上按地区分配，但 5 个常任理事国通常为经济和社会理事会的理事国。

经济和社会理事会的职权：(1) 进行关于国际间经济、社会、教育、卫生等事项的研究并形成报告，并向联合国大会、会员国和有关专门机构提出建议；(2) 对于促进尊重和遵守一切人权和基本自由的事项，可提出建议；(3) 就其职权范围内的事项拟定公约草案提交大会；(4) 召开国际会议，讨论其职权范围内的事项；(5) 与由各国政府间协定所成立的各种专门机构订立协定，使其同联合国建立关系，并通过各种磋商和协议来协调专门机构的活动；(6) 与各有关的非政府(间)组织磋商各种有关事项等。

经济和社会理事会每一理事国享有一个投票权。理事会的决议，以到会并投票的理事国过半数进行表决。

4. 托管理事会

托管理事会是联合国负责监督托管领土行政管理的机关。

原有的托管领土有 11 个，在美国管理下的最后一个托管地帕劳共和国于 1994 年宣布独立后，所有托管领土已全部独立或与其他国家合并，托管理事会的使命已完成。

5. 国际法院

国际法院是联合国的主要司法机关。对国际法院的介绍可详见本书第十五章。

6. 秘书处

秘书处是联合国的行政部门。秘书处根据联合国大会、安全理事会和其他机关的指示，从事联合国的实务工作和行政工作。秘书处的首脑是秘书长，由联合国大会根据安全理事会的推荐来委派。联合国秘书长作为联合国的行政首长，对外代表联合国。秘书长在联合国大会、安全理事会、经济和社会理事会及托管理事会的一切会议中，应以秘书长资格行使职务，并应执行各机关托付的其他职务。秘书长应向联合国大会提送关于本组织工作的常年报告，并将其认为可能威胁国际和平与安全的任何事件，提请安全理事会注意。在财政方面，秘书长应负责编制联合国的预算草案，然后提交给专门负责行政和预算工作的咨询委员会审核，最后提交联合国大会审核批准。

第三节　联合国专门机构和区域性国际组织

一、联合国专门机构

《联合国宪章》第 57 条和第 63 条规定，联合国专门机构是指依据各国政府间协议所创立，并以特别协定而同联合国建立关系的，于某一特定业务领域负有广大国际责任的专门性国际组织。

(1) 政府间国际组织。构成联合国专门机构的组织必须是“政府间”性质的，而不是民间的或政府之上的组织。非政府组织可以在经济和社会理事会获得咨询地位，但不是专门机构。

(2) 具有独立的国际法律人格的组织。联合国专门机构均有各自独立的组织章程、组织体系、运作体制和成员方，不是联合国的附属机构。

(3) 成员组成上具有普遍性。联合国专门机构在某一特定领域负有"广大国际责任"，是全球性专门组织，区域性国际组织不能成为联合国的专门机构。

(4) 同联合国具有特殊法律关系。联合国专门机构根据同联合国经济和社会理事会签订的关系协定而与联合国建立工作联系。此种关系协定，使各专门机构正式被纳入联合国体系。

二、区域性国际组织

区域性国际组织是指在相同地域内的国家或者虽不在相同地域内但以维护区域性利益为目的的国家组成的国际组织与集团。

(1) 成员一般限于特定地区内的国家或地区。区域性国际组织不一定包括该区域的所有国家，但有的区域性国际组织也可能接纳本地区外的有关国家参加该组织的活动。

(2) 成员之间往往基于民族、历史、文化等原因有某种共同意识，或在政治、经济、军事或社会方面相互依赖。因此，与其他类型的国际组织相比，区域性国际组织具有更加稳定的政治、经济及社会基础。

(3) 职能方面，具有维持地区的和平，促进区域内社会、经济、文化等关系发展的作用，具有较明显的集团性。

(4) 与联合国的法律关系的特殊性。鉴于区域性国际组织在国际事务中的地位和影响，《联合国宪章》第 8 章各条款专门确认了区域性国际组织的法律地位。《联合国宪章》将区域性国际组织纳入联合国的维持和平安全体制。区域性国际组织可以处理有关国际和平与安全的问题，但这种活动以符合联合国宗旨和原则为限。参加区域性国际组织的联合国会员国，在将地方争端提交安全理事会之前，应先通过区域性国际组织力求和平解决。安全理事会可利用区域性国际组织实施执行行动，但是没有安全理事会的授权，区域性国际组织不得采取执行行动。区域性国际组织已采取或正在考虑的维持国际和平与安全的活动，不论何时都应向安全理事会充分报告。但是，区域性国际组织不构成联合国的组成部分，其具有独立的法律地位，有自己的组织章程、机构、成员和预算等。

知识拓展

联合国专门机构和区域性国际组织

1. 社会方面

(1) 国际劳工组织(International Labour Organization)

❖ 成立时间：1919 年成立，1946 年 12 月成为联合国第一个专门机构

❖ 总部所在地：日内瓦
❖ 我国是创始国之一，1984 年正式恢复关系
❖ 主要领域：改善劳动条件和生活水平等
❖ 网址：www.ilo.org

(2) 世界卫生组织(World Health Organization)

❖ 成立时间：1948 年 4 月 7 日
❖ 总部所在地：日内瓦
❖ 我国是创始国之一，1972 年恢复合法席位
❖ 主要领域：国际卫生工作、药物国际标准、流行病等
❖ 网址：www.who.org

(3) 联合国教育、科学及文化组织(United Nations Educational, Scientific and Cultural Organization)

❖ 成立时间：1946 年 11 月 16 日
❖ 总部所在地：巴黎
❖ 我国是创始国之一，1971 年 10 月恢复合法地位
❖ 主要领域：通过教育、科学、文化与传播，于人之思想中建设和平等
❖ 网址：www.unesco.org

2. 科学技术交通方面

(1) 国际原子能机构(International Atomic Energy Agency)

❖ 成立时间：1957 年 7 月 29 日
❖ 总部所在地：维也纳
❖ 我国于 1984 年 1 月 1 日成为正式会员国
❖ 主要领域：促进原子能对全世界和平、健康和繁荣的贡献等
❖ 网址：www.iaea.org

(2) 世界气象组织(World Meteorological Organization)

❖ 成立时间：前身是 1873 年成立的国际气象组织，1950 年改名为世界气象组织
❖ 总部所在地：日内瓦
❖ 我国 1972 年 2 月 24 日加入
❖ 主要领域：气象服务、气象学在其他领域中的应用等
❖ 网址：www.wmo.ch

(3) 国际电信联盟(International Telecommunication Union)

❖ 成立时间：前身是 1865 年成立的国际电报联盟，1934 年改称为国际电信联盟
❖ 总部所在地：日内瓦
❖ 我国于 1972 年 5 月恢复合法席位

❖ 主要领域：无线电频率的登记、防止电信干扰等

❖ 网址：www.itu.int

(4) 万国邮政联盟(Universal Postal Union)

❖ 成立时间：前身是1874年成立的邮政总联盟，1878年改名为万国邮政联盟

❖ 总部所在地：伯尔尼

❖ 我国于1972年4月恢复合法地位

❖ 主要领域：组织和改进邮政业务等

❖ 网址：www.upu.int

(5) 国际海事组织(International Maritime Organization)

❖ 成立时间：前身是1959年成立的政府间国际海事协商组织，1982年改称为国际海事组织

❖ 总部所在地：伦敦

❖ 我国于1973年恢复合法地位

❖ 主要领域：航运技术及安全合作等

❖ 网址：www.imo.org

(6) 国际民用航空组织(International Civil Aviation Organization)

❖ 成立时间：1947年

❖ 总部所在地：蒙特利尔

❖ 我国于1974年正式恢复合法地位

❖ 主要领域：全世界民用航空事业的安全和发展等

❖ 网址：www.icao.int

(7) 世界知识产权组织(World Intellectual Property Organization)

❖ 成立时间：1967年

❖ 总部所在地：日内瓦

❖ 我国于1980年加入

❖ 主要领域：促进工业产权和版权的保护等

❖ 网址：www.wipo.int

3. 工农业方面

(1) 联合国粮食及农业组织(Food and Agriculture Organization of the United Nations)

❖ 成立时间：1945年

❖ 总部所在地：罗马

❖ 我国于1973年正式恢复合法席位

❖ 主要领域：加强世界粮食安全和推动农业技术合作等

❖ 网址：www.fao.org

(2) 国际农业发展基金(International Fund for Agricultural Development)

❖ 成立时间：1977 年

❖ 总部所在地：罗马

❖ 我国于 1980 年加入

❖ 主要领域：为最贫穷的农村人口提供资金等

❖ 网址：www.ifad.org

(3) 联合国工业发展组织(United Nations Industrial Development Organization)

❖ 成立时间：1967 年

❖ 总部所在地：维也纳

❖ 我国于 1972 年加入

❖ 主要领域：促进和加速发展中国家的工业化等

❖ 网址：www.unido.org

4. 金融方面

(1) 国际货币基金组织(International Monetary Fund)

❖ 成立时间：1945 年 12 月 27 日

❖ 总部所在地：华盛顿

❖ 我国于 1980 年恢复合法席位

❖ 主要领域：促进国际货币合作、汇率的稳定等

❖ 网址：www.imf.org

(2) 世界银行(The World Bank)

❖ 成立时间：1944 年

❖ 总部所在地：华盛顿

❖ 我国于 1980 年恢复合法席位

❖ 主要领域：提供长期贷款与投资、提供生产性资金、促进经济发展等

❖ 网址：www.worldbank.org

(3) 多边投资担保机构(Multilateral Investment Guarantee Agency)

❖ 成立时间：1988 年

❖ 总部所在地：华盛顿

❖ 我国于 1988 年加入

❖ 主要领域：通过向投资商和贷款人提供政治风险担保来推动外国直接投资，并通过提供技术和资源来帮助新兴国家吸引和保留投资等

❖ 网址：www.miga.org

5. 区域性组织

(1) 美洲国家组织(Organization of American States)

❖ 现存的历史最悠久的区域性组织

❖ 成立时间：前身是1890年成立的美洲共和国国际联盟，1948年改称为美洲国家组织

❖ 总部所在地：华盛顿

❖ 主要领域：加强美洲大陆的和平与安全；保障成员方之间和平解决争端；在成员方遭到侵略时，组织声援行动；谋求解决成员方间的政治、经济、法律问题，促进各国经济、社会、文化的合作；控制常规武器；加速美洲国家一体化进程

❖ 网址：www.oas.org

(2) 非洲统一组织(Organization of African Unity)

❖ 成立时间：1963年

❖ 总部所在地：亚的斯亚贝巴

❖ 主要领域：促进非洲国家的统一与团结、调整并加强非洲国家的各领域的合作、保护主权和领土完整及独立、肃清非洲一切形式的殖民主义

❖ 网址：www.african-union.org

(3) 阿拉伯国家联盟(League of Arab States)

❖ 成立时间：1945年

❖ 总部所在地：开罗

❖ 主要领域：全面考虑阿拉伯国家的事务和利益，各成员方在经济财政事务、交通电信、文化事务、国籍、社会福利与卫生保健等方面进行合作

❖ 网址：www.arableagueonline.org

(4) 东南亚国家联盟(Association of Southeast Asian Nations)

❖ 成立时间：1967年

❖ 总部所在地：雅加达

❖ 主要领域：通过共同努力加速东南亚地区的经济增长、社会进步和文化发展

❖ 网址：www.aseansec.org

(5) 欧洲联盟(European Union)

❖ 成立时间：前身是1952年成立的欧洲煤钢共同体和1965年成立的欧洲共同体，1993年欧洲联盟正式成立

❖ 总部所在地：布鲁塞尔

❖ 主要领域：促进欧洲社会经济可持续发展，加强国际合作

❖ 网址：http://europa.eu/

本章重点

❖ 简述国际组织的法律人格。

- 简述国际组织的决策方式。
- 简述联合国的宗旨和原则。
- 简述联合国专门机构的特征。
- 简述区域性国际组织和联合国的关系。

思考题

- 从五大常任理事国在安全理事会的双重否决权来看，其表决权的实质是什么？
- 东北亚地区为什么不存在区域性国际组织？
- 中国与区域性国际组织的关系是什么？

阅读扩展目录

- 饶戈平.试论国际组织与国际组织法的关系[J].中外法学，1999(1)：68－75.
- 饶戈平.论全球化进程中的国际组织[J].中国法学，2001(6)：126－136.
- 饶戈平.走出国际组织法的迷思——试论何谓国际组织法[J].北京大学学报(哲学社会科学版)，2016，53(6)：47－58.

本章知识树

- 国际组织法
  - 国际组织法律制度概述
    - 概念和特征
    - 国际组织的类型
    - 国际组织的法律制度
      - 法律人格
      - 成员
      - 主要机关
      - 决策方式
  - 联合国及其法律制度
    - 联合国成立背景
    - 联合国的宗旨和原则
    - 联合国的会员国
      - 会员资格的取得
      - 会员资格的丧失
      - 权利的中止
    - 联合国主要机关：联合国大会、安全理事会、经济和社会理事会、托管理事会、国际法院、秘书处
  - 联合国专门机构和区域性国际组织
    - 联合国专门机构
      - 定义
      - 特征
      - 与联合国的关系
    - 区域性国际组织
      - 定义
      - 特征
      - 与联合国的关系

第五章　国际法上的居民

案 例 导 入

【案情】 弗里得立希·诺特鲍姆1881年出生于德国汉堡，依据德国国籍法规定，诺特鲍姆因出生取得了德国的国籍。24岁时，他到危地马拉建立商业活动中心和发展事业，直至1943年他的永久居所地在危地马拉。1939年德国进攻波兰，1939年10月9日，他申请取得列支敦士登公国的国籍，并于10月20日取得了该国的国籍。1940年年初，他返回了危地马拉，继续从事商业活动，并申请将他在外国人登记册上注明的国籍改为列支敦士登公国的国籍，得到了危地马拉当局的准许。1941年12月11日，危地马拉向德国宣战，1943年11月，危地马拉警察当局逮捕了诺特鲍姆，将其交给美国军事当局，并扣押和没收了其在危地马拉的财产和商店。1946年诺特鲍姆获释之后，曾申请返回危地马拉，但遭到拒绝。1951年12月7日，列支敦士登公国向ICJ提起诉讼，反对危地马拉的没收财产的行为，认为这是违反国际法的，应给予赔偿和补救。

【问题】 国家行使外交保护权的条件是什么？

第一节　个 人 的 国 籍

一、国籍的概念和意义

个人的国籍是指一个人作为某一特定国家的国民或公民，而隶属于这个国家的一种法律上的资格或身份。

【学习小Tip】 一般来说，国民和公民并无区别。我国1949年《中国人民政治协商会议共同纲领》曾以“国民”一词指称具有中国国籍的人，1954年第一部宪法改用

"公民"一词。但在某些国家的国内法上则区别国民与公民。历史上,法国、美国等曾将本国人区分为享有完全政治权利的"公民"(出生在本土)和不享有完全政治权利的"国民"(出生在海外属地)。

国籍原本是一个仅适用于自然人的概念,但随着跨国投资活动的迅速发展,法人的国籍问题也随之成为国际法规制的对象。通常认为,按照某一国家法律成立的法人,就是该国的法人,即法人的国籍国是赋予其法人地位的国家。

国籍在国际法中具有如下四点意义。(1) 国籍是国家区分本国人和外国人、确定法律地位的依据。国籍是个人与国际法联系的纽带,国际法并不直接对个人赋予权利和施加义务,而是通过国家同个人发生联系。国家与个人的争端可以通过个人国籍所属国的介入转变成国家之间的争端。(2) 国籍是确定国家属人管辖权的依据。属人管辖权的行使只对本国人而不能对外国人;属地管辖权的行使对本国人和外国人不同;保护性管辖权的行使只对在国外的本国人。(3) 国籍是国家对国民提供外交保护的依据。国家对在外国的本国人有权予以外交保护,并且有义务接纳其回国。(4) 国籍是区分本国人和外国人以及给予境内居民不同待遇的前提。具有本国国籍的个人享有本国公民的权利,承担义务;不具有本国国籍的外国人或无国籍人,国家无权利予以外交保护,也无义务接纳其入境。

二、国籍法

国籍法是规定个人国籍的取得、变更、丧失、恢复以及处理国籍冲突的规则和原则的法律规范的总称,是一国据以决定谁具有其国籍的法律。依现代国际法,国籍问题原则上属于国内管辖事项,即一国是否允许本国人放弃本国国籍或允许外国人、无国籍人加入本国国籍,以及需要什么条件、程序,纯属一国主权范围内的事项。

但是,一国关于国籍问题的国内法还必须符合公认的国际法原则和该国承担的有效国际义务,否则其他国家或有关国际仲裁和国际司法机关就没有承认它的义务,即一国的国籍法不应违背该国所加入的国际公约、习惯法及普遍承认的国际法原则。特别是,为消除国籍的冲突问题而签订的双边条约和一些多边条约是该国国籍法的渊源和补充。

1930 年《关于国籍法冲突的若干问题的公约》第 1 条规定:每一个国家依照其本国法律断定谁是它的国民。此项法律如符合国际公约、国际惯例以及一般承认关于国籍的法律原则,其他国家应予以承认。

三、国籍的取得、丧失和恢复

1. 国籍的取得

根据各国的国籍相关立法和实践，国籍的取得主要有出生取得和入籍取得两种方式。

【思考题】 历史上，人口流出国一般采用血统主义，人口流入国一般采用出生地主义。哪些国家采取血统主义和出生地主义？其原因是什么？

出生取得是指一个人由于出生这一事实而取得某一国的国籍，又称为固有国籍或原始国籍。各国国籍法对因出生而取得国籍的规定，采取以下三种方式。

(1) 血统主义：以父母任何一方或仅以父亲的国籍决定出生者国籍，不问其出生地何在。血统主义又进一步划分为单系（父系）血统主义和双系（父母）血统主义两种，前者以父亲的国籍确定子女的国籍，后者以父母的国籍决定子女的国籍。

(2) 出生地主义：以出生者的出生地决定其国籍，且不问其父母具有哪国国籍。

(3) 混合主义：血统关系和出生地都是决定其国籍的根据。具体可采取以血统主义为主、以出生地主义为辅的方式，或者平衡兼顾两种主义。

入籍取得是指根据加入国籍者本人的意志或某种事实，并符合入籍国的法定条件和履行法定的程序而取得国籍。狭义的入籍是指外国人或无国籍人按一国法律规定，通过本人自愿申请并经批准而取得该国国籍；广义的入籍是指通过婚姻、收养、准婚生、领土变更等原因而取得某国国籍。

(1) 自愿申请入籍。一个国家是否允许外国人或无国籍人加入本国国籍，是一国主权范围内的事情，别国无权干涉，任何人没有权利主张一国必须接受其入籍。

(2) 基于婚姻、收养、认领、领土变更等法律事实而入籍。在婚姻入籍方面，主要考虑婚姻对女子国籍产生影响的问题，各国对婚姻给女子国籍带来的变化进行了不同的规定。但现代大多数国家的规定确立了男女平等原则和妇女国籍独立原则，规定婚姻不影响国籍。

2. 国籍的丧失

国籍的丧失是指一个人由于某种原因丧失其所具有的某一国家的国籍。国籍的丧失可分为自愿解除和非自愿丧失或被剥夺两种。

(1) 自愿解除国籍是指根据本人的意愿而解除国籍，包括本人自愿申请退籍和在两个以上国籍中选择一个国籍，从而发生丧失未选择国籍的两种情形。

(2) 非自愿丧失或被剥夺国籍是指由于法定原因而非出于本人自愿丧失本国国籍，包括由于取得外国国籍、婚姻、收养而丧失国籍的情形，以及被原国籍国剥夺国籍的情形。

各国剥夺国籍不得违反《联合国宪章》的宗旨和其他国籍法义务。从避免国籍冲突、保护个人利益和禁止歧视等方面考虑，有关国际法律文件和国际法学说均反对国家任意剥夺国籍，特别是反对基于种族原因而大规模剥夺国籍的行为。

3. 国籍的恢复

一个丧失某国国籍的人可以通过履行登记或声明手续恢复该国的国籍，或采用入籍的一般程序恢复国籍。

四、国籍的冲突

国籍的冲突是指一个人同时具有两个或两个以上国籍，或一个人不具有任何国籍的状态，前者为国籍的积极冲突，后者为国籍的消极冲突。由于国籍的取得和丧失是由国内法规定的，且各国法律规定不尽相同，故不可避免地会产生国籍的冲突问题。

解决双重国籍的问题是国际法和国籍私法共同面临的问题。前者的侧重点在于认可事实、选择国籍，即当存在双重国籍时如何选择、确定相关个人的国籍；后者则主要侧重于解决问题本身、避免发生，即消除已经存在的个人双重国籍以及防止今后产生双重国籍的问题。

解决无国籍问题，一般可通过双边条约或国际条约来解决，通常基于减少无国籍状态的原则。1954 年《关于无国籍人地位公约》和 1961 年《减少无国籍状态公约》是目前有效的国籍公约。

五、我国关于国籍的规定

我国历史上有三部国籍法，即 1909 年清政府《大清国籍条例》、1914 年北洋政府《中华民国国籍法》、1929 年中华民国政府《中华民国国籍法》。1980 年《中华人民共和国国籍法》(以下简称《国籍法》)是中华人民共和国成立以来颁布的第一部国籍法，确定了中国国籍法的原则，以及国籍取得、丧失的原则、条件和程序。

1. 中国国籍法的原则

(1) 平等原则：男女平等、民族平等，没有任何民族、宗族和宗教歧视。

(2) 不承认双重国籍原则：《国籍法》第三条规定，不承认中国公民具有双重国籍，既不承认具有中国国籍的人同时具有外国国籍，也不承认具有外国国籍的人同时具有中国国籍。

(3) 避免国籍抵触原则：《国籍法》规定，定居外国的中国公民，自愿加入或取得外国国籍的，即自动丧失中国国籍；父母双方或一方定居在外国的中国公民，本人出生在外国，具有中国国籍，但本人出生时即具有外国国籍的，不具有中国国籍；中国公民申请退出中国国籍获得批准的，即丧失中国国籍；外国人申请加入中国国籍获得批准的，即取得中国国籍，但不得再保留外国国籍；曾经有过中国国籍的外国人被批准恢复中国国籍的，不得再保留外国国籍。

为了避免产生无国籍问题，《国籍法》规定，对无国籍人，只要他们愿意尊重中国法律，具备一定条件并经本人申请，主管机关审查批准，可以加入中国国籍；父母无国籍或国籍不明，定居在中国，本人只要在中国出生，即具有中国国籍；不得以任何理由剥夺中国公民的国籍。

2. 国籍的取得

（1）出生而取得：适用以双系血统主义为主、以出生地为辅的混合原则。《国籍法》规定，外国人在中国所生子女具有外国国籍；定居在外国的中国公民，自愿加入或取得外国国籍，即自动丧失中国国籍；父母双方或一方为中国公民并定居在外国，本人出生时即具有外国国籍的，不具有中国国籍；经批准加入中国国籍的，不再保留外国国籍；申请恢复中国国籍获批准的，不再保留外国国籍。

（2）因入籍而取得：适用自愿申请和审批相结合的原则。《国籍法》规定，中国国籍的取得、丧失和恢复，除因为出生而取得中国国籍外，必须办理申请手续。未满十八周岁的人，可由其父母或其他法定代理人代为办理申请。加入、退出和恢复中国国籍的申请，由中华人民共和国公安部审批。经批准的，由公安部发给证书。但是，国家工作人员和现役军人不得退出国籍。

3. 关于香港、澳门特别行政区的规定

《全国人民代表大会常务委员会关于〈中华人民共和国国籍法〉在香港特别行政区实施的几个问题的解释》和《全国人民代表大会常务委员会关于〈中华人民共和国国籍法〉在澳门特别行政区实施的几个问题的解释》规定，拥有中国国籍的香港、澳门特别行政区的公民可以使用外国政府签发的有关证件去其他国家或地区旅行，但只要拥有中国国籍，在中华人民共和国领土及相关特区均不得因持有上述证件而享有外国领事保护的权利。

第二节　外国人的法律地位

一、外国人及其法律地位

外国人是指在一国境内不具有居留国国籍的人，包括无国籍人也归为外国人范畴。根据国家主权原则，国家享有对本国境内一切人（包括外国人）和事务以及对境外的本国人实施管辖的权利，即属地管辖权和属人管辖权。

1. 外国人入境

国家并没有接纳外国人入境的义务，但是一般都允许外国人为合法目的入境，并要求持有护照和经过签证。除禁止一些可能危害国家安全、公共秩序或利益的，或危害境内居民健康的人入境，如精神病患者、传染病患者、刑事罪犯、从事不正当职业者等，但不得实施种族歧视。

2. 外国人居留

国家没有允许外国人居留的义务，任何外国人没有主张国家必须准予居留的权利。合法进入一国境内的外国人，根据居留国法律和有关国际条约，可在该国短期、长期和永久居住。外国人的民事权利和诉讼权等都受到居留国的保护，但不享受本国人的政治权利。外国人也须遵守居留国的法律，缴纳税款，接受居留国的属地管辖，但一般没有服兵役的义务。

3. 外国人出境

一国不得禁止其境内的外国人合法出境。外国人出境，必须没有未了结的司法案件或债务，缴清税款，并办理了出境手续。但在特定情况下，可以限令外国人出境，或将其驱逐出境。例如，危害居留国的公共秩序或公共安全；侮辱居留国；危害或侮辱其他国家；在居留国内或在外国犯有违法的行为；经济上损害居留国；违反禁止居留义务而居住在居留国。

二、外国人的待遇原则

对于外国人的待遇，国际上并无统一要求，除非受条约和国际习惯法的约束，国家可以自行决定给予外国人何种待遇。

1. 国民待遇原则

国民待遇是指国家在一定范围内给予外国人同本国公民同等的待遇。国家间基于互惠原则相互给予国民待遇，但一般只限于民事、诉讼权利，不包括政治权利。

2. 最惠国待遇原则

最惠国待遇是指一国给予另一国的国民、法人、商船等的待遇不低于现时或将来给予任何第三国国民、法人、商船的待遇。最惠国待遇一般通过条约中的最惠国条款给予，是在国家间互惠原则基础上相互给予的待遇，主要适用于外国人的经济、贸易和投资活动方面，但也有一些例外的规定：(1) 给予邻国的利益、特惠、特权与豁免，特别是为了方便边境贸易给予邻国的优惠；(2) 关税同盟、自由贸易区或经济共同体范围内的优惠；(3) 双边或多边的互免签证协议，如《申根协定》等；(4) 经济货币联盟，如欧盟等；(5) 历史性安排，如英联邦等。

3. 互惠待遇原则

互惠待遇是指一国给予外国人某种权利、利益或优惠，须以该外国人的国籍国给予该国在其境内的国民同等权利、利益或优惠为前提。互惠待遇原则是外国人待遇的基础，国家间根据平等互惠的原则，互相给对方公民在税收优惠、互免入境签证、免收签证费等方面同等待遇。

4. 差别待遇原则

差别待遇是指国家在外国人与本国人之间或在不同国籍的外国人之间给予不同的待遇，包括两种：一是指国家给予外国公民或法人的民事权利，在某些方面少于本国公民或法人；二是指对不同国籍的外国公民和法人给予不同的待遇，如国际贸易领域中的普惠制只要求发达国家单方面给予发展中国家某些减免关税的待遇，但不要求发展中国家给予发达国家同样的待遇。

三、外交保护

外交保护是指一国对在外国的国民(包括本国法人)的合法权益遭到所在国家非法侵害而得不到救济或适当救济时，通过外交途径向加害国进行交涉和寻求补偿的行为。外交保护是国家的一项权利，可以由国家的国内外交机关或其外交代表机关来行使。外交保护的基础是国家的属人管辖权，将国民的权利视为国家权益的组成部分，所以对其在外国的国民具有保护的权利。个人不能拒绝本国的外交保护，也不能放弃本国的外交保护权。

外交保护原则上适用于一国的国家行为已经或必将侵害外国人合法权益的各种事项，主要包括侨民无辜受到逮捕或拘留、侨民在司法程序中被拒绝司法处理、侨民的财产或利益被非法剥夺、侨居国不给予侨民足够的保护以防范私人或团伙的暴力行为，以及侨民受到歧视性待遇、无故受到侨居国的驱赶和野蛮迫害等。

尽管外交保护是国家的一项权利，但一国实施外交保护须满足以下条件。(1) 本国国民的合法权益因所在国的国际不法行为而受到侵害。(2) 受害人持续具有保护国的实际国籍，即“国籍持续原则”和“国籍实际联系原则”。前者是指从受害人受害之日起到国家提出求偿时，其必须连续具有保护国国籍；后者是指个人的国籍必须反映出其与国籍国的真实联系，个人属于该国实际人口，与该国保持实际的权利和义务关系。(3) 受害人须已用尽当地救济，且未能获得合理的补偿。“用尽当地救济”是指用尽所在国的行政和司法的全部实质性保护办法和充分正确地使用所在国的法律规定的一切程序上的可利用的办法。

案例导入答案

【答案】 ICJ 判决指出：根据国家实践，国籍是个人与一个国家的实际人口有密切联系的事实的法律表述，只有当国籍把个人与赋予国籍的国家的这种密切联系转变为法律关系时，它才使该国有行使外交保护的权利。

国家行使外交保护权的根据是一国国籍，这个国籍是基于国籍国与个人最密切的实际联系的事实。所谓“最密切的实际联系的事实”包括惯常居所地和利益中心地、家庭联系、参加公共生活、对子女的灌输,以及对特定国家流露出的依恋等。ICJ 认为,诺特鲍姆取得列支敦士登公国国籍的目的只是为了取得法律上的承认,是想以中立国的国民身份取代它的敌侨地位,寻求列支敦士登公国的保护是他的唯一目的,没有改变他的任何生活方式,列支敦士登公国没有权利行使外交保护权。

埃尔西公司案

埃尔西是在意大利的一家公司,生产电子元件,美国的两家公司拥有其全部股份。1964—1966 年,埃尔西公司的经营利润不足以偿债,1968 年 3 月 28 日公司决定停止经营。但意大利政府与公司会谈,向公司施加压力,不许其关闭公司和解雇工人。1968 年 3 月 29 日,公司向职工发出解雇函。4 月 1 日,意大利当局发布命令征收工厂及其财产 6 个月,4 月 19 日公司提出行政申诉,4 月 26 日公司申请破产,5 月 16 日法庭颁发破产令,8 月 22 日取消征收令。1985 年 11 月,破产诉讼终结,美国的两家公司未得到任何变卖财产所得的资金。

1987 年 2 月 6 日,美国向 ICJ 对意大利政府提起诉讼,主张被告意大利政府:(1) 非法征用埃尔西工厂,从而剥夺了股东在正常情况下直接进行公司资产清算的权利;(2) 没有能力防止雇员占用该平台设备;(3) 在 16 个月内未就请求的合法性做出任何决定;(4) 介入了破产程序,结果以远低于其真实市场价值的价格收购了埃尔西。

ICJ 根据双方的要求,于 1987 年 3 月 2 日发布命令,成立了由 5 名法官组成的分庭来处理此案。意大利在其辩诉状中以未用尽当地救济办法为由对美国诉讼的可受理性提出异议。

分庭最终认为,被告没有违反 1948 年《美利坚合众国和意大利之间友好、商务和通航条约》及补充协定,拒绝了美国提出的赔偿请求。

在本案中,ICJ 表示用尽当地救济原则中的受害人不仅要用完所在国的国内救济手段,还要充分正确地使用国内法中一切可适用的诉讼程序以及其他程序中的各个方面,包括传讯证人、提供必要的文件和证件等。

四、我国的外国人管理制度

外国人在我国的法律地位由一系列法律和法规予以规定。例如,1982 年《中华人民共和国宪法》第三十二条规定:“中华人民共和国保护在中国境内的外国人的合法权利和利益,在中国境内的外国人必须遵守中华人民共和国法律。”因此,外国人的人身、财产及其他正当权益受我国法律的保护，如非经人民检察院批准、决定或者人民法院决定，并由公安机关执行，外国人不受逮捕；如人身权、财产权、知识产权、经营权、贸易权等则基于我国国内法，或者我国缔结和参加的国际条约，享有互惠或平等原则、国民待遇原则、最惠国待遇原则等。同时，外国人亦负有遵守中国法律的义务。例如，《中华人民共和国刑法》规定，外国人在中国犯罪，除对享有外交特权与豁免的刑事责任者须通过外交途径解决外，依中国刑法处罚。

2004 年实施的《外国人在中国永久居留审批管理办法》、2013 年实施的《中华人民共和国出境入境管理法》和《中华人民共和国外国人入境出境管理条例》对外国人在我国的出入境、居留做了如下四项规定。

(1) 外国人入境须向驻外签证机关申请办理签证。如有下列情形之一的，我国驻外签证机关则不予签发签证：被驱逐出境或被决定遣送出境，未满不准入境规定年限的；患有严重精神障碍、传染性肺结核病或有可能对公共卫生造成重大危害的其他传染病的；可能危害中国国家安全和利益、破坏社会公共秩序或者从事其他违法犯罪活动的；在申请签证过程中弄虚作假或者不能保障在中国境内期间所需费用的；不能提交签证机关要求提交的相关材料的；签证机关认为不宜签发签证的其他情形。同中国政府签订互免签证协议国家的人员，以及持有效外国人居留证件或者搭乘国际航空器、船舶、列车在我国境内停留不超过 24 小时的人员，可以免办签证。

(2) 外国人在我国的居留。外国人所持签证注明的停留期限不超过 180 日的，持证人凭签证并按照签证注明的停留期限在中国境内停留。需要延长签证停留期限的，应当在签证注明的停留期限届满 7 日前向停留地县级以上地方人民政府公安机关出入境管理机构申请，按照要求提交申请事由的相关材料。对于符合国家规定的专门人才、投资者或出于人道主义等原因确需由停留变更为居留的外国人，经设区的市级以上地方人民政府公安机关出入境管理机构批准可以办理外国人居留证件。外国人被处限期出境，未在规定期限内离境的；有不准入境情形的；非法居留、非法就业的；违反《中华人民共和国出境入境管理法》或其他法律、行政法规需要遣送出境的，被遣送出境的人员，自被遣送出境之日起 1 至 5 年内不准入境。

(3) 永久居留权。对我国经济社会发展做出突出贡献或符合其他在我国境内永久居留条件的外国人，经申请、批准，可取得永久居留资格；在中国经济、教育、研究等企事业单位任职，具有副高级以上职称及享受同等待遇，已连续任职 4 年，且 4 年内在我国累计居留不少于 3 年且纳税记录良好的外国人，也可申请永久居留。

(4) 外国人出境。外国人出境须持有有效证件，履行规定的手续，经查验准许，方可出境。但下列人员不准出境：被判处刑罚尚未执行完毕或者属于刑事案件被告人、犯罪嫌疑人(按照双边协议移管被判刑人的除外)；有未了结的民事案件，人民法院决定不准出境的；拖欠劳动者的劳动报酬，经国务院有关部门或者省、自治区、直辖市人民政府决定不准出境的;法律、行政法规规定不准出境的其他情形。

第三节 引渡和庇护制度

一、引渡制度

引渡是指国家根据条约或基于其他理由把在其境内而被别国指控或判定犯罪的人,应该国的请求,移交该国审判或处罚的国际司法协助行为。

引渡是国家间刑事司法协助的一种形式,引渡的目的是使请求国能对被指控的人行使刑事管辖权,追究其刑事责任或对其执行刑罚。但国家没有一般性的引渡义务,是基于国际条约而确定引渡的内容和程序,如 1970 年《关于制止非法劫持航空器的公约》第 7 条和第 8 条规定了关于劫机犯引渡的规定。引渡通常以条约为依据,引渡的对象只限于普通刑事犯,不包括政治犯或宗教犯,轻微犯罪也不予引渡。

引渡的主体是请求引渡的国家,一般是对罪犯主张管辖权的国家,主要有犯罪行为发生地国、受害国,以及犯罪人的国籍国。引渡的对象是严重犯罪的嫌疑人或已判刑的犯人。被引渡的对象既可以是本国国民、请求国国民,也可以是第三国国民,但大多数国家一般不引渡本国人,只有英国、美国等极少数国家不拒绝引渡本国国民。《中华人民共和国引渡法》(以下简称《引渡法》)第八条规定,根据中国法律,被请求引渡人具有中华人民共和国国籍的,中国政府拒绝引渡。此外,若管辖权重复时,一般不予以引渡;如果是已判刑的犯人,还是以引渡为原则;如果是要在本国内判刑的犯罪嫌疑人,则可以不予引渡。

引渡需要满足以下三个条件。(1) 符合相同原则,即被指控的人所实施的行为按照请求国的法律和被请求国的法律都构成犯罪,任何一方的法律不认为是犯罪则不构成引渡理由。引渡要求对所指控的罪行的惩罚达到一定的严厉程度,能判处若干年有期徒刑以上;若引渡旨在执行刑罚,则要求尚未执行的刑期在一定的时间以上。(2) 政治犯例外原则,即国家对由于政治原因而遭受外国追诉的外国人不予引渡。但因政治犯的含义和范围缺乏明确性,且其决定权属于被请求引渡的国家,该原则的使用存在一定的困难或有可能被歪曲或滥用。有些不属于政治犯的范畴,如反和平罪、战争罪、反人类罪、种族灭绝和种族隔离罪、侵害外交代表等应受国际保护人员罪、劫机罪、贩毒罪、海盗罪等。(3) 罪名特定原则,即请求国在将被引渡人引渡回国后,只能以请求引渡时所主张的罪名进行审判和处罚,不得以不同于引渡罪名的其他罪名进行审判或惩处。此外,基于被请求国有管辖权,被请求引渡人的年龄、健康或其他个人原因,引渡该人不符合人道主义原则,以及已经对该人提起刑事诉讼等时,则可以拒绝引渡。在那些废除死刑的国家,经常会有死刑不引渡原则,即对于那些有可能在引渡后被判处死刑的人,不予引渡。

引渡的程序通常在引渡条约或有关引渡的国内立法中加以规定，一般程序包括：(1) 被请求国应请求国的要求对被引渡人临时逮捕；(2) 请求国提出正式的引渡请求；(3) 被请求国有关机关对引渡请求进行审查，并将决定交由有关机关批准；(4) 被请求国按约定的时间、地点、方式与请求国完成对引渡人的移交。

引渡成功后，根据罪名特定原则，对于该引渡人，请求国只能就其请求引渡时所指控的罪名加以审判和处罚，未经被请求国同意，不得再次将该引渡人引渡到第三国。

二、庇护制度

庇护是指国家对于因政治或科学研究原因被追诉或受迫害而请求避难的外国人，准其入境、居留、给予保护的行为。根据国际法，国家庇护外国人是其属地优越权的体现，是领土庇护。国家自由决定庇护的给予与否。庇护的主要法律依据是国内法，但也有国际法渊源，即 1948 年《世界人权宣言》和 1967 年《领土庇护宣言》。前者肯定了庇护权，并将以政治性罪行而被起诉的人作为庇护对象；后者则进一步规定了庇护问题上国际社会应予遵循的一般原则。

受庇护的外国人主要是被外国追诉的政治犯或因从事政治活动而遭到迫害的人，限于政治犯，反对殖民统治、维护公共利益、从事科学进步事业和创作活动而受迫害的人士(包括争取民族解放的人士)，政治避难者等。但一般犯有以下罪行的罪犯不能给予庇护：破坏和平罪、战争罪、反人道罪、灭绝种族罪、种族隔离罪、非法劫持航空器罪、其他各种危害国际民航安全罪行、侵害受国际保护人员的罪行、劫持人质罪、酷刑罪、危害海上安全罪、贩卖奴隶罪。

受庇护者在庇护国享有合法的居留权，与一般外国人相同，要服从居留国的管辖。但受庇护者不得因其有受庇护的地位而从事违反联合国宗旨与原则的活动，不得从事反对他国(包括其国籍国)的活动。庇护国负有防止受庇护人从事这种活动的义务。如《领土庇护宣言》第 4 条规定，给予庇护的国家不得准许享受庇护之人从事违反联合国宗旨与原则的活动。

除了领土庇护以外，还有一种域外庇护，又称为外交庇护，是指国家在其驻外使领馆中对包括接受国国民在内的外国人给予外交庇护，或在位于其境外的本国军舰、军用飞机或军事基地内对外国人给予其他形式的庇护。国际法不承认国家在其领域外庇护外国人的权利。仅有少数美洲国家根据区域性国际公约和习惯法相互承认各自的外交庇护权，如 1928 年《哈瓦那庇护公约》和 1933 年《蒙得维的亚政治庇护公约》，但公约仅适用于拉丁美洲，也只是在“紧急情况”下作为一种例外来加以适用。ICJ 在 1950 年“哥伦比亚和秘鲁的庇护权案”中指出，“与领土庇护不同，在外交庇护的情况下，避难者置身于罪行发生地国境内。决定对避难者给予外交庇护有损领土国的主权，它使犯罪者逃脱领土国的管辖，并构成对纯属该国管辖事项的干涉。如果庇护国有权单方面确定避难者所犯罪行为的性质，则将对领土国的主权造成更大的损害。因此，不能承认这种有损领土主权的外交庇护，除非在某一特定情况下，它的法律依据得到了确立”。

三、我国引渡和庇护的法律依据和原则

1. 关于引渡的法律依据和具体规定

1）法律依据

（1）国内法：2000 年 12 月 28 日，第九届全国人民代表大会常务委员会第十九次会议通过了《中华人民共和国引渡法》。

（2）国际法：10 多个国际条约，并与 17 个国家缔结了双边引渡条约，与 30 多个国家缔结了司法协助条约。例如，我国 1980 年加入《关于制止非法劫持航空器的公约》和《关于制止危害民用航空安全的非法行为的公约》，1988 年签署并于 1989 年 9 月批准《联合国禁止非法贩运麻醉药品和精神药物公约》。

（3）司法实践：1983 年，我国曾向韩国提出将卓长仁等 6 名劫机犯引渡给中国审判处罚，但遭到韩国拒绝；1986 年，我国拒绝了苏联关于引渡 1 名劫机犯的请求，并由哈尔滨市中级人民法院判处该犯有期徒刑 8 年；1990 年，我国将劫机到日本的张振海引渡回国，由北京市中级人民法院判处有期徒刑 8 年；2012 年 5 月 10 日，“金三角”特大武装贩毒集团的首犯糯康在老挝万象机场由老挝警方正式移交给中国警方，这是我国在引渡领域的一次成功实践。

2）具体规定

（1）引渡条件。《引渡法》第七条规定，外国向中华人民共和国提出的引渡请求必须同时符合下列条件，才能准予引渡：① 引渡请求所指的行为，依照中华人民共和国法律和请求国法律均构成犯罪；② 为了提起刑事诉讼而请求引渡的，根据中华人民共和国法律和请求国法律，对于引渡请求所指的犯罪均可判处一年以上有期徒刑或者其他更重的刑罚；为了执行刑罚而请求引渡的，在提出引渡请求时，被请求引渡人尚未服完的刑期至少为六个月。对于引渡请求中符合前款第一项规定的多种犯罪，只要其中有一种犯罪符合前款第二项的规定，就可以对上述各种犯罪准予引渡。

（2）拒绝引渡。《引渡法》第八条规定，外国向中华人民共和国提出的引渡请求，有下列情形之一的，应当拒绝引渡：① 根据中华人民共和国法律，被请求引渡人具有中华人民共和国国籍的；② 在收到引渡请求时，中华人民共和国的司法机关对于引渡请求所指的犯罪已经作出生效判决，或者已经终止刑事诉讼程序的；③ 因政治犯罪而请求引渡的，或者中华人民共和国已经给予被请求引渡人受庇护权利的；④ 被请求引渡人可能因其种族、宗教、国籍、性别、政治见解或者身份等方面的原因而被提起刑事诉讼或者执行刑罚，或者被请求引渡人在司法程序中可能由于上述原因受到不公正待遇的；⑤ 根据中华人民

共和国或者请求国法律，引渡请求所指的犯罪纯属军事犯罪的；⑥ 根据中华人民共和国或者请求国法律，在收到引渡请求时，由于犯罪已过追诉时效期限或者被请求引渡人已被赦免等原因，不应当追究被请求引渡人的刑事责任的；⑦ 被请求引渡人在请求国曾经遭受或者可能遭受酷刑或者其他残忍、不人道或者有辱人格的待遇或者处罚的；⑧ 请求国根据缺席判决提出引渡请求的。但请求国承诺在引渡后对被请求引渡人给予在其出庭的情况下进行重新审判机会的除外。

此外，《引渡法》第九条进一步规定了不宜引渡的两种情况：① 中华人民共和国对于引渡请求所指的犯罪具有刑事管辖权，并且对被请求引渡人正在进行刑事诉讼或者准备提起刑事诉讼的；② 由于被请求引渡人的年龄、健康等原因，根据人道主义原则不宜引渡的。

2. 关于庇护的法律依据和司法实践

(1) 法律依据。1949年《中国人民政治协商会议共同纲领》第六十条规定："中华人民共和国对于外国人民因拥护人民利益参加和平民主斗争受其本国政府压迫而避难于中国境内者，应予以居留权。"1978年《宪法》第五十九条规定："中华人民共和国对于任何由于拥护正义事业、参加革命运动、进行科学工作而受到迫害的外国人，给以居留权利。"1982年《宪法》第三十二条第二款规定："中华人民共和国对于因为政治原因要求避难的外国人，可以给予受庇护的权利。"1985年《中华人民共和国外国人入境出境管理法》第十五条规定："对因为政治原因要求避难的外国人，经中国政府主管机关批准，准许在中国居留。"但2012年《中华人民共和国出境入境管理法》第四十六条则从难民的角度对庇护进行了规定，即"申请难民地位的外国人，在难民地位甄别期间，可以凭公安机关签发的临时身份证明在中国境内停留；被认定为难民的外国人，可以凭公安机关签发的难民身份证件在中国境内停留居留"，从而调整了我国的庇护制度。

(2) 司法实践。1978年10月，我国政府给予前来要求避难的越南共产党中央组织部干部阮庭荫提供政治庇护；1989年6月，美国驻华使馆宣布对中国公民方励之和李淑娴给予保护，我国外交部提出严正抗议。

第四节 难民的国际保护

一、国际上难民制度的发展

难民是指由于战争、种族、宗教、国籍、属于某一社会团体或具有某种政治见解等遭受迫害而逃离到其本国之外，并由于这种迫害不能或不愿受其本国保护的人，或者不具有任何国籍的人，包括战争难民、政治难民、经济难民。近年来又出现了"环境难民"，即由于干旱、土壤侵蚀、沙漠化、森林过度砍伐、海平面上升等环境问题和气候变化问题而丧失家园，到处寻求避难的人。

难民问题在历史上很早出现，但直到第一次世界大战结束后才引起国际社会的关注。1921年国际联盟成立了难民事务局，由挪威人南森担任专员，负责保护和救援第一次世界大战后滞留在各国的难民，并发给具有国际效力的“南森护照”，1933年签订了《关于难民国际地位的公约》。

第二次世界大战结束后，在联合国的组织下，《国际难民组织章程》于1946年通过。1949年联合国大会做出决议成立联合国难民署，1951年通过难民署章程，并任命了高级专员。1951年联合国通过了《关于难民地位的公约》，但该公约规定的难民仅限于因1951年1月1日以前发生的事而成为难民的人。1966年通过、1967年生效的《关于难民地位的议定书》则废除了有关时间的限制。

二、难民身份的确定

《关于难民地位的公约》和《关于难民地位的议定书》规定，难民须符合以下三个条件：(1) 该人迁移或滞留于本国或经常居住国之外；(2) 不能或不愿受本国保护和不能或不愿返回经常居住国；(3) 由于政治理由畏惧迫害。但难民不属于下列情形之一的人：(1) 犯有国际文件中已做出规定的破坏和平罪、战争罪或违反人道罪；(2) 在以难民身份进入避难国之前，曾在避难国以外犯过严重的非政治罪；(3) 曾有违反联合国宗旨和原则的行为并经认为有罪；(4) 已经获得联合国难民高级专员以外的其他机构保护和援助；(5) 被其居住地国家认为具有附着于该国国籍的权利和义务。

国际上并无明确的难民身份确认规定，联合国难民署1979年发布的《根据1951年难民地位公约和1967年议定书确定难民地位的程序和标准手册》是难民署自身工作的依据，各国可以参考，也可以基于主权自行处理。

三、难民的法律地位

《关于难民地位的公约》和《关于难民地位的议定书》的缔约方并不负有主动接受难民入境并准其在本国居留的积极义务，但应具有宽容态度并提供便利，不应以一般外国人的标准要求难民。

(1) 边界不拒绝。对于未经许可进入或逗留于缔约方领土，但毫不迟延地自动向有关当局说明正当理由的难民，该国不得因该难民非法入境或逗留的事实本身而对其加以惩罚；如果决定不予接纳，应给他们以获得另一国入境许可的合理期间和必要的便利；在此期间，不得对其加以不必要的限制。

(2) 关于难民的驱逐应遵循两项原则。除因国家安全或公共秩序理由外，不得将难民驱逐出境。除非有正当理由认为难民足以危害该国安全，或者难民已被生效的判决确认有特别严重的罪行，从而构成对该国社会的危险，否则不得将难民驱逐出境。

(3) 不推回原则。作为国际难民法的核心原则，其要求缔约方不得以任何方式将难民推回至其生命或自由受威胁的领土边界。1951 年《关于难民地位的公约》第 33 条规定："(一) 任何缔约国不得以任何方式将难民驱逐或送回（"推回"）至其生命或自由因为他的种族、宗教、国籍、参加某一社会团体或具有某种政治见解而受威胁的领土边界。(二) 但如有正当理由认为难民足以危害所在国的安全，或者难民已被确定判决认为犯过特别严重罪行从而构成对该国社会的危险，则该难民不得要求本条规定的利益。"

经申请获准取得难民地位后，难民本人及其家庭成员便在缔约方境内负有服从接受国管辖，遵守所在国法律、规章以及为维护公共秩序所采取的措施的一般义务。同时享有国民待遇或最惠国待遇，不低于一般外国人待遇，不应受到歧视。

四、我国保护难民的立场与实践

我国政府认为，国际难民问题必须从源头入手，制造难民的国家应承担主要责任。公正合理地解决地区冲突、消除热点问题和加强国际合作是消除难民问题根源的唯一途径，同时主张共同分摊保护和救援难民的负担。

我国已加入《关于战俘待遇之日内瓦公约》《关于战时保护平民之日内外公约》《关于难民地位的公约》和《关于难民地位的议定书》等国际条约，并签署《关于遣返在华老挝难民的议定书》等双边条约。1982 年《宪法》和 2012 年《中华人民共和国出境入境管理法》都对难民有明确的规定。

本章重点

- 简述外交保护的条件。
- 简述引渡制度。
- 简述我国国籍制度。
- 简述庇护制度。
- 简述难民的法律地位。

思考题

- 个人或跨国企业是否为国际法主体？
- 环境难民能否享有难民的地位？

❖ 领土庇护和外交庇护的区别是什么？

阅读扩展目录

❖ 邢爱芬.难民公约排除条款适用于恐怖主义行为研究[J].法学杂志，2019，40(8)：56－66.

❖ 肖永平，郭明磊.论国籍观念的演进与国籍法的变革[J].法学评论，2007(6)：66－72.

❖ 徐军华，李若瀚.论国际法语境下的“环境难民”[J].国际论坛，2011，13(1)：14－19，79.

本章知识树

- 国际法上的居民
  - 个人的国籍
    - 国籍的概念和意义
    - 国籍法
    - 国籍的取得、丧失和恢复
      - 出生取得、加入取得
      - 自愿丧失、非自愿丧失
      - 国籍的恢复
    - 国籍的冲突：积极、消极
  - 外国人的法律地位
    - 外国人的法律地位
      - 入境
      - 居留
      - 出境
    - 外国人的待遇原则
      - 国民待遇
      - 最惠国待遇
      - 互惠待遇
      - 差别待遇
    - 外交保护
  - 引渡和庇护制度
    - 引渡制度
      - 主体
      - 对象
      - 条件
      - 程序
      - 后果
    - 庇护制度：领土庇护、外交庇护
  - 难民制度
    - 难民的定义
    - 难民身份的确定
    - 难民的法律地位

第六章　国际法上的领土

案例导入

【案情】 帕尔玛斯岛位于菲律宾棉兰老岛与印度尼西亚群岛的纳萨岛之间，面积不足2平方英里①。西班牙人于16世纪最早发现了该岛，但没有对它实行有效统治，也没有行使主权的表现。而荷兰的东印度公司从17世纪就开始与该岛上的人往来，并从1700年起把该岛变成它的殖民地——东印度群岛的组成部分，而且一直对它实行有效控制。1898年，美国和西班牙战争结束后，两国于同年12月签订了《巴黎和约》。依该和约规定，西班牙会将其殖民地菲律宾包括帕尔玛斯岛在内的领土割让给美国。1906年，美国驻棉兰老岛的一个军官到该岛旅游参观时发现此岛被荷兰占领着，并悬挂着荷兰国旗。美国随后向荷兰提出交涉，认为西班牙因最早发现了该岛而取得对它的所有权，而美国作为西班牙的"继承者"，亦应享有该岛的主权。但荷兰人认为其是该岛的合法统治者，其对该岛的主权是通过和平的和有效的占有而取得的。1925年1月23日，双方达成仲裁协议，决定将争议交由海牙常设仲裁法院解决，并共同选定了瑞士法学家马克斯·胡伯法官为本案的独任仲裁员。

【问题】 国家取得领土主权的条件是什么？

第一节　国家领土与领土主权

一、国家领土与领土主权的概念、性质及内容

国家领土是指地球上隶属于国家主权的特定部分。而领土主权是指国家对其领土范围内的人和事物的最高权力。

---

① 1英里=1 609.344米。

对于领土主权的性质有如下两种意见：(1) 领土主权只是对领土上的人和财产行使排他性的管辖权，不包括所有权；(2) 国家对领土的主权不仅包括管辖权，而且包括所有权。本书同意第二种观点，理由有以下两点。(1) 不能因一些国家在国内法上实行土地私有制而否定国家在国际法上对其领土的所有权，国际法赋予国家支配和处理其领土的权利。这方面的代表性文件有 1962 年联合国大会通过的《关于自然资源之永久主权宣言》和 1974 年《各国经济权利和义务宪章》等。(2) 在实践中，自古就有国家之间交换、买卖、赠予领土的情况存在。

领土主权主要包括以下三项内容。(1) 领土管辖权。领土管辖权又称为属地最高权或属地优越权，是指国家对其领土范围内的人、事、物拥有排他的管辖权，是领土主权的主要内容和标志。(2) 领土所有权。领土所有权是指国家对其领土范围内的一切土地和资源拥有、占有、使用和支配的权利。(3) 领土完整不可侵犯。领土主权和领土完整是国家独立的重要标志，是现代国际法的基本原则。领土完整不可侵犯是国际强行法“禁止侵略战争”的具体表现。

二、领土主权的限制

国家的领土主权是不可侵犯的，但是领土主权也不是绝对的。根据一般国际法的原则和规则，国家在行使领土主权时通常受到一般限制和特殊限制这两种限制。

一般限制是指根据一般国际法规则对所有国家或所有相关的国家的领土主权的限制。例如，享受外交特权与豁免的人员在接受国不受其管辖；任何国家在开发和利用其领土时，不得损害他国利益和国际社会的整体利益；沿海国应允许非军用外国船舶无害通过其领海等。

特殊限制是指依据国际条约对缔约方的领土主权在某些特定领域或事项中所进行的限制。特殊限制是否合法，关键在于产生特殊限制的条约是否是在平等基础上，根据缔约方的意愿签订的合法有效的条约。

特殊限制有共管、租借和国际地役等三种类型。(1) 共管。共管是指两个以上的国家依据条约对某一领土共同行使主权，共管的国家对该领土的主权互为限制。共管的概念最先出现在神圣罗马帝国时期，当时两个或两个以上的君主对特定的城镇或土地行使共同的所有权。国际法实践中出现过若干共管的事例，例如，英国和埃及在 1898—1955 年对苏丹的共管；第一次世界大战以后直到 1968 年，英国、澳大利亚和新西兰对瑙鲁岛的共管等。(2) 租借。租借是指依据条约，一国将某部分领土租借给另一国，供其在租期内用于条约所规定的目的。租借领土只有以平等自愿为前提、通过租界条约进行才是合法的。承租国取得对租借地范围内某事项的管辖权，但出租国仍保有对租界地的主权。(3) 国际地役。国际地役是指依据国际条约，一国有关领土在一定范围内满足他国需要或为他国利益服务。国际地役作为一种对物的权利，并不因有关领土归于另一国的属地最高权之下而消灭，但可根据有关国家的同意而予以终止，也可以因需役地国家的明示或默示的放弃而消灭。

国际地役必须是根据国际条约对领土主权的特殊限制，如果是国际法一般规则所设定的限制，就不是国际地役，如外国船舶的领海无害通过权等。国际地役的主体是国家，客体是国家领土。一国给予外国人或法人的特别权利，不构成国际地役；同样，条约对缔约一方所规定的与领土无直接关系的限制也不是国际地役。例如，某一国际条约限制某一国家武装力量的建立和编制，由于不涉及该国领土为另一国家的利益服务，从而不是国际地役。

国际地役可分为积极地役和消极地役。前者是指国家承担义务允许别国在自己有关领土上从事某种行为，例如，允许别国在其领土上建筑及经营铁路，允许别国渔民在其领海的特定区域捕鱼等。后者是指国家承担义务承诺不在其有关领土上从事某种行为，例如，不在靠近边界地区建造有可能污染环境的工厂等。国际法院在1960年在“印度领土通行权案”中承认了葡萄牙平民、官员和货物通过印度领土的权利，肯定了国际地役的存在。

第二节　国家领土的取得和变更

一、国家领土的组成部分

国家领土是由领陆、领水、领陆和领水之下的底层领土以及其之上的领空组成。

1. 领陆

领陆是指国家疆界以内的全部陆地，包括大陆和岛屿。领陆是国家领土的最基本的组成部分。国家可以没有领水，但不可能没有领陆。

2. 领水

领水是指国家陆地疆界以内的水域和与陆地疆界相邻的一带海域，包括内水和领海两大部分。

1）内水

领海基线向陆地一面的全部水域构成国家的内水。内水可分为内陆水和内海水，包括河流、湖泊、运河、内海水等。内水的法律地位与领陆相同，完全处于国家主权管辖和控制之下。但一些特殊的河流、湖泊与运河还适用国际法上特定的规范和制度。

（1）界河。界河分属于沿岸国，一般以河流的中心线或河流主航道的中心线作为疆界线。沿岸国的船舶都可以在界河上航行。一般情况下，界河不对非沿岸国开放。

(2) 多国河流。多国河流是指流经两个或两个以上国家的河流。沿岸国对流经它的水域行使完全的管辖权。但是,由于多国河流本质上是所有沿岸国共有的自然水道,沿岸国对自己拥有的那段河流的权利是相对的,不得滥用。例如,上游沿岸国不得故意使河水改道,或采取有可能使下游河水泛滥或枯竭的措施;下游沿岸国不得垄断水上交通,断绝上游国家出海之路。

(3) 国际河流。国际河流是指流经两个或两个以上的国家并通往海洋,依据国际条约在平时允许各国商船自由航行的河流。1921 年,国际联盟主持并召开国际会议,通过了《国际通航水道制度公约和规约》,但是国际河流自由航行还没有成为国际法原则,需要国际公约对此加以规定。例如,澜沧江(在中国境外称“湄公河”)流经中国、缅甸、泰国、老挝、柬埔寨以及越南,最终流入太平洋。2000 年 4 月,中国、缅甸、泰国、老挝四国签署了《澜沧江-湄公河商船通航协定》,自协定签署一年后,缔约任何一方的船舶均可按照协定和缔约各方共同制定的有关规则在中国思茅和老挝琅勃拉邦港之间自由航行。

(4) 湖泊或内陆海。湖泊是被陆地环绕的水域,如果完全为一国陆地所包围,则属于该国领土的一部分;如果被两个或两个以上国家的陆地所包围,则属于全体沿岸国。例如,黑海现有土耳其、俄罗斯、罗马尼亚、保加利亚、乌克兰和格鲁吉亚等 6 个沿岸国,经博斯普鲁斯海峡和达达尼尔海峡与地中海相通。1936 年土耳其等国签订《蒙特勒公约》,规定了黑海上商船航行自由原则。

(5) 通洋运河。运河是在一国领土内人工开凿的可航行水道,其地位与内河相同,完全受该国主权的管辖。但是,连接海洋、构成国际要道的通洋运河,如苏伊士运河和巴拿马运河等,一般受国际条约规定的法律制度支配。例如,1888 年《君士坦丁堡公约》将苏伊士运河的地位规定为中立。

温勃登号案

“温勃登号”是一艘英国船,由法国租用。1921 年 3 月 21 日,“温勃登号”在为波兰但泽的海军基地运送军需品的途中,请求通过德国的基尔运河,但遭到德国的拒绝。拒绝的理由是德国颁布的有关俄波战争的《德国中立法》禁止使运送到波兰或俄国的军用物资过境。法国驻柏林大使要求德国政府撤销其禁止该船通过的决定,因为根据《凡尔赛和约》第 380 条,基尔运河及其入口应保持自由,并在完全平等的条件下向所有与德国处于和平状态的国家的商船和军舰开放。耽误了 11 天后,“温勃登号”收到法国方面的指示,放弃通过基尔运河,经丹麦海峡继续航行,这样途中又多航行了两天。1922 年 1 月 28 日,继德国政府建议将争端提交 PCIJ 解决后,法国、英国、意大利和日本于 1923 年 1 月 16 日,波兰于 5 月 22 日向 PCIJ 提起诉讼。

PCIJ认为,《凡尔赛和约》第380条的规定使基尔运河不再是一条可由河岸国完全控制其他国家船舶对其使用的国内航行水道,而是为世界所有国家的利益服务和在条约保证下为进入波罗的海提供方便的一条国际水道。对于德国是否可以援引其作为中立国所具有的权利和义务及其中立法令,而不执行《凡尔赛和约》第380条的问题,PCIJ认为中立法令是一国的单方面行为,它的效力无论如何不能优于和约的规定,即确立了国家的条约义务优于国内法的原则。

2)领海

领海是指沿着国家的海岸和内水或群岛的,受国家主权支配和管辖的一定宽度的海水带。(详见本书第七章)

3. 底层领土

底层领土是指领陆和领水的底土,包括地下水和资源等。底层领土属于国家领土的组成部分,完全受国家主权管辖和支配。

4. 领空

领空是指领陆和领水之上的空气空间,是国家领土的不可分割的部分,是国家拥有的、完全的、排他权的空间。

二、传统国际法中领土取得的方式

一般认为,传统国际法中领土取得的方式主要有五种:先占(Occupation)、时效(Prescription)、添附(Accretion)、割让(Cession)和征服(Conquest)。

1. 先占

先占是指国家有意识地占有无主地并取得其主权的行为。根据传统国际法,通过先占取得无主地的主权需要满足以下几个条件。(1)先占的主体必须是国家。先占行为必须是一种国家行为,必须是为国家而实行的,或者必须在实行后由国家予以承认。(2)先占的客体只限于无主地。无主地在传统国际法上是指从未被占有或不属于任何国家所有的土地;虽曾一度属于一国所有,但后来又被该国抛弃的土地;虽有土著部落居住,但还没形成国家的土地。但是1975年"关于西撒哈拉问题的ICJ咨询意见"指出,"凡是在社会上和政治上有组织的部落或民族居住的土地,就不能认为是无主地"。(3)主观上,先占国必须明确做出对无主地占领的意思表示,如通过发表声明、宣言或通告的方式。(4)客观上,先占国必须对无主地实施有效占有。有效占有是指国家应对无主地适当行使或表现其主权,通过立法、司法或行政管理行为对无主地实行有效的占领和控制。在近代国家形成的过程中,广泛存在以先占而取得领土的事实,所以先占在解决历史遗留的领土争端时，有一定的事实举证作用。

【思考题】 现今国际社会上能否通过先占取得领土主权？其原因是什么？

2. 时效

时效是指国家占有他国的部分领土，经过长期和平地行使管辖权而取得对该领土的主权。时效与先占的区别是，先占的对象是无主地，而依时效取得的是别国的领土。1909年瑞典和挪威之间的“关于格利斯伯达拿海上边界仲裁案”、1928年美国和荷兰之间的“帕尔玛斯岛仲裁案”均认可了时效取得的概念；在1951年“英国和挪威渔业案”、1953年英国和法国之间的“明基艾尔和艾克里荷斯群岛案”、1959年荷兰和比利时之间的“某些边境土地的主权案”的判决中，当事方均明确提到或援引了时效取得理论，国际法院虽然尽量避免提到或援引时效取得理论，但在其裁决中均适用了国际法中时效取得的要件。

根据传统国际法，通过时效取得他国领土主权须满足如下条件。(1) 占有者须有主权资格行使权利。时效取得制度中占有领土的主体应为国家，国家必须基于其实际行为来持续且和平地行使国家主权。(2) 占有必须和平且无间断。如果一个国家对某一块土地的占有是间断的、中途放弃或又由其他国家在该土地上行使主权，那么这种占有不能发生时效取得的效力。(3) 占有必须公开。时效取得要求权利主张者的行为必须公开，并面对不特定对象，以便利益相关国家能够注意到。(4) 占有的期限性。因时效取得在本质上是一种对本不属于自己的物通过法定期限归自己所有的所有权实现形式，且占有应当是公开、和平及不间断的实践，故要确认其期限。但是国际法尚未对领土主权时效取得所需要的持续期间形成一致意见。(5) 形成国际社会的信念。从时效取得的目的而言，是为了维持既定的社会秩序。只要占有者已经在相当长时期内不受干扰地加以占有，以致造成了一般信念，认为事物现状是符合国际秩序的，那么这个国家就被视为这些领土的合法所有者。

3. 添附

添附是指一国领土通过自然作用或人为措施而获得增加或扩大，可分为自然添附与人为添附。自然添附历来被认为是取得领土的一种合法方式。一般情况下，人为添附也是一种取得领土的合法方式，但在人为添附领土时，损害了相邻国家的权利，则不能认为是合法的。例如，国家的近海设施和人工岛屿不应被视为永久海港工程；国家在专属经济区、大陆架以及公海内建造的人工岛屿、设施和结构没有自己的领海，其存在也不影响领海、专属经济区或大陆架界限的划定，因此不构成添附。因添附而形成的新土地，无需由有关国家采取任何特别的法律步骤就当然成为其领土。

4. 割让

割让是指一国根据条约将本国的领土转移给他国。割让的构成必须有转移领土主权的意思，而且必须是土地的割让，且予以交付。割让分为强制性割让和非强制性割让，前者是强制性的领土移转，是在非自愿的条件下无代价地转移领土主权，往往是战争的结果；后者是有关国家在平等自愿基础上通过协商或缔结条约转移部分领土，包括赠予领土、买卖领土或交换领土。

5. 征服

征服是指国家以武力占领他国领土的全部或部分，战后经过兼并取得该领土的主权。征服与强制性割让的区别在于，强制性割让以条约为依据，而征服并不需要缔结条约，是战胜国单方面的行为。按照传统国际法，有效的征服必须符合以下两个条件。(1) 征服国不仅有征服的意思，而且有兼并的行为。征服国一般要发表正式兼并战败国领土的宣告。(2) 被征服国已经屈服。如果征服的是全部领土，被征服国及其同盟国要停止一切反抗活动；如果是部分领土，被征服领土的国家须放弃收复失地的努力。

案例导入答案

【答案】 胡伯法官在裁决中指出：目前国际法上领土主权的取得，要么是基于有效的行为，如先占或征服，要么是基于割让……自然添附只能被认为是某一部分领土的增加，而在这部分领土上存在的主权能够延伸到行动范围内的每一点。主权的持续存在是主权形成的必要因素。因此，尽管在不同的法律框架以及在必要条件上有一定的区别，国际实践和国家主权原则都认为，对领土持续的、和平的（与其他国家和平相处）占有足以取得领土主权。

从1906年美国军官对帕尔玛斯岛形成的报告来看，被外部主权迹象证实的荷兰政权的确立，已经达到了这样一种程度：维持现状的重要性应被认为优先于一种主张，即一个可能基于非常久远的发现但不能以占领支持（发现领土）的主张，或仅仅依据地理位置而提出的主张。

基于上述理由，仲裁员做出如下裁决：帕尔玛斯岛是荷兰领土不可分割的一部分。

三、现代国际法中领土变更的方式

除了添附、非强制性割让等可作为领土的取得方式外，现代国际法中还产生了一些新的领土变更方式，即民族自决和全民公决。

1. 民族自决

民族自决是现代国际法的一项基本原则。一切处于外国殖民统治、外国占领和外国奴役下的民族，具有自己决定自己的命运与政治地位、建立独立的主权国家和自主地处理其内外事物的权利，即自决权。原殖民地、委任统治地、托管领土可以通过民族自决成为新独立国家。

2. 全民公决

全民公决是指国际法承认在特定条件下，由某一领土上的居民投票来决定该领土的归属。例如，1935 年萨尔地区经过全民公决重新并入德国；1944 年冰岛根据公民投票的结果获得独立；1973 年巴布亚新几内亚的居民通过投票建国；2011 年南苏丹通过公民投票获得独立；2014 年乌克兰的克里米亚通过全民投票独立于乌克兰。根据国际法实践，通过全民公决的方式来决定领土的变更，应具备三个条件：(1) 有合法和正当的理由；(2) 没有外国的干涉、威胁和操控，当地居民能够自由地表达意志；(3) 应由联合国监督投票。

四、领土争端解决相关理论

《ICJ 规约》第 38 条规定，国际法院裁判各项争端应适用国际条约、国际习惯、一般法律原则，以及司法判例和各国权威最高公法学家的学说。国际社会并未形成有关领土主权取得、确认以及权利范围的专门条约，但先占、时效、添附、割让和征服等领土取得方式已获得传统国际法的习惯法地位。尽管传统的领土取得方式被现代国际法所摒弃，但因国际法院在处理领土争端时遵循的时际法(Intertemporal Law)原则，以及确定证据时的关键日期(Critical Date)原则，主要法律依据仍为领土取得时的有效传统国际法。

1. 时际法

时际法是在特定的时间确定其规范的内容，且在特定时期具有相对的稳定性。时际法正是调整与过去特定事实相关的新旧法律关系的一种法学理论。胡伯法官在帕尔玛斯岛仲裁案中将时际法理论定义为“一个法律事实必须依照与之同时的法律，而不是依照因该事实发生争端时或解决该争端时的法律来加以判断”。时际法适用于以下三种情形：(1) 特定的法律问题涉及很久以前发生的事实或者与长时间持续的事实相关联的情形；(2) 因法律在短时间内骤然变化而引起的时际法适用情形；(3) 因国际社会关系的急剧变化而引起的时际法适用情形。

2. 关键日期

关键日期是指双方当事者争端具体发生的日期，且在该日期之后发生的当事者行为对争议法律关系产生限制性影响或不发生任何实际影响的日期。关键日期是以时间为标准，在国际诉讼中解决多个相互冲突的请求时起重要作用的概念或理论。虽然关键日期理论并没有在国际法院判决中获得普遍支持，但已被诸多领土争端案件所援引，称为“关键时刻”或“关键期间”。在帕尔玛斯岛案中，胡伯法官首次使用“关键日期”的术语，其在裁决中提出“问题在于主权在关键日期，即《巴黎和约》缔结及生效时是否存在”。设定关键日期的目的在于，只要关键日期被指定，其后发生的所有事实均不发生任何实际效果，但是关键日期以前发生的事实具有价值，该事实则成为创设法律意义的事实。而关键日期之后产生的事实仅仅具有限制性的证据效力，只能间接地或仅仅为了说明关键日期前发生的事实而被援引。杰拉尔德·菲茨莫里斯曾主张，以下六个日期被选定为关键日期的可能性较大。(1) 双方发生争议的日期；(2) 提出异议的国家或原告国家对领土首次明确提起主张的日期；(3) 争端在当事国之间就领土主权已明确为争端日期；(4) 当事国一方提出领土主张后，为了采取磋商、斡旋、调停、委托国际组织以及仲裁或非司法手段等启动争端解决程序，而采取积极措施的日期；(5) 事实上采取上述第(4)项的任何一个措施的日期；(6) 上述所有措施都以失败而告终，最终决定将争端提交到国际仲裁或司法程序的日期。

第三节　国家的边界和边境制度

一、边界和边境的概念

国家边界是划分国家领土范围的界线，也是国家行使领土主权的界线。由于国家的领土是由各个部分所组成，因此国家边界也可以分为陆地边界、水域边界、海上边界、空中边界以及地下边界等。

边境是紧接边界线两边的一定的区域。边界是线，边境是区域。尽管国家领土的范围可以划定界线加以明确区分，边界线两侧分属不同国家，但该地区居民的社会、经济生活很难用一条线截然分开，需要设立特殊的法律制度。

二、边界的形成与划分

根据国际实践，国家边界的形成主要有以下三种情况。(1) 传统边界(历史边界)：在长期历史过程中根据各方历来行政管辖所及的范围而逐渐形成的边界。(2) 条约边界：由有关国家通过谈判签订条约而划定的边界。(3) 继承边界：新国家出现时，其边界从原国家边界或国内管辖范围继承而来的情况。

国家之间的划界主要有以下三种方法和规则。(1) 采用地形边界。地形边界也称为自然划界法，是指利用天然地势，如河流、湖泊、山脉、沙漠等，来划定边界线的方法。国家间在适用自然划界法的过程中，形成了一些习惯国际法规则：以山脉为界时，一般以分水岭为界；以河流为界时，通航河流以主航道中心线为界，不通航河流则以中间线为界；界河上的桥梁以桥的中间为界；湖泊以中间为界。(2) 采用几何学边界。几何学边界是指以两个固定点之间的直线作为国家的边界线的方法。非洲国家间采用几何学边界的较多；

美国和加拿大之间也存在部分几何学边界。(3) 采用天文学边界。天文学边界是指以一定经纬度来确定国家边界的方法。朝鲜半岛南北国家以北纬 38 度为边界线就是一例。

三、边境制度

边境制度是指国家为了边境的安全、边界线的维护、边境居民生活的便利以及交通和经济的利益等,通过双边条约和国内立法的方式而确立的法律制度。边境制度包括以下四项内容。(1) 维护边界标志。有关边界问题的条约一般都规定,双方国家负有保护边界标志以免损坏或移动位置的责任,以及各自负责修理或恢复本国一方境内界桩的责任。(2) 在边境公共服务方面进行合作。边境条约一般规定,边境居民在航运、贸易、探亲访友、进香朝圣等方面进出国境时享有特殊便利,不受一般出入边境的正规手续的限制。(3) 在边境地区的资源利用、环境保护方面进行合作。例如,在界河的使用上不得有损害邻国利益的行为;沿岸国对界河航运享有平等权利;对界河生物资源的保养负有共同责任;国家对边境土地的利用不得损害邻国边境居民的安全,如不得在靠近边界线的地区鸣枪、爆破和进行战术演习等。(4) 妥善解决边界事件。维护边境安全是国家的首要任务,因此,一般通过条约设立的边界委员会或边界当局处理争端,如果是特别严重的事件则须通过外交途径解决。

第四节　南极和北极地区的法律地位

一、南极地区的法律地位

南极洲是世界七大洲之一,从 20 世纪初开始,英国、法国、澳大利亚、新西兰、挪威、阿根廷、智利和南非等国家依据不同理由对南极提出领土要求。美国和苏联虽然没有正式提出对南极的领土要求,但都声明不承认上述国家对南极地区的领土主张,并且保留本国提出领土要求的权利。

在各国对南极领土争持不下的情况下,1959 年 12 月 1 日,由美国倡议,阿根廷、澳大利亚、比利时、智利、法国、日本、新西兰、挪威、美国、英国、苏联以及南非等 12 个国家在美国华盛顿签署了《南极条约》,该条约于 1961 年 6 月 23 日生效。截至 2019 年 4 月 22 日,共有 54 个国家加入《南极条约》,包括 29 个协商国和 25 个非协商国。我国于 1983 年6 月加入《南极条约》,1985 年成为协商国,并于 1985 年在南极建立了第一个常年科学考察站——长城站。

《南极条约》的主要内容为以下五项。(1) 南极只能用于和平的目的。禁止在南极建立军事基地和建筑要塞、进行军事演习以及进行任何类型武器的试验。(2) 享有科学调查自由和国际合作。各国在南极洲享有科学调查的自由,并为此目的而进行国际合作。(3) 冻结对南极的领土要求。《南极条约》第 4 条第 2 款规定,在本条约有效期间所发生的一切行为或活动不得构成主张、支持或否定对南极的领土主权的要求的基础,也不得创立在南极的任何主权权利。在本条约有效期间,对在南极的领土主权不得提出新的要求或扩大现有的要求。(4) 缔约方观察员制度。缔约各方有权指派观察员在任何时间进入南极任何地区进行视察。(5) 缔约方协商会议制度。根据条约的规定,条约协商国为便于交换情报,可召开会议共同协商有关南极的共同利益问题,并阐述、考虑以及向本国政府建议旨在促进条约的原则和宗旨的措施。自南极协商会议制度建立以来,已召开多次会议,并订立了 1972 年《南极海豹保护公约》、1980 年《南极海洋生物资源保护公约》、1988 年《南极矿物资源活动管理公约》和 1991 年《南极环境保护议定书》等,这些公约与《南极公约》一起,共同构成了南极条约体系。

二、北极地区的法律地位

北极除了少量岛屿外,并无陆地。美国、加拿大、丹麦(格陵兰岛)、冰岛、芬兰、挪威和苏联等北冰洋沿岸国已划分了北极地区周围的陆地。迄今为止,北极地区没有形成像《南极条约》一样的条约体系,还没有国际协议对北极的法律地位问题加以规定。尽管尚未制定有关领土和资源分配的条约,但北极地区国家之间为保护北极环境的条约已相继签订。例如,1973 年,加拿大、丹麦、挪威、美国和苏联签订了《保护北极熊协定》;1990 年,加拿大、丹麦、芬兰、冰岛、瑞典、挪威、美国和苏联等 8 个国家签订了《八国条约》;1991 年北冰洋国家首脑会议发表了《北极环境保护宣言》,并制定了"北极环境保护战略"。1996 年 9 月,加拿大、丹麦、芬兰、冰岛、挪威、瑞典、美国和俄罗斯等 8 个国家成立北极理事会,2011 年 5 月通过了第一份具有法律约束力的《北极空中和海上搜救合作协定》。

近年来,随着勘探技术的发展和全球气候变化,围绕北极地区的主权、资源归属权以及航行权展开的问题受到国际社会的日益瞩目。我国也在积极参与国际极地事宜,确立我国在南极和北极事务中的战略地位。

本章重点

- 简述传统国际法上国家领土的取得和变更。
- 简述领土主权的限制。
- 简述边境制度。
- 简述南极的法律地位。

思考题

- 依据国际法分析北极地区的主权和资源之争。
- 比较分析一些国家在南极和北极的领土主张及其依据。

阅读扩展目录

- 任虎.领土主权与国际法[M].北京：中国政法大学出版社,2018.
- 任虎.领土争端中“关键日期”问题研究[J].华东理工大学学报(社会科学版),2011,26(5)：73－80,97.
- 任虎.中、日和韩、日岛屿争端的比较研究及对我国的启示[J].华东理工大学学报(社会科学版),2012,12(5)：78－85.

本章知识树

- 国际法上的领土
  - 国家领土与领土主权
    - 国家领土的概念
    - 领土主权的内容
    - 领土主权的限制
      - 一般限制
      - 特殊限制
  - 国家领土的取得和变更
    - 领土的组成部分
      - 领陆
      - 领水
      - 底层领土
      - 领空
    - 领土取得的方式
      - 先占
      - 时效
      - 添附
      - 割让
      - 征服
    - 领土变更的方式：民族自决、全民公决
    - 领土争端解决的相关理论：时际法、关键日期
  - 国家的边界和边境制度
    - 边界的形成与划分
    - 边境制度
  - 南极和北极地区的法律地位
    - 南极地区
    - 北极地区

第七章　国际海洋法

案例导入

【案情】 鉴于英国渔船加剧开发挪威沿海水域，挪威政府于 1935 年 7 月 12 日颁布法令，以沿挪威海岸的各岛屿上的最外缘各点之间的直线基线为基础，划定其北部领水的界限。这些基点之间的距离有的超过 10 海里，其中最长的达 44 海里。挪威领海外部界限是在这些基线之外 4 海里划出的平行线。挪威主张在该区域内排他的捕鱼权。英国认为，国际法要求的领海基线应是实际的低潮线，挪威 1935 年法令中规定的划定渔区的方法，即测算领海宽度的直线基线的划法违反国际法。在与挪威政府谈判失败之后，英国于 1949 年 9 月 28 日向 ICJ 提起诉讼。ICJ 认定挪威 1935 年法令中规定的划定渔区的方法和确定的直线基线都不违反国际法。

【问题】 直线基线是什么？国际法是否承认直线基线为领海基线？

第一节　国际海洋法概述

一、海洋空间的区分

海洋占地球表面积的 71%，约 3.6 亿平方千米。海洋空间可以分为垂直空间和平面空间。

垂直空间可分为以下五个部分。(1) 海洋上空。海洋上空虽然不是国际海洋法直接研究的对象，但却与海洋有着密切的关系。(2) 海洋表面。船舶的航行主要是在海洋的表面进行，在商品和人员的运输、交通和军事等方面，船舶的航行起着至关重要的作用。此外，捕鱼或海底资源的开发等也离不开海洋的表面。(3) 水体。水体中蕴藏着丰富的生物资源，水资源利用和发电等方面也与人类的生活有着密切的关系。此外，水体在军事方面也具有重要意义，如潜水艇的航行等。(4) 海底。海底蕴藏着大量的矿物资源，如锰、铜、钴等。不仅如此，海底在铺设电缆和管道、国际通信、输送石油和天然气等方面发挥着重要的作用。(5) 底土。底土中蕴藏着大量的原油和天然气，其大多在大陆架的底土中，因此大陆架的地位非常重要。

平面空间可分为公海和公海以外的海域。后者还可以分为以下两个部分：(1) 从属于国家一般管辖权的海域，即内水、群岛水域、领海、海峡和毗连区；(2) 属于国家经济管辖权的海域，即专属经济区和大陆架。海洋的平面空间如图 7－1 所示。

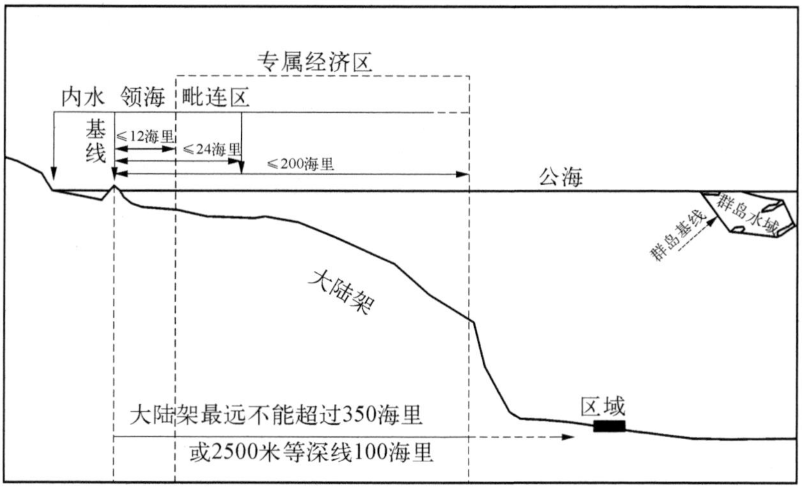

图 7－1　海洋的平面空间

二、国际海洋法的概念及其编纂

国际海洋法是关于各种海域的法律地位和调整国与国之间在海洋活动中发生的种种关系的原则、规则和制度的总称。国际海洋法具有如下特征：(1) 国际海洋法是国际法中最古老的部门之一，也是最新的部门之一；(2) 国际海洋法是国际法的一个分支，具有国际法的一般特征，国际法的基本原则都是国际海洋法的基本原则。但是，国际海洋法调整的国际关系与国际法其他分支调整的国际关系有所不同，因此国际海洋法具有一些比较特殊的概念、原则和规则等。

早期的国际海洋法原则和规则大多来自习惯法，例如，领海的距离早期一般主张为 3 海里，是在海岸线上布防的大炮的最远射程距离。国际海洋法的编纂活动始于 20 世纪。1930 年，在国际联盟的主持下召开的国际法编纂会议就领水等三个问题进行了编纂，由于在领海宽度以及与领海有密切联系的毗连区、历史性海湾等问题上意见分歧，该会议未能通过与领海制度相关的国际公约。

第二次世界大战以后，国际海洋法的发展有了重大的突破，不仅在传统海洋法的公海与领海方面增添了许多新的内容，而且增加了许多新领域。联合国国际法委员会在1949年第一届会议上选定了14个编纂项目，其中包括与海洋法有关的公海和领海制度。1954年，联合国大会要求国际法委员会将其所拟的关于公海、领海、毗连区、大陆架和海洋生物资源的保全等条文系统化。1958年，第一次联合国海洋法会议在日内瓦召开，会议通过了《领海及毗连区公约》《公海公约》《捕鱼与养护公海生物资源公约》《大陆架公约》和《关于强制解决争端的任择议定书》。但是并未对领海的宽度作出规定。为了解决领海宽度问题，1960年召开了第二次联合国海洋法会议，但仍然未能解决。

1973年12月3日，第三次联合国海洋法会议在纽约联合国总部拉开帷幕，历经9年的会议讨论，《联合国海洋法公约》最后于1982年第11次会议上通过，并于12月10日举行了签署仪式。该公约规定，公约自60个国家批准之日起经过12个月后生效，1994年11月16日其正式生效。我国于1996年5月15日正式批准该公约。

三、国际海洋法的新发展

自《联合国海洋法公约》签署以来，国际海洋法得到了不断的完善，特别是20世纪90年代以来，国际海洋法又有了新的发展。作为一个法律框架，《联合国海洋法公约》会进一步发展和完善，吸收相关政府间组织通过的更加详细的规定，包括区域政府间组织。

1990年7月，在联合国秘书长的发起下，多个国家就《联合国海洋法公约》有关深海海底采矿规定中的一些问题展开协商。经过四年的磋商，《关于执行1982年12月10日〈联合国海洋法公约〉第十一部分的协定》于1994年7月28日通过，并于1996年7月28日生效。1995年12月4日，《关于执行〈联合国海洋法公约〉有关养护和管理跨界鱼类种群和高度洄游鱼类种群的规定的协定》通过，从而形成了《联合国海洋法公约》有关养护公海渔业资源的规定，确立了关于养护和管理上述两种资源的一般制度，要求各国对公海渔业管理和专属经济区渔业管理均采取预防办法、合作办法，是迄今关于公海渔业问题最全面的公约。上述两个协定体现了国际社会为进一步发展《联合国海洋法公约》、填补法律空缺和应对新问题进行合作的能力。在此方面值得注意的是，联合国大会2015年通过了第69/292号决议，其根据《联合国海洋法公约》，就国家管辖范围以外区域海洋生物多样性的养护和可持续利用问题，拟订了一份具有法律约束力的国际文书。

在国际海底管理方面，2000年、2010年和2012年，国际海底管理局就国家海底区域内的三种矿产资源，即多金属结核、多金属硫化物和富钴铁锰结壳分别制定了三个探矿和勘探规章，即《“区域”内多金属结核探矿和勘探规章》《“区域”内多金属硫化物探矿和勘探规章》和《“区域”内富钴铁锰结壳探矿和勘探规章》，从而为在国际海底区域相关资源的勘探活动制定了一套系统的程序和规则。

第二节 领海、内水和毗连区

一、领海

1. 领海的概念和法律地位

领海是指沿海国陆地领土和内水以外邻接的、处于其主权之下的一带海域；对于群岛国而言，是指群岛水域以外邻接的、处于群岛国主权之下的一带海域。

领海属于国家领土的一部分，沿海国对领海享有主权。国家对领海的主权也及于其上空、海床和底土。领海主权是仅受无害通过限制的完全主权，即除了外国船舶在领海内享有无害通过权外，其行使受公约和其他国际法律的限制。

按照主权原则，沿海国在其领海内享有如下权利：(1) 对自然资源的所有权和专属管辖权；(2) 海上航行和空中飞行管辖权；(3) 海洋科学研究的专属权；(4) 海洋环境保护和保全管辖权；(5) 国防保卫权；(6) 民事和刑事管辖权；(7) 无线电监督权；(8) 紧追权；(9) 海上礼节；(10) 沿海国在战时保持中立，包括其领海中立的权利，交战国不得在中立的领海内交战或拿捕商船。

其中，领海的无害通过权(《联合国海洋法公约》第 17—32 条)是指，在《联合国海洋法公约》的限制下，所有国家不论为沿海国或内陆国，其船舶均享有无害通过领海的权利。“无害通过”是指通过只要不损害沿海国的和平、良好秩序或安全(《联合国海洋法公约》第 19 条第 2 款规定了损害沿海国和平、良好秩序或安全的行为)；“通过”是指穿过领海但不进入内水或停靠内水以外的泊船处或港口设施，或驶往或驶出内水或停靠内水以外的泊船处或港口设施。但是，船舶发生技术性故障或受到不可避免的因素影响时，可被允许停泊或下锚(《联合国海洋法公约》第 18 条)。潜水艇和其他潜水器也可以无害通过领海，但是必须在海面上航行并展示其旗帜。《联合国海洋法公约》并没有规定军舰不享有无害通过权，只规定如果任何军舰不遵守沿海国关于通过领海的法律和规章，而且不顾沿海国向其提出遵守法律和规章的任何要求，沿海国可要求该军舰立即离开领海。《中华人民共和国领海及毗连区法》规定，外国军用船舶进入我国领海，须经我国政府批准。

根据属地原则，沿海国对于发生在其领海内的一切刑事、民事案件均有司法管辖权(《联合国海洋法公约》第 27 条和第 28 条)，主要包括刑事管辖权和民事管辖权。(1) 对于刑事管辖权的规定是，为了航行方面的利益，习惯上沿海国一般不对通过其领海的外国船舶行使刑事管辖权，但以下情形除外：罪行的后果及于沿海国；罪行属于扰乱当地安宁或领海的良好秩序的性质;经船长或船旗国外交代表或领事官员请求地方当局予以协助;这些措施是取缔违法贩运麻醉药品或精神调理物质所必要的。(2) 对于民事管辖权主要有三点规定:沿海国不应为对通过领海的外国船舶上某人行使民事管辖权的目的而停止其航行或改变其航向;沿海国不得为任何民事诉讼的目的而对船舶从事执行或加以逮捕,但涉及该船舶本身在通过沿海国水域的航行中或为该航行的目的而承担的义务或因而负担的责任,则不在此限;但是,对在领海内停泊或驶离内水后通过领海的外国船舶,沿海国有为了任何民事诉讼的目的而从事执行或逮捕的权利。军舰和其他用于非商业目的的政府船舶享有豁免权。

此外,《联合国海洋法公约》第 24 条和第 25 条还规定了沿海国的义务和保护权:沿海国不应妨碍外国船舶无害通过领海,不得歧视任何船舶,沿海国应当将其所知的在其领海内对航行有危险的任何情况妥为公布;沿海国可依公约规定制定关于无害通过领海的法律和规章,行使无害通过领海权利的外国船舶应遵守所有相关法律和规章。例如,在"科孚海峡案"中,ICJ 判决认为:(1) 阿尔巴尼亚有赔偿义务,阿尔巴尼亚政府对于在其领海中存在的可知晓的危险有向一般航行船只通知的义务,这种危险通知的义务产生于一般普遍承认的原则,即人道主义的考虑、海上交通自由原则、一国不得允许其领土被用于损害他国权利的行为等;(2) 一国军舰在平时无须事先获得许可就可以通过位于公海两部分之间的用于国际航行的海峡,只要这种通过是无害的,但是,英国海军于 11 月 12 日和 13 日进入阿尔巴尼亚领海排雷是损害阿尔巴尼亚国家领海主权的行为。

2. 领海的宽度和界限

《联合国海洋法公约》第 3 条规定,每一国家有权确定其领海的宽度,直至从按照本公约确定的基线量起不超过 12 海里的界限为止,即领海的宽度为 12 海里。领海基线是指测算领海宽度的起始线。虽然名称上是领海基线,但是其他毗连区、专属经济区等所有水域的设定范围也都以领海基线为准。

《联合国海洋法公约》第 5 条、第 7 条和第 14 条规定,领海基线有正常基线、直线基线和混合基线等三种。

(1) 正常基线。正常基线是指沿海国海岸在海水处于低潮时,海水与海岸自然形成的一条分界线。《联合国海洋法公约》第 5 条规定,除本公约另有规定外,测算领海宽度的正常基线是沿海国官方承认的大比例尺海图所标明的沿岸低潮线。如果是岛屿(《联合国海洋法公约》第 121 条第 2 款),岛屿的领海、毗连区、专属经济区和大陆架应按照本公约适用于其他陆地领土的规定加以确定。这说明岛屿的正常基线也应是低潮线,如果岛屿周围有礁石或者珊瑚礁,则应将该礁石的低潮线视为其基线。低潮线如图 7-2所示。

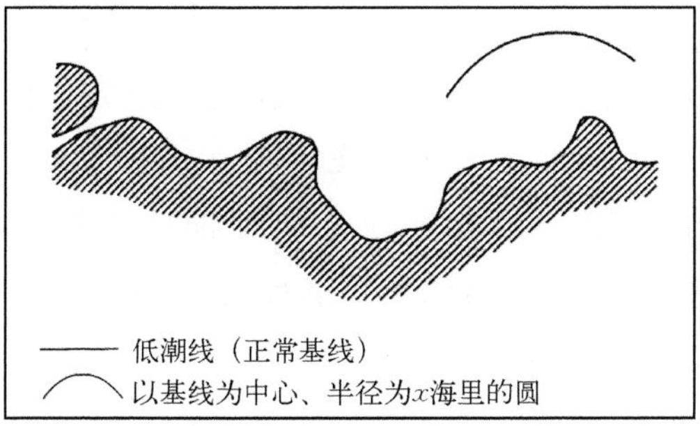

图 7－2　低潮线

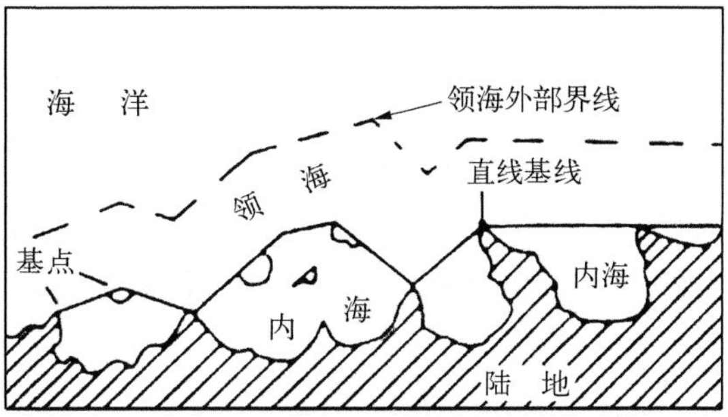

图 7－3　直线基线

（2）直线基线。直线基线是指沿海国以在海岸的陆地上、岛屿上或礁石上选定的特殊点为基点，将这些点用直线连接起来而形成的领海基线。《联合国海洋法公约》第 7 条规定，在海岸线极为曲折的地方，或者如果紧接海岸有一系列岛屿，测算领海宽度的基线的划定可采用连接各适当点的直线基线法。直线基线如图 7－3 所示。

沿岸国采用直线基线时应注意以下几点。① 直线基线不得偏离海岸的总方向，即一般走向。② 除筑有永久性设施并为国际上所承认外，不得以低潮高地为起讫点。《联合国海洋法公约》第 13 条规定，低潮高地是指在低潮时四面环水并高于水面，但在高潮时没入水中的自然形成的陆地。如果低潮高地全部或一部分与大陆或岛屿的距离不超过领海的宽度，该高地的低潮线可作为测算领海宽度的基线；如果低潮高地全部与大陆或岛屿的距离超过领海的宽度，则该高地没有其自己的领海。③ 使用直线基线时应适当考虑传统的习惯经济利益和情况。④ 海岸发生变化时，在沿海国重新修改公布新的基线之前，原基线仍然有效。⑤ 不得因使用直线基线致使另一国的领海同公海或专属经济区隔断。⑥ 使用直线基线，重新划入内水的水域或原有的无害通过权仍然有效。

（3）混合基线。混合基线是指正常基线和直线基线混合和交替使用确定的领海基线。《联合国海洋法公约》第 14 条规定，沿海国为适应不同情况，可交替使用两种方法确定基线。

案例导入答案

【答案】 ICJ 判定，“海岸线曲折复杂有特殊性时，可以承认连接适当突出点的直线基线”，从而对直线基线予以确认。

二、内水和海湾

1. 内水

内水是指一国领海基线以内的一切水域，对于群岛国而言，则是指群岛水域内河口、海湾、港口封闭线以内的水域。

内水在国际法上具有如下法律地位：(1) 跟陆地领土一样，内水是国家领土的组成部分，国家对其拥有完全的、排他的主权；(2) 非经许可，外国船舶和飞机不得进入内水，也不能在其中航行或进行捕鱼等活动；(3) 在使用直线基线法确定领海基线，而使原来不是内水的区域被包围在内成为内水的情况下，在这种水域内，外国船舶享有无害通过权。

2. 海湾

海湾一般是指海洋深入陆地形成明显水曲的水域。但《联合国海洋法公约》上的海湾仅指被一国陆地所环抱的水域。《联合国海洋法公约》第 10 条规定，海湾是指被一国陆地所环抱，面积等于或大于横越曲口所划直线作为直径的半圆形的面积的水曲。水曲是指凹入海岸的海水水域。海湾如图 7－4 所示。

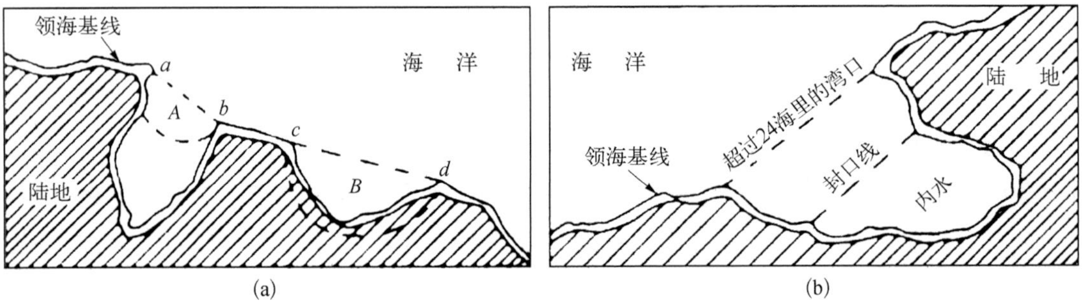

图 7－4　海湾

《联合国海洋法公约》第 10 条规定了水曲成为海湾的条件。(1) 水曲的面积等于或大于横越曲口所划的直线[如图 7－4(a)中 *ab* 或 *cd*]作为直径的半圆[如图 7－4(a)中 *A* 或 *B*]的面积。(2) 水曲的天然入口两端的低潮标之间的距离不超过 24 海里。(3) 水曲内的岛屿应被视为水曲水域的一部分。如果因岛屿使水曲有一个以上的曲口，则该半圆形应划在与横越各曲口的各线总长度相等的一条线上。(4) 在海湾天然入口两端低潮标之间的距离不超过 24 海里的情况下，沿岸国可在这两段低潮标之间划出一条封口线，线内水域为内水。(5) 如果海湾天然入口两端低潮标之间的距离超过 24 海里，则该 24 海里的直线基线应划在海湾内，以划入该线所可能划入的最大水域。(6) 上述规定不适用于所谓“历史性”海湾，也不适用于采用第 7 条所规定的直线基线法的任何情形。

【思考题】 哪些海湾是“历史性”海湾？其法律地位是什么？

三、毗连区

毗连区是指领海以外邻接领海，沿海国对特定事项行使必要管制的海域。沿海国可在毗连区内对海关、财政、移民和卫生等事项行使必要的管制，以防止并惩治外国船舶在其领土或领海内违反有关这些事项的法律和规章的行为。毗连区从测算领海宽度的基线量起，不得超过 24 海里。

四、我国的领海与毗连区法

全国人民代表大会常务委员会于 1992 年 2 月 25 日通过《中华人民共和国领海及毗连区法》，确定了我国的领海及毗连区法律制度。

（1）确定领海和内水的范围。本法第二条规定，中华人民共和国领海为邻接中华人民共和国陆地领土和内水的一带海域。中华人民共和国的陆地领土包括中华人民共和国大陆及其沿海岛屿、台湾及其包括钓鱼岛在内的附属各岛、澎湖列岛、东沙群岛、西沙群岛、中沙群岛、南沙群岛以及其他一切属于中华人民共和国的岛屿。中华人民共和国领海基线向陆地一侧的水域为中华人民共和国的内水。

（2）确定领海的宽度和领海基线。本法第三条规定，中华人民共和国领海的宽度从领海基线量起为十二海里。中华人民共和国领海基线采用直线基线法划定，由各相邻基点之间的直线连线组成。中华人民共和国领海的外部界限为一条其每一点与领海基线的最近点距离等于十二海里的线。

（3）确定毗连区的范围和宽度。本法第四条规定，中华人民共和国毗连区为领海以外邻接领海的一带海域。毗连区的宽度为十二海里。中华人民共和国毗连区的外部界限为一条其每一点与领海基线的最近点距离等于二十四海里的线。

（4）确定领海主权的范围。本法第五条规定，中华人民共和国对领海的主权及于领海上空、领海的海床及底土。

（5）规定外国船舶的航行制度。本法第六条规定，外国非军用船舶，享有依法无害通过中华人民共和国领海的权利。外国军用船舶进入中华人民共和国领海，须经中华人民共和国政府批准。本法第七条规定，外国潜水艇和其他潜水器通过中华人民共和国领海，必须在海面航行，并展示其旗帜。本法第八条规定，外国船舶通过中华人民共和国领海，必须遵守中华人民共和国法律、法规，不得损害中华人民共和国的和平、安全和良好秩序。外国核动力船舶和载运核物质、有毒物质或者其他危险物质的船舶通过中华人民共和国领海，必须持有有关证书，并采取特别预防措施。中华人民共和国政府有权采取一切必要措施，以防止和制止对领海的非无害通过。外国船舶违反中华人民共和国法律、法规的，由中华人民共和国有关机关依法处理。

（6）规定紧追权。本法第十四条规定，中华人民共和国有关主管机关有充分理由认为外国船舶违反中华人民共和国法律、法规时，可以对该外国船舶行使紧追权。追逐须在外国船舶或者其小艇之一或者以被追逐的船舶为母船进行活动的其他船艇在中华人民共和国的内水、领海或者毗连区内时开始。如果外国船舶是在中华人民共和国毗连区内，追逐只有在本法第十三条所列有关法律、法规规定的权利受到侵犯时方可进行。追逐只要没有中断，可以在中华人民共和国领海或者毗连区外继续进行。在被追逐的船舶进入其本国领海或者第三国领海时，追逐终止。本条规定的紧追权由中华人民共和国军用船舶、军用航空器或者中华人民共和国政府授权的执行政府公务的船舶、航空器行使。

此外，本法还制定了海洋科学研究、海洋作业等海洋活动相关规定，以及毗连区和外国航空器飞行相关制度。

第三节　专属经济区和大陆架

一、专属经济区

专属经济区是领海以外而邻接领海、自领海基线量起宽不超过200海里的一个新的海洋区域，包括水体、海床及底土。专属经济区既不是公海，也不是领海，是由《联合国海洋法公约》确立的一项新的海洋法律制度。

根据《联合国海洋法公约》，沿海国在专属经济区内享有的权利和义务包括以下七项。

(1) 沿海国拥有以勘探、开发、养护和管理海床和底土及其上覆水域自然资源为目的的主权权利，以及从事利用海水、海流和风力生产能等经济性开发和勘探活动的主权权利。

(2) 沿海国对专属经济区内生物资源有养护和管理的权利，同时承担义务促进其最适度利用。对专属经济区内生物资源实行养护和管理，沿海国可制定符合《联合国海洋法公约》规定的法律和规章。对违反法律和规章的外国渔民，沿海国可以采取包括登临、检查、逮捕和进行司法程序在内的一切必要措施。在有关国家间没有相反协议的情形下，处罚不得包括监禁或任何方式的体罚。

(3) 沿海国对人工岛屿、设施和结构的建造和使用有专属权利和管辖权。非经沿海国的同意，其他国家不得在其专属经济区内建造和使用人工岛屿、设施和结构。沿海国可在人工岛屿、设施和结构周围设置宽度不超过500公尺①的安全地带，并在该地带中采取适当措施，以确保航行安全及人工岛屿、设施和结构的安全和正常工作。

(4) 对海洋科学研究的管辖权。其他国家在沿海国专属经济区内进行海洋科学研究需经沿海国的明示同意。

---

① 1公尺=1米。

(5) 对海洋环境的保护和保全的管辖权。沿海国有权根据本国的实际情况制定有关法律和规章，并有权强制执行本国所订立的防止污染的标准，以及保护和保全该区海洋环境的法律规章。

(6) 国际法所赋予的其他权利和管辖权。沿海国在其主权权利和管辖权范围内，在其专属经济区内享有行政、民事和刑事管辖权，以及国际法所赋予的其他应由沿海国行使的权利和管辖权。

(7) 沿海国在勘探、开发专属经济区生物资源时，有保全、养护和管理该区域内生物资源的义务，有防止、减少和控制专属经济区环境污染，以及保全和保护环境的义务等。

其他国家在专属经济区内的权利和义务包括：航行和飞越自由；铺设海底电缆和管道的自由；与这些自由有关的海洋其他合法权益；行使上述权利时，应当顾及沿海国的权利和义务，并应遵守沿海国所制定的与《联合国海洋法公约》不相抵触的法律和规章。

《联合国海洋法公约》第 74 条规定，海岸相向或相邻国家间专属经济区的界限，应在《国际法院规约》第 38 条所指国际法的基础上以协议划定，以便得到公平解决。

我国于 1998 年颁布了《中华人民共和国专属经济区和大陆架法》，宣布中华人民共和国的专属经济区为其领海以外并邻接领海的区域，从测算领海宽度的基线量起延至 200 海里。与海岸相邻或者相向国家关于专属经济区和大陆架的主张重叠的，在国际法基础上按照公平原则以协议划定界限。

二、大陆架

地质学意义上的大陆架是指从大陆海岸向外自然延伸，直至大陆坡的坡度平缓的海底区域。

第一次联合国海洋法会议通过的《大陆架公约》，将大陆架定义为邻接海岸但在领海范围以外，深度达 200 米或超过此限度而上覆水域的深度容许开采其自然资源的海底区域的海床和底土。在此基础上，《联合国海洋法公约》第 76 条第 1 款规定，沿海国的大陆架包括其领海以外依其陆地领土的全部自然延伸，扩展到大陆边外缘的海底区域的海床和底土，如果从测算领海宽度的基线量起到大陆边的外缘的距离不到 200 海里，则扩展到 200 海里的距离。大陆架如图 7－5 所示。

岛屿的大陆架应按照《联合国海洋法公约》中适用于其他陆地领土的规定加以确定，但不能维持人类居住或其本身的经济生活的岩礁，不应有专属经济区和大陆架。

《联合国海洋法公约》第 76 条规定，一个沿海国无论是否有自然意义上的领土向海洋自然延伸，都可以主张从领海基线量起延至 200 海里的大陆架。但是，事实上 200 海里以内的大陆架没有实际意义，因为沿海国可以宣布比大陆架的范围更广泛的专属经济区。

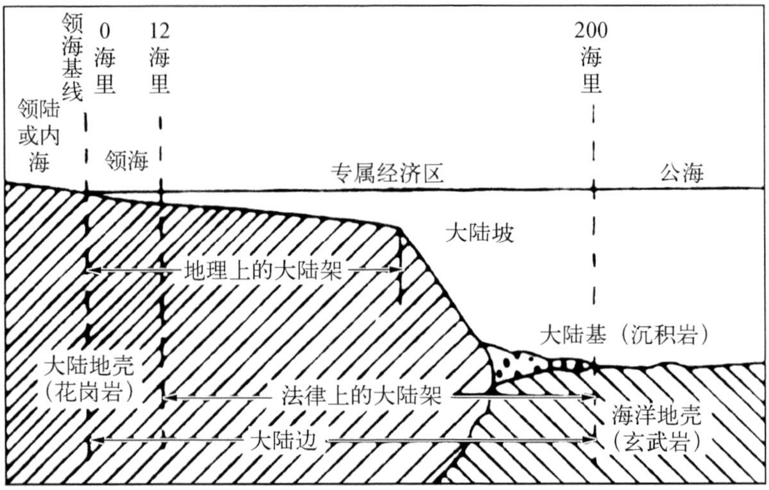

图 7－5　大陆架

如果大陆边外缘从测算领海宽度的基线量起超过 200 海里，则沿海国可根据以下复杂的条件或标准划定其外部界限。(1) 以离大陆坡脚的距离不超过 60 海里的各定点为准划定界线或以最外各定点为准划定界线，但第一定点上沉积岩厚度至少为从该点至大陆坡脚最短距离的 1%，在没有相反证明的情形下，大陆坡脚应定为大陆坡坡底度变动最大之点。(2) 大陆架在海床上的外部界线的各定点，不应超过从测算领海宽度基线量起 350 海里，或不应超过连接 2 500 米深度各点的 2 500 米等深线外 100 海里。

《联合国海洋法公约》第 77 条和第 78 条规定，沿海国对大陆架享有如下权利：(1) 沿海国以勘探大陆架和开发其自然资源为目的，对大陆架行使主权权利；(2) 沿海国对大陆架的权利不影响上覆水域或水域上空的法律地位；(3) 沿海国对大陆架权利的行使，绝对不得对航行和本公约规定的其他国家的其他权利和自由有所侵害，或造成不当的干扰。其他国家对大陆架享有如下权利：(1) 所有国家按照条约的规定都有在大陆架上铺设海底电缆和管道的权利；(2) 沿海国除为了勘探大陆架，开发其自然资源及防止、减少和控制管道造成的污染有权采取合理措施外，对于铺设或维持这种海底电缆或管道不得加以阻碍；(3) 在大陆架上铺设管道，路线的划定须经沿海国同意。

200 海里以外的大陆架的法律地位是一种特殊的法律地位，对其非生物资源的开发，应缴纳费用或实物，200 海里以外大陆架的上覆水域和上空属于公海地位。

《联合国海洋法公约》第 83 条对海岸相向或相邻国家间大陆架界限的划定进行了如下规定。(1) 海岸相向或相邻国家间大陆架的界限，应在《国际法院规约》第 38 条所指国际法的基础上以协议划定，以便得到公平解决。(2) 有关国家如在合理期间内未能达成任何协议，应诉诸《联合国海洋法公约》第 15 部分所规定的程序。(3) 在达成(1)中规定的协议以前，有关各国应基于谅解和合作的精神，尽一切努力做出实际性的临时安排，并在此过渡期间内,不危害或阻碍最后协议的达成。这种安排应不妨害最后界限的划定。(4) 如果有关国家间存在现行有效的协定,关于划定大陆架界限的问题,应按照该协定的规定加以决定,即划界所依据的是《国际法院规约》第 38 条所指国际条约、国际习惯法、一般法律原则,公认国际法学家的著作和国际法判例和资料;有关国家如在合理期间内未能达成任何协定,应诉诸《联合国海洋法公约》第 15 部分所规定的程序,即提交调解、强制调解、仲裁和司法程序等。

第四节　群岛水域和用于国际航行的海峡

一、群岛国和群岛水域

群岛国制度是《联合国海洋法公约》所新建立的一项重要制度。群岛是指一群岛屿,包括若干岛屿的若干部分、相连的水域和其他自然地形,彼此密切相关,使得这种岛屿、水域和其他自然地形在本质上构成一个地理、经济和政治的实体,或在历史上已被视为这种实体。群岛国是指全部由一个或多个群岛构成的国家,并可包括其他岛屿。

群岛水域是指群岛国根据《联合国海洋法公约》规定的方法划定的群岛基线所包围的水域。群岛水域如图 7-6 所示。《联合国海洋法公约》第 47 条对划定群岛基线的标准进行了规定。(1) 群岛基线由连接群岛最外缘和各干礁的最外缘各点的一系列直线组成,这一基线所包围的水域面积和包括环礁在内的陆地面积的比例应为 1∶1 至 9∶1。(2) 每一直线基线的长度不应超过 100 海里。但是,围绕任何群岛的基线总数中至多 3% 可超过这一长度,最长以 125 海里为限。(3) 群岛的主要岛屿应包括在基线以内。(4) 基线的划定不应在任何明显的程度上偏离群岛的一般轮廓。(5) 除在低潮高地上筑有永久高于海平面的灯塔或类似设施,或者低潮高地全部或一部分与最近的岛屿的距离不超过

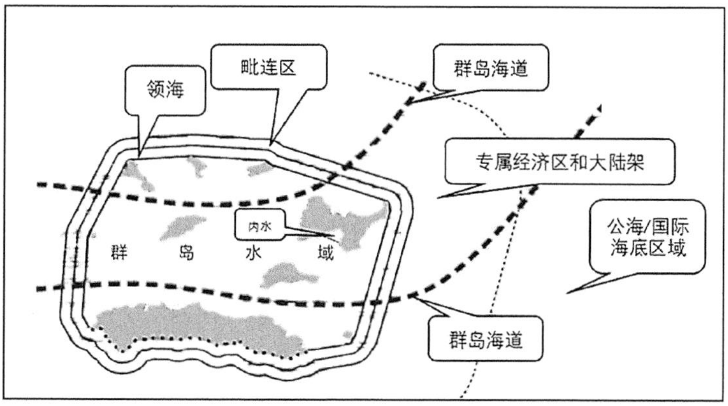

图 7-6　群岛水域

领海的宽度外，这种基线的划定不应以低潮高地为起讫点。(6) 这种基线不应以隔断另一国领海同公海或专属经济区联系的方法划定。(7) 群岛基线应在大比例尺的海图上标出，并连同地理坐标表一起妥为公布，并应将各该海图或坐标表的一份副本交存于联合国秘书长处。

《联合国海洋法公约》第 50 条规定，尽管群岛水域在基线以内，但其地位并非内水。群岛国的内水界限可在河口、海湾、港口等处用封闭线划定。

群岛水域与领海极为相似，但它既不属于领海，也不是内水。群岛国对其享有如下权利：(1) 群岛国的主权及于群岛水域及其上空、海床和底土，以及其中的资源；(2) 群岛国应尊重与其他国家间的现有协定，并应承认直接相邻国家在群岛水域某些区域内的传统捕鱼权利和其他合法活动；(3) 群岛国应尊重其他国家所铺设的通过其水域而不靠岸的现有海底电缆；(4) 所有国家的船舶均享有通过群岛水域的无害通过权。

二、用于国际航行的海峡

用于国际航行的海峡是指在公海或专属经济区的一部分与公海或专属经济区的另一部分之间的用于国际航行的海峡。国际法院在“科孚海峡案”的判决中认定，是否属于必须给予外国船舶以通过权的国际通路，决定性因素是连接公海两部分的地理位置，以及其被作为国际航行之用的事实。

《联合国海洋法公约》将用于国际航行的海峡分为三类，并分别实行不同的航行制度。(1)《联合国海洋法公约》第 36 条规定，如果穿过某一用于国际航行的海峡有在航行和水文特征方面同样方便的一条穿过公海或穿过专属经济区的航道，本部分不适用于该海峡；在这种航道中，适用本公约其他有关部分中包括关于航行和飞越自由的规定。(2)《联合国海洋法公约》第 45 条规定，在公海或专属经济区的一部分与外国领海之间的海峡，适用无害通过制度。(3)《联合国海洋法公约》第 37 条规定，在公海或专属经济区的一部分与公海或专属经济区的另一部分之间的海峡，实行过境通行制度。但是根据该公约第 45 条规定，如果这种海峡是由海峡沿岸国的一个岛屿和该国的大陆形成，而且该岛屿向海一面有在航行和水文特征方面同样方便的一条穿过公海或穿过专属经济区的航道，则不使用过境通行制度，而适用无害通过制度。科孚海峡就属于上述情况。

过境通行是指专为在公海或专属经济区的一部分与公海或专属经济区的另一部分之间的海峡继续不停和迅速过境的目的而行使航行和飞越自由。对继续不停和迅速过境的要求，并不排除在一个海峡沿岸国入境条件的限制下，为驶入、驶离该国或自该国返回的目的而通过海峡。任何非行使海峡过境通行权的活动，仍受《联合国海洋法公约》其他适用的规定的限制。

《联合国海洋法公约》第 39 条规定了船舶和飞机在过境通行时应承担的义务。

(1) 船舶和飞机在行使过境通行权时应：① 毫不迟延地通过或飞越海峡；② 不对海峡沿岸国的主权、领土完整或政治独立进行任何武力威胁或使用武力，或以任何其他违反《联合国宪章》所体现的国际法原则的方式进行武力威胁或使用武力；③ 除因不可抗力或遇难而有必要外，不从事其继续不停和迅速过境的通常方式所附带发生的活动以外的任何活动；④ 遵守本部分的其他有关规定。(2) 过境通行的船舶应：① 遵守一般接受的关于海上安全的国际规章、程序和惯例，包括《国际海上避碰规则》；② 遵守一般接受的关于防止、减少和控制来自船舶的污染的国际规章、程序和惯例。(3) 过境通行的飞机应：① 遵守国际民用航空组织制定的适用于民用飞机的《航空规则》；国有飞机通常应遵守这种安全措施，并在操作时随时适当顾及航行安全；② 随时监听国际上指定的空中交通管制主管机构所分配的无线电频率或有关的国际呼救无线电频率。

【学习小 Tip】 过境通行、航行自由和无害通过的界限

1. 过境通行和航行自由的界限

过境通行仅限于以继续不停和迅速过境为目的而行使的航行和飞越自由，而不包括其他任何方面的活动和权利。

航行自由是指在不属于沿海国管辖的海域内船舶自由行动，可缓行、可停驶，甚至可从事军事行动；不仅包括在水面航行，而且包括对水体、海床洋底及其上空的使用权利。

2. 过境通行和无害通过的界限

通行者不同：过境通行适用于所有船舶和飞机，包括潜水艇水下潜行通过与军用船舶和飞机通过；而无害通过主要适用于非军用船舶，潜艇要浮出水面。

权利和义务不同：无害通过的沿岸国适用更广泛的管辖权。

第五节 公 海

一、公海的概念和法律地位

《联合国海洋法公约》第 86 条规定，公海是指除国家的专属经济区、领海和内水以及群岛国的群岛水域以外的全部海域。

1958 年《公海公约》所规定的公海是不包括在一国领海或内水内的全部海域。

公海是不受任何国家主权支配的海域，任何国家不得有效地声称将公海的任何部分置于其主权之下，公海只应用于和平目的。

二、公海自由

公海自由是指公海对所有国家开放，无论是沿海国或内陆国，都有在公海上从事国际法所不禁止的活动的自由。

公海自由应在《联合国海洋法公约》和其他国际法规则所规定的条件下行使。各国在行使公海自由时，除应遵守有关的国际法规则外，还必须顾及其他国家行使公海自由的利益。

《联合国海洋法公约》第 87 条规定，公海自由的内容包括以下六点。(1) 航行自由。(2) 飞越自由。(3) 铺设海底电缆和管道的自由。(4) 建造国际法所容许的人工岛屿和其他设施的自由，必要时可以在人工岛屿和设施的周围设置宽度为一般接受的国际标准所许可的安全地带。人工岛屿和设施及其周围的安全地带不得设在对公认海道可能有干扰的地方。(5) 捕鱼自由，但受公海生物资源的养护和管理方面的限制。(6) 科学研究的自由，但要遵循以下原则：专为和平目的；以适当科学方法和工具进行；不应对海洋其他正当用途产生不当干扰；遵守包括关于保护和保全海洋环境的规章在内的一切有关国际规章。

三、公海上的管辖

1. 船旗国管辖

船旗国对公海上航行的、悬挂其旗帜的船舶和船舶上的一切人和事务进行管辖是传统的国际法原则。

《联合国海洋法公约》第 92 条和第 94 条规定，船舶航行应仅悬挂一国的旗帜，而且除国际条约或本公约明文规定的例外情形外，在公海上应受该国的专属管辖。除所有权确实转移或变更登记的情形外，船舶在航程中或在停泊港内不得更换其旗帜。悬挂两国或两国以上旗帜航行并视方便而换用旗帜的船舶，对任何其他国家不得主张其中的任一国籍，并可视同无国籍的船舶。

每个国家应对悬挂该国旗帜的船舶有效地行使行政、技术及社会事项上的管辖和控制，即船旗国管辖，包括对船舶上的人和事务的司法和行政管辖。

《联合国海洋法公约》第 95 条和第 96 条规定，在公海上行驶的军舰和专用于政府非商业性服务的船舶仅受船旗国管辖，不受任何其他国家管辖。即军舰和专用于政府非商业性服务的船舶享有不受船旗国管辖以外的完全豁免权。

2. 普遍管辖

《联合国海洋法公约》第 100 条规定，所有国家应尽最大可能进行合作，以制止在公海上或任何国家管辖范围以外的任何其他地方的海盗行为。

海盗行为是指私人船舶或私人飞机的船员、机组成员或乘客为私人目的，在公海上或在任何国家管辖范围以外的地方对船舶、飞机或船舶、飞机上的人或物所从事的任何非法的暴力或扣留行为、掠夺行为。军舰、政府船舶或政府飞机由于其船员或机组成员发生叛变并控制该船舶或飞机从事上述行为，视同私人船舶或飞机所从事的行为。

《联合国海洋法公约》第 105 条、第 106 条和第 107 条规定，每个国家均有权扣押海盗船舶或飞机以及为海盗所夺取并在海盗控制下的船舶或飞机，可逮捕船上或机上人员并扣押船上或机上财物。扣押国的法院可判定应处的刑罚，并可决定对船舶、飞机或财产所应采取的行动，但受善意第三者的权利的限制。如果扣押涉及海盗行为嫌疑的船舶或飞机并无足够的理由，扣押国应向船舶或飞机所属的国家负担因扣押而造成的任何损失或损害的赔偿责任。由于发生海盗行为而进行的扣押，只可由军舰、军用飞机或其他有清楚标志可以识别的为政府服务并经授权的船舶或飞机实施。

3. 制止非法行为的义务

《联合国海洋法公约》第 99 条规定了禁止贩运奴隶，即每个国家应采取有效措施，防止和惩罚准予悬挂该国旗帜的船舶贩运奴隶，并防止为此目的而非法使用其旗帜。在任何船舶上避难的任何奴隶，不论该船悬挂何国旗帜，均当然获得自由。

《联合国海洋法公约》第 108 条规定了所有国家应进行合作，以制止违反国际公约在海上从事非法贩运麻醉药品或精神调理物质的义务。任何国家如有合理根据认为一艘悬挂其旗帜的船舶从事非法贩运麻醉药品或精神调理物质，可要求其他国家合作，以制止这种贩运。

《联合国海洋法公约》第 109 条规定了所有国家应进行合作，以制止从公海从事未经许可的广播的义务。“未经许可的广播”是指船舶或设施违反国际规章在公海上播送旨在使公众收听或收看的无线电传音或电视广播，但遇难呼号的播送除外。对于从公海从事未经许可的广播的任何人，均可向下列国家的法院起诉：(1) 船旗国；(2) 设施登记国；(3) 广播人所属国；(4) 可以收到这种广播的任何国家；(5) 得到许可的无线电通信受到干扰的任何国家。在公海上享有管辖权的国家，可行使登临权逮捕从事未经许可的广播的任何人或船舶，并扣押广播器材。

4. 登临权

登临权是指各国军舰或经授权的政府船舶在公海上遇到船舶(享有豁免权的除外)有从事公约所列违反国际法的行为嫌疑时，可以靠近和登上该船进行检查的权利。

《联合国海洋法公约》第 110 条规定，军舰在公海上对享有完全豁免权的船舶以外的外国船舶，没有合理根据认为有下列嫌疑，不得登临该船或在必要时进行检查：(1) 该船从事海盗行为；(2) 该船从事奴隶贩卖；(3) 该船从事未经许可的广播而且军舰的船旗国享有管辖权；(4) 该船没有国籍；(5) 该船虽悬挂外国旗帜或拒不展示旗帜，而事实上与该军舰属同一国籍。

在上述的情形下，军舰可查核该船悬挂其旗帜的权利。为此目的，军舰可派一艘由一名军官指挥的小艇到该嫌疑船舶。如果检验船舶文件后仍有嫌疑，军舰可进一步在该船上进行检查，但检查须尽量审慎进行。如果嫌疑经证明为无根据，而且被登临的船舶并未从事嫌疑的任何行为，对该船舶可能遭受的任何损失或损害应予赔偿。

这些规定比照适用于军用飞机，也适用于经正式授权并有清楚标志可以识别的为政府服务的任何其他船舶或飞机。

5. 紧追权

紧追权是指外国船舶违反沿海国的法规后逃走时，沿海国军舰可以从其管辖水域开始追赶，并在公海上继续进行，直至将其缉捕并强制拖回的权利。紧追权是由国家主权引申出来的一项国家属地管辖权，是公海自由的一种例外。

《联合国海洋法公约》第 111 条规定，沿海国主管当局有充分理由认为外国船舶违反本国法律和规章时，可对该外国船舶进行紧追，但须满足以下四项条件。(1) 追逐必须在外国船舶或其小艇之一在追逐国的内水、群岛水域、领海或毗连区内时开始，而且只有追逐未曾中断，才可在领海或毗连区外继续进行。当外国船舶在领海或毗连区内接获停驶命令时，发出命令的船舶并无必要也在领海或毗连区内。如果外国船舶是在毗连区内，追逐只有在设立该区所保护的权利遭到侵犯的情形下才可进行。(2) 对于在专属经济区内或大陆架上，包括大陆架上设施周围的安全地带内，违反沿海国按照本公约适用于专属经济区或大陆架包括这种安全地带的法律和规章的行为，应比照适用紧追权。(3) 紧追权在被追逐的船舶进入其本国领海或第三国领海时立即终止。(4) 外国船舶在公海上，而使用其小船到沿海国领海内或在毗连区或专属经济区内或在大陆架上从事违法活动，沿海国可以逮捕外国船舶，并可行使紧追权。

行使紧追权时，应注意如下五个问题。(1) 紧追权只可由军舰、军用飞机或其他有清楚标志可以识别的为政府服务并经授权紧追的船舶或飞机行使。(2) 必须在视听所及范围内发出视觉或听觉停驶信号。(3) 紧追必须是紧急和连续不断的，紧追过程中可以接替船舶或飞机，但不得间断。(4) 行使紧追权的船舶在必要时可以合理地使用武力，有效地逮捕被追船舶，也可以击沉。(5) 沿海国在无正当理由行使紧追权的情形下，在领海外被命令停驶或被逮捕的船舶，对于可能因此遭受的任何损失或损害应获赔偿。

第六节　国际海底区域

一、国际海底区域的概念和法律地位

国际海底区域是指国家管辖范围以外的海床、洋底及其底土。《联合国海洋法公约》第 150 条规定，国际海底区域及其资源为全人类的利益开发共同继承财产，其不具有公海的“公”的性质，而具有“共”的特征。

人类共同继承财产原则包括：(1) 共同所有和管理国家管辖范围以外的海床洋底及其资源；(2) 任何国家或国家集体不得占有或分割国家管辖范围以外的海床洋底及其资源；(3) 在所有国家间公平分配所有利益，应特别考虑发展中国家的需要和利益。

联合国大会第2749号决议《关于各国管辖范围以外海床洋底及其底土的原则宣言》确立了国际海底区域及其资源的法律地位。(1) 任何国家不应对区域的任何部分或其资源主张或行使主权或主权权利，任何国家或自然人或法人，也不应将区域或其资源的任何部分据为己有。(2) 对区域内资源的一切权利属于全人类，由国际海底管理局代表全人类行使。(3) 任何国家或自然人或法人，除按本公约规定外，不应对区域矿物主张、取得或行使权利。

二、国际海底区域的勘探和开发制度

国际海底区域的勘探和开发，由国际海底管理局代表全人类予以安排、进行和控制。所有有关活动必须遵守《联合国海洋法公约》和国际海底管理局规定的规则、规章和程序。

【思考题】 区域资源包括什么？是否涵盖生物遗传资源？为什么？

国际海底区域的开发制度是平行开发制度，即根据《联合国海洋法公约》第153条第2款，由国际海底管理局企业部进行，以及由缔约方或国营企业，或在缔约方担保下的具有缔约方国籍或由这类国家或其国民有效控制的自然人或法人，或符合本部分和附件三规定的条件的上述各方的任何组合，与国际海底管理局以协作方式进行。

《联合国海洋法公约》第150条规定了国际海底区域内活动的政策，“区域”内活动应按照本部分的明确规定进行，以求有助于世界经济的健全发展和国际贸易的均衡增长，并促进国际合作，以谋所有国家特别是发展中国家的全面发展，并且为了确保：(1)“区域”资源的开发；(2) 对“区域”资源进行有秩序、安全和合理的管理，包括有效地进行“区域”内活动，并按照健全的养护原则，避免不必要的浪费；(3) 扩大参加这种活动的机会，以符合特别是第144和第148条的规定；(4) 按照本公约的规定使国际海底管理局分享收益，以及对企业部和发展中国家作技术转让；(5) 按照需要增加从“区域”取得的矿物的供应量，连同从其他来源取得的矿物，以保证这类矿物的消费者获得供应；(6) 促进从“区域”和从其他来源取得的矿物的价格合理而又稳定，对生产者有利，对消费者也公平，并促进供求的长期平衡；(7) 增进所有缔约方，不论其经济社会制度或地理位置如何，参加开发“区域”内资源的机会，并防止垄断“区域”内活动；(8) 按照第151条的规定，保护发展中国家，使它们的经济或出口收益不致因某一受影响矿物的价格或该矿物的出口量降低，而遭受不良影响，但以这种降低是由于“区域”内活动造成的为限；(9) 为全人类的利益开发共同继承财产；(10) 从“区域”取得的矿物作为输入品以及这种矿物所产商品作为输入品的进入市场的条件，不应比适用于其他来源输入品的最优惠待遇更为优惠。即对区域的勘探和开发分别规定了生产政策、技术转让、财政条款、反垄断条款、审查制度等内容，这些内容又细化在公约及其附件中。

三、国际海底管理局

国际海底管理局是以所有成员主权平等的原则为基础建立的，代表全人类行使职权，负责组织和控制国际海底区域内活动，特别是管理区域资源的组织。《联合国海洋法公约》第157条规定，国际海底管理局应具有本公约明示授予的权力和职务；国际海底管理局应有为行使关于“区域”内活动的权力和职务所包含的和必要的并符合本公约的各项附带权力；国际海底管理局所有成员应诚意履行按照本公约承担的义务，以确保其全体作为成员享有的权利和利益。

国际海底管理局的主要职能包括：(1) 处理请求、核准申请，并监督已核准勘探工作计划的履行；(2) 执行海底管理局和国际海洋法庭所做出的关于已登记先驱投资者的决定；(3) 监测和审查深海底采矿活动方面的趋势和发展；(4) 研究深海底矿物生产对相应矿物的陆地生产国的影响；(5) 制定海底开发活动及保护海底海洋环境规则、规章和程序；(6) 促进和鼓励进行海底采矿方面的海洋科学研究。

国际海底管理局的主要机关有四个。(1) 大会。大会是国际海底管理局的最高权力机关，由全体成员方组成，每年召开一届会议，决策采取协商一致方式。(2) 理事会。理事会是国际海底管理局的执行机关，由36个成员方组成，由大会选举产生，任期为4年。理事会成员来自4个消费国(A组)、4个投资国(B组)、4个生产国(C组)、6个代表特殊利益的发展中国家(D组)，以及18个按地理区域分布的国家(E组)。(3) 秘书处。秘书处的首长为秘书长，是国际海底管理局的行政首长，由大会选举，任期为4年，可连选连任。(4) 企业部。企业部是可直接进行“区域”内资源勘探、开发等活动，以及从事运输、加工和销售从“区域”回收的矿物的管理机关。企业部由大会和理事会领导，但具有相对独立性，在进行业务时拥有自主权。

本章重点

- 简述领海主权的概念和内容。
- 简述直线基线划分时应注意的问题。
- 简述领海与无害通过权。
- 简述内水的概念和法律地位。
- 简述群岛水域的概念和法律地位。

❖ 简述大陆架的概念和法律地位。

❖ 试述公海上的紧追权。

❖ 简述国际海底区域及其资源的法律地位。

思考题

❖ 试论历史性海湾理论及其构成要件。

❖ 试论拥有领海的岛屿须满足的要件。

❖ 试论国家管辖范围之外海洋遗传资源的获取与惠益分享制度。

阅读扩展目录

❖ 张卫斌.《联合国海洋法公约》中"岩礁"的演进解释与南沙群岛问题[J].法律科学(西北政法大学学报),2017,35(5):115－127.

❖ 杨显滨.专属经济区航行自由论[J].法商研究,2017,34(3):171－180.

❖ 任虎,姚妍韡.国际海洋法法庭迅速释放问题研究[J].太平洋学报,2015,23(1):11－22.

本章知识树

- 国际海洋法
  - 国际海洋法概述
    - 海洋空间的区分
    - 国际海洋法的概念和编撰
    - 国际海洋法的新发展
  - 领海、内水、毗连区
    - 领海
      - 概念和法律地位
      - 领海基线
      - 无害通过权
      - 沿海国的权利和义务
    - 内水和海湾
    - 毗连区
  - 专属经济区和大陆架
    - 专属经济区：概念、沿岸国权利和义务
    - 大陆架：概念、外部边界的划定和法律制度
  - 群岛水域和用于国际航行的海峡
    - 群岛水域：概念、群岛基线和法律地位
    - 用于国际航行的海峡：概念、分类和过境通行
  - 公　海
    - 概念和法律地位
    - 公海自由
    - 公海上的管辖
  - 国际海底区域
    - 概念和法律地位
    - 区域勘探和开发制度
    - 国际海底管理局

第八章 国际航空法

案 例 导 入

【案情】 1983 年 9 月 1 日，韩国航空公司波音 747KAL007 号民航客机在自纽约飞往平壤途中，于苏联萨哈林附近被苏联飞机拦截，并被两枚导弹击中后坠入日本海。飞机上的 269 人(其中乘客 240 人)全部遇难。该飞机被拦截时，偏离了航道 500 米，进入了苏联禁飞区。国际民航组织于 1983 年 9 月 15—16 日在蒙特利尔召开特别会议，通过决议，组织了 1 个由 5 名专家组成的调查小组，进行了两个多月的调查后提交了调查报告。

【问题】 拦截是指什么？能否对民用航空飞机使用武力？

第一节 航空法概述

一、航空法的概念及特征

航空法是指关于航空器运行以及民用航空活动的法律规范的总和，也称为空气空间法。航空法主要包括空气空间的法律地位、航空器的法律地位、航空运输责任及航空安全等问题相关的各类原则、规则和制度，但不包括关于无线电传播和外层空间活动的法律规范。

航空法具有如下四点主要特征。

(1) 国际性。航空法的国际性源自人类航空活动天然的国际性。航空活动的中介是空气空间，而围绕地球的空气空间是一个立体存在，并无有形的边界可言。如果不用国际统一的法律规则，而适用各国千差万别的国内法，航空活动势必寸步难行。

(2) 国际法和国际私法的兼容。作为国际法组成部分的航空法，不仅要解决如主权、领土、国籍、国家关系等国际法问题，而且要解决国际航空运输等国际私法领域的问题，是兼容国际法和国际私法的法律规范。

（3）民用航空的平时法。航空器的功能是多方面的，就其基本性质而言，既可在战争时作为武器和运载军事物资与人员的工具，也可在和平时期充当客货运载的器械进行民用航空运输。航空法在发展过程中，将战争时期用作武器和军事目的的一套规则并入战争法中，而现代的国际航空法是以民用航空为其规定内容的。

（4）航空法的独立性。从国际法角度而言，航空法既是国际法一般理论、原则、规则和方法的延伸和运用，同时又根据航空活动的特性和实践，逐步演化、形成适用其特性的具体原则、规则和方法。

二、航空法的渊源

航空法最重要的渊源是国际条约。与从几百年的发展过程中缓慢形成的习惯法为主的海洋法相比，航空法由于其发展十分迅速，许多问题还没来得及形成习惯，就已用国际条约明确规定。

1. 多边国际公约

1919 年 10 月 13 日《巴黎航空公约》在巴黎签订，其全称为《关于航空管理的公约》；1928 年在古巴哈瓦那签订了《哈瓦那公约》，全称为《泛美商业航空国际条约》，其内容与《巴黎航空公约》相同，仅增加了商业航空的部分条款，但这两个公约后被 1944 年在芝加哥签订的《国际民用航空公约》所取代。《国际民用航空公约》是民用航空的宪章性文件，对国际法在航空领域的具体适用作了整体性规定。

1929 年签订于波兰华沙的《统一国际航空运输某些规则的公约》（《华沙公约》），规定了国际航空运输的业务范围、运输票证、承运人的责任、损害赔偿标准等有关民事责任的国际法规则，形成了国际航空运输上的“华沙体系”。

1963 年《关于在航空器内犯罪和其他某些行为的公约》（《东京公约》）、1970 年《制止非法劫持航空器的公约》（《海牙公约》），以及 1971 年《制止危害民用航空安全的非法行为公约》，则主要规定了航空安全等方面的国际合作和刑法规制。

2. 双边协定

双边协定主要是双边航空运输协定，其内容包括交换过境权和营运权，确定航路、运力和运费价格等，如 2004 年中美两国缔结的《中华人民共和国和美利坚合众国政府民用航空运输协定》。

3. 其他含有有关国际民用航空的规定的国际条约

1980 年《联合国国际货物多式联运公约》和 1982 年《联合国海洋法公约》中约定了国际民用航空运输以及与航行相关的规定，如《联合国海洋法公约》中关于海洋不同区域上空的法律地位。

4. 国内立法

与各国国内航空活动相关的国内立法是当今航空法的最主要的法律渊源，如 1995 年颁布的《中华人民共和国民用航空法》等。

5. 国际民用航空组织和国际航空运输协会的立法或准立法活动

国际民用航空组织为《国际民用航空公约》制定的一些技术业务附件，国际航空运输协会关于国际航空运输定价、统一国际航空运输制度等国际文件，是现行国际民用航空运输法律制度的重要渊源之一。

第二节　空气空间的法律地位

一、空间的划分与领空制度

围绕地球表面及其之外的空间可分为空气空间和外层空间。其中，空气空间是指环绕地球的大气层空间，是航空器活动的场所；外层空间是航天的空间和资源，外层空间以外空条约和有关文件为指导各国外空活动的依据。

国际法并未对空气空间和外层空间的划分进行规定，学界也存在不同的学说。(1) 空间论：主张以空间的某一高度为标准，划分空气空间和外层空间的界限，考虑到物理特性或卫星离地球的最近点等因素，一般主张 80～120 千米的高度为该界线。(2) 功能论：对空气空间和外层空间不划定明确的空间界限，而按照具体空间活动的性质和形态加以区分。外层空间物体在发射和返回的过程中需要经过两个空间，因此，应将空气空间和外层空间作为单一的空间进行研究。(3) 暂不划分：随着科技的发展，情况会发生变化，因此等到出现明确的标准时再加以划分。

中国社会科学院赵维田教授曾将这些学说归纳为如下五项。(1) 以靠空气作依托的飞机最高飞行高度为界，一般距地(水)面 32～40 千米。(2) 以不靠空气作依托的人造地球卫星运行轨道的最低点为标准，一般约为 100～110 千米。(3) 以有无空气存在的自然条件为标准，高度约为 16 000 千米。(4) 物理学家冯・卡曼的主张是，按地球离心力取代空气作飞行动力的高度为分界线，约 83 千米。(5) 以地球引力为准。1976 年 12 月3 日，哥伦比亚、刚果、厄瓜多尔、印度尼西亚、肯尼亚、乌干达、扎伊尔和巴西等国家发表了《赤道国家波哥大宣言》，声明对地球静止轨道拥有主权。

领空是指处于一国主权支配之下，在国家领土之内的陆地和水域之上的空气空间。领空是以地球中心为顶点，由与国家在地球表面的领陆和领水的边界相垂直的直线所包围的圆锥形立体空间。

二、空气空间的法律地位

在1919年《巴黎航空公约》之前，关于空气空间的法律地位的相关理论和学说可归纳为以下5种。(1) 完全的空中自由论。该学说主张空气和海洋一样是人类的共同财富，代表学家是比利时法学家尼斯(Nys)。(2) 空中有限自由论。该学说主张国家根据自保权，可以禁止在1 500千米以下的空间飞行，代表学家是法国法学家福希叶(Fauchille)。(3) 领土区域论。该学说由里维埃(Rivier)于1896年提出，主张限制空气空间的完全自由，这个区域以大炮射程为限。(4) 国家警察权论。该学说承认国家的自保权，也要求尊重国际社会的权利，认为空中和海洋一样是人类的共同财富，应当自由航行。国家为了安全、公共秩序、税收等可以行使警察权。(5) 国际共管论。该学说主张由国际社会共同管理空间，以便空中自由。

被称为民用航空宪章性文件的1944年《国际民用航空公约》对国际法在航空领域的具体适用作了整体性规定。

(1) 国家领空主权。《国际民用航空公约》第1条规定：缔约各国承认每一个国家对其领土之上的空气空间具有完全的和排他的主权。主要表现在以下四个方面：自保权，即一国领空不受侵犯；管辖权，即对领空的管辖权，领空管辖权为属地管辖权；管理权，即每一个国家都有权决定制定必要的法律和规章，以维护空中航行的正常秩序，保障空中航行安全；支配权，即国家根据领空主权原则，对其主权下的空气空间拥有支配权，如通过签订航空协定给予运营权。

(2) 领空之外的空气空间的法律地位。对于公海、南极和各国专属经济区之上的空气空间，各国除享有自由飞行的权利之外，也要遵守国际法的相关规定。

(3) 航空器的法律地位。航空器是指可以从空气的反作用，但不是从空气对地球表面的反作用，而在大气中取得支撑力的任何机器。因此气垫车、气垫船和火箭、导弹等不属于航空器。划分民用航空器和国家航空器的标准是航空器的用途，并不以航空器所有权来区分。用于军事、海关和警察部门的航空器，应被视为国家航空器。民用航空器可根据航空协定规定的航线飞入或降落缔约方的领土，但国家航空器在未经特别协定或以其他方式取得许可的情况下不得飞入另一缔约方完成降落。航空器具有其登记的国家的国籍。

第三节 空中航行的法律制度

一、国际空中航行的一般规则

《国际民用航空公约》规定，航空器进行国际空中航行，应当遵守下列规则。

(1) 展示识别标志(《国际民用航空公约》第 20 条)。从事国际航行的每一航空器应载有适当的国籍标志和登记标志。

(2) 遵守飞入国的法律和规章(《国际民用航空公约》第 11 条)。一缔约方关于从事国际航行的航空器进入或离开其领土,或关于此种航空器在其领土内运行或航行的法律和规章,应不分国籍,适用于所有缔约方的航空器,此种航空器在进入或离开该国领土或在其领土时,都应该遵守此项法律和规章。

(3) 在设关机场降停,接受降停国的检查(《国际民用航空公约》第 10 条、第 16 条)。除按照本公约的条款或经特许,航空器可以飞经一缔约方领土而不降停外,每一航空器进入一缔约领土,如该国规章有规定时,应在该国指定的机场降停,以便进行海关和其他检查。缔约各国有关当局有权对其他缔约方的航空器在降停或飞离时进行检查,并查验本公约规定的证件和其他文件,但应避免不合理的延误。

(4) 应携带必备的文件(《国际民用航空公约》第 29 条)。缔约方的每一航空器在从事国际航行时,应按照本公约规定的条件携带下列文件:航空器登记证;航空器适航证;每一机组成员的适当的执照;航空器航行记录簿;航空器无线电台许可证,如该航空器装有无线电设备;列有乘客姓名及其登机地与目的地的清单,如该航空器载有乘客;货物舱单及详细的申报单,如该航空器载有货物。

(5) 遵守飞入国关于货物限制的规定(《国际民用航空公约》第 35 条)。从事国际航行的航空器,非经一国许可,在该国领土内或在该国领土上空时不得载运军火或作战物资,至于本条所指军火或作战物资的含意,各国应以规章自行确定,但为求得统一起见,应适当考虑国际民用航空组织随时提出的建议。缔约各国为了公共秩序和安全,除前款所列物品外,保留管制或禁止在其领土内或领土上空载运其他物品的权利。但在这方面,对从事国际航行的本国航空器和从事同样航行的其他国家的航空器,不得有所区别,也不得对在航空器上为航空器操作或航行所必要的或为机组成员或乘客的安全而必须携带和使用的器械加任何限制。

(6) 不滥用民用航空(《国际民用航空公约》第 4 条)。缔约各国同意不将民用航空用于和本公约的宗旨不相符的任何目的。

二、拦截和避免对民用航空器使用武器

拦截是指一国的军用航空器受命对入侵本国领空的外国航空器,或进入防空识别区而不报明身份的航空器,或其他违法航空器采取强制手段,或将此类航空器驱逐出境,或迫令其在本国境内的指定机场降落,并予以检查处置的行动。拦截是国家行使领空主权,捍卫国防安全的合法行为。各个国家在行使主权时,对未经许可而在其领土上空飞行的民用航空器,或者有合理根据断定该航空器正被用于与《国际民用航空公约》宗旨不相符

的目的，有权要求该航空器在指定的机场降落；该国也可以给该航空器任何其他指令，以终止此类侵犯。每个国家必须避免对飞行中的民用航空器使用武器。

《国际民用航空公约》第 3 条第 4 款规定，缔约各国承允在发布关于其国家航空器的规章时，对民用航空器的航行安全予以应有的注意。在 1983 年发生苏联击落韩国民航客机事件以后，《国际民用航空公约》增加了第 3 条分条，规定以下四项内容。(1) 缔约各国承认，每一国家必须避免对飞行中的民用航空器使用武器，如拦截，必须不危及航空器内人员的生命和航空器的安全。此一规定不应被解释为在任何方面修改了联合国宪章所规定的各国的权利和义务。(2) 缔约各国承认，每一国家在行使其主权时，对未经允许而飞越其领土的民用航空器，或者有合理的根据认为该航空器被用于与本公约宗旨不相符的目的，有权要求该航空器在指定的机场降落；该国也可以给该航空器任何其他指令，以终止此类侵犯。为达到此目的，缔约各国可采取符合国际法的有关规则，包括本公约的有关规定，特别是本条第(1)款规定的任何适当手段。每一缔约国同意公布其关于拦截民用航空器的现行规定。(3) 任何民用航空器必须遵守根据本条第(2)款发出的命令。为此目的，每一缔约国应在本国法律或规章中作出一切必要的规定，以便在该国登记的或者在该国有主营业所或永久居所的经营人所使用的任何航空器必须遵守上述命令。每一缔约国应使任何违反此类现行法律或规章的行为受到严厉惩罚，并根据本国法律将这一案件提交其主管当局。(4) 每一缔约国应采取适当措施，禁止将在该国登记的或者在该国有主营业所或永久居所的经营人所使用的任何民用航空器肆意用于与本公约宗旨不相符的目的。这一规定不应影响本条第(1)款或者与本条第(2)款和第(3)款相抵触。

案例导入答案

【答案】 国际民航组织调查小组有以下结论：驾驶员的证件是符合的；驾驶员的精神和心理没受过打击；飞机证件和起飞时适航条件合格；没有迹象说明飞机缺乏航行系统和气候雷达的装备；按时起飞和预计按时到达平壤；没有证据证明驾驶员知道该飞机已偏离航线，尽管它已偏离了 5 小时 26 分钟；没有证据证明驾驶员知道两次受到拦截；在 18 时 27 分，飞机被苏联两枚空对空导弹击落。在此基础上，国际民航组织于 1984 年 3 月 6 日做出决议，指责苏联违反国际法并谴责其使用武力。

国际民航组织决议指出：非私人航空器或由一国指挥的私人航空器闯入他国领空，构成违反国际法行为；不过，对这种违法行为的反应，国际法并不是没有限制，国际法上的“对称性原则”和国际民航组织颁布的特别规则已被接受为习惯规则。国家有权对威胁其安全和侵入其领空的军用飞机加以拦截或击落，但对没有造成实际威胁的民用航空飞机予以击落，无论如何都不符合“对称性原则”，属于非法的行为。

三、我国的航空法律制度

我国政府先后批准了《国际民用航空公约》(1946年)、《华沙公约》(1958年)、《东京公约》(1978年)、《海牙公约》(1980年)和《制止危害民用航空安全的非法行为公约》(1980年),并于2005年批准了1999年《统一国际航空运输某些规则的公约》。

在国内航空法律制度方面,1995年10月颁布了《中华人民共和国民用航空法》,该法于1996年3月1日起实施,经过了2009年、2015年、2016年、2017年和2018年五次修订。《中华人民共和国民用航空法》对领空主权、航空管理、航空运输、航空安全、对外国民用航空器等作了规定。

(1) 领空主权(《中华人民共和国民用航空法》第2条)。中华人民共和国的领陆和领水之上的空域为中华人民共和国领空。中华人民共和国对领空享有完全的、排他的主权。

(2) 民用航空器的国籍(《中华人民共和国民用航空法》第5条、第6条、第9条)。民用航空器,是指除用于执行军事、海关、警察飞行任务外的航空器。经中华人民共和国国务院民用航空主管部门依法进行国籍登记的民用航空器,具有中华人民共和国国籍,由国务院民用航空主管部门发给国籍登记证书。民用航空器不得具有双重国籍。未注销外国国籍的民用航空器不得在中华人民共和国申请国籍登记。

(3) 机长的权利(《中华人民共和国民用航空法》第44条)。民用航空器的操作由机长负责,机长应当严格履行职责,保护民用航空器及其所载人员和财产的安全。机长在其职权范围内发布的命令,民用航空器所载人员都应当执行。

(4) 飞行管理(《中华人民共和国民用航空法》第74条、第76条、第78条)。民用航空器在管制空域内进行飞行活动,应当取得空中交通管制单位的许可。在中华人民共和国境内飞行的航空器,必须遵守统一的飞行规则。民用航空器除按照国家规定经特别批准外,不得飞入禁区;除遵守规定的限制条件外,不得飞入限制区。

(5) 外国民用航空器的特别规定(《中华人民共和国民用航空法》第174条、第177条)。外国民用航空器根据其国籍登记国政府与中华人民共和国政府签订的协定、协议的规定,或者经中华人民共和国国务院民用航空主管部门批准或者接受,方可飞入、飞出中华人民共和国领空和在中华人民共和国境内飞行、降落。对不符合前款规定,擅自飞入、飞出中华人民共和国领空的外国民用航空器,中华人民共和国有关机关有权采取必要措施,令其在指定的机场降落;对虽然符合前款规定,但是有合理的根据认为需要对其进行检查的,有关机关有权令其在指定的机场降落。外国民用航空器的经营人,不得经营中华人民共和国境内两点之间的航空运输。

第四节 国际航空安全的法律制度

危害航空安全的行为包括航空器内的暴力行为、劫持飞机，以及对航空器和地面航空设备造成危害等行为，国际社会为了维护航空安全缔结了一系列国际条约，明确了危害国际民用航空安全的罪行及其管辖，以及对此类犯罪的起诉或引渡问题进行了规制。

一、《关于航空器内犯罪和其他某些行为的公约》

《关于航空器内犯罪和其他某些行为的公约》即《东京公约》，在 1963 年 9 月 14 日签订于东京，自 1969 年 12 月 4 日起生效。

1. 惩治对象及适用范围

(1) 惩治对象。该公约适用于飞行中的航空器上发生的违反刑法的犯罪，可能或确已危及航空器及其所载人员和财产，或者危害航空器内的正常秩序和纪律的行为。(2) 适用地域范围。该公约适用于在一个缔约方登记的任何航空器上的人在航空器内所犯的罪行或行为，无论该航空器是在飞行中或在公海海面上，或在不属于任何国家领土的其他地区的地面上。其中，航空器从其开动马力起到着陆滑跑完为止这一时间应被认为是在“飞行中”。

2. 刑事管辖权及机长的权利

该公约规定，航空器登记国对在该航空器内所犯的罪行和行为有权行使管辖权。航空器非登记国的缔约方，不得为了对航空器内所犯的罪行行使其刑事管辖权而干预飞行中的航空器。但如下情况除外：(1) 犯罪在该国领土上具有刑事后果；(2) 犯罪人或受害人为该国国民或在该国有永久居所；(3) 犯罪危及该国安全；(4) 犯罪违反了该国有关航空器飞行或运转的现行规则或规章；(5) 为确保该国遵守其在多边国际条约中所承担的任何义务，有必要行使管辖权；(6) 如果机长有适当的理由认为任何人在航空器内按照航空器登记国刑法构成严重罪行的行为时，机长可以将该人移交给航空器降落地的任何缔约方的主管当局，或有权令其下飞机。

3. 引渡

该公约规定，在引渡问题上，在缔约方登记的航空器内所犯的罪行应被认为不仅发生在发生地领土上而且也发生在航空器登记国领土上。这样的规定便于有关引渡的规定的适用。但该公约中的任何条款不应当被解释为规定引渡的义务。作为一般原则，政治性犯罪是可以被排除于该公约适用的范围之外的。但影响航空器安全的不在排除之列。

二、《制止非法劫持航空器的公约》

为了制止不断发生的空中劫机问题，《制止非法劫持航空器的公约》即《海牙公约》，在1970年12月6日签订于海牙，该公约自1971年10月14日起生效。

1. 惩治对象及适用范围

(1) 惩治对象：在飞行中的航空器内的任何人用暴力或暴力威胁，或用任何其他胁迫方式，非法劫持或控制该航空器，或任何此类未遂行为或其共犯，即构成刑事犯罪。(2) 适用范围：该公约适用于在其内发生犯罪的航空器的起飞地点或实际降落地点是在该航空器登记国领土以外的情况，不论该航空器是从事国际飞行还是国内飞行。“飞行中”，是指航空器从装卸完毕、机舱外部各门均已关闭时起，直至打开任一舱门以便卸载时止，航空器迫降时，在主管当局接管对该航空器及其所载人员和财产的责任前，应被认为仍在飞行中。

2. 管辖权

(1) 航空器的登记国；(2) 航空器的降落地国；(3) 承租人的主要营业地和永久居所所在国；(4) 发现罪犯的国家；(5) 其他国家，不排除其他国家根据本国法行使任何刑事管辖权。该公约没有规定哪类国家有优先管辖权，遇有管辖权的冲突，只能由有关国家协商解决。

3. 引渡或起诉

(1) 这种犯罪应被认为是包括在缔约各国间现有引渡条约中的一种可引渡的犯罪。(2) 如果犯罪嫌疑人所在国不予引渡，应无例外地将此案件提交有关当局，以便起诉，而有关当局按照该国法律以对待严重性质的罪行的同样方式予以判决。(3) 对劫机等犯罪不得以政治罪论处，应以严厉的刑法予以惩治。

三、《制止危害民用航空安全的非法行为的公约》及其议定书

《制止危害民用航空安全的非法行为的公约》即《蒙特利尔公约》，于1971年9月23日签订于蒙特利尔，自1973年1月26日起生效；《制止在用于民用航空的机场发生非暴力行为以补充1971年9月23日订于蒙特利尔的〈制止危害民用航空安全的非法行为的公约〉的议定书》，即《蒙特利尔议定书》，于1988年2月24日签订于蒙特利尔，自1989年8月6日起生效。

1.《蒙特利尔公约》的惩治对象

(1) 对飞行中航空器内的人实施暴力行为已危及该航空器安全。(2) 破坏使用中的航空器或使其受损坏，以致不能飞行或将会危及其飞行的安全。(3) 用任何方法在使用

中的航空器内放置或使别人放置装置物质，可能破坏该航空器或使其受损坏以致不能飞行或将会危及其飞行的安全。(4) 破坏或损坏航行设备或妨碍其工作，将会危及其飞行的安全。(5) 传递虚报的情报，从而危及飞行中航空器的安全。该公约还对“使用中”进行了明确界定，从地面人员或机组为某一特定飞行而对航空器进行飞行前的准备时起，直至降落后 24 小时止，该航空器应被认为是在使用中。

2.《蒙特利尔议定书》的惩治对象

(1) 在用于国际民用航空的机场内非法对人实施暴力行为而造成重伤或死亡。(2) 破坏机场设备或者中断机场服务以致危及该机场的安全。

3. 管辖权

对管辖权的规定与《海牙公约》基本相同，但有以下三点区别。(1) 由于《蒙特利尔公约》规定的罪行大多发生在地面，因此增加罪行发生地国的管辖权。(2) 发现罪犯的国家若不引渡罪犯即实施管辖权的规定，并非对该公约中的所有罪行都适用，只有被指称犯有罪行定义中前三种行为的罪犯在同一领土内，该国若不将其引渡给罪行发生地国、航空器登记国、航空器降落地国和航空器承租人的主要营业地或永久居所所在国的任一国家，应对罪行实施管辖权。(3)《蒙特利尔议定书》未规定发现罪犯的国家可以把罪犯引渡给所有上述有管辖权的国家之一；而是规定发现被指称罪犯的国家若不将其引渡给罪行发生地国，则应对罪行实施管辖权，从而罪行发生地国有要求引渡罪犯的优先权。

4. 引渡或起诉

关于引渡或起诉的规定与《海牙公约》的规定完全相同。

本章重点

- 简述空气空间的法律地位。
- 简述国际空中航行的一般规则。
- 简述《关于在航空器内犯罪和其他某些行为的公约》的适用范围。
- 简述《制止非法劫持航空器的公约》的适用范围。
- 简述《制止危害民用航空安全的非法行为的公约》的适用范围。

思考题

- 试论航空器搜寻救援和事故调查制度。
- 试论绿色航空的法律保障制度。
- 试论民用航空器的贸易制度。

阅读扩展目录

❖ 高国柱.论航空法与外层空间法的协调[J].北京航空航天大学学报(社会科学版)，2008(1)：54－57.

❖ 王立志.论空域权：以与空间权的比较为核心[J].法律科学(西北政法大学学报)，2017,35(4)：124－132.

❖ 肖永平，孙玉超.论现代国际航空法的自由化趋势[J].法律科学(西北政法大学学报)，2010,28(4)：160－168.

本章知识树

- 国际航空法
  - 航空法概述
    - 概念及特征
    - 渊源
  - 空气空间的法律地位
    - 空气空间和外层空间的划界
    - 领空制度
    - 空气空间的法律地位：理论、公约
  - 空中航行的法律制度
    - 国际空中航行的一般规则
    - 拦截和避免对民用航空器使用武器
    - 我国的航空法律制度
  - 国际航空安全的法律制度
    - 1963年《东京公约》
    - 1970年《海牙公约》
    - 1971年《蒙特利尔公约》及其议定书

第九章　外层空间法

案例导入

【案情】 苏联于1977年9月18日发射了带有核反应堆舱的人造卫星“宇宙954号”。1978年1月24日，“宇宙954号”发生故障，在返回地球的过程中，未燃尽的卫星碎片散落在加拿大的阿尔伯达、萨斯喀彻温等地区。加拿大政府向苏联政府提出抗议，抗议苏联未通知该卫星返回地球时位于加拿大上空，且提出一些问题要求苏联政府回复。苏联政府回复称，当卫星进入大气层时存有部分碎片未能燃尽的可能性，有可能落到阿留申群岛附近，但无严重的危险，且核反应堆在进入大气层时会完全分解。加拿大政府派军队和原子能管理机构搜寻卫星碎片，并对该地区进行清扫，以查明卫星碎片带来的损害及其范围，将放射能污染降至最低，使污染地区恢复原状。但在搜寻过程中发现有2个碎片已被放射能严重污染。加拿大将上述事实向苏联和联合国秘书长进行通报，苏联也承认该放射性污染源自“宇宙954号”。鉴于此，加拿大向苏联政府提出损害赔偿。经过三年的协商，加拿大和苏联于1981年4月2日签署《关于解决加拿大因“宇宙954号”造成损害的索赔议定书》，苏联支付300万加拿大元以解决赔偿问题。

【问题】 人造卫星陨落带来的损害由谁承担？承担什么赔偿责任？

第一节　外层空间法概述

一、外层空间法的概念及调整对象

外层空间法是指调整各国探测和利用外层空间活动的国际法原则和规则的总称。外层空间法主要以成文法形式发展和演化，其规定具有前瞻性。外层空间法的许多原则体现了发展中国家的一贯立场。

1963年12月13日，联合国大会一致通过《各国探索和利用外层空间活动的法律原则宣言》，主要包括自由利用外层空间、禁止以占领和主张主权的方式将外层空间据为己有、外层空间活动遵守国际法、营救宇航员以及为全人类利益探索和利用外层空间等9个原则。虽然该决议不具有法律拘束力，但是规定了为当时在外层空间活动中占有垄断地位的美国和苏联所接受的法律原则，因此可被视为外层空间法的基础和开端。1967年1月27日，60个国家签署并通过了《关于各国探索和利用包括月球和其他天体在内外层空间活动的原则条约》(以下简称《外空条约》)，将1963年外层空间宣言中的9个政策性原则转化为国际法原则，并进一步作出了多项规定。该条约于1967年10月10日生效。《外空条约》常常被称为"外空宪章"，被认为是外层空间法的基石，我国于1983年加入该条约。

1968年4月22日签署、1968年12月3日生效的《关于营救宇航员、送回宇航员和归还发射到外层空间的物体的协定》(以下简称《营救协定》)规定，宇宙航行应得到一切可能的帮助，包括当宇航员发生意外、遇难、紧急降落时获得救援，以及在外层空间进行活动时，宇航员之间提供援助等内容，我国于1988年加入该协定。

1972年3月29日签署、1972年9月1日生效的《空间物体造成损害的国际责任公约》(以下简称《国际责任公约》)规定，发射国应对其空间物体所造成的损害承担国际责任，我国于1988年加入该公约。

1975年1月14日签署、1976年9月15日生效的《关于登记射入外层空间物体的公约》(以下简称《登记公约》)规定，发射国应将其发射的空间物体的发射相关情况通知联合国秘书长，以便登记到"外空物体总登记册"中，我国于1988年加入该公约。

1979年12月18日签署、1984年7月11日生效的《关于各国在月球和其他天体上活动的协定》(以下简称《月球协定》)对月球及其他天体的制度作了明确规定，如月球及其他天体的自然资源是人类的共同财产，任何国家不得对月球及其他天体提出主权要求或将其据为己有。但截至2018年1月19日，该协定仅有乌拉圭、秘鲁、菲律宾、哈萨克斯坦、摩洛哥、荷兰、巴基斯坦、黎巴嫩、墨西哥、比利时、澳大利亚、奥地利、智利、科威特、沙特阿拉伯、土耳其、委内瑞拉、亚美尼亚等18个缔约方，尚未获得国际社会的普遍认可。

1982年12月10日，联合国大会通过了《各国利用人造地球卫星进行国际直接电视广播所应遵守的原则》的决议，指出从事卫星国际直接电视广播所应遵循的基本方向，但尚未形成具有普遍约束力的法律规范。

1986年12月3日，联合国大会通过了《关于从外层空间遥感地球的原则》，为卫星遥感地球活动确立了一些基本原则，但尚未形成有法律拘束力的国际公约。

1992年2月23日，联合国大会通过的《关于在外层空间使用核动力源的原则》决议，为核动力源在外层空间的使用创设了有秩序的环境。在此基础上，联合国和平利用外层空间委员会的科学技术小组委员会与国际原子能机构于2009年发布了《外层空间核动力源应用安全框架》，为相关国家在外空使用核动力源提供了行动指南。

机构间空间碎片协调委员会(IADC)于2002年10月15日制定的《IADC空间碎片减缓指南》及联合国和平利用外层空间委员会于2007年6月通过的《空间碎片减缓指南》，为相关国家在空间活动中加强空间碎片减缓提供了重要的行为规范。

综上所述，外层空间法的主要调整对象可分为以下四项内容：(1) 外层空间的科学探索；(2) 外层空间的经济利用；(3) 控制外层空间的军事利用；(4) 国际合作与国际组织，如欧洲航天局、国际通信卫星组织、国际海事卫星组织等。

二、外层空间的法律地位

(1) 天体及其资源属于共同财产。《月球协定》规定，月球及其自然资源均为全体人类的共同财产；不得将月球据为己有；月球表面或表面下层或其他任何部分或其中的自然资源均不能成为任何国家、政府、组织或实体和自然人的财产。

(2) 外层空间的探索和利用自由。《外空条约》第1条规定，所有国家可在平等、不受歧视的基础上，根据国际法自由探索和利用外层空间(包括月球和其他天体)，自由进入天体的一切区域；应有对外层空间进行科学考察的自由。

(3) 不得将外层空间据为己有。《外空条约》第2条规定，各国不得通过主权要求、使用或占领等方法，以及其他任何措施，把外层空间(包括月球和其他天体)据为己有。

(4) 外层空间应用于和平目的。《外空条约》第4条2款规定，各缔约方必须把月球和其他天体绝对用于和平目的。禁止在天体上建立军事基地、设施和工事；禁止在天体试验任何类型的武器以及进行军事演习。

第二节 外层空间活动的原则和制度

一、外层空间活动的原则

《外空条约》《月球协定》及其他外空条约、文献主要确定了外层空间活动的以下九项原则。

(1) 共同利益原则。《外空条约》第1条第1款规定，探索和利用外层空间，包括月球和其他天体，应为所有国家谋福利和利益，而不论其经济或科学发展程度如何，这种探索和利用应是全人类的事情。

(2) 自由探索和利用原则。《外空条约》第1条第2款规定，外层空间，包括月球和其他天体在内，应由各国在平等基础上并按国际法自由探索和利用，不得有任何歧视，天体的所有地区均可自由进入。

(3) 不得据为己有原则。《月球协定》规定，月球及其自然资源为全人类的共同继承财产，任何国家不得对月球及其他天体提出主权要求或据为己有。《外空条约》第 2 条规定，外层空间，包括月球和其他天体在内，不得由国家通过主权要求、使用或占领，或以任何其他方法，将其据为己有。

(4) 限制军事化及和平利用原则。《外空条约》第 4 条第 1 款规定，各缔约方保证，不在绕地球轨道上放置任何携带核武器或任何其他类型的大规模毁灭性武器的实体，不在天体配置此种武器，也不以任何方式在外层空间部署这种武器。但是，公约的规定可以解释为在天体以外的外层空间，只要不放置大规模毁灭性武器，是允许军事利用的。对这一条款的规定，许多国家代表提出了异议，但是由于美国和苏联为军事目的已发射了许多卫星，实际上很难严格适用禁止军事化的条款。

(5) 国际合作原则。国际合作原则贯穿于整个《外空条约》中，探索和利用外层空间应按照国际合作原则进行。

(6) 登记国对其发射的空间物体具有管辖、控制和所有权原则。《外空条约》第 8 条规定，登记国对发射到外层空间的实体及其内部的人员具有管辖权和控制权。发射到外层空间的实体的所有权，不论其在外层空间、天体上或者返回地球中，均不受任何影响。

(7) 援救宇航员原则。《外空条约》和《营救协定》规定，宇宙宇航员应得到一切可能的援助。

(8) 承担国际责任原则。《外空条约》第 6 条规定，缔约方对所有外层空间活动负国际责任。

(9) 保护外层空间环境原则。《外空条约》规定，各缔约方从事研究、探索外层空间(包括月球和其他天体)的活动时，应避免使其遭受有害的污染，以及避免地球以外的物质使地球环境发生不利的变化。《月球协定》第 7 条规定，缔约各国在探索和利用月球时，应采取措施，防止月球环境的现有平衡遭到破坏，不论这种破坏是由于在月球环境中导致不利变化，还是由于引入环境外物质使其环境受到有害污染，或由于其他方式而产生。缔约各国也应采取措施防止地球环境由于引入地球外物质或由于其他方式而受到有害影响。

二、外层空间活动的制度

1. 登记制度

1976 年生效的《登记公约》正式确立了外空物体的登记制度。该公约的意义在于更好地进行外空活动的合作和有助于辨认外空物体归属的发射国或国际组织，确定有关国家或国际组织的权利、义务和责任，并促进探索和利用外层空间的国际法的实施和发展。

《登记公约》有以下三项重要规定。(1) 外空物体是指所有由发射国射入外层空间的物体，包括外空物体的组成部分以及外空物体的发射载器及其零件。(2) 登记国是指依照《登记公约》将外空物体登入其登记册的发射国。每一发射国应将其设置此种登记册一事通知联合国秘书长。若是此种外空物体有两个或两个以上的发射国，各国应共同决定由其中的一个国家登记该外空物体。(3) 登记的内容是发射国、外空物体的适当标志或其登记号码、发射的日期、发射的地域或地点、基本的轨道参数(包括波节周期、倾斜角、远地点和近地点)、外空物体的一般功能。

对外空物体的管辖权应属于把物体射入外层空间并登记的国家。《外空条约》仅规定有关登记国对留置外空或天体的物体享有管辖权和控制权，至于该物体飞跃另一国的空气空间时，应受地面国家还是登记国的管辖，条约未作明文规定。我国空间法学者贺其治教授认为在此情况下有两种解决方法：(1) 承认登记国对该外空物体及其所载人员仍保有管辖权，但对地面国家产生影响或后果的情况除外；(2) 地面国家实施管辖权，但属于该外空物体的内部事务除外。

2. 外层空间营救制度

《外空条约》和《营救协定》规定，宇航员应得到一切可能的援助，因为宇航员被视为“人类派往外层空间的使节”。

外层空间营救制度主要包括如下规定：(1) 当宇航员发生意外、遇难或在他国境内或公海紧急降落时，发现国应提供一切可能的援助，应立即把他们送到他们的登记国，并通知联合国秘书长；(2) 在外层空间进行活动时，一国的宇航员应向他国航行员提供帮助；(3) 各国应把其在外层空间发现的对宇航员有危险的情况通知其他国家或联合国秘书长；(4) 各国在获悉或发现空间实体组成部分返回地球并落在其所管辖的范围内，或在公海或不属于任何国家管辖的地方时，应通知发射国或联合国秘书长。

《营救协定》对降落在缔约方领土内和降落在缔约方领土外两种情况作了不同的规定。(1) 强制性义务。对降落在缔约方领土之内的宇航员应立即采取一切可能的措施，营救宇宙飞行器上的人员，并给他们一切必要的帮助。(2) 非强制性协助义务。对降落在缔约方领土以外的地方，包括公海和不属任何国家管辖的其他地方，缔约方提供协助寻找和营救应是在“获悉和发现”遇难的宇航员降落之后，并且是在“必要时”和“力所能及”的范围内提供救济。

3. 国际赔偿责任制度

根据《外空条约》和《国际责任公约》，发射国应对其外空物体所造成的损害承担国际责任和赔偿责任。由发射外空物体的国家、促使发射外空物体的国家、从其领土发射外空物体的国家、从其设施发射外空物体的国家承担连带责任。

损害赔偿责任包括两个方面。(1) 发射国承担绝对赔偿责任。这个原则适用于外空物体对地球表面或对飞行中的飞机造成损害的情形，其原因主要是外空活动的高度危险性及责任的特殊性。(2) 发射国承担过失责任原则，即发射国的外空物体在地球表面以外的其他地方，对另一发射国的外空物体或其所载人员或财产造成损害时，只有损害是因前者的过失或其负责人员的过失而造成的情况下，该国才对损害负有责任。

《国际责任公约》第 1 条第 1 款规定，损害是指生命的丧失、身体受伤或健康的其他损害，以及国家、自然人、法人的财产或政府间国际组织的财产受损失或损害。并且，规定要把损害恢复到未发生前的原有状态。但是否包括对环境的损害赔偿，则不是很明确。

《国际责任公约》第 8 条规定，有权提出赔偿请求的国家是遭受损害的国家，或其自然人或法人遭受损害的国家。如果国籍国未提出赔偿要求，则任何自然人或法人遭受损害的所在地的国家可就所受的损害向发射国提出赔偿要求。若国籍国或在其境内遭受损害的国家，均未提出赔偿要求，或均未通知有意提出赔偿要求，则永久居民的居住国可就该永久居民所受的损害向发射国提出赔偿要求。

《国际责任公约》第 9 条规定，求偿的途径主要有五种。(1) 通过外交途径向发射国提出损害赔偿。(2) 如果求偿国和发射国无外交关系，可以通过第三国提出。(3) 如果求偿国和发射国均为联合国会员国，可以通过联合国秘书长提出。(4) 该公约不妨碍一国，或其可能代表的自然人或法人向发射国的法院、行政法庭或机关提出赔偿要求。(5) 根据本公约向发射国提出赔偿损害要求，无须等到要求赔偿国，或其代表的自然人或法人可能有的一切当地补救办法用完后才提出，即不适用用尽当地救济原则。

赔偿损害的请求，必须于损害发生之日起，或判明应负责任的发射国之日起一年内向发射国提出。如果求偿国不知道损害发生的事实或者无法确认有责任的发射国时，应在得知损害事实之日起一年内提出。

如果在求偿国向发射国提交求偿文件之日起的一年内，双方未能通过谈判协商解决争议，经任何一方要求，可成立求偿委员会。求偿委员会由三人组成，当事国各出一人，然后由双方选定具有第三国国籍的委员一人。双方当事国提交求偿文件之日起两个月内要选定第三国的委员，并由第三国的委员担任主席。

《国际责任公约》第 12 条规定了决定赔偿额适用的法律，即发射国根据本公约负责偿付的损害赔偿额，应按国际法、公正合理的原则来确定，以使对损害所作的赔偿，能保证提出赔偿要求的自然人或法人、国家或国际组织把损害恢复到未发生前的原有状态。

【学习小 Tip】 国家责任和国家赔偿责任

一个国家的国际不法行为引起的责任就是国家责任。当一个国家的行为违反了该国家所承担的国际义务时，就构成国际不法行为，这种行为既包括作为，也包括不作为。就国家责任而言，这些国际义务无论是基于国际条约，还是国际习惯法，其法律后果都是一样的，都会引起国家责任。

与国家责任不同，国家赔偿责任的概念的提出主要是由于现代科学技术的发展以及自然资源的开发和利用，使一些对于社会经济发展必不可少，但又可能对社会或对邻国居民、财产和环境造成危害的活动，在国家关系中变得越来越突出。因此，在如利用核材料、从事航空航天活动、跨境河流开发等跨境活动中对他国国民人身、财产以及环境造成的损害而承担的赔偿责任为国家赔偿责任。因为上述活动虽然造成了损害性后果，但其本身并非国际法所禁止，所以也被称为合法行为所产生的国家责任，或国际法不加禁止行为的损害性后果所引起的国家赔偿责任。

案例导入答案

【答案】 人造卫星陨落带来的损害由发射或促使发射空间物体的国家，或从其领土或设施发射空间物体的国家等发射国承担。发射国对其空间物体在地球表面造成的损害应负有赔偿的绝对责任。本案中应由苏联承担国家赔偿责任。

三、在月球和其他天体上活动的原则

1979 年《月球协定》就各国在月球和其他天体上活动的原则作出了规定。

1. 月球的非军事化

《月球协定》的宗旨之一是“不使月球成为国际冲突的场所”“月球应供各缔约方基于和平目的而加以利用”。为此，《月球协定》规定了以下四项禁令：(1) 禁止在月球上使用武力或以武力相威胁，或从事任何其他敌对行为或以敌对行为相威胁；(2) 禁止利用月球对地球、月球、宇宙飞行器、宇宙飞行器或人造外空物体的人员采取任何此类行为或从事任何此类威胁；(3) 禁止在环绕月球的轨道上或飞向或飞绕月球的轨道上，放置载有核武器或任何其他种类的大规模毁灭性武器的物体，或在月球上或月球内放置或使用此类武器；(4) 禁止在月球上建立军事基地、军事装置及防御工事，试验任何种类的武器及举行军事演习。

【思考题】 《月球协定》只禁止核武器或毁灭性武器，那么常规武器是否不受限制？为什么？

2. 月球的环境保护

《月球协定》第 7 条第 1 款规定，缔约各国在探索和利用月球时，应采取措施，防止月球环境的现有平衡遭到破坏，不论这种破坏是由于在月球环境中导致不利变化，还是由于引入环境外物质使其环境受到有害污染，或由于其他方式而产生。缔约各国也应采取措施防止地球环境由于引入地球外物质或由于其他方式而受到有害影响。

3. 人类共同继承财产和国际开发制度

《月球协定》第 11 条规定，月球及其自然资源均为全体人类的共同财产。月球不得由国家依据主权要求，通过利用或占领，或以任何其他方法据为己有。缔约各国有权在平等基础上以及按照国际法和本协定的规定探索和利用月球，不得有任何性质的歧视。本协定缔约各国承诺一俟月球自然资源的开发即将可行时，建立指导此种开发的国际制度，其中包括适当程序。即将建立的国际制度的主要宗旨应包括：(1) 有秩序地和安全地开发月球的自然资源；(2) 对这些资源进行合理的管理；(3) 扩大使用这些资源的机会；(4) 所有缔约方应公平分享这些资源所带来的惠益，而且应当对发展中国家的利益和需要，以及各个直接或间接对探索月球做出贡献的国家，给予特别的照顾。

第三节　外层空间的经济利用和空间环境保护

一、地球静止轨道的利用

地球静止轨道是指环绕地球赤道上空高达 35 800 千米的圆形轨道。由于该轨道具有独特的天体物理特性，人造卫星进入该轨道后，会以地球南北极的轴为中心，以与地球同样的方向和同样的自转速度运转，因此从地面上观察，卫星如同处于静止状态，固定在轨道的一定位置上，因此这条轨道被称为地球静止轨道。

地球静止轨道具有如下用途：(1) 地球静止轨道是即使不调节天线，也能保持地面基地与卫星之间持续联系的唯一轨道；(2) 地球静止轨道上的卫星总是俯视地球上某一区域并可保持联系，这是实现充分通信或电视广播的前提条件；(3) 使用在地球静止轨道上的一颗卫星可以与相当于地球表面的三分之一地区进行联系。因此地球静止轨道被广泛用于电视广播、天气预报、环境监测、地下资源的遥感等许多领域。

1976 年 12 月，八个赤道国家发表了《赤道国家波哥大宣言》(后来又有两个国家参加)，对地球静止轨道提出主权要求：(1) 地球静止轨道作为一种资源，地面国家对其拥有主权；(2) 地球静止轨道可以不属于外层空间，不适用《外空条约》关于“不得据为己有”的原则；(3) 地球静止轨道为有限的自然资源；(4) 在该轨道内设置卫星，必须在事前取得地面国家明确的许可，并受地面国家国内法管辖；(5) 公海上空的地球静止轨道不属于任何国家的管辖权范围，是人类的共同继承财产。对此，美国、苏联以及其他国家提出反对主张：(1) 卫星在静止轨道上所具有的特性，不是单纯地依靠地球引力形成的，而是复合作用产生的，任何国家都不能对静止轨道和其他轨道提出排他性主权要求；(2) 虽然对外层空间没有明确定义，但对外空的探索和利用自由，以及外空不得据为己有的原则已成为普遍接受的国际法原则，任何国家均应受其约束；(3) 地球静止轨道虽为有限的自然资源，但肯定在外层空间，因此不受任何国家的主权管辖；(4) 地球静止轨道或广播频率并非石油或煤等不可再生资源，而是可以被经济、有效地永久使用的。

1982 年关于探索与和平利用外层空间的第二次联合国会议的最后报告提出了以下三个方针。(1) 地球静止轨道是对诸多外层空间利用起重大作用的重要和独特资源，虽然不会枯竭，但也是有限的资源，为了充分利用地球静止轨道，有必要进行协调，制订计划。(2) 提高地球静止轨道的利用效率，应保障所有国家的公平参与，特别应顾及发展中国家的未来需要。(3) 考虑到对地球静止轨道需求的逐渐增加，应公平和灵活地解决利用问题，并应考虑经济、技术和法律等各个方面。

二、卫星遥感地球

遥感是通过轨道上的电子探测装置检测地球表面环境条件的制度。联合国大会于 1986 年通过的《关于从外层空间遥感地球的原则》对“遥感”作出如下定义：“基于改善自然资源管理、土地利用和环境保护的目的，利用被感测物体所发射、反射或衍射的电磁波的性质从空间感测地球表面。”遥感可分为卫星遥感、航空遥感和地面遥感，通过遥感可勘查地理资源、预测气象、探测海洋。

《关于从外层空间遥感地球的原则》的主要内容包括以下六点。(1) 不论经济和技术发展程度如何，遥感活动应为所有国家谋利益，并应特别顾及发展中国家的需要。(2) 应遵守《联合国宪章》《外空条约》等国际法。(3) 遥感活动应遵循为所有国家谋利益的原则以及自由探索和利用外层空间的原则，应尊重被感国的主权，不得侵害其正当权利及利益。(4) 被感国也应按同样基础和条件取得任何遥感国拥有的关于其管辖下领土的分析过的资料。(5) 遥感活动应增进国际合作，参加国家有义务促进地球自然环境的保护和促进人类免受自然灾害的侵袭。(6) 操作遥感卫星的国家应对其活动负有国际责任。

三、空间环境保护

人类在外空活动当中产生的空间垃圾会形成空间环境的问题。空间垃圾包括报废的卫星和其他空间物体、运载货架的遗弃物，以及火箭爆炸或空间物体碰撞后所产生的破碎物。

《外空条约》有原则性规定：“各缔约方从事研究和探索外层空间时，应避免使其遭受有害的污染，并避免地球以外的物质使地球环境发生不利的变化。”机构间空间碎片协调委员会于 2002 年 10 月 15 日制定的《IADC 空间碎片减缓指南》及联合国和平利用外层空间委员会于2007年6月通过的《空间碎片减缓指南》，为相关国家在空间活动中加强空间碎片减缓提供了重要的行为规范。

四、我国的空间立法

2003年10月16日，“神舟”五号载人飞船安然着陆意味着我国首次载人航天飞行获得圆满成功，从而成为世界上第三个拥有载人空间航行能力的国家，也意味着我国开始步入空间大国行列。我国已加入了《外空条约》《国际责任公约》《登记公约》《营救协定》，并积极参与联合国外空大会，这一系列举措不仅促进了国际空间立法的发展，也推动了我国国内空间立法。

为了有效实施我国已加入的各项外空法条约，保证我国航天活动的有序开展，我国先后颁布了《空间物体登记管理办法》(2001年)和《民用航天发射项目许可证管理办法暂行规定》(2002年)两项部门规章，主要规定包括以下七点内容。(1) 在我国境内发射的所有空间物体，以及我国作为共同发射国在境外发射的空间物体都应进行登记。其中，空间物体为“进入外层空间的人造地球卫星、载人航天器、空间探测器、空间站、运载工具及其部件以及其他人造物体”，而“短暂穿越外层空间的高空探测火箭和弹道导弹，不属于空间物体”。(2) 在我国境内发射的空间物体，若所有者为其他国家政府、法人、其他组织或自然人，由承担国际商业发射服务的公司进行国内登记。(3) 空间物体登记者应在空间物体进入空间轨道60天内，向国防科学技术工业委员会提交登记资料，履行登记手续。空间物体的国际登记由国防科学技术工业委员会在国内登记后60天内通过外交部向联合国秘书处进行登记。(4) 在我国从事民用航天发射项目的自然人、法人或其他组织，必须取得民用航天发射项目许可证，方可从事民用航天发射项目。(5) 项目总承包人或卫星等航天器产权的最终所有人是许可证申请人。(6) 申请人应当在项目预定发射月的9个月之前，向国防科学技术工业委员会提交相关文件。国防科学技术工业委员会自收到申请材料之日起30日内，对申请的项目组织审查，对审查合格的项目，颁发许可证。(7) 许可证持有人必须遵照国家有关规定购买发射空间物体的第三方责任保险和其他相关保险。

本章重点

- 简述外层空间的法律地位。
- 简述外层空间活动原则。
- 简述外层空间营救制度。
- 简述地球静止轨道的法律地位。

思考题

- 试论外层空间的环境保护问题。
- 试论外层空间的商业化利用问题。
- 试论我国外层空间立法问题。

阅读扩展目录

- 李寿平.自由探测和利用外空自然资源及其法律限制——以美国、卢森堡两国有关空间资源立法为视角[J].中外外学,2017,29(6):1566-1583.
- 李寿平.发展空间太阳能电站的国际法律规制[J].北京理工大学学报(社会科学版),2015,17(1):111-117.
- 宣增益.载人航天法律制度:挑战与完善[J].政法论坛,2015,33(5):66-80.
- 廖敏文.国家空间立法构建模块的理论与实践[J].北京理工大学学报(社会科学版),2016,18(2):103-111,138.
- 刘浩.空间活动发展对“发射国”概念的挑战[J].法学,2014(4):41-49.

本章知识树

- 外层空间法
  - 外层空间法概述
    - 外层空间法的概念及调整对象
    - 外层空间的法律地位
  - 外层空间活动的原则和制度
    - 外层空间活动的原则
    - 外层空间活动的制度:登记制度、外层空间营救制度、国家赔偿责任制度
    - 在月球和其他天体上活动的原则
  - 外层空间的经济利用和空间环境保护
    - 地球静止轨道的利用
    - 卫星遥感地球
    - 空间环境保护
    - 我国的空间立法

第十章　外交与领事关系法

案例导入

【案情】 1999年5月8日，以美国为首的北大西洋公约组织（以下简称“北约”）在空袭南斯拉夫联盟共和国期间，使用5枚导弹从不同角度袭击了我国驻南斯拉夫联盟共和国大使馆，造成馆舍严重毁坏，3名新闻工作者死亡和其他人员伤亡。我国政府提出强烈抗议，对以美国为首的北约提出以下要求：第一，公开、正式向我国政府、人民和受害者家属表示道歉；第二，对袭击事件进行全面、彻底的调查；第三，迅速公布调查的详细结果；第四，严惩肇事者。在我国政府的严正交涉下，美国及其他北约国家领导人先后就袭击事件表示公开道歉，但美国同时以误炸提出辩解理由。1999年7月30日和12月16日，中美两国政府就美国轰炸我国驻南斯拉夫联盟共和国大使馆所造成的中方人员伤亡和财产损失的赔偿问题达成协议，美国政府分别赔偿450万美元和2 800万美元。2000年4月8日，美国政府向我国政府通报了美方对美国轰炸我国驻南斯拉夫联盟共和国大使馆事件责任的调查结果，声称对美国中央情报局的8名人员进行处罚，其中1名已被解雇。

【问题】 大使馆的馆舍遭受第三国侵袭是否也适用《维也纳外交关系公约》？

第一节　外交关系法

一、外交关系法概述

1. 外交关系及其类型

外交关系的概念有广义和狭义之分。广义的外交关系是指国与国之间正式维持的连续的对外关系；狭义的外交关系是指国家之间相互派遣常驻使节，以维持正式连续的对外关系的手段和方式。

常见的外交关系有如下几种类型。(1) 正式的外交关系。现代国际关系中最基本、最常用的形式，是正式的外交关系，也称为完全的外交关系，以双方互派大使、公使级常驻外交使节为特征。(2) 不完全的外交关系。不完全的外交关系是指双方互派的外交使节停留在代办的级别上。代办是最低一级的外交使节，是通常在两国关系出现问题时所采取的方式。(3) 非正式外交关系。非正式外交关系是指两个尚未正式建交的国家保持长期的接触和外交会谈，甚至互设某种联络机构，作为两国接触的固定的方式。(4) 国民外交关系。国民外交关系是指两国间非官方的个人或代表团体的友好访问或接触，就两国关系或国际问题达成协议，发表共同声明或联合公报，就某些具体事务签订民间协定等，又称为民间外交关系。

2. 外交关系法及其法律渊源

外交关系法是指调整国家之间外交关系的原则、规则和制度，是国际法的重要分支之一。外交关系法的主要内容包括外交关系的建立，外交代表机关及其人员的职务、派遣和接受、特权与豁免，以及特别使团的派遣及职责等。

外交关系法是最古老的国际法部门之一。在第二次世界大战之前，外交关系法的渊源主要是国际习惯法。虽然存在一些外交关系条约，如 1815 年有关外交使节等级和位次的《维也纳规章》和 1928 年关于外交权问题的《哈瓦那外交公约》，但是外交特权与豁免的相关国际立法始终未能在国际社会中获得进展。第二次世界大战之后，由于国家数量增多，且东西方"冷战"激化，为保持通畅的外交关系，国际社会认识到制定外交关系法的重要性，在 ILC 的努力下推进了外交关系国际法规则的编纂。例如，1946 年《联合国特权与豁免公约》、1947 年《联合国专门机构特权与豁免公约》、1969 年《联合国特别使团公约》、1973 年《关于防止和惩处侵害应受国际保护人员包括外交代表的罪行的公约》和 1975 年《维也纳关于国家在其对国际组织关系上的代表权公约》等，其中最重要的是 1961 年《维也纳外交关系公约》(1964 年 4 月 24 日正式生效)。我国于 1975 年加入《维也纳外交关系公约》，但对该公约第 14 条、第 16 条有关教廷公使和教廷代表的内容做出保留。

二、外交使节和使馆制度

国家之间建立外交关系最普遍的形式是设立常驻使团，但因一些特殊原因，也承认采取其他的形式，如兼任外交使节、共同外交使节以及临时外交使团和特别外交使团等。

1. 常驻使团

常驻使团是指派遣国在接受国领土上设立大使馆或公使馆，并派驻外交代表，持续地执行派遣国外交职务的机关。

常驻使团的派遣须经有关国家之间的协议，且基于相互主义原则。外交代表是指使馆馆长或使馆外交职员。

常驻使团由使馆馆长、外交职员、行政和技术职员，以及事务职员组成。

(1) 使馆馆长。使馆馆长是指派遣国责成担任此项职位的人员，《维也纳外交关系公约》第 14 条规定，使馆馆长有三个等级——大使、公使和代办。大使是一国国家元首向另一国国家元首派遣的最高级别的外交使节。公使也是一国国家元首向另一国国家元首派遣的外交使节，享有仅次于大使的礼遇。实践中公使级使馆馆长几乎没有，有些使馆虽然有公使职位，但并不是使馆馆长，其任命也无须事先征得接受国的同意。代办是一国外交部部长向另一国外交部部长派遣的最低一级的使馆馆长。往往在两国关系恶化的时候，会相互降低互派使节的规格，待两国关系恢复时，再重新恢复使节的规格。

(2) 外交职员。外交职员是指除使馆馆长之外的其他具有外交官职位的职员，包括参赞、武官、秘书和随员。参赞是指协助馆长处理有关外交事务的高级外交官，职位在馆长之下，按工作范围可分为政务参赞、商务参赞、文化参赞、新闻参赞、科技参赞等。武官是指派遣国军事机关的代表，负责军事联系方面的外交事务，可分为海、陆、空军武官。秘书是指按馆长旨意办理外交事务和文书的外交官，按级别分为一等秘书、二等秘书、三等秘书。随员是指使馆中级别最低的外交官，在馆长的领导下办理外交事务。

(3) 行政和技术职员。行政和技术职员是指使馆中从事行政和技术事务的使馆职员，包括办公室人员、财务人员、翻译人员、打字员、无线电技术人员等。

(4) 事务职员。事务职员是指使馆中从事服务工作的使馆职员，包括传达人员、司机、门卫、维修工、清洁工、厨师等。

此外，《维也纳外交关系公约》还规定使馆人员私人雇用的人员，如保姆等，并不属于派遣国的工作人员，也不在使馆人员的编制之内。

使馆人员的派遣和接受应遵循如下规定和程序。(1) 征求同意。通常在任命使馆馆长和武官之前，派遣国须将拟派遣的人选通知接受国，征得接受国的同意，其他人员则无须获得同意。是否接受某人为派遣国的外交代表，是接受国行使主权的表现。《维也纳外交关系公约》第 9 条规定，接受国可随时不具解释通知派遣国宣告使馆馆长或使馆任何外交职员为不受欢迎人员，或使馆任何其他职员为不能接受人员。在上述情况下，派遣国应酌情召回该人员或终止其在使馆中的职务。(2) 赴任就职。使馆馆长抵达接受国后，由接受国安排尽快拜会其外交部部长，商谈递交国书事宜。国书是使馆馆长上任携带的正式文书，也是其委任状。大使和公使的国书由国家元首签署，向接受国国家元首递交。代办的国书由外交部部长签署，向接受国外交部部长递交。

常驻使团的职务主要包括以下六个方面。(1) 代表，在接受国中作为派遣国政府的代表。(2) 保护，在国际法许可的范围内，在接受国保护派遣国及其国民的利益。(3) 交涉，代表政府与接受国政府进行交涉。(4) 了解和报告，有权通过一切合法手段调查接受国的状况及发展情形，向派遣国政府报告。(5) 促进，促进派遣国与接受国的友好关系及发展两国的经济、文化与科学关系。(6) 此外,使馆还可以执行国际法许可的其他职务。例如,执行领事职务;在接受国同意的情况下,受第三国委托照管该国的使馆及其财产,代为保护该国及其国民的利益。

2. 兼任外交使节

兼任外交使节是由于派遣国的原因,使馆馆长不设在接受国国内,而由其驻邻国的使馆馆长兼任的制度。主要有以下两种情况:(1) 在接受国没有设立常驻使馆,由其驻邻国的常驻使节兼任;(2) 在接受国国内虽然设立了常驻使馆,但大使由其驻邻国的大使兼任。

对于兼任外交使节制度没有特别的条件,也没有特别的限制,只要接受国未明示反对即可。

3. 共同外交使节

共同外交使节是指在接受国内,由多数国家同时任命同一个人为大使的制度。《维也纳外交关系公约》第 6 条规定,两个以上国家可合派同一人为驻另一国的使馆馆长,但接受国表示反对者不在此限。共同外交使节是过去存在的制度,现在已不存在。

4. 临时外交使团和特别外交使团

如果发生特别重大的事件,就有必要派遣国国家元首特别信任的人士去解决问题,因此会出现巡回大使、国家元首派遣的特使等临时外交使团。1969 年《联合国特别使团公约》第 1 条规定,特别外交使团是派遣国与接受国交涉特定问题或者在接受国内完成特定任务,经接受国同意而派遣的代表,是派遣国的临时使团。特别外交使团可以由国家元首或政府首脑担任。

三、外交特权与豁免

1. 外交特权与豁免的理论依据

外交特权与豁免,是外交代表机关及其人员根据国际法或有关协议在接受国所享有的特别权利和优惠待遇。为了使外交代表机关及其人员有效地执行职务,各国通常根据互惠原则相互给予对方外交代表机构及其人员一定的特别权利和优惠待遇。

关于外交特权与豁免的理论根据,国际法学界主要有以下三种学说。(1) 治外法权说。该学说认为使节的驻地象征其派遣国领土的延伸,虽然其实际身在接受国,但在法律上假定仍在其本国,因此不受所在国管辖。(2) 代表性说。该学说认为使节是国家的代表,根据平等者之间无管辖权的原则,接受国不应对派遣国的代表行使管辖权。(3) 职务需要说。该学说以使馆和外交人员执行职务的需要来说明特权与豁免的合理性。该学说认为,外交特权与豁免,使得使馆和外交官可以在不受接受国的干扰和压力的条件下,自由地代表本国进行谈判,顺利执行职务。

《维也纳外交关系公约》在序言中规定:“确认此等特权与豁免的目的不在于给予个人以利益,而在于确保代表国家的使馆能有效执行职务。”因而,《维也纳外交关系》既考虑了职务需要说,也考虑了使馆的代表性。

2. 外交特权与豁免的内容

(1) 不可侵犯的权利

不可侵犯的权利可分为人身及名誉的不可侵犯和使馆馆舍、寓所、财产及文书的不可侵犯。

人身及名誉的不可侵犯包括外交代表的人身不得侵犯;外交代表不受任何方式的逮捕和拘禁,但是并不排除进行正当防卫或紧急避险等造成的人身损害;接受国应对外交代表特示尊重,并应采取一切适当步骤防止其人身、自由或尊严受到任何侵犯;外交代表的家属、行政和技术职员的家属(非接受国国民的家属)的人身不得侵犯。

使馆馆舍、寓所、财产及文书的不可侵犯包括接受国官员非经使馆馆长许可,不得进入使馆馆舍。即使发生火灾、流行病或其他特别紧急情况时,如没有得到使馆长许可,也不得进入使馆馆舍;接受国对使馆馆舍负有特殊的保护责任,应采取一切适当步骤保护使馆馆舍免受侵入或损害;外交代表的私人寓所不得侵犯;使馆馆舍及设备,以及馆舍内其他财产和使馆交通工具免受搜查、征用、扣押或强制执行;使馆的档案无论何时,不论位于何处,都不得侵犯;外交代表的文书、信件以及包括汽车在内的供外交代表使用的物品不得侵犯。

使馆馆舍是指供使馆使用和供使馆馆长寓邸之用的建筑物或建筑物各部分,以及其所附属的土地。1979 年,ICJ 在“驻德黑兰美国外交与领事人员案”中指出,伊朗政府在美国使馆受到攻击时没有采取任何“适当步骤”保护使馆馆舍、人员和档案,事后也没有做出努力来迫使或说服侵入的人员退出使馆,以及释放被扣的外交和领事人员,从而违反了《维也纳外交关系公约》的规定。

案例导入答案

【答案】 “使馆馆舍不得侵犯;接受国负有特殊责任,采取一切适当步骤保护使馆馆舍免受侵入或损害,并防止一切扰乱使馆安宁或有损使馆尊严的情事”不仅是《维也纳外交关系公约》赋予接受国的义务,也是一般国际法中禁止国际法主体侵犯另一个主权国家驻外使馆馆舍的义务。外交使馆神圣不可侵犯,外交人员人身不可侵犯,即使在战争中也须受到保护,这是古老的国际习惯法规则,因此美国作为第三国也应承担使馆馆舍不得侵犯义务。

(2) 豁免

豁免主要包括司法管辖豁免和行政管辖豁免。

司法管辖豁免包括: 外交代表对接受国的刑事管辖享有豁免权;外交代表对民事裁

判享有管辖豁免。但以下三种情况是例外：第一，关于接受国内私有不动产的物权诉讼，但其代表派遣国为使馆用途置有的不动产不在此范围；第二，关于外交代表以私人身份并不代表派遣国而为遗嘱执行人、遗产管理人、继承人或受遗赠人的继承事件的诉讼；第三，关于外交代表于接受国内在公务范围以外所从事的专业或商务活动的诉讼。此外，外交代表或其他享有管辖豁免的人主动提起诉讼而被告提起反诉时，就不得主张反诉管辖豁免。外交代表没有以证人身份作证的义务。

外交代表和其他享有特权与豁免的人员对管辖的豁免可由派遣国放弃。外交豁免的放弃必须是明示的，外交代表仅仅出庭辩护不构成豁免的放弃。民事或行政诉讼程序上的管辖豁免的放弃，不得视为对判决执行豁免的放弃。

行政管辖豁免包括捐税豁免和关税豁免。捐税豁免方面：使馆免纳捐税，包括国家性或地方性捐税，使馆办理公务所收的规费和手续费免征一切捐税。但是，为其提供的特定服务所应付的费用，如清除垃圾费、水电费等应当承担捐税。外交代表免纳一切对人或对物的国家、区域或地方性捐税，但以下几类是例外：通常计入商品或劳务价格内的间接税；对于接受国境内私有不动产课征的捐税；遗产税；继承税；对于在接受国内所获致的私人所得或商业投资所课征的捐税；为供给特定服务所收费用；不动产登记费等。

关税豁免方面：使馆公务用品准许入境并免除一切关税和除了贮存、运送及类似的服务费用以外的一切其他课征；外交代表或其构成同一户口的家属的私人用品，包括供其定居之用的物品免征关税；外交代表私人行李免受查验。但是，有重大理由推定其中装有不在免税之列的物品，或接受国法律禁止进出口或有检疫条例加以管制的物品，不在免税之列。

（3）其他特权

除了上述特权与豁免之外，使馆和外交代表还享有通信自由，包括：使馆与派遣国政府及该国其他使馆和领事馆通信时，有权采取一切适当的方法；使馆的来往公文不得侵犯；外交邮袋不得开拆或扣留；享有行动及旅行自由，即除接受国为国家安全设定禁止或限制进入区域另定法律规章外，接受国家应确保所有使馆人员在其境内行动及旅行自由；免于适用接受国施行的社会保险办法、免除个人劳务和公共服务的特权。

（4）其他人员的特权与豁免

行政和技术职员及其家属，如果非接受国国民且不在该国永久居留的，则享有外交代表所享有的特权与豁免，但其执行职务范围以外的行为不享受民事及行政管辖豁免。除了其最初到任时所输入的物品外，不能免纳关税及其他课征，其行李也不能免除海关查验。

事务职员，如果非接受国国民且不在该国永久居留的，就其执行公务行为享有豁免。其受雇所得报酬免纳捐税，免予适用接受国社会保险办法。

私人仆役，如果非接受国国民且不在该国永久居留的，其受雇所得报酬免纳捐税。

3. 外交特权与豁免的开始与终止

《维也纳外交关系公约》第 39 条规定，凡享有外交特权与豁免的人员，自其进入接受国国境前往就任时起享有特权与豁免；如果已在该国境内的，自其委派通知外交部或另经商定的其他部门时开始享有。享有特权及豁免人员的职务如已终止，此项特权与豁免通常在该人员离境时或听任其离境的合理期间终了时停止。

4. 使馆人员及其家属在第三国的地位

《维也纳外交关系公约》第 40 条规定，遇外交代表前往就任或返任或返回本国，途经第三国国境或在该国境内，而且该国曾发给所需的护照签证时，第三国应给予不得侵犯及确保其过境或返回所必需的其他豁免。享有外交特权与豁免的家属与外交代表同行时，或单独旅行前往会聚或返回本国时，享有与外交代表同样的特权。遇有上述情况类似情形，第三国不得阻碍使馆的行政和技术及事务职员及其家属经过该国国境。

四、使馆和享有外交特权与豁免人员的义务

《维也纳外交关系公约》第 41 条和第 42 条规定，使馆和享有外交特权与豁免人员对接受国履行以下义务。(1) 尊重接受国法律规章、不干涉接受国内政。(2) 使馆馆舍不得以与使馆职务不相容的方式加以使用。一般认为，使馆没有履行本条款义务并不使得公约所规定的使馆馆舍不可侵犯权归于无效，但这种不可侵犯权也没有授权使馆可将其用于与使馆职务不相符合的用途。(3) 使馆及使馆人员与接受国洽商公务，须经接受国外交部或另经商定的其他部门办理。(4) 外交代表不应在接受国内为私人利益从事任何专业或商业活动。

第二节　领事关系法

一、领事制度概述

1. 领事的概念

领事是指一国根据与他国的协议，派往他国某一城市或地区，以保护本国或本国国民在当地的合法权益和执行其他领事职务的人员。领事关系的建立应以国家之间的协议为基础。领事关系不具有政治代表性，只有职能性或行政性，如发放签证、户籍管理、行政等职能。如果没有建立外交关系的两国之间设立了领事馆，则其实际执行外交职务。

2. 领事关系法的发展

领事关系法的主要渊源是双边条约、区域性条约，以及少量的国际习惯法规则，如领

事档案不可侵犯和领事的公务行为享有豁免权。

1888年，ILC开始审议领事关系法的编纂问题，并于1896年起草了21个条约文件。1911年7月18日，玻利维亚、哥伦比亚、厄瓜多尔、秘鲁和委内瑞拉等国签订了有关领事关系的《加拉加斯条约》。1928年2月20日，美洲国家会议制定了包含25项条款的《哈瓦那外交公约》。

1949年，ILC开始审议领事制度问题，并在第13次会议上起草了“领事关系公约草案”。1963年4月22日，《维也纳领事关系公约》签订，该公约于1967年3月19日正式生效。我国于1979年加入该公约。

3. 领事关系和领事馆的建立

《维也纳领事关系公约》第2条规定，国家之间建立领事关系以协议来确定。除另有声明以外，两国间同意外交关系即意味着建立领事关系。但是，断绝外交关系，并不意味着当然断绝领事关系。

《维也纳领事关系公约》第4条规定，领馆的设立须经接受国同意。领馆的地点、类别及其辖区由派遣国决定，但也须经接受国同意。如有变更或须设立副领事馆、领事代理处或办事处，也须经接受国同意。

4. 领馆的组成

领馆是领事执行职务的机关，可以分为总领事馆、领事馆、副领事馆和领事代理处。但是，实际上一般只有总领事馆和领事馆，副领事官、领事代理处则很少见。

领馆组成人员分为领事官员、领事雇员（行政和技术人员）和服务人员。领事官员是指承办领事职务的人员，包括领馆馆长在内。领事馆长分为四个等级，即总领事、领事、副领事和领事代理。领事官员分为两类，职业领事官员和名誉领事官员。领事雇员是指受雇担任行政和技术职务的人员，包括办公室秘书、译员等。服务人员是指受雇担任领馆杂务工作的人员。

5. 领馆人员的派遣和接受

领馆馆长由派遣国委派，由接受国承认准予执行领事职务。除《维也纳领事关系公约》另有规定外，委派及承认领馆馆长的手续可依派遣国及接受国的法律规章与惯例办理。馆长每次奉派任职，应由派遣国发给委任文凭或类似文书以充职位之证书。其上通例载明馆长全名、职务、等级、领馆辖区及领馆设置地点等。

派遣国应经由外交途径或其他适当途径将委任文凭或类似文书转送接受国政府。接受国同意后，发给领事证书。领馆馆长在领事证书送达之前可以暂时准予执行职务。接受国如果不发给领事证书，则无须向派遣国说明理由。

领馆馆员是指除馆长以外的领事官员、领馆雇员和服务人员。《维也纳领事关系公约》第19条规定：领馆馆员由派遣国自由委派，但应在充分时间前将其全名、职类及等级通知接受国；派遣国依其本国法律规章确有必要时，可请接受国对领馆馆长以外的领事官员发给领事证书；接受国依其本国法律规章确有必要时，可对领馆馆长以外的领事官员发给领事证书。

6. 领事的职务

《维也纳领事关系公约》第5条规定，领事职务包括以下七个方面。(1) 保护。在国际法许可的限度内，在接受国保护本国和本国国民(个人和法人)在接受国的利益。(2) 促进。依据公约规定，增进派遣国与接受国的商业、经济、文化及科学关系的发展，并在其他方面促进两国间的友好关系。(3) 了解和报告。以一切合法手段调查接受国内商业、经济、文化及科学活动的状况及发展情形，向派遣国政府报告，并向关心人士提供资料。(4) 签发护照等。向派遣国国民发给护照及履行证件，并向拟赴派遣国旅行人士发给签证或其他适当文件。(5) 帮助派遣国国民。可以提供司法及准司法方面的帮助，包括依接受国法律规章在接受国境内的死亡继承事件中，保护派遣国国民(个人与法人)的利益；在接受国法律规章所规定的限度内，保护派遣国国民的未成年人及其他无充分行为能力人的利益，尤其是须对其施以监护或托管的情形；以不抵触接受国内施行的办法与程序为限，遇派遣国国民因不在当地或由于其他原因不能于适当期间自行辩护其权利与利益时，在接受国法院及其他机关之前担任其代表或为其安排适当的代表，依照接受国法律规章取得保全此等国民的权利与利益的临时措施。(6) 公证登记和行政事务。担任公证人、民事登记员及类似的职司，并办理若干行政性质的事务，但以接受国法律规章无禁止的规定为限；依现行国际协定的规定或在无此种国际协定时，以符合接受国法律规章的任何其他方式，转送司法书状与司法以外文件或执行嘱托调查书或代派遣国法院调查证据的委托书。(7) 监督和协助派遣国的船舶、航空器及其航行人员。对具有派遣国国籍的船舶，在该国登记的航空器以及其航行人员，行使派遣国法律规章所规定的监督及检查权；向船舶与航空器及其航行人员给予协助，听取关于船舶航程的陈述，查验船舶文书并加盖印章，于不妨害接受国当局权力的情形下调查航行期间发生的任何事故及在派遣国法律规章许可范围内调解船长与水手间的任何争端。

二、领事特权与豁免

领事特权与豁免是指领馆及其人员在接受国所享有的特殊权利和优惠待遇的总称。其理论依据与外交特权及豁免一样，不在于给予个人以利益，而在于确保领馆能代表本国有效执行职务。但是，领事特权与豁免总体上要低于外交特权与豁免。除《维也纳领事关系公约》之外，领事特权与豁免的主要规定存在于一些双边领事条约中。

1. 特权与豁免的内容

(1) 领事官员人身不可侵犯

接受国对于领事官员应表示适当尊重并应采取一切适当步骤以防其人身自由或尊严

受任何侵犯。对领事官员，只有在其犯了严重罪行，并且依主管司法机关的裁判执行时，才能予以逮捕候审或羁押候审。除了有上述情形，并为执行有确定效力的司法裁决外，也不得对领事官员施以监禁或对其人身自由加以任何其他方式的拘束。

（2）领事馆馆舍、财产和公文的不可侵犯

接受国官员非经领馆馆长的许可或其指定人员或派遣国使馆馆长的同意，不得进入领馆馆舍中专供使馆工作用部分。但遇火灾或其他灾害须迅速采取保护行动时，可推定领馆馆长已表示同意。

接受国负有特殊责任，采取一切适当步骤保护领馆馆舍免受侵入或损害，并防止扰乱使馆安宁或有损使馆尊严的事情。领馆馆舍、馆舍设备以及领馆的财产与交通工具应免受为国防或公用目的而实施的任何方式的征用。如果为此等目的确有征用的必要时，应采取一切可能步骤以免领馆职务的执行受到妨碍，并应给予派遣国以迅速、充分和有效的补偿。

领馆档案及文件无论何时，也不论位于何处，都不得侵犯。

（3）司法和行政管辖权的豁免

领事官员和领事雇员对其为执行职务而实施的行为不受接受国司法或行政机关的管辖。但是，下列民事诉讼不在豁免之列：因领事官员或领馆雇员并未明示或默示以派遣国代表身份而签订契约所发生的诉讼；第三者因车辆、船舶或航空器在接受国国内所造成的意外事故而要求损害赔偿的诉讼。

领事官员或领事雇员如就可免受管辖的事项主动提起诉讼，则不得对与本诉直接相关的反诉主张管辖豁免。领馆人员可被邀请在司法或行政程序中到场作证。但是，领馆人员就其执行职务所涉及的事项，没有担任作证或提供有关来往公文及文件的义务。领馆人员有权拒绝以鉴定人身份就派遣国的法律提出证言。但是，除上述情况外，领馆行政和技术人员及领馆服务人员不得拒绝作证。

（4）捐税和关税的免纳

领馆馆舍和职业领馆馆长寓邸，免纳国家、区域或地方性捐税。领馆在接受国境内执行职务所收的规费及手续费免纳一切捐税。领事官员和领馆雇员以及与其构成同一户口的家属免纳一切对人或对物征收的国家、区域或地方性捐税，但间接税、私有不动产的捐税、遗产税、特定服务费等不在免除范围。

领馆的公务用品入境免纳关税以及贮存、运送和类似服务费用以外的一切其他征收。领事官员及与其构成同一户口的家属的私人自用品，包括供其初到任定居之用的物品在内，免除一切关税以及贮存、运送和类似服务费用以外的一切其他征税。

领馆雇员就其初到任时运入的物品，享受关税免征待遇。

领事官员及与其构成同一户口的家属所携带的私人行李免受查验，但是，《维也纳领事关系公约》规定的范围外的物品，或者接受国法律禁止进出口的物品，则可当面查验。

（5）通信自由

领馆的通信自由包括领馆与派遣国政府间的通信自由、领馆的来往公文不得侵犯，以及领馆邮袋不得予以开拆或扣留等三项内容。

（6）与派遣国国民通信及联络

领事官员可以自由与派遣国国民通信和会见。在领馆辖区内，如有派遣国国民受逮捕、监禁、羁押候审或以其他方式被拘禁，经本人请求，接受国主管当局应立即通知派遣国领馆，其递至领馆的信件应迅速递交。领事馆员有权探访受监禁、羁押或拘禁的派遣国国民，与之交谈或通信，并代其安排法律代表。

（7）其他特权

除了上述特权与豁免之外，领事官员还享有行动自由，以及免除各种社保、劳务、公共服务等税费的特权。例如，除接受国为国家安全设定禁止或限制进入区域所订法律规章另有规定外，接受国应确保所有领馆人员在其境内行动及旅行的自由；接受国应准领馆人员及于其构成同一户口的家属免除一切个人劳务及所有各种公共服务，并免除类如有关征用、军事捐献及屯宿等军事义务。

2. 领事特权与豁免的开始及终止

领馆人员自进入接受国国境前往就任之时起享有上述特权与豁免，其已在该国境内的，自其就任领馆职务之时起开始享有。

领馆人员的职务如果已终止，其本人的特权与豁免以及与其构成同一户口的家属或私人服务人员的特权与豁免，通常应于各该人员离开接受国国境时或其离境的合理期间终了时停止，以在先的时间为准。

3. 第三国的义务

遇到领事官员前往就任或返任或返回派遣国途经第三国国境或在该国境内，而该国已发给签证时，第三国应给予《维也纳领事关系公约》其他条款所规定而为确保其过境或返回所必需的一切豁免。第三国不应阻碍其他领馆人员或与其构成同一户口的家属经过该国国境；第三国对于过境的来往公文及其他公务通信，包括明密码电信在内，应比照接受国依《维也纳领事关系公约》所负的义务，给予同样的自由及保护。第三国遇有已领其所应领签证的领馆信差及领馆邮袋过境时，应比照接受国依《维也纳领事关系公约》所负的义务，给予同样的不得侵犯权及保护。

4. 领事馆和享有领事特权与豁免人员的义务

领事馆和享有领事特权与豁免人员负有如下义务。（1）均负有尊重接受国法律规章，以及不干涉该国内政的义务。（2）领馆馆舍不得充作任何与执行领事职务不相符合的用途。（3）领馆人员对于接受国法律规章就使用车船、航空器对第三者可能发生的损害所规定的任何保险办法，应当遵守。（4）职业领事官员不应在接受国内为私人利益从事任何专业或商业活动。因此，下列人员不应享受特权与豁免：在接受国内从事私人有偿职业的领馆雇员或服务人员，以及其家属或其私人服务人员；领馆人员家属本人在接受国内从事私人有偿职业者。

第三节　联合国和各专门机构的特权与豁免

一、法律渊源

随着国际组织的发展，国际机构与各国之间发生的“外交关系”变得更为复杂。传统的外交主要涉及派遣国和接受国两个方面，但涉及国际机构就演变为三个关系主体——派遣国、国际组织和东道国。派遣国的代表是派到国际组织的，但他们享有的特权与豁免有赖于东道国的合作。国际组织及其官员、专家等也应享有执行有关职务所必需的特权与豁免，虽然其有别于外交特权与豁免，但两者在内容上有一些类似之处。

联合国和各专门机构的特权与豁免的主要法律渊源为《联合国宪章》、1946 年《联合国特权与豁免公约》、1947 年《联合国专门机构特权与豁免公约》，以及联合国和专门机构同其所在地国所缔结的协定，如 1947 年《联合国和美利坚合众国关于联合国会所的协定》，1954 年联合国教育、科学及文化组织与法国之间的协定等。

《联合国宪章》第 105 条规定，联合国在每一会员国领土内应享有为达成其宗旨所必需的特权与豁免；联合国会员国的代表和联合国组织的官员应享有为独立执行关于联合国的职务所必需的特权与豁免。

我国于 1979 年 9 月 11 日加入《联合国特权与豁免公约》，同日公约对我国生效。我国于 1979 年加入《联合国专门机构特权与豁免公约》，同日公约对我国生效；根据我国政府的声明和通知，该公约对联合国、联合国粮食及农业组织、国际民用航空组织、国际货币基金组织、国际复兴开发银行等专门机构适用。

二、联合国和专门机构及其官员的特权与豁免

1. 联合国的角度

(1) 财产不受侵犯

《联合国特权与豁免公约》第 2 条第 2—5 节规定，联合国，其财产和资产，不论其位置何处，亦不论由何人持有，对于各种方式的法律程序应享有豁免；但是，联合国明示抛弃其豁免时，不在此限；联合国的房舍不可侵犯，应豁免搜查、征用、没收、征收和任何其他方式的干扰，不论是由于执行行为、行政行为、司法行为或立法行为；联合国档案以及属于联合国或联合国所持有的一切文件不论其置于何处，均属不可侵犯；联合国持有、转移款项、黄

金或任何货币不受任何财政管制、财政条例的限制。

（2）捐税及关税的减免

《联合国特权与豁免公约》第2条第7—8节规定，联合国的资产、收入以及其他财产应免除一切直接税；联合国用于公务而运入和运出的物品，应免除关税和进出口的禁止或限制；联合国的出版物，应免除关税以及进出口的禁止和限制；联合国虽在原则上不要求免除构成应付价格一部分的消费税以及对出售动产和不动产课征的税，但如果联合国为公务用途而购置大宗财产，已课征或须课征这类税时，则会员国仍应于可能范围内作适当的行政安排，免除或退还该项税款。

（3）通信的便利

《联合国特权与豁免公约》第3条规定，联合国在每个会员国领土内的公务通信在邮件、海底电报、电报、无线电报、传真电报、电话和其他通信的优先权、收费率和税捐方面，以及供给报界和无线电广播业消息的新闻电报收费率方面所享有的待遇，应不次于该会员国政府给予任何他国政府包括其他使馆的待遇。对于联合国的公务信件和其他公务通信不得施行检查。

联合国应有使用电码及经由信使和邮袋收发其信件的权利，这种信使和邮袋应与外交信使和外交邮袋享有同样的豁免与特权。

2. 会员国代表的角度

会员国代表包括各代表团全体代表、副代表、顾问、技术专家及秘书。出席联合国各主要和辅助机关及联合国所召开会议的各会员国代表，在执行职务期间和往返开会处所的旅程中享有特权与豁免。但是，该特权与豁免不得在代表与其国籍国或现任或曾任其代表的国家的当局间适用；特权与豁免并非为会员国个人本身的私人利益而给予，而是为保障能独立执行其有关职务而给予。

（1）人身不受侵犯。会员国代表的人身不受逮捕或拘禁，其以代表资格发表的口头或书面的言论及其所实施的一切行为，豁免各种法律程序。

（2）财产不受侵犯。会员国代表的私人行李不受扣押，其一切文书和文件均不可侵犯。

（3）通信的便利。会员国代表有使用电码及经由信使或用密封邮袋收发文书或信件的权利。

（4）税收、通关。会员国代表的私人行李有与外交使节同样的豁免和便利。

（5）其他特权与豁免。在为执行职务而访问或经过的国家，会员国代表本人及配偶免除移民限制、外侨登记或国民服役的义务；关于货币或外汇的限制，享有给予担负临时公务使命的外国政府代表的同样便利。

3. 联合国职员

联合国职员所享有的特权与豁免包括：对于为执行公务而发表的言论和所做的行

为，享有法律程序的豁免；由联合国或专门机构付给的报酬和津贴免除捐税；免除国民服役的义务；本人和家属免受移民限制和外侨登记；享有外汇方面的便利；初次到任时可免纳关税运入家具和个人用品；个人行李一般免受查验等。

秘书长认为任何职员的豁免足以妨碍司法的执行，且放弃豁免并不损害联合国的利益时，有权利和责任放弃该项豁免。安全理事会有权为秘书长放弃豁免。

4. 为联合国执行使命的专家

执行联合国使命的专家在执行使命期间，以及为执行使命在旅程期间，享有为独立行使职务所必要的特权与豁免，主要包括：免受人身逮捕或拘禁，私人行李免受扣押；对其在执行使命过程中所发表的言论和所做的任何行为享有一切法律程序的豁免；其一切文书和文件不可侵犯；享有为与联合国通信而使用密码及经由信使或用密封邮袋收发文书或信件的权利；在货币或外汇限制方面的某种便利；私人行李免受查验等。为联合国的利益而给予的特权与豁免，秘书长有权利和责任放弃该项豁免。

【学习小 Tip】 外交使节制度和领事制度的区别

1. 根本区别

虽然两者皆为国家派出机关，但外交使节具有政治性，而领事则仅仅具有行政及职能的性质。

2. 具体区别

(1) 所在地的区别：大使馆在各国只设一个，而领事馆可设立在接受国的数个地方。

(2) 人员选任：外交使节人员一般以委派本国人员为原则，领事人员可由外国人员担任。

(3) 业务的开始：大使从递交国书起履行其职能，领事则从接受领事证书起履行其职能。

(4) 关系的断绝：外交关系的断绝并不导致领事关系的断绝，外交关系的建立虽然包括同意建立领事关系，但也可以排除。

(5) 主体资格：外交使节的派遣及接受应在完全独立的国家之间进行，领事的派遣及接受却可以在不完全独立的国家之间进行。

(6) 接受国的关联机构：外交使节一般与政治机构进行接触，而领事一般与非政治性机构进行接触。

(7) 特权：领事的特权与豁免低于外交使节的特权与豁免。

(8) 国际法地位：外交使节的地位通常由一般国际法来规范，领事则往往由个别条约来规范。

(9) 接受国的同意：外交使节的派遣须得到同意，而领事人员的派遣一般无须得到同意。

第四节　防止和惩处侵害应受国际保护人员

一、防止和惩处侵害应受国际保护人员的概述

为了维护一国外交人员的安全，以及一国派往国际组织的代表或国际组织官员的安全，维护正常国家间的关系和合作，联合国于1973年制定了《关于防止和惩处侵害应受国际保护人员包括外交代表的罪行的公约》。该公约系统规定了预防、禁止和惩处侵害应受国际保护人员的罪行的国际法制度。该公约于1977年2月20日生效，我国于1987年加入该公约，但对其有关争端解决的第13条第1款做出了保留。

《关于防止和惩处侵害应受国际保护人员包括外交代表的罪行的公约》第1条规定，"应受国际保护人员"包括：(1) 一国元首、包括依关系国宪法行使国家元首职责的一个集体机构的任何成员，或政府首长，或外交部部长，当他在外国境内时，以及他的随行家属；(2) 在侵害其本人或其办公用馆舍、私人寓所或其交通工具的罪行发生的时间或地点，按照国际法应受特别保护，以免其人身、自由或尊严受到任何攻击的一国的任何代表或官员或政府间性质的国际组织的任何官员或其他代理人，以及与其构成同一户口的家属。

二、侵害应受国际保护人员的罪行及国家的管辖权

1. 侵害应受国际保护人员的罪行及其特征

《关于防止和惩处侵害应受国际保护人员包括外交代表的罪行的公约》第2条规定，每一缔约方应将下列罪行定为其国内法上的罪行，即故意：(1) 对应受国际保护人员进行谋杀、绑架，或其他侵害其人身或自由的行为；(2) 对应受国际保护人员的公用馆舍、私人寓所或交通工具进行暴力攻击，因而可能危及其人身或自由；(3) 威胁进行任何这类攻击；(4) 进行任何这类攻击未遂；(5) 参与任何这类攻击为从犯。

《关于防止和惩处侵害应受国际保护人员包括外交代表的罪行的公约》规定，侵害应受国际保护人员的罪行具有如下特征。(1) 犯罪主体为人。公约第1条第2款规定，"嫌疑犯"是指有充分证据可以初步被断定为犯有或参与第2条所列举的一项或数项罪行的

人，故而排除了国家、其他组织或实体侵害应受国际保护人员的罪行问题。(2) 犯罪主观故意。公约第 2 条第 1 款明确，罪行是“故意”的行为，从而排除了尽管客观上造成了应受国际保护人员的人身或自由受侵害的事实后果，但主观上不具有侵害故意，并不知晓侵害对象是一个应受国际保护的人员的侵害行为。(3) 犯罪对象是应受国际保护人员的人身或自由。公约第 2 条第 1 款规定，犯罪对象是对应受国际保护人员进行谋杀、绑架、或其他侵害其人身或自由的行为等。(4) 国内法应予以惩罚的严重罪行。公约第 2 条第 2 款规定，每一缔约方应按照这类罪行的严重性处以适当的惩罚，从而将此类罪行定性为严重国际犯罪。

2. 国家对侵害应受国际保护人员罪行的管辖权

《关于防止和惩处侵害应受国际保护人员包括外交代表的罪行的公约》第 3 条规定了缔约方对侵害应受国际保护人员的管辖权制度。第 1 款规定，每一缔约方应采取必要措施，以确定其在下列情况下对第 2 条第 1 款所列举的罪行的管辖权：(1) 所犯罪行发生在本国领土之内或在本国登记的船只或飞机上时；(2) 嫌疑犯是本国国民时；(3) 所犯罪行是对因代表本国执行第 1 条所规定的职务而享有应受国际保护地位的人员所犯时。第 2 款还规定，每一缔约方应同样采取必要措施，于嫌疑犯在本国领土内，而本国不依第 8 条规定将该犯引渡至本条第 1 款所指明的国家时，对这些罪行确定其管辖权。第 3 款规定，本公约并不排除依照国内法行使的刑事管辖权。

3. “起诉或引渡”原则

《关于防止和惩处侵害应受国际保护人员包括外交代表的罪行的公约》第 6 条规定，嫌疑犯所在地的缔约方确信情况有此需要时，应采取其国内法所规定的适当措施保证嫌疑犯留在其领土内，以便进行起诉或引渡。公约第 7 条进一步规定，缔约方于嫌疑犯在其领土内时，如不予以引渡，则应毫无例外，并不得不当稽延，将案件交付主管当局，以便依照本国法律规定的程序提起刑事诉讼。

三、国际合作措施

为了切实达到防止和惩处侵害应受国际保护人员的罪行的目的，《关于防止和惩处侵害应受国际保护人员包括外交代表的罪行的公约》要求缔约方采取适当和有效的措施，加强国际合作。

在预防方面，《关于防止和惩处侵害应受国际保护人员包括外交代表的罪行的公约》第 4 条要求各缔约方应特别以下列方式进行合作，以防止侵害应受国际保护人员的罪行：(1) 采取一切切实可行的措施，以防止在各该国领土内策划在其领土以内或以外实施这些罪行；(2) 交换情报，并协调为防止这些罪行发生而采取的适当行政或其他措施。

在惩处方面，《关于防止和惩处侵害应受国际保护人员包括外交代表的罪行的公约》

第10条规定，各缔约方应就为第2条所列举的罪行提起的刑事诉讼彼此提供最大限度的协助，包括供给缔约方所有而为诉讼所必需的一切证据。此外，公约第5条规定，境内发生第2条所列举的任何罪行的缔约方如有理由相信嫌疑犯已逃离其领土，应将有关所发生罪行的一切事实及可以获得的一切关于嫌疑犯身份的情报，直接或经由联合国秘书长送达所有其他有关国家。遇有对应受国际保护人员发生第2条所列举的任何罪行时，拥有关于受害人和犯罪情况的情报的任何缔约方应设法按照其国内法所规定的条件，充分和迅速地将此种情报递送该受害人代表执行职务的缔约方。公约第8条第1款规定，在各缔约方之间的任何现行引渡条约未将第2条所列举的罪行列为应该引渡的罪的范围内，这些罪行应被视为属于应该引渡的罪。缔约方承允将来彼此间所订的每一引渡条约中都将这些罪行列为应该引渡的罪。为便于各缔约方之间进行引渡起见，每一罪行应被视为不但发生于实际犯罪地点，而且发生于依照公约第3条第1款规定必须确定其管辖权的国家的领土内。

第五节　我国关于外交和领事特权与豁免的规定

一、《中华人民共和国外交特权与豁免条例》

1986年9月5日第六届全国人民代表大会第十七次会议通过了《中华人民共和国外交特权与豁免条例》，该条例参照有关国际惯例，并根据我国的法律和事件，对《维也纳外交关系公约》做了必要的补充。

1. 用语的含义

《中华人民共和国外交特权与豁免条例》第二十八条规定了有关用语的含义，基本上采用了《维也纳外交关系公约》的中文本用语，但按照国内习惯用法做了适当调整，如“使馆职员”改为“使馆工作人员”、“外交职员”改为“外交人员”、“私人仆役”改为“私人服务员”。此外，将“使馆馆长”明确定义为“派遣国委派担任此项职位的大使、公使、代办以及其他同等级别的人”。

2. 使馆人员的派遣与接受

《中华人民共和国外交特权与豁免条例》第二条规定，使馆外交人员原则上应当是具有派遣国国籍的人。如果委派中国或者第三国国籍的人为使馆外交人员，必须征得中国主管机关的同意。中国主管机关可以随时撤销此项同意。

3. 使馆的特权与豁免

《中华人民共和国外交特权与豁免条例》第四条、第五条、第六条、第八条、第九条、第十条和第十八条规定了使馆的特权与豁免，包括：使馆馆舍不受侵犯；使馆的馆舍、设备及馆舍内其他财产和使馆交通工具免受搜查、征用、扣押或者强制执行；使馆馆舍免纳捐税；使馆办理公务所收规费和手续费免纳捐税；使馆的档案和文件不受侵犯；使馆为公务目的可以与派遣国政府以及派遣国其他使馆和领事馆自由通讯，但使馆设置和使用供通讯用的无线电收发信机，必须经中国政府同意；使馆来往的公文不受侵犯，外交邮袋不得开拆或者扣留，但外交邮袋以装载外交文件或者公务用品为限，应予加封并附有可资识别的外部标记；使馆运进的公务用品、外交代表运进的自用物品，免纳关税和其他捐税。

此外，《中华人民共和国外交特权与豁免条例》第十九条对向中国境内携运枪支、弹药做了限制，即使馆和使馆人员携运自用的枪支、子弹入境，必须经中国政府批准，并且按中国政府的有关规定办理。

4. 外交代表的特权与豁免

《中华人民共和国外交特权与豁免条例》第十二条、第十三条、第十四条、第十五条、第十六条、第十七条、第十八条、第二十条规定了外交代表的特权与豁免，包括：外交代表人身不受侵犯，不受逮捕或者拘留；外交代表的寓所、文书和信件，以及财产不受侵犯；外交代表享有刑事管辖、民事管辖以及行政管辖豁免；外交代表没有以证人身份作证的义务；免纳捐税；免除关税和行李免受查验；免除一切个人和公共劳务以及军事义务；与外交代表共同生活的配偶及未成年子女，如果不是中国公民，则享有同外交代表相同的特权与豁免。

《中华人民共和国外交特权与豁免条例》第十四条规定，外交代表享有民事管辖豁免和行政管辖豁免，但下列事项除外：(1) 外交代表以私人身份进行的遗产继承的诉讼；(2) 外交代表违反第二十五条第三款规定在中国境内从事公务范围以外的职业或者商业活动的诉讼。外交代表免受强制执行，但对前款所列情况，强制执行对其人身和寓所不构成侵犯的，不在此限。

5. 使馆其他人员的特权与豁免

《中华人民共和国外交特权与豁免条例》第二十条规定了使馆其他人员的特权与豁免。(1) 使馆行政技术人员和与其共同生活的配偶及未成年子女，如果不是中国公民并且不是在中国永久居留的，享有第十二条至第十七条所规定的特权与豁免，但民事管辖豁免和行政管辖豁免，仅限于执行公务的行为。使馆行政技术人员到任后半年内运进的安家物品享有第十八条第一款所规定的免税的特权。(2) 使馆服务人员如果不是中国公民并且不是在中国永久居留的，其执行公务的行为享有豁免，其受雇所得报酬免纳所得税。其到任后半年内运进的安家物品享有第十八条第一款所规定的免税的特权。(3) 使馆人员的私人服务员如果不是中国公民并且不是在中国永久居留的，其受雇所得的报酬免纳所得税。

6. 其他人员的特权与豁免

《中华人民共和国外交特权与豁免条例》第二十三条和第二十四条对临时来访人员的

特权与豁免作了规定。第二十三条规定，来中国访问的外国国家元首、政府首脑、外交部部长及其他具有同等身份的官员，享有本条例所规定的特权与豁免。第二十四条规定，来中国参加联合国及其专门机构召开的国际会议的外国代表、临时来中国的联合国及其专门机构的官员和专家、联合国及其专门机构驻中国的代表机构和人员的待遇，按中国已加入的有关国际公约和中国与有关国际组织签订的协议办理。

7. 享有外交特权与豁免人员的义务

《中华人民共和国外交特权与豁免条例》第二十五条规定享有外交特权与豁免的人员应遵守的义务：(1) 应当尊重中国的法律、法规；(2) 不得干涉中国的内政；(3) 不得在中国境内为私人利益从事任何职业或者商业活动；(4) 不得将使馆馆舍和使馆工作人员寓所充作与使馆职务不相符合的用途。

8. 对等原则

《中华人民共和国外交特权与豁免条例》第二十六条根据国际惯例强调对等原则。如果外国给予中国驻该国使馆、使馆人员以及临时去该国的有关人员的外交特权与豁免，低于中国按本条例给予该国驻中国使馆、使馆人员以及临时来中国的有关人员的外交特权与豁免，中国政府根据对等原则，可以给予该国驻中国使馆、使馆人员以及临时来中国的有关人员以相应的外交特权与豁免。

二、《中华人民共和国领事特权与豁免条例》

1990 年 10 月 30 日，第七届全国人民代表大会常务委员会第十六次会议通过了《中华人民共和国领事特权与豁免条例》，以确定外国驻中国领馆和领馆成员的领事特权与豁免，便于外国驻中国领馆在领区内代表其国家有效地执行职务。

1. 领馆的特权与豁免

《中华人民共和国领事特权与豁免条例》第四条、第五条、第六条、第八条、第九条、第十条以及第二十条规定，领事的特权与豁免主要包括：领馆馆舍不受侵犯；领馆馆舍和馆长寓所免纳捐税，领馆办理公务所受规费和手续费免纳捐税；领馆的档案和文件不受侵犯；领馆为公务目的可以同派遣国政府以及派遣国使馆和其他领馆自由通讯，通讯可以采用一切适当方法，包括外交信使或者领事信使、外交邮袋或者领事邮袋和明码、密码电信在内；领馆设置和使用无线电收发信机，必须经中国政府同意；领馆运进上述设备，按照中国政府的有关规定办理；领事邮袋不得开拆或者扣留；领馆和领馆成员携带自用的枪支、子弹入出境，必须经中国政府批准，并且按照中国政府的有关规定办理。

2. 领馆成员的特权与豁免

《中华人民共和国领事特权与豁免条例》第二十八条规定，“领馆成员”是指领事官员、领馆行政技术人员和领馆服务人员；“领事官员”是指总领事、副总领事、领事、副领事、领事随员或者领事代理人。

《中华人民共和国领事特权与豁免条例》第十二条、第十三条、第十四条、第十五条、第十七条、第十八条、第十九条和第二十一条分别规定了领事官员、领馆成员及其共同生活的配偶及未成年子女的特权与豁免，在《维也纳领事关系公约》的基础上予以必要的补充和适当地增加新规定。如“领事官员的寓所不受侵犯”“领事官员的文书和信件不受侵犯”“领事官员的财产不受侵犯”等规定，反映了我国给予领事官员更多的特权与豁免。

对领事官员和领馆行政技术人员的司法、行政管辖豁免，《中华人民共和国领事特权与豁免条例》第十四条根据行为作出了不同的规定。(1) 执行职务的行为。领事官员和领馆行政技术人员执行职务的行为享有司法和行政管辖豁免。(2) 执行职务以外的行为。领事官员执行职务以外的行为的管辖豁免，按照中国与外国签订的双边条约、协定或者根据对等原则办理。(3) 不适用司法管辖豁免的民事诉讼：涉及未明示以派遣国代表身份所订的契约的诉讼；涉及在中国境内的私有不动产的诉讼，但以派遣国代表身份所拥有的为领馆使用的不动产不在此限；以私人身份进行的遗产继承的诉讼；因车辆、船舶或者航空器在中国境内造成的事故涉及损害赔偿的诉讼。

3. 享有领事特权与豁免人员的义务

《中华人民共和国领事特权与豁免条例》第二十四条和第二十五条规定了享有领事特权与豁免的人员的义务：(1) 应当尊重中国的法律、法规；(2) 不得干涉中国的内政；(3) 不得将领馆馆舍和领馆成员的寓所充作与执行领事职务不相符合的用途；(4) 领事官员不得在中国境内为私人利益从事任何职务范围以外的职业或者商业活动。

4. 对等原则

《中华人民共和国领事特权与豁免条例》第二十六条规定了我国赋予领事特权与豁免的对等原则，即如果外国给予中国驻该国领馆、领馆成员以及途经或者临时去该国的中国驻第三国领事官员的领事特权与豁免，不同于中国给予该国驻中国领馆、领馆成员以及途经或者临时来中国的该国驻第三国领事官员的领事特权与豁免，中国政府根据对等原则，可以给予该国驻中国领馆、领馆成员以及途经或者临时来中国的该国驻第三国领事官员以相应的领事特权与豁免。

本章重点

- 简述外交特权与豁免的根据。
- 试述外交特权与豁免。
- 试述领事特权与豁免。
- 试述外交使节制度和领事制度的区别。
- 简述防止和惩处侵害应受国际保护人员制度。

❖ 试述我国关于外交与领事法的主要法规及其基本内容。

思考题

❖ 试论外交保护与领事保护的区别与联系。

❖ 试论关于“不受欢迎和不能接受的人”制度。

❖ 试论外交保护行为的司法审查。

阅读扩展目录

❖ 殷敏.外交保护与领事保护的比较研究[J].国际商务研究,2008(4):16－19.

❖ 王秀梅.国际法人本化趋向下海外中国公民保护的性质演进及进路选择[J].现代法学,2010,32(4):120－129.

❖ 杨卫东.论外交保护行为的司法审查[J].比较法研究,2014(2):120－131.

本章知识树

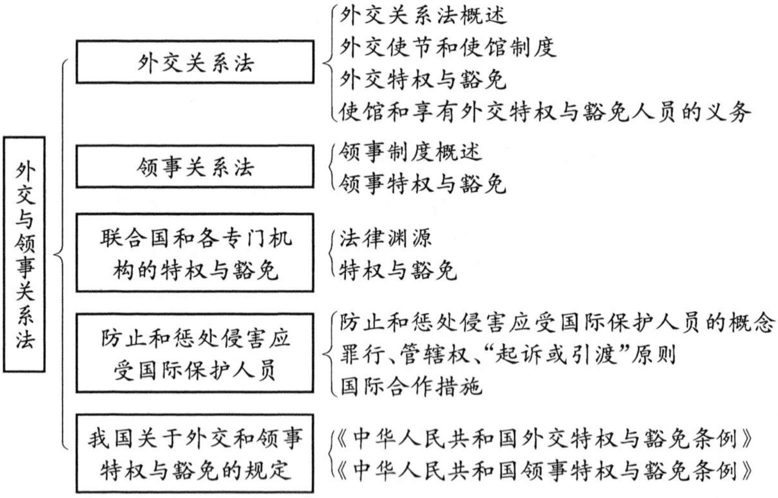

第十一章　国际人权法

案 例 导 入

【案情】 塔蒂克为前南斯拉夫一家咖啡店的老板，曾做过日本武术教练和业余交通警察。1995 年前南斯拉夫国际刑事法庭成立后，塔蒂克在德国被捕，被控在前南斯拉夫境内犯有灭绝种族、谋杀和酷刑等违反国际人权法的罪行。同年 4 月，德国联邦议院批准并将塔蒂克移交前南斯拉夫国际刑事法庭管辖。1997 年 5 月，前南斯拉夫国际刑事法庭对本案做出判决：判处塔蒂克有 11 项罪名成立，即 1 项普通迫害罪、10 项虐待罪，一审判决判处 20 年有期徒刑。1999 年 7 月上诉维持此判决。

【问题】 灭绝种族罪是什么？其构成要件是什么？

第一节　国际人权保护的概述

一、人权概念的产生

1. 人权理论的提出

一般认为，人权理论是在 17—18 世纪资产阶级革命时期被提出来的。荷兰法学家格劳秀斯认为，自然法的基础是自然理性，人拥有一种自然的权利，是不能废除的。他主张人的生命权和人身自由是不可侵犯的，并在其著名的《战争与和平法》一书内，首次使用了“人的普遍权利”和“人权”的概念。其后，荷兰的斯宾诺莎、英国的洛克、法国的孟德斯鸠和卢梭都进一步提出并阐述了“天赋人权”的重要思想。

17、18 世纪欧美启蒙思想家为了反对中世纪的神权和封建贵族、僧侣的特权，以自然法或自然权利说为核心，提出“人权”的概念。特别是卢梭全面系统地阐述了“天赋人权”和“社会契约论”，认为每个人都生而自由平等，即人权被视为一个自然人从出生开始就享有的一些不可剥夺的基本权利。对此，马克思主义认为，人权不是天赋的，而是社会历史地产生的。

2. 国内人权规范的产生

英国 1628 年《权利请愿书》和 1689 年《权利法案》是迄今为止发现的最早载有人权规定的法律文件。也是西方国家人权立法的初步形态，它确立了以法律保障个人自由权利的制度。

美国 1776 年《独立宣言》第一次在人类历史上以政治纲领的形式确定了“天赋人权”和“人民主权”的原则，被马克思誉为“第一个人权宣言”。《独立宣言》写道：“我们认为下面这些真理是不言而喻的：一切人生来就是平等的，他们被造物主赋予他们固有的、不可转让的权利，其中有生命、自由以及追求幸福的权利。”

法国 1789 年《人权和公民权宣言》通过后，成为 1791 年法国大革命后的第一部法国宪法的序言，在世界历史上第一次以根本大法的形式肯定了人权原则，该宣言又被称为“第一部人权法典”。《人权和公民权宣言》列举的自然权利有自由、平等、财产、安全和反抗压迫。

二、国际人权保护的起源和发展

1. 第一次世界大战之后

一般认为，从第一次世界大战以后，人权问题开始从国内法领域进入国际法领域。由于在战争期间和战后国际上出现了一系列严重违反人权的情形，人权问题引起世界各国的普遍关注，国际上出现了一些关于国际人权保护的公约和规定。如 1926 年国际联盟主持制定的《禁奴公约》和 1930 年国际劳工组织主持制定的《强迫劳动公约》等，都是关于人权问题的国际公约。但是，当时对于人权概念并没有形成公认的国际法原则。而且，从总体上讲，人权的国际保护还仅限于人权的个别领域，并带有非经常的性质。

2. 第二次世界大战之后

在第二次世界大战期间，德、意、日法西斯大规模践踏基本人权、残酷屠杀人民的暴行，激起了世界各国人民的极大愤慨，人权的国际保护成为国际社会面临的重要任务。

1945 年《联合国宪章》第一次将人权规定在具有普遍性的国际组织宪章中，它将“增进并激励对于全体人类之人权及基本自由之尊重”规定为联合国的宗旨，但并没有列举人权及其内容。

1948 年，联合国大会通过了《世界人权宣言》，第一次在世界范围内系统地提出了人权的基本内容和共同的奋斗目标，是国际社会第一次对人权和自由作出的有组织的国际宣言。这个宣言是人权保护事业发展史上的重要里程碑，标志着人权问题全面进入国际法领域。

1966 年，在联合国主持下，世界各国签署了《经济、社会及文化权利国际公约》《公民权利和政治权利国际公约》《公民权利和政治权利国际公约任择议定书》三个人权法律文件，构成了"国际人权公约"，标志着国际人权法的初步形成。第一个公约于1976年1月3日生效，我国于1997年10月27日签署。第二个公约及其议定书于1976年3月23日生效，我国于1998年10月5日签署。

从此，"国际人权公约"与《世界人权宣言》一起构成了"国际人权宪章"，成为现代国际人权法的基本规范。

【学习小Tip】　国际法上的"三代人权"

国际法上的人权，又称为人权的国际保护，是指国家之间依据《联合国宪章》和公认的国际法原则，通过国际人权法承担义务，为实现基本人权进行合作与保护，并对侵犯人权的行为加以制止和惩治。国际人权法，就是指各国保证和促进基本人权和自由的国际法原则、规则和规章制度的总称。

国际法上的人权概念经历了三次发展：第一代人权概念是指公民个人的人身自由和政治权利，是资产阶级革命的成果；第二代人权概念主要是指公民的经济、社会、文化权利，主要是马克思主义者、社会主义者的贡献；第三代人权概念是指包括民族自决权、发展权在内的集体人权，主要是发展中国家的贡献。

三、国际法上的人权的限制和克减

1. 人权的限制

人权作为权利，是相对义务而言的，人人在享有权利的同时，必须履行相应的义务。

《世界人权宣言》第29条概括了人权的限制理由和依据：(1) 人人对社会负有义务；(2) 人人在行使他的权利和自由时，只受法律所确定的限制，确定此种限制的唯一目的在于保证对旁人的权利和自由给予应有的承认和尊重；(3) 这些权利和自由的行使，无论在任何情形下均不得违背联合国的宗旨和原则。

1966年两项人权公约都在序言中规定，"个人对其他个人和他所属的社会负有义务，应为促进和遵行本公约所承认的权利而努力"。但是为了防止国家对人权有过度的限制，《公民权利和政治权利国际公约》第5条规定，禁止缔约方对公约所规定的权利"加以本公约所规定的范围更广的限制"；《经济、社会及文化权利国际公约》第4条规定，国家对此等权利只能加以同这些权利的性质不相违背，而且只是为了促进民主社会中的总的福利的目的的法律所确定的限制。

因此，国家可以对人权加以限制，但只能以法律形式加以限制，且只能为了正当的目的加以限制，只能在国际人权法允许的范围内加以限制。

2. 人权的克减

《公民权利和政治权利国际公约》第 4 条第 1 款规定，人权的克减权是指在社会紧急状态威胁到国家的生命时，国家可以采取措施降低其依该公约承担的某些人权保障义务的权利。如国家可以不像正常时期那样保障公民的言论自由、集会自由等人权。

同时，《公民权利和政治权利国际公约》第 4 条第 1 款规定了国家行使克减权的限制：(1) 须经正式宣布；(2) 克减的程度以紧急情势所严格需要者为限；(3) 克减措施不得与其根据国际法所负有的其他义务相矛盾；(4) 克减措施不得包含纯粹基于种族、肤色、性别、语言、宗教或社会出身的理由的歧视；(5) 立即经由联合国秘书长将其已克减的各项规定、实行克减的理由和终止这种克减的日期通知本公约的其他缔约方；(6) 不得克减公约规定的下列权利，即生命权、免予酷刑等不人道待遇、免予奴役、免予因债务而被监禁、免受有溯及效力的刑法的追究、法律前的人格权、思想、良心和宗教自由。

第二节　国际人权保护的基本文书

一、《联合国宪章》和《世界人权宣言》

1.《联合国宪章》

《联合国宪章》除序言和正文中有 7 处明确提及或规定了人权事项外，联合国的原则等内容也与人权国际保护有关。

其中，《联合国宪章》第 55 条和 56 条是有关人权的关键条款。第 55 条规定，为造成国际间以尊重人民平等权利及自觉原则为根据的和平友好关系所必要的安定及福利起见，联合国应促进：(1) 较高的生活程度，全民就业，以及经济与社会进展；(2) 国际间经济、社会、卫生及有关问题的解决，国际间文化及教育合作；(3) 全体人类的人权及基本自由的普遍尊重与遵守，不分宗族、性别、语言或宗教。第 56 条规定，各会员国担允采取共同行动及个别行动与本组织合作，以达成第 55 条所载的宗旨。

2.《世界人权宣言》

《世界人权宣言》是人类历史上第一个真正的世界人权宣言。在此之前的法国《人权和公民权宣言》和美国《独立宣言》所宣布的权利，不包括殖民地和附属国人民的权利，不包括白种人以外的人的权利，不包括妇女权利，实际上是白种男人的权利。

《世界人权宣言》突破传统人权观念，除公民、政治权利外首次规定了个人经济、社会和文化权利。当然宣言的内容也有不足之处，如没有关于人民自决权等集体人权的规定，因为当时新独立国家还比较少。

《世界人权宣言》将人权分为两大类：一类为公民和政治权利，包括自由权、平等权、生命和人身安全权、公平审判的权利、无罪推定权、隐私权、人格权、法律平等保护权、禁止歧视、禁止奴隶制、禁止酷刑和不人道待遇、禁止任意逮捕、自由迁徙和居住权、寻求庇护权、国籍权、婚姻自由平等权、财产权、言论自由权、信仰自由权、集会和结社权、自由选举和担任公职的权利、宗教自由权等;另一类为经济、社会和文化权利,包括工作权、同工同酬权、适当的生活水平权、参加工会权、休息权、社会保障权、受教育权、参加社会文化生活权,以及对母亲、儿童、老人、残疾人的特殊保护权等。

《世界人权宣言》对国际人权法的发展具有积极的意义和作用。(1) 宣言首次提出了所有国家所有人民应当努力实现的共同人权标准。宣言的序言中指出:"发布这一世界人权宣言,作为所有人民和所有国家努力实现的共同标准,以期每个人和社会机构经常铭记本宣言。"(2) 宣言构成了联合国主持制定的 1966 年两项国际人权公约等普遍性人权条约和区域性人权条约的基础。1993 年《维也纳宣言和行动纲领》指出,《世界人权宣言》是联合国促进国际人权文件的标准,是基础。(3) 宣言的许多规定逐渐具有了国际习惯法性质。宣言是以联合国大会决议的形式通过的,不具有法律拘束力。但是随着时间的推移,很多学者认为,宣言的内容不断得到国际人权文书和国内法的确认,而且还在国际法院的判决中得到适用,因此宣言的许多原则具有了国际习惯法的性质,对所有国家都有约束力。1968 年《德黑兰宣言》指出,《世界人权宣言》宣示世界各地人民对于人类所有成员不可割让、不容侵犯的权利的共同认识,是以构成国际社会各成员的义务。

二、《经济、社会及文化权利国际公约》和《公民权利和政治权利国际公约》

1966 年《经济、社会和文化权利国际公约》和《公民权利和政治权利国际公约》,不仅使《世界人权宣言》所确定的人权的基本原则得到了具体化和法典化,而且在许多方面比宣言有明显进步。

1.《经济、社会及文化权利国际公约》

《经济、社会及文化权利国际公约》是继《世界人权宣言》之后,国际人权宪章体系的第二个文件,是对《世界人权宣言》内容的进一步完善和法律化,规定了自决权,以及个人应享受的具体的经济、社会和文化权利,对缔约方产生法律约束力。该公约标志着人权的国际保护从无法状态进入有组织、有法的时代。

《经济、社会及文化权利国际公约》包括序言及五个部分,共 31 条。该公约序言确认"这些权利是源于人身的固有尊严",确认"按照《世界人权宣言》,只有在创造了使人可以享有其经济、社会及文化权利,正如享有其公民和政治权利一样的条件的情况下,才能实现自由人类享有免于恐惧和匮乏的自由的理想"。

《经济、社会及文化权利国际公约》第一部分确认了所有人民都有自决权,他们凭这种权利自由决定政治地位，自由谋求经济、社会和文化的发展，以及自由处置天然财富和资源，但同时规定了不损害根据基于互利原则的国际经济合作和国际法而产生的任何义务。

《经济、社会及文化权利国际公约》第二部分要求缔约方保证公约所宣布的权利应予普遍行使，而不得有例如种族、肤色、性别、语言、宗教、政治或其他见解、国籍或社会出身、财产、出生或其他身份等任何区分。同时规定，缔约方仅以法律限制人民享受缔约方遵照公约规定所赋予的权利，但这种限制以同此类权利的性质不相抵触为准，而且加以限制的唯一目的应在于增进民主社会的公共福利。

《经济、社会及文化权利国际公约》第三部分则详细规定了工作权、同工同酬权、休息权、参加工会权、社会保障权、适当的生活水平权、受教育权，以及对母亲、儿童、老人、残疾人的特殊保护权等权利。

《经济、社会及文化权利国际公约》第四部分主要规定了报告和审议等公约义务履行制度。缔约各国承担依照本公约提出关于在遵行本公约所承认的权利方面所采取的措施和所取得的进展的报告。所有的报告应提交给联合国秘书长；联合国秘书长应将报告副本转交经济和社会理事会按照本公约的规定审议。本公约任何缔约方，同时是一个专门机构的成员方者，其所提交的报告或其中某部分，倘若与按照该专门机构的组织法规定属于该机构职司范围的事项有关，联合国秘书长应同时将报告副本或其中的有关部分转交该专门机构。专门机构向经济和社会理事会报告在使本公约中属于各专门机构活动范围的规定获得遵行方面的进展。经济和社会理事会得将各国提出的关于人权的报告和各专门机构提出的关于人权的报告，转交人权委员会以供研究和提出一般建议或在适当时候参考。缔约各国以及有关的专门机构得就任何一般建议或就人权委员会的任何报告中的此种一般建议或其中所提及的任何文件，向经济和社会理事会提出意见。经济和社会理事会得随时和其本身的报告一起向大会提出一般性的建议，以及从本公约各缔约方和各专门机构收到的关于在普遍遵行本公约所承认的权利方面所采取的措施和所取得的进展的材料的摘要。

《经济、社会及文化权利国际公约》第五部分规定了公约的签署、生效事宜。

2.《公民权利和政治权利国际公约》

《公民权利和政治权利国际公约》是国际人权宪章体系的第三个文件，规定了公民个人所应享有的各项政治权利和基本自由，还规定了缔约方对于某些权利和自由可以加以一定的限制，如规定公民在享有宗教或信仰的自由、自由发表意见、和平集会、结社的自由等权利的同时，也受法律所规定的以及为保障公共安全、秩序、卫生、道德、他人的基本权利和自由所必需的限制。

《公民权利和政治权利国际公约》把《世界人权宣言》中各国表达出来的有关人权问题的协调意志转变成了协定国际人权法，使之对缔约方产生了法律约束力。特别是该公约规定的人权事务委员会的报告和和解程序，使得对缔约方进行国际监督更具有可操作性。人权事务委员会是该公约为监督其执行而设置的机构，人权事务委员会由 18 名委员组成，委员任期为4年，可以连选连任。人权事务委员会的职能包括审查缔约方提交的报告、审议缔约方间指控来文、审议个人来文及解释公约条款等。

三、《德黑兰宣言》《发展权利宣言》和《维也纳宣言和行动纲领》

1.《德黑兰宣言》

1968年4月22日—5月13日，在《世界人权宣言》通过20周年之际，在德黑兰召开的国际人权会议上通过了一项人权宣言——《德黑兰宣言》。

《德黑兰宣言》确认，国际社会各成员履行其增进激励对于全体人类人权及基本自由和尊重的神圣义务，不分种族、肤色、性别、语言、宗教、政见或其他主张；联合国在人权方面的主要目的是人人获享最大的自由与尊严。宣言同时强调，国际社会亟须用尽一切可能的办法消除重大否定人权的侵略或任何武装冲突、种族歧视和种族隔离等现象。

2.《发展权利宣言》

《发展权利宣言》于1986年12月联合国大会第41/128号决议通过，是迄今最全面、最重要的关于发展权利的国际文件。1993年《维也纳宣言和行动纲领》重申《发展权利宣言》所阐明的发展权利是一项普遍的、不可分割的权利，也是基本人权的一个组成部分。

《发展权利宣言》确认：(1) 发展权利是一项不可剥夺的人权……每个人和所有各国人民均有权参与、促进并享受经济、社会、文化和政治发展；(2) 人是发展的中心主体和主要受益者，所有的人单独或集体地对发展负有责任；(3) 各国对创造有利于实现发展权利的国家和国际条件负有主要责任；(4) 各国有义务单独地或集体地采取步骤，进行有效的国际合作，以期充分实现发展权；(5) 所有国家竭尽全力实现在有效国际监督下的全面彻底裁军，并确保将有效的裁军措施腾出的资源用于发展，特别是发展中国家的发展。

3.《维也纳宣言和行动纲领》

1993年6月14日在维也纳召开的世界人权会议协商一致通过了《维也纳宣言和行动纲领》。这是继《世界人权宣言》《德黑兰宣言》之后联合国关于人权问题的又一个重要宣言。宣言重申自决权、发展权是基本人权的一个组成部分，强调民主、发展和尊重人权是相互依存、相辅相成的。

第三节　专门性国际人权文书

一、禁止奴隶制、奴隶贩卖及类似制度与习俗

禁止贩卖奴隶首次体现在1815年维也纳会议文件。1926年，国际联盟主持制定的

《废除奴隶制及奴隶贩卖之国际公约》在国际社会上取得了一定成效。第二次世界大战之后，联合国大会于1953年第794(VII)号决议上通过了《关于修正废除奴隶制及奴隶贩卖之国际公约的议定书》。1956年在经济和社会理事会第608(XXI)号决议上召开的全权代表大会通过了《废止奴隶制、奴隶贩卖及类似奴隶制的制度与习俗补充公约》，该公约要求废止的类似奴隶制的制度与习俗包括：(1) 债务质役；(2) 农奴制；(3) 奴役女子的习俗，即女子的父母、监护人、家属或任何其他人或团体受金钱或实物的报酬，将女子许配或出嫁，而女子本人无权拒绝，女子的丈夫及其丈夫家属或部落，在取得代价的情况下将女子转让他人，女子于丈夫亡之后可为他人继承；(4) 役使儿童或少年(18岁以下)。

除此之外，1930年6月国际劳工组织大会通过的《强迫劳动公约》规定，强迫劳动是一种奴役；联合国大会1949年12月2日第317(IV)号决议通过的《禁止贩卖人口及取缔意图营利使人卖淫的公约》规定，贩卖人口和为营利使人卖淫都具有奴役他人的性质。

二、禁止种族灭绝、种族隔离和种族歧视

1. 禁止并惩治灭绝种族罪行

1948年12月9日，联合国大会通过了《防止及惩治灭绝种族罪公约》，以惩治灭绝种族罪行，是联合国大会最早关注和处理的种族人权保护相关公约。

《防止及惩治灭绝种族罪公约》第1条规定，缔约方确认的灭绝种族行为，不论发生于平时或战时，均系国际法上的一种罪行，承允防止并惩治之。第2条规定，灭绝种族是指蓄意全部或局部消灭某一民族、人种、种族或宗教团体，犯有下列行为之一者：(1) 杀害该团体的成员；(2) 致使该团体的成员在身体上或精神上遭受严重伤害；(3) 故意使该团体处于某种生活状况下，以毁灭其全部或局部的生命；(4) 强制施行办法，意图防止该团体内的生育；(5) 强迫转移该团体的儿童至另一团体。第3条还规定，灭绝种族、预谋灭绝种族、直接公然煽动灭绝种族、意图灭绝种族和共谋灭绝种族等行为也是公约所禁止和惩治的罪行。

《防止及惩治灭绝种族罪公约》所规定的犯罪主体，不仅包括依宪法负责的统治者、公务员，也包括私人；缔约方承允依照其本国宪法制定必要的法律，以实施本公约各项规定，并对犯有灭绝种族罪以及第3条所列其他行为之一者予以有效的惩治，应交由行为发生地国家的主管法院，或缔约方接受其管辖权的国际刑事法庭审理。

案例导入答案

【答案】“灭绝种族”是指蓄意全部或局部消灭某一民族、人种、种族或宗教团体，犯有下列行为之一者：(1) 杀害该团体的成员；(2) 致使该团体的成员在身体上或精神上遭

受严重伤害;(3) 故意使该团体处于某种生活状况下,以毁灭其全部或局部的生命;(4) 强制施行办法,意图防止该团体内的生育;(5) 强迫转移该团体的儿童至另一团体。

灭绝种族罪的最重要的构成要件是“特别的杀人动机”,即被控者的行为必须为了全部或部分地摧毁某一民族、族裔、种族或宗教团体。

2. 禁止并惩治种族隔离罪行

种族隔离是种族歧视的最恶劣、最严重的表现之一。南非政府在其本国及独立前的纳米比亚实施的种族隔离和歧视政策,遭到世界各国及联合国大会、安全理事会的谴责。1973 年 11 月 30 日,联合国大会通过《禁止并惩治种族隔离罪行国际公约》,以期在国际一级和国家一级上能够采取更有效的措施,以禁止和惩治种族隔离的罪行。

《禁止并惩治种族隔离罪行国际公约》第 2 条规定,本公约所称“种族隔离的罪行”,包括与南部非洲境内所推行的相类似的种族分离和种族歧视的政策和办法,是为建立和维持一个种族团体对任何其他种族团体的主宰地位,并且有计划地压迫他们而做出的以下六项不人道行为。(1) 用下列方式剥夺一个或一个以上种族团体的一个或一个以上成员的生命和人身自由的权利:杀害一个或一个以上种族团体的成员;使一个或一个以上种族团体的成员受到身体上或心理上的严重伤害,侵犯他们的自由或尊严,或者严刑拷打他们或使他们受残酷、不人道或屈辱的待遇或刑罚;任意逮捕和非法监禁一个或一个以上种族团体的成员。(2) 对一个或一个以上种族团体故意加以旨在使其全部或局部灭绝的生活条件。(3) 任何立法措施及其他措施,旨在阻止一个或一个以上种族团体参与该国政治、社会、经济和文化生活者,以及故意造成条件,以阻止一个或一个以上这种团体的充分发展,特别是剥夺一个或一个以上种族团体的成员的基本人权和自由,包括工作的权利、组织已获承认的工会的权利、受教育的权利、离开和返回自己国家的权利、享有国籍的权利、自由迁移和居住的权利、自由主张和表达的权利以及自由和平集会和结社的权利。(4) 任何措施,包括立法措施,旨在用下列方法按照种族界线分化人民者:为一个或一个以上种族团体的成员建立单独的保留区或居住区,禁止不同种族团体的成员互相通婚,没收属于一个或一个以上种族团体或其成员的地产。(5) 剥削一个或一个以上种族团体的成员的劳力,特别是强迫劳动。(6) 迫害反对种族隔离的组织或个人,剥夺其基本权利和自由。

《禁止并惩治种族隔离罪行国际公约》第 1 条第 2 款规定,本公约所指的犯罪主体为犯有种族隔离罪行的组织、机构或个人,以及第 3 条规定的实施触犯、参与、直接煽动或共同策划本公约第 2 条所列举的行为,或直接教唆、怂恿或帮同触犯种族隔离罪行的任何个人、组织或机构的成员、国家代表,不论出于什么动机,不论是住在行为发生地的国家的领土内或其他国家。

缔约方承诺采用必要的立法或其他措施,来禁止并预防、惩治此种罪行,并采取立法、司法和行政措施，按照本国的司法管辖权，对触犯此种罪行的人进行起诉、审判和惩罚；可由对被告取得管辖权的缔约方主管法庭或对缔约方具有管辖权的国际刑事法庭进行审判。

3. 禁止并消除种族歧视及其他歧视

第二次世界大战之后，尽管种族平等和不歧视原则在《联合国宪章》《世界人权宣言》等一系列联合国文件中得以强调，但美国等国家仍存在黑人歧视等种族歧视问题。1963年11月20日，联合国大会通过《消除一切形式种族歧视宣言》，并于1965年12月21日通过第2106(XX)号决议，通过了《消除一切形式种族歧视国际公约》，决心采取一切必要措施迅速消除一切种族歧视形式及现象，防止并打击种族学说及习例，以期促进种族间的谅解，建立毫无任何形式的种族隔离与种族歧视的国际社会。

《消除一切形式种族歧视国际公约》第1条第1款规定，"种族歧视"是指基于种族、肤色、世系或民族或人种的任何区别、排斥、限制或优惠，其目的或效果为取消或损害政治、经济、社会、文化或公共生活任何其他方面人权及基本自由在平等地位上的承认、享受或行使。

《消除一切形式种族歧视国际公约》规定，缔约方应谴责种族歧视并承诺立即以一切适当方法实行消除一切形式种族歧视与促进所有种族间的谅解的政策；应于情况需要时在社会、经济、文化及其他方面，采取特别具体措施确保属于各该国的若干种族团体或个人获得充分发展与保护，以期保证此等团体与个人完全并同等享受人权及基本自由；应保证在其管辖范围内，人人均能经由国内主管法庭及其他国家机关对违反本公约侵害其人权及基本自由的任何种族歧视行为，获得有效保护与救济，并有权就因此种歧视而遭受的任何损失向此等法庭请求公允且充分的赔偿或补偿。

在监督实施方面，《消除一切形式种族歧视国际公约》规定，应设立"消除种族歧视委员会"审查缔约方所送报告及情报，拟具意见和一般建议，提送联合国大会。消除种族歧视委员会可以经争端当事方一致充分同意，设立专门和解委员会；和解委员会主席应将和解报告书分送争端当事国，各当事国应于3个月内，通知消除种族歧视委员会主席是否接受和解委员会报告书所载的建议。缔约方得随时声明承认消除种族歧视委员会有权接受并审查在其管辖下自称为该缔约方侵犯本公约所载任何权利行为受害者的个人或个人联名提出的来文。

三、禁止酷刑和其他残忍、不人道或有辱人格的待遇或处罚

1948年《世界人权宣言》和1966年《公民权利和政治权利国际公约》规定，对任何人不得施以酷刑，或施以残忍的、不人道的或侮辱性的待遇或刑罚，但在实际情况中，酷刑、残忍对待人身自由受限制人员的事端一直不断发生。1975年联合国大会通过了《保护人

人不受酷刑和其他残忍、不人道或有辱人格待遇或处罚宣言》，并在此基础上于 1984 年通过了《禁止酷刑和其他残忍、不人道或有辱人格的待遇或处罚公约》，从而将酷刑明确规定为国际罪行。

《禁止酷刑和其他残忍、不人道或有辱人格的待遇或处罚公约》第 1 条规定，“酷刑”是指为了向某人或第三者取得情报或供状，为了他或第三者所作或被怀疑所作的行为对他加以处罚，或为了恐吓或威胁他或第三者，或为了基于任何一种歧视的任何理由，蓄意使某人在肉体或精神上遭受剧烈疼痛或痛苦的任何行为，而这种疼痛或痛苦又是在公职人员或以官方身份行使职权的其他人所造成或在其唆使、同意或默许下造成的。纯因法律制裁而引起或法律制裁所固有或随附的疼痛或痛苦则不包括在内。

《禁止酷刑和其他残忍、不人道或有辱人格的待遇或处罚公约》第 2 条规定，每一缔约方应采取有效的立法、行政、司法或其他措施，防止在其管辖的任何领土内出现施行酷刑的行为。任何意外情况，如战争状态、战争威胁、国内政局不稳定或任何其他社会紧急状态，均不得作为施行酷刑之理由。此外，上级官员或政府当局之命令不得作为施行酷刑之理由。

此外，《禁止酷刑和其他残忍、不人道或有辱人格的待遇或处罚公约》规定，缔约方如有充分理由相信任何人在另一国家将有遭受酷刑的危险时，不得将该人驱逐、推回或引渡至该国；保证将一切酷刑行为，以及有施行酷刑之意图以及任何人合谋或参与酷刑之行为，均应定为触犯刑法罪；应采取必要措施，以确立管辖权，以及对于本国境内的犯有酷刑罪者，如不进行引渡，应将该案提交主管当局以便起诉，主管当局应根据该国法律作出判决。

在执行机制方面，《禁止酷刑和其他残忍、不人道或有辱人格的待遇或处罚公约》规定设立“禁止酷刑委员会”以履行公约规定之职责。缔约方通过联合国秘书长向禁止酷刑委员会提交履行公约规定之任务所采取措施的报告；每份报告应由禁止酷刑委员会审议，禁止酷刑委员会可以对报告提出它认为适当的一般性评论意见，并将其转交有关缔约方，该缔约方可以就它所选择的任何说明答复禁止酷刑委员会。如果禁止酷刑委员会收到在它看来是可靠的情报，有确凿证据证明在一个缔约方境内经常施行酷刑，禁止酷刑委员会应请该缔约方合作研究该情报并为此目的提出它对这一情报的说明。如果禁止酷刑委员会认为有正当理由，可以指派一名或一名以上成员进行秘密调查并立即向禁止酷刑委员会报告。禁止酷刑委员会在对其成员或成员们所提交的秘密调查结果进行审查后，应将这些结果连同任何适合于当时形势的意见或建议一起转交该有关缔约方。

四、妇女、儿童权利

1. 禁止歧视妇女

联合国大会于 1967 年通过了《消除对妇女歧视宣言》，在此基础上于 1979 年 12 月 18 日通过了第 34/180 号决议《消除对妇女一切形式歧视公约》，该公约于 1981 年 9 月 3 日生效。

《消除对妇女一切形式歧视公约》规定,"对妇女的歧视"是指基于性别而作的任何区别、排斥或限制,其作用或目的是要妨碍或破坏对在政治、经济、社会、文化、公民或任何其他方面的人权和基本自由的承认,以及妇女不论已婚还是未婚,在男女平等的基础上享有或行使这些人权和基本自由。

《消除对妇女一切形式歧视公约》规定,缔约方应为妇女与男子平等的权利确立法律保护,通过各国的主管法庭及其他公共机构,采取适当立法和其他措施,包括:应采取适当措施,以禁止和消除任何个人、组织或企业等对妇女的一切歧视;如缔约方尚未将男女平等的原则列入本国宪法或其他有关法律,则应将其列入,并以法律或其他适当方法,保证实现此项原则。

缔约各国应承担在所有领域,特别是在政治、社会、经济、文化领域,采取一切适当措施,包括制定法律,力谋妇女的充分发展和进步,以保证她们在与男子平等的基础上,行使和享有人权和基本自由。缔约各国应采取一切适当措施:(1) 改变男女的社会和文化行为模式,以消除基于因性别而分尊卑观念或基于男女定型任务的偏见、习俗和一切其他方法;(2) 保证家庭教育应包括正确了解母性的社会功能和确认教养子女是父母的共同责任,但了解到在任何情况下应首先考虑子女的利益。

在国籍方面,缔约各国应给予妇女与男子相同的取得、改变或保留国籍的权利。应特别保证,与外国人结婚,或婚姻期间丈夫改变国籍,均不当然改变妻子的国籍,使她成为无国籍人,或把丈夫的国籍强加于她。缔约各国在关于子女的国籍方面,应给予妇女与男子平等的权利。

此外,《消除对妇女一切形式歧视公约》还规定了缔约方采取一切适当措施,消除在教育、就业、保健、经济和社会生活、公民事务、婚姻和家庭关系中对妇女的歧视,并消除对农村地区妇女的歧视。

在执行机制方面,《消除对妇女一切形式歧视公约》设立"消除对妇女歧视委员会",以审查执行公约的规定。缔约各国应就本国为使本公约各项规定生效所通过的立法、司法、行政或其他措施以及所取得的进展,向联合国秘书长提出报告,供消除对妇女歧视委员会审议。消除对妇女歧视委员会应就其活动,通过联合国经济和社会理事会,每年向联合国大会提出报告并可根据对所收到缔约各国的报告和资料的审查结果,提出意见和一般性建议。这些意见和一般性建议,应连同缔约各国可能提出的评论载入消除对妇女歧视委员会所提出的报告中。联合国秘书长应将消除对妇女歧视委员会的报告转送妇女地位委员会,供其参考。

2. 儿童权利保护

联合国大会于 1959 年 11 月 20 日通过了《儿童权利宣言》,并在 1989 年 11 月 20 日通过了第 44/25 号决议《儿童权利公约》,该公约于 1990 年 9 月 2 日生效。给予儿童特殊照料的需要已在 1924 年《日内瓦儿童权利宣言》和联合国大会 1959 年通过的《儿童权利宣言》中予以申明，并在《世界人权宣言》、《公民权利和政治权利国际公约》（特别是第 23 和 24 条）、《经济、社会及文化权利国际公约》（特别是第 10 条），以及关心儿童福利的各专门机构和国际组织的章程及有关文书中得到确认。

《儿童权利公约》规定，"儿童"系指 18 岁以下的任何人，除非对其适用之法律规定成年年龄低于 18 岁。缔约方负有尊重公约所载列的权利，并确保在其管辖范围内的每一儿童均享受此种权利，不因儿童或其父母或法定监护人的种族、肤色、性别、语言、宗教、政治或其他见解、民族、族裔或社会出身、财产、伤残、出生或其他身份而有任何差别。缔约方应采取一切适当措施确保儿童得到保护，不受基于儿童父母、法定监护人或家庭成员的身份、活动、所表达的观点或信仰而加诸的一切形式的歧视或惩罚。

《儿童权利公约》规定了儿童的生命权，姓名权，国籍权，受其父母照料的权利，自由发表言论的权利，思想、信仰和宗教自由的权利，结社自由及和平集会自由的权利，隐私、家庭、住宅或通信不受任意或非法干涉的权利，荣誉和名誉不受非法攻击的权利，获得促进其身心健康信息和资料的权利，不受到任何形式的身心摧残、伤害或凌辱的权利，健康权、社会保障权，享有足以促进其生理、心理、精神、道德和社会发展的生活水平的权利，教育权、自由参加文化生活艺术活动的权利，免受经济剥削和从事任何可能妨碍或影响儿童教育或有害儿童健康或身体、心理、精神、道德或社会发展的工作的权利，免遭一切形式的色情剥削和性侵犯之害的权利，对未满 18 岁人所犯罪行不应判处死刑或无期徒刑的权利，不得对儿童施以酷刑或残忍、不人道或有辱人格的待遇或处罚的权利等。

在执行机制方面，《儿童权利公约》第 43 条规定，设立"儿童权利委员会"，以审查缔约方在履行根据本公约所承担的义务方面取得的进展。缔约方应定期向儿童权利委员会提交关于他们为实现公约确认的权利所采取的措施，以及关于这些权利的享有方面的进展情况的报告。

第四节 区域性人权保护公约及其实施机制

一、《欧洲人权公约》及其实施制度

1950 年《欧洲人权公约》是第一个区域性人权公约，于 1953 年 9 月 3 日生效。该公约缔约方先后通过了 12 项附加议定书，增设了保护的权利，修改了人权保护实施机制的程序，调整了人权保护的实施机构。

1. 欧洲人权委员会及其机制

《欧洲人权公约》第 19 条规定，设立常设机构欧洲人权委员会，由同缔约方数目相等的委员组成。每个缔约方只能有一个公民当选该委员会委员，委员不是作为国家的代表，

而是以个人的身份行使职权。

欧洲人权委员会有权受理、调解和调查关于缔约方违反公约的申诉，包括国家提出的申诉和个人、非政府组织或个别团体提出的申诉。但是，欧洲人权委员会受理个人、非政府组织和个别团体对缔约方提出的申诉，根据《欧洲人权公约》第25条，以被指控的缔约方事先已声明它承认欧洲人权委员会具有此种权限为前提条件。

欧洲人权委员会只能在用尽国内救济办法，国内机关作出最后决定之日起6个月内处理申诉事项。

2. 欧洲人权法院

欧洲人权法院是根据《欧洲人权公约》第19条，于1959年在法国斯特拉斯堡成立的一个常设司法机构。欧洲人权法院由同欧洲理事会成员方相等数目的法官组成。缔约方可根据公约任择条款第46条表示全面地承认法院的管辖权，也可就某一个案件接受法院的管辖。法院只有在欧洲人权委员会承认友好解决或调解的努力失败后，并在规定的期限内，才有权受理有关的案件。

《欧洲人权公约》第44条规定，只有缔约方和欧洲人权委员会才有权将案件提交欧洲人权法院，个人无权直接向欧洲人权法院提起诉讼。但是，在1990年11月6日签订的公约第9议定书中，公约的规定被修改，允许个人、非政府组织或个别团体将案件提交欧洲人权法院。欧洲人权法院的判决为缔约方承允服从的终审或确定的判决，欧洲理事会部长委员会有权监督判决的执行。

二、《美洲人权公约》及其实施制度

1948年5月，美洲国家通过了《美洲人的权利和义务宣言》，在此基础上，1969年，美洲国家通过了《美洲人权公约》，是继《欧洲人权公约》之后的第二个区域性人权保障公约，该公约于1978年生效。

1. 美洲国家间人权委员会

美洲国家间人权委员会是美洲国家组织的附属机构，在《美洲人权公约》制定之前就已经依据《美洲国家组织宪章》成立。美洲国家间人权委员会由7人组成，有权受理来自任何人或一群人或合法的非政府实体谴责或控诉某一缔约方破坏公约的请愿书。美洲国家间人权委员会受理个人的申诉不以缔约方事先声明同意为前提，但当事人须事先在国内用尽当地救济。但是，对于来自缔约方的来文则实行任择管辖，美洲国家间人权委员会只有在有关缔约方双方事先都已接受任择条款之后才有权受理。

美洲国家间人权委员会决定受理某项指控后，应首先在查明事实的基础上谋求争议的友好解决。如果无法友好解决，美洲国家间人权委员会则应起草一份包括事实和结论的报告，提交给各有关国家。在提交报告后3个月内，如果争议仍未得到解决，且美洲国家间人权委员会或有关国家也未将争议提交美洲国家间人权法院，则应由美洲国家间人权委员会提出结论性意见和建议，缔约方应采取其所建议的相关措施。

2. 美洲国家间人权法院

美洲国家间人权法院是《美洲人权公约》新设的司法机构，由7名法官组成，享有诉讼管辖权和咨询管辖权。在诉讼管辖权方面，只有缔约方和美洲国家间人权委员会有权向美洲国家人权法院提交案件，个人没有诉讼权。美洲国家间人权法院的管辖权只及于根据公约的任择条款第62条作出声明或根据特别协议接受法院管辖权的缔约方之间。在咨询管辖权方面，缔约方、美洲国家间组织成员方及其机构，均可就公约本身或者有关美洲国家保护人权问题的其他条约的解释等问题，提请美洲国家间人权法院发表咨询意见。

三、《非洲人权和民族权宪章》及其实施制度

1981年，非洲统一组织通过了《非洲人权和民族权宪章》，其于1986年10月21日生效。《非洲人权和民族权宪章》以非洲人权和民族权委员会为监督机构，建立了以调查和来文审查程序为执行措施的非洲人权法律保护机制。

《非洲人权和民族权宪章》第30条规定，在非洲统一组织内部设立非洲人权和民族权委员会，由11名委员组成。非洲人权和民族权委员会可以诉诸任何适当的调查方法，并有权处理各缔约方的来文。非洲人权和民族权委员会在查明一切地方救济办法已援用无疑后，方可处理。非洲人权和民族权委员会审查发现有严重或大肆侵犯人权和人民权的特殊案件时，应提请国家或政府首脑会议注意。对于其他来文，包括个人来文，如经非洲人权和民族权委员会过半数决定，也可以审议，而无须缔约方另行接受《非洲人权和民族权宪章》的任何规定或另行同意。非洲人权和民族权委员会本身并非为司法机构，且《非洲人权和民族权宪章》也未设立非洲人权法院。

第五节　国际人权保护的实施制度

一、普遍性国际人权机构

1. 联合国机构及其下设的专门人权机构

由于联合国具有人权保护的宗旨，联合国的主要机构实施联合国的宗旨和原则时，都直接或间接地具有国际人权保护的职能。联合国体系内主要的人权保护机构为联合国人权理事会、联合国人权事务高级专员办事处，以及一些专门的国际人权保护机构。

联合国人权理事会是根据联合国大会2006年3月15日通过的决议而建立的联合国大

会的附属机构,直接向联合国所有会员国负责,而其前身的联合国人权委员会则归联合国经济和社会理事会管辖。联合国人权理事会由47个成员组成,成员构成以公平地域分配为基础,其中非洲占13席、亚洲占13席、东欧占6席、拉丁美洲和加勒比地区占8席、西欧和其他国家占7席(包括北美洲和大洋洲)。人权理事会成员由联合国大会无记名投票直接选举产生,当选成员必须获得联合国大会193个会员国半数以上票支持,即至少97票,对于严重并有计划侵犯人权的理事会成员,联合国大会可经三分之二成员方同意中止其成员资格。

联合国人权理事会成员任期为3年,在连续2任后不能连任。联合国人权理事会每年举行会议不少于3次,总会期不少于10周,并可召开特别会议。联合国人权理事会负责对联合国所有会员国作出阶段性人权状况回顾报告,理事会成员在任期内必须接受定期普遍审查机制的审查。审查的原则包括:范围普遍;平等对待;被审查国家的充分参与;补充其他人权机制;客观、透明、非选择性、建设性、非对抗、非政治化;充分的社会性别视角;所有利益相关者,包括非政府组织和国家人权机构的参与。审查的最终结果包括以下主要内容:客观透明的评价;最好的实践;强调促进和保护人权方面的合作;在与相关国家商议并取得其同意的前提下,建议提供技术援助和能力建设;被审查国的自愿承诺。

联合国人权事务高级专员办事处于1993年设立,1997年与原联合国人权中心合并,其主要职能包括:促进普遍享有人权;在人权领域扮演主要或领导角色;促进人权国际合作;激励和协调联合国系统的人权行动;促进普遍批准和实施国际人权标准;对严重侵犯人权事件做出反应。

除了上述人权机构之外,联合国还有一些专门从事国际人权保护的机构,如国际劳工组织、世界卫生组织、世界知识产权组织、联合国难民署、联合国儿童基金会、联合国妇女署、联合国开发计划署、联合国艾滋病规划署等,都有保护人权的目的或宗旨,并主持制定和监督实施大量的国际人权条约或从事其他人权保护活动。

2. 专门负责监督实施特定人权公约的各个委员会

联合国的6个核心人权公约都已经设立了相关的条约机构,以受理缔约方的报告、处理有关国家或个人的来文,如《公民权利和政治权利国际公约》的人权事务委员会,《经济、社会及文化权利国际公约》的经济、社会及文化权利委员会,《消除一切形式种族歧视国际公约》的消除种族歧视委员会,《消除对妇女一切形式歧视公约》的消除对妇女歧视委员会,《禁止酷刑和其他残忍、不人道或有辱人格的待遇或处罚公约》的禁止酷刑委员会,以及《儿童权利公约》的儿童权利委员会等。

这些特定人权公约的委员会具有如下特点。(1)独立性。其是依据公约设立、由人权专家组成的条约执行监督机构,具有相对的独立性。(2)专业性。除了1966年两个人权公约之外,其他公约都涉及人权的某一特殊领域,故其专业性相对突出。(3)规范性。由于这些人权公约的委员会是在相关人权公约的基础上建立的,其职权、决策程序都必须以公约为基础,故比较规范。

特定人权公约的委员会同联合国的人权机构的主要区别有以下两点。(1) 前者是以公约为基础建立的机构,其职权范围仅限于参加该公约或任择议定书的缔约方,对第三国没有管辖权;后者是以《联合国宪章》及联合国主要机构的决议而建立的机构,故其职责所涉及的范围包括所有联合国会员国。(2) 前者是由以个人身份工作的人权专家组成,不代表任何国家或组织;但后者由联合国会员国指派的代表组成,是政府间官方机构。而两者的相同点在于皆不是司法机构,对审理的案件所做出的决定或意见不具有法律约束力。

二、普遍性人权条约规定的监督和补救制度

1. 报告及审查制度

报告及审查制度是人权机构普遍实行的制度,如《公民权利和政治权利国际公约》第40条、《消除一切形式种族歧视国际公约》第9条等,都要求缔约方通过联合国秘书长向负责实施条约的委员会提出报告,并由各该委员会审议缔约方的报告。

各缔约方负有提交报告的义务,报告制度是一项具有强制性的制度。有关机构可以在审议报告的基础上提出一般性意见或建议,对公约的某些条款的范围和含义进行解释。这些意见或建议虽然对缔约方不具法律拘束力,但具有一定的权威性。

2. 缔约方来文或指控制度

缔约方来文或指控制度是一些人权机构实行的一项制度,是否为任择条款,可以分为以下两种情况。(1)《公民权利和政治权利国际公约》。该公约第41条规定,缔约方可以随时声明承认人权事务委员会有权接受和审议一缔约方指控另一缔约方不履行公约义务的来文。人权事务委员会在认定用尽了国内救济措施之后,有权处理已接受任择条款的缔约方之间的指控及进行斡旋。如果未能获得友好解决,经各有关缔约方同意后,人权事务委员会可以指派一个由5名委员会组成的专设和解委员会进行和解。如果和解不成,和解委员会应在其报告中说明对于各有关缔约方间争执时间的一切有关事实问题的结论,以及和睦解决该事件的建议。各有关缔约方应于接到报告后3个月内通知委员会主席是否接受和解委员会的报告。(2)《消除一切形式种族歧视国际公约》。根据该公约成立的消除种族歧视委员会有权处理任何缔约方之间的指控,而无须依据任择条款。在处理缔约方之间的指控方面,这类条约规定了更有力的机制。

3. 个人申诉制度

个人申诉制度或个人来文制度是《消除一切形式种族歧视国际公约》首先建立起来的制度,现已基本上在9个核心人权公约中普及。但是,这一制度一般都要基于任择议定书或条约中的任择条款,并且必须是在确认用尽国内救济办法以后才受理个人来文。1966年《公民权利和政治权利国际公约任择议定书》规定,“成为本议定书缔约方的公约缔约方承认人权事务委员会有权接受并审查该国管辖下的个人声称该缔约方侵害公约所载任何

权利的受害者的来文”。根据该议定书，人权事务委员会只受理该议定书缔约方所管辖的个人提出的申诉。人权事务委员会受理后，应将来文提请被控违反公约议定书的缔约方注意，该缔约方应于6个月内面向委员会提出解释或声明，说明原委，若业已采取补救措施，则亦应一并说明。人权事务委员会应参照该个人及有关缔约方所提出的一切书面资料，审查根据议定书所收到的来文，并向有关缔约方及该个人提出意见。

第六节 国际人权法的一些问题研究

一、人权的国际保护与国家主权之间的关系

西方学者在人权与国家主权之间的关系上具有以下两种观点：第一种是人权高于主权，认为主权从属于人权；第二种是认为人权改变了主权的含义，国家主权受到了人权国际保护原则的限制。但是也有一些学者，主张绝对的主权原则，认为主权绝对高于人权。

1. 人权高于主权论

英国著名国际法学者劳特派特曾在《奥本海国际法》中指出，“当主权国家法律的制定或适用违反了起码的人权，从而可以正当地被解释为震动人类良知时，人道法则是高于主权国家法律的”，且在“国家主权与人权”中进一步认为，国家主权妨碍人权。事实上，主张“人权高于主权”过于极端，因为我们所处的国际社会毕竟是由主权国家所组成的。美国国际法学者路·亨金在《权利的时代》一书中指出：“对美国来说，它被指责将人权视为一种‘白人的责任’；国际人权仅仅被用于‘供出口’。国会援引国际人权标准仅仅是作为制裁其他国家的根据……美国人被指责接受国际人权只是针对别人而不是针对自己的。”

2. 主权受人权限制论

英国的学者詹宁斯和瓦茨在《奥本海国际法》中认为，“国家可以自由对待本国国民，但受国际法和特别是人权的要求的限制”。奥地利维也纳大学公法教授菲·厄马克拉在《人权与国内管辖权》一文中指出，“联合国的宗旨是在各地促进并激励对人权的尊重。联合国已经成功地制定了现代的人权标准……这就自动地暗含了一种对国内管辖权的限制”。

3. 主权绝对高于人权论

王虎华在《论国家主权与国际人权的辩证关系》一文中，通过对《联合国宪章》以及联合国大会通过的一系列文件的研究，指出国家主权高于国际人权的原则。王虎华主张，《联合国宪章》对于主权问题，是将其作为国际法的基本原则来规定的，但是对人权问题只作了一般性的规定。且从内容角度来分析，关于人权问题的规定仅是“增进”“促成”“提倡”等比较暧昧的表达方式，主要是号召式的表述，不具有强制性的内涵。基于以上角度，王虎华认为国家主权与人权是主从关系，国家主权高于人权。

其实，人权与国家主权不是相互对立的，而是统一的、相辅相成的。简单地、笼统地认为人权高于主权，或视人权从属于主权，都不符合现实。

(1) 国家主权是享有人权的基础或保证。只有一个国家享有主权，其国民的基本权利和自由的实现才有保障。相反，如果一个国家丧失了主权，无论是个人人权还是集体人权都将缺乏有力保障。

(2) 国家主权的行使，应有利于保护人权。国家主权的行使，不能剥夺或危害人权；滥用主权侵犯人权是不被允许的。

(3) 国际人权保护不得违背国际法基本原则，尤其不得违背国家主权和不干涉内政原则。国际人权法是国际法的一个分支，国际法的基本原则同样是国际人权法的基本原则。以"人道主义干涉"为借口，干涉别国内政是绝对不被允许的，特别是采取武力干涉别国内政，无论在何时、何地都是违法的、应该被禁止的。

二、人权普遍性和特殊性相统一的原则

1. 概念

人权的普遍性或人权的共性是指人人都享有基本人权，不分种族、肤色、性别、语言、宗教、政治或其他见解、国籍或社会出身、财产、出生或其他身份等任何区别。人权的特殊性是指因各国的发展程度、文化传统、人权观念和具体社会制度的差异等，而在实际上享有人权的内容、范围及保障程度的不同。

2. 国际公约、宣言的相关规定

《经济、社会及文化权利国际公约》第 2 条规定："各国应当尽最大努力实施本公约，发展中国家，在适当顾及人权及它们的民族经济的情况下，得决定它们对非本国国民的享有本公约所承认的经济权利，给予什么程度的保证。"1993 年《曼谷宣言》第 8 款规定："虽然人权具有普遍性，但是应当铭记各国及各地区之间存在特殊性，且存在不同的文化、历史及宗教背景。"1992 年《维也纳宣言和行动纲领》第一部分第 5 款规定："一切人权均为普遍、不可分割、相互依存、相互联系。国际社会必须站在同样地位上、用同样重视的眼光、以公平和平等的态度全面看待人权。固然，民族特性和地域特征的意义，以及不同的历史、文化和宗教背景都必须要考虑，但是各个国家，不论其政治、经济和文化体系如何，都有义务促进和保护一切人权和基本自由。"1992 年《突尼斯宣言》第一部分第 2 款宣称："人权的普遍性不容怀疑，人权的保护和增进与政治、经济、文化制度无关，是所有国家的义务。"第一部分第 5 款宣称："普遍的人权不存在任何既存的模式，因为不能忽视各国历史的、文化的实践，传统、标准以及每个人的价值。"

3. 人权的普遍性

人权的普遍性虽然已被大部分国家所接受，但实际上是在以下三个方面达成对人权普

遍性的共识：(1) 保护人权目标的普遍性，即全世界所有人民都充分享有人权是人类共同理想；(2) 人权主体的普遍性，即所有的人不分宗族、年龄、性别、宗教、语言、国籍、能力、政治见解等，都应当享有基本人权；(3) 人权内容的普遍性，即人权是国际社会公认的基本权利。

4. 人权存在特殊性的原因

传统文化对人权观的形成具有最深刻的影响，其中最主要的是宗教信仰和伦理道德。现代意义上的人权理论是在西方国家形成的，并且与人权相关的国际文书也是在西方国家的主导下制定的，因此人权不可避免地具备西方色彩。

(1) 儒家文化的影响。第一，儒家文化崇拜权威。新加坡前驻美大使，陈庆珠曾讲过“尊重权威就是儒家的世界观”；马来西亚前总理马哈蒂尔曾指出：“在发达国家即使没有政府或政府较软弱，政府也得以运行，但是在发展中国家如果缺乏存在强有力的政府，其正常运行是不可能的。如果政府不稳定或较软弱，只会造成混乱，混乱将妨碍发展中国家的发展以及幸福。”第二，儒家文化认为家庭、国家及民族利益高于个人利益。新加坡巡回大使许通美曾经指出，“东亚人不相信西方的绝对个人主义。我们虽然同意每个人都很重要，但是我们认识到个人不是孤立的存在，而是作为家庭、家族、邻里、集体、民族以及国家的一员存在”。

(2) 伊斯兰传统注重个人与社会的“平衡关系”。伊斯兰教强调个人、社会、秩序和自由的平衡。伊斯兰教义中规定：“伊斯兰教认为每个人的无限制的自由必将剥夺他人的自由，伊斯兰社会生活中个人和社会是相互补充并相互依赖的。”

(3) 佛教传统反对绝对的个人主义。佛教反对绝对的个人主义，同时也不完全否定自我重要性。

5. 人权的普遍性和特殊性的关系

人权的普遍性和特殊性不是相互独立的，而是统一共存的。人权的特殊性是人权理论的实践及必要的补充。人权不能变成政治外交的手段，不能成为经济援助的条件。人权的特殊性也不能成为镇压人权的狡辩。

本章重点

- 简述人权的克减。
- 试述人权的国际保护和国家主权之间的关系。
- 试述人权的普遍性和特殊性的关系。
- 试述人权条约中的人权监督和补救制度。

思考题

- 人权是否存在等级？

❖ 如何用国际法分析国际保护责任？

阅读扩展目录

❖ 李步云.中国特色社会主义人权理论体系论纲[J].法学研究，2015，37(2)：56－79.

❖ 徐崇利.“保护的责任”：制度化进程之夭折[J].法律科学(西北政法大学学报)，2018，36(6)：179－187.

❖ 马呈元，任文利.联合国经济制裁中的人权保护问题研究[J].法学杂志，2020，41(4)：90－99.

本章知识树

- 国际人权法
  - 国际人权保护的概述
    - 人权概念的产生
    - 国际人权保护的起源和发展
    - 国际法上的人权限制和克减
  - 国际人权保护的基本文书
    - 《联合国宪章》和《世界人权宣言》
    - 1966年两项人权公约
    - 《德黑兰宣言》《发展权利宣言》和《维也纳宣言和行动纲领》
  - 专门性国际人权文书
    - 禁止奴隶制、奴隶贩卖及类似制度与习俗
    - 禁止种族灭绝、种族隔离和种族歧视
    - 禁止酷刑和其他残忍、不人道或有辱人格的待遇或处罚
    - 妇女、儿童权利
  - 区域性人权保护公约及其实施机制
    - 《欧洲人权公约》及其实施制度
    - 《美洲人权公约》及其实施制度
    - 《非洲人权和民族权宪章》及其实施制度
  - 国际人权保护的实施制度
    - 普遍性国际人权机构
    - 普遍性人权条约规定的监督和补救制度
  - 国际人权法的一些问题研究
    - 人权的国际保护与国家主权之间的关系
    - 人权普遍性和特殊性相统一的原则

第十二章　世界贸易组织法

案例导入

【案情】 1998年加拿大根据《汽车关税法》和一系列特别许可证给予一些汽车进口制造商以进口免税待遇。根据上述规定，要获得进口税减免的优惠，加拿大国内合格制造商的汽车产品国内生产量(某些情况下包括产品零部件)必须达到加拿大附加值最低数量要求，并且其国内汽车产品的生产与在加拿大的销售之间保持一个最低的比率。日本和欧洲共同体先后于1998年7月3日和1998年8月17日根据世界贸易组织的相关规定向加拿大提出要求，主张该法案实施的结果给予原产于美国和墨西哥的汽车进口的待遇明显优于给予其他成员的同类产品的进口，是一个表面公正，但实际上却造成对不同成员方的贸易歧视的法案。因此，该法案不符合最惠国待遇原则。专家小组裁决认为，最惠国待遇原则中的“无条件”并不是指税率的获得不能设置条件，而是指这种条件不能形成事实上的歧视。

【问题】 最惠国待遇原则中的“无条件”是什么含义?

第一节　世界贸易组织概述

一、世界贸易组织的产生

1. 从关税与贸易总协定到世界贸易组织

世界贸易组织（World Trade Organization，WTO)是基于由124个参加乌拉圭回合多边谈判的谈判方于1994年4月在摩洛哥的马拉喀什签署的《马拉喀什建立世界贸易组织协定》(以下简称《WTO协定》)，而于1995年1月1日正式成立的国际贸易组织。同时，《WTO协定》组成部分的乌拉圭回合多边谈判结果最后文件、《WTO协定》及其附件

(又称乌拉圭回合协定)以及部长宣言和决定是目前唯一协调国际贸易关系的多边贸易协定。

《WTO协定》是在1947年签署的《关税与贸易总协定》(The General Agreement on Tariffs and Trade，GATT，也称GATT1947)基础上，经过历次多边贸易谈判，修改、增加、补充了一系列协议、议定书，特别是乌拉圭回合多边谈判所达成的一揽子协议的基础上最终形成的多边贸易协定，是多边货物贸易、服务贸易以及知识产权贸易体制的基石。《WTO协定》不仅确定了成员方之间的权利和义务，而且通过争端解决制度确保执行WTO的协定。

GATT也曾作为国际组织存在，是世界贸易组织的前身，是国际社会总结第二次世界大战爆发原因和教训后，设立的一个处理和协调国际贸易新秩序的专门机构。国际社会认为20世纪30年代的高关税壁垒及其他限制贸易措施是第二次世界大战的根源之一，因此希望为国际经济贸易关系建构新的多边贸易合作制度，以减少贸易冲突。为此，1944年7月，美国、英国等44个国家在美国新罕布什尔州的布雷顿森林集会，建立了国际货币基金组织、国际复兴开发银行，并着手建立国际贸易组织(International Trade Organization，ITO)。建立国际货币基金组织，旨在维持国际间的汇率和国际收支平衡；建立国际复兴开发银行，旨在动员资金协助经济复兴与发展；建立国际贸易组织，旨在减少关税壁垒，促进国际贸易自由发展。

为了实现建立国际贸易组织的设想，1945年12月，美国邀请一些国家政府进行关税减让的多边谈判。1946年2月，联合国经济和社会理事会第一次会议通过决议，呼吁召开起草《ITO宪章》的会议。与此同时，美国公布了《ITO宪章》草案。1946年10月起，ITO召开了四次会议，并在1948年古巴哈瓦那召开的第四次会议上完成了《ITO宪章》的会议。《ITO宪章》所涉范围极为广泛，不仅涵盖了贸易、劳工和就业问题，还涉及经济发展与重建、贸易与竞争政策，以及政府间的贸易协定等议题。但ITO因美国国会拒绝批准而没有成立。美国国会认为，《ITO宪章》限制了美国的立法主权，不符合美国利益。

【思考题】 美国国会为什么认为《ITO宪章》不符合美国利益?

但是参加《ITO宪章》谈判的国家就其已达成的互惠关税减让多边协定成果予以保留，并于1947年10月30日，在瑞士日内瓦共同签署了《关税与贸易总协定》，签署国家为澳大利亚、比利时、巴西、缅甸、加拿大、锡兰(今斯里兰卡)、智利、中国、古巴、捷克斯洛伐克、法国、印度、黎巴嫩、卢森堡、荷兰、新西兰、挪威、巴基斯坦、南罗德西亚(今津巴布韦)、叙利亚、南非、英国和美国等23个国家。由于绝大多数国家最终没有批准《ITO宪章》，GATT一直以临时适用的多边协定形式存在。GATT从1948年1月1日开始实施，到

1995 年 1 月 1 日世界贸易组织正式运行，独自运行了 47 年，是管理国际贸易的唯一多边条约。

GATT 作为一项多边贸易协定，不仅为缔约方之间的贸易关系确定行为规范，而且也对缔约方之间的贸易关系实施调节干预。GATT 调节干预各缔约方贸易的主要途径是在总协定的主持下进行多边贸易谈判。1947—1994 年，在 GATT 的主持下共进行了八轮全球性多边贸易谈判：第一轮于 1947 年在瑞士日内瓦举行；第二轮于 1949 年在法国安纳西举行；第三轮于 1950—1951 年在英国托尔基举行；第四轮于 1956 年在瑞士日内瓦举行；第五轮于 1960—1962 年在瑞士日内瓦举行（又称狄龙回合）；第六轮于 1964—1967 年在瑞士日内瓦举行（又称肯尼迪回合）；第七轮于 1973—1979 年在东京和日内瓦举行（又称尼克松回合或东京回合）；第八轮于 1986—1993 年在乌拉圭和日内瓦举行（又称乌拉圭回合）。早期谈判主要集中于关税的消减，而后来的谈判开始逐步修正、重新解释 GATT 的最初条款，其关税减让水平越来越提高，其所涉领域也从货物贸易扩展到服务和知识产权，以及与贸易有关的投资措施等越来越宽，最终推出了全新的国际贸易新秩序，即世界贸易组织。

2. GATT 和 WTO 的区别

尽管 GATT 是 WTO 的前身，且 WTO 的内容从 GATT 演变而来，但两者之间仍存在很多区别。(1) 法律性质方面，GATT 是根据临时适用议定书成立的，从未得到各国立法机构的批准，协定中也没有关于成立一个组织的条款，属于“临时生效”的协定，是准国际条约和准国际组织；而 WTO 协议是固定的、经过成员方批准的协议，具有明确的法律基础，WTO 组织具有国际法律人格，是独立于联合国的国际组织。(2) 适用范围方面，GATT 只适用于货物贸易，而 WTO 还包括服务贸易和知识产权贸易。(3) 体制性质方面，GATT 内容具有可选择的性质，以及“祖父条款”等规定，使得 GATT 的法律效力低于各国本国立法；而 WTO 的内容属于多边约束性的一揽子协议，要求成员方无保留的承诺。(4) 争端解决方面，GATT 遵循协商一致的原则，没有规定时间限制；而 WTO 采取否定式协商原则，同时明确了争端解决程序，其曾被称为 WTO“皇冠”上的“明珠”。

二、世界贸易组织的发展沿革及其成就

1. WTO 发展沿革

1995 年 1 月 1 日 WTO 的成立标志着自第二次世界大战以来最大的国际贸易制度改革，但 WTO 的成立并不意味着自 GATT 以来的国家间贸易谈判从此停滞。相反，新的协议不断被推出，新的贸易谈判仍要启动。

自 1995 年 WTO 成立至 1998 年，形成了如下协议：(1) 1996 年 12 月 13 日，在新加坡举行的世界贸易组织第一届部长级会议上达成了《信息技术协议》，并于 1997 年 4 月 1

日生效;(2) 1997 年 4 月 15 日达成了《基础电信协议》,于 1998 年 2 月 15 日生效;(3) 1997 年 12 月 12 日达成了《金融服务协议》,于 1999 年 3 月 1 日生效。

2001 年 11 月 9 日至 13 日,WTO 第四次部长会议在多哈举行,会议通过了《多哈部长理事会宣言》,决定全面启动新一轮全球多边贸易谈判,通过引入较低的贸易壁垒和修订贸易规则来实现国际贸易体系的重大变化,其基本目标是改善发展中国家的贸易前景。新一轮谈判涉及农业、服务业、非农业产品市场准入、知识产权、贸易与环境、贸易与竞争政策等一系列重要议题。多哈回合的最初谈判计划是在 2004 年年底前达成协议,但 2003 年 9 月在墨西哥坎昆部长级会议上,由于无法达成共识,多哈回合谈判陷入僵局,直到 2006 年 7 月,多哈回合谈判全面中止。之后,每年召开的部长级会议都试图打破僵局,但都以失败而告终。

2013 年 12 月 7 日,WTO 第九次部长级会议上,多哈回合第一份成果《巴厘部长宣言》以 159 个成员方全数通过,实现多哈回合零的突破。2014 年 11 月 27 日,WTO 总理事会通过了有关巴厘岛部长级成果的后续决定,包括《后巴厘工作》(WT/L/941)、一项关于贸易便利化的决定以及将其加入 WTO 协定的议定书,以及一项《关于为发展中国家的粮食安全提供公共存量》(WT/L/913)的决议。

2015 年 12 月 15 日至 19 日在肯尼亚内罗毕举行的第十次部长级会议,达成了针对非洲和世界的历史性的"内罗毕一揽子计划",包括一系列关于农业、棉花和最不发达国家有关问题的六项部长级决议。这些决议中包括承诺取消对农产品出口的出口补贴,总干事罗伯托·阿泽维多(Roberto Azevêdo)将其誉为该组织 20 年来的"最重要的农业成果"。其他农业决定包括出于粮食安全目的的公共库存、针对发展中国家的特殊保障机制以及与棉花有关的措施。此外,"内罗毕一揽子计划"还就服务领域最不发达国家的优惠待遇,以及确定最不发达国家的出口是否可从贸易优惠中受益的标准作出了决定。

2. WTO 的成就

2020 年是 WTO 成立 25 周年,在过去的 25 年中,WTO 成员已扩大到 164 个国家,占国际贸易的 98%以上。全球商品和服务贸易急剧增长,自 1995 年以来,世界贸易增长了 2.7 倍,远远超过同期世界 GDP 的 2 倍增长速度;平均关税几乎减少了一半,从 10.5%降至 6.4%。1995 年,世界上三分之一的人口生活在世界银行设定的极端贫困线 1.9 美元的门槛之下,但极端贫困率已降至不到 10%。同时,WTO 着手修改规则,例如,经修订的《政府采购协定》已于 2014 年 4 月 6 日生效;扩大了《信息技术协议》;修订了《与贸易有关的知识产权协定》(TRIPs);2017 年 2 月 22 日生效的《贸易便利化协议》简化了边境程序,预计将使贸易每年增加 1 万亿美元以上。

但自 2018 年以来,WTO 面临着历史所无法比拟的挑战。各国政府实施了涵盖大量国际贸易限制的措施,影响了全球进出口额,导致市场状况的不确定性不断上升,引发企业推迟投资,从而拖累了经济的增长和未来潜力。特别是在争端解决方面,成员方未能就上诉机构的改革达成共识，导致 WTO 上诉机构停摆，使得 WTO 面临有史以来最为严重的危机。WTO 的核心机制是谈判协商机制，因此如何协调不同国家之间的利益差距，制定一个更具有包容性的全球贸易新规则，则是摆在国际社会面前的重大议题。

第二节　作为国际组织的 WTO

一、WTO 的宗旨

WTO 是唯一处理国家间贸易规则的全球性国际组织，其核心目的是确保贸易尽可能顺畅、可预测和自由地流动。

《WTO 协定》的序言阐明了其宗旨：成员方“认识到在发展贸易和经济关系方面，应当以提高生活水平、保证充分就业和保证实际收入和有效需求的大幅度稳定增长，以及扩大货物和服务的生产和贸易为目的，同时应按照可持续发展的目标，最合理地利用世界资源，寻求对环境的维护”“确保发展中国家，尤其是最不发达国家，能获得与其经济发展所需要的国际贸易份额的增长”“建立一个完整的、更有活力和永久性的多边贸易体制，以实现包括关税与贸易总协定和乌拉圭回合多边贸易谈判的全部成果”。

简而言之，WTO 的宗旨可归纳为如下七点。

(1) 提高生活水平。WTO 所指的生活水平，不应只指某一国或某一地区的水平，而应指全世界的生活水平。提高生活水平是 WTO 的终极根本目标，WTO 的所有活动应都为实现这一目标而开展。

(2) 保证充分就业。通过扩大生产和商品、服务贸易，增强投资需求，促进实际投资，有效进行全球分工，从而保证充分就业是 WTO 的宗旨之一。

(3) 大幅度和稳步提高实际收入和有效需求。“实际收入”是指货币收入将购买的商品和服务的数量，而“有效需求”是指消费者实际以当前市场价格购买的商品或服务的数量。即 WTO 所关注的是实际市场活动中购买能力的提升，因此提高“实际收入和有效需求”的能力是实现“提高生活水平”的重要途径。

(4) 扩大生产和货物贸易以及服务贸易。确保贸易自由、畅通、可预测的流动是 WTO 的宗旨之一，故而作为贸易基础的商品生产的扩大，以及伴随货物贸易的服务贸易也是 WTO 的宗旨。

(5) 持续可能的资源开发和环境保护。世界资源是商品生产、货物和服务贸易的基础。如果过度利用则会造成资源枯竭，会影响人类生存环境，因此持续可能的资源开发和环境保护是 WTO 的宗旨，也是对 GATT 宗旨的重大发展之一。

(6) 对发展中国家需要和关心的问题予以相应。长期以来，发展中国家同发达国家之间的交易上一直处于法律形式上平等而事实上不平等的地位，会被要求与发达国家一样按照平等互惠原则，参加贸易谈判、减让关税、削减非关税措施。因此，WTO 明确提出对发展中国家需要和关心的问题予以响应，确保发展中国家的国际贸易份额增长，体现了国际贸易秩序的公正合理性。

(7) 建立一体化的多边贸易体制。从第二次世界大战的经验教训，以及 ITO 的夭折、GATT 的四十七年发展历史来看，建立完整的和永久性的多边贸易体制是始终一贯的宗旨，因为一体化贸易机制在监督、协调、管理世界贸易秩序中起重要的作用。GATT 尽管已经初步建立了多边贸易体制，但还不能被视为真正的一体化多边贸易体制，故而 WTO 将建立一体化的、永久性的和完整的多边贸易体制确定为其宗旨之一。

二、WTO 的主要职能

WTO 作为一个专门性国际组织，其工作范围和职能散见于乌拉圭回合的各项协定二号决议中，其中最主要的条款是《WTO 协定》第 3 条。

(1) 执行、管理和运作若干单项贸易协议。《WTO 协定》第 3 条第 1 款规定，WTO 应促进本协议和多边贸易协议的执行、管理、运作，以及进一步实现各协议的目标，并为诸边贸易协议的执行、管理和运作提供框架。虽然 WTO 是成员方驱动的，但没有秘书处来协调活动就无法运作。秘书处雇用 600 多名工作人员，以及法律专家、经济学家、统计学家等，为谈判的顺利进展与国际贸易规则的正确执行和强制执行提供帮助。

(2) 多边贸易关系谈判提供场所。《WTO 协定》第 3 条第 2 款规定，WTO 应为各成员处理与本协议各附件有关的多边贸易关系提供谈判场所。如果部长会议作出决定，世界贸易组织还可为各成员的多边贸易关系的进一步谈判提供场所，并为执行该谈判的结果提供框架。《WTO 协定》涵盖商品、服务和知识产权，以及争端解决程序，但这些协议不是静态的。成员方会不时进行重新协商，并且可以将新协议添加到 WTO 一揽子协议中，因此 WTO 应为成员方之间的进一步谈判和协商提供场所。

(3) 争端解决制度的运作。《WTO 协定》第 3 条第 3 款规定，WTO 应管理实施本协议附件 2《关于争端解决规则和程序的谅解协定》。《关于争端解决规则和程序的谅解协定》建立了争端解决的统一运作和管理机制，对解决贸易争端、执行规则，以及确保贸易顺畅至关重要。如果成员方认为协议规定的权利遭受侵犯，则可以向 WTO 争端解决机构提出争端解决，WTO 争端解决机构则将任命独立专家基于对协议的解释以及各个国家的承诺予以判断。

(4) 审查成员方的贸易政策。《WTO 协定》第 3 条第 4 款规定，WTO 管理实施附件三的贸易政策评审机制。《WTO 协定》要求政府通过向 WTO 通报现行法律和所采取的措施，使贸易政策透明化。WTO 各个理事会和委员会都在努力确保遵守这些要求，以确保 WTO 协定得到有效执行。所有成员必须定期审查其贸易政策和管理，每次审查均应载有有关国家和世界贸易组织秘书处的报告。

(5) 提高全球性经济决策方面的凝聚力。《WTO 协定》第 3 条第 5 款规定，WTO 应与国际货币基金组织和国际复兴开发银行及其附属机构进行适当的合作，以更好地协调制定全球经济政策。加强 WTO 的协调合作职能，以使这些国际经济组织在全球性的经济决策方面更加协调，避免法律文件和决策发生不必要的冲突，从而使世界贸易更加协调地发展。此外，WTO 与非政府组织、其他国际组织、媒体和公众定期就 WTO 的各个方面以及正在进行的多哈谈判进行对话，以期加强合作并提高对 WTO 活动的认识。

(6) 对发展中国家的技术援助和培训。《WTO 协定》包含对发展中国家的特殊规定，包括更长的时间来执行协定和承诺，增加其贸易机会的措施以及支持帮助它们建立贸易能力，处理争端和执行技术标准的支持。WTO 每年组织数百次技术合作团前往发展中国家，且每年在日内瓦为政府官员举办许多课程。贸易援助旨在帮助发展中国家发展扩大贸易所需的技能和基础设施。

三、WTO 的机构

WTO 的机构主要有部长级会议、总理事会、争端解决机构、贸易政策审议机构、理事会、委员会及其辅助机构、秘书处和总干事等，为促进 WTO 宗旨的实现，充分、有效履行 WTO 的职能而予以设置和运作。

(1) 部长级会议。部长级会议是 WTO 的决策机构。部长级会议应当包括所有成员的代表，应至少每 2 年召开一次会议。部长级会议应当履行 WTO 的职能，并为此而采取必要的措施。部长级会议有权对各多边贸易协议中的任何事项作出决定，如有成员要求，部长级会议的决定应按照《WTO 协定》及有关多边贸易协议中关于决策的具体规定作出。

(2) 总理事会。总理事会从事日常工作，同时履行争端解决机构和贸易政策审议机构的职责。总理事会包括所有成员代表，应在适当时候召开会议。在部长级会议休会期间，总理事会应当执行部长会议的各项职能。总理事会还应当执行本协议指定的各项职能，总理事会应当制定自己的程序规则，审批各委员会的程序规则。

(3)争端解决机构。总理事会应在适当时间召开会议，以行使争端解决谅解所规定的争端解决机构的职责。争端解决机构应有自己的主席，并建立它认为必要的程序规则以行使其职责。

(4) 贸易政策审议机构。总理事会应在适当时间召开会议，以行使贸易政策审议机制所规定的贸易政策审议机构的职责。贸易政策审议机构应有自己的主席，并建立它认为必要的程序规则以行使其职责。

（5）理事会。理事会包括货物贸易理事会、贸易相关知识产权理事会、服务贸易理事会。3个理事会应当在总理事会的指导下进行工作。货物贸易理事会应当负责多边贸易协议的运作，贸易相关知识产权理事会应当负责与贸易有关的知识产权协定的运作，服务贸易理事会应当负责服务贸易总协定的运作。各理事会都应行使各自有关协议和总理事会赋予的职责。各理事会还应经总理事会批准制定各自相应的程序规则。各理事会的成员应当从所有成员代表中产生，各理事会应当在必要时召开会议，以行使其职责。各理事会可视需要建立各自的下属机构，这些机构应制定各自的程序规则并由各自理事会批准。

（6）委员会及其辅助机构。部长级会议应当设立一个贸易与发展委员会、一个国际收支限制委员会，以及一个预算、财务和行政管理委员会，应当行使本协议和多边贸易协议所赋予的各种职责以及总理事会所赋予的其他职责。在部长级会议认为合适的情况下，还可以设立具有此类职责的其他委员会。作为其职能的一部分，贸易与发展委员会应当定期审议多边贸易协议中有利于最不发达成员的特别规定，向总理事会报告，以采取适当行动。各委员会的成员应由所有成员的代表组成。此外，诸边贸易协议下设立的各种机构，应行使这些协议所赋予的职责，并应在世界贸易组织机构框架内运作，这些机构应向总理事会通知其活动。

（7）秘书处和总干事。WTO秘书处的职责是就WTO开展的所有活动向WTO成员方政府提供高质量、独立的支持，并以专业性、公正性和诚信为WTO服务，包括：为各个理事会和委员会提供技术和专业支持，向发展中国家提供技术援助，监测和分析世界贸易的发展，向公众和媒体提供信息，以及组织部长级会议。秘书处还在争端解决过程中提供了某些形式的法律援助，并为希望成为WTO成员方的政府提供建议。总干事是WTO秘书处的首脑，其人选由部长级会议任命，其权力、职责、任职条件和任期均由部长级会议以规则形式予以制定。总干事应任命秘书处的职员，并根据部长级会议通过的规则确定他们的责任和任职条件。秘书处和总干事的职员纯属国际性质，在履行其职责方面，秘书处和总干事职员不应当寻求和接受世界贸易组织之外的任何政府或其他当局的指示，他们应避免任何有损其国际官员身份的行为，WTO的成员应当尊重秘书处和总干事职员在其职责方面的国际性质，不应对他们行使职权施加影响。

四、WTO的法律地位

《WTO协定》第8条规定了WTO作为国际组织应享有的法律人格、特权与豁免权，以及享有特权与豁免权的标准。

（1）法律人格。《WTO协定》第8条第1款规定，WTO具有法人资格，各成员应赋予世界贸易组织享有执行其职责所需要的法律能力。这种法律能力包括缔约权、取得和处置动产和不动产的权利，以及进行法律诉讼的能力等完全的行为能力和权利能力。

(2) 特权与豁免权。《WTO 协定》第 8 条第 2 款规定，WTO 各成员方赋予 WTO 为履行其职责所需要的特权与豁免权；第 3 款规定，WTO 各成员应同样给予 WTO 官员和各成员代表在其独立行使世界贸易组织有关职责时必要的特权与豁免权。

(3) 享有特权与豁免权的标准。《WTO 协定》第 8 条第 4 款规定，每一 WTO 成员方所赋予 WTO 及其官员的特权与豁免权，应当和 1947 年 11 月 21 日联合国大会通过的《专门机构特权与豁免公约》的规定相似。即虽然 WTO 不是联合国的专门机构，但其地位同联合国专门机构一样，在国际法上处于平等地位。因此，在特权与豁免权的具体实施标准方面应与《专门机构特权与豁免公约》相同。

五、WTO 的加入程序

《WTO 协定》第 12 条规定了 WTO 成员申请资格以及加入程序。

(1) 申请资格。《WTO 协定》第 12 条第 1 款规定，任何国家或在对外贸易关系以及本协议和多边贸易协议所规定的事务方面享有充分自治的单独关税地区，可以在它和世界贸易组织议定的条件下，加入本协议。这种加入适用于本协议及所附的多边贸易协议。

(2) 加入程序。WTO 成员必须通过和 WTO 成员工作组进行谈判来实现加入，包括递交加入申请、工作组审查及申请国和会员国之间双边协商、工作组的加入议定书及加入申请国的履行义务报告书的制定和采纳，以及在总理事会或部长级会议上采纳加入报告书等四个过程。如果 WTO 成员的三分之二多数投票同意，申请者即可签署议定书，加入 WTO。在一般情况下，申请方的议会或立法机构必须核准该议定书。该申请方将加入决定书送总干事后 30 天生效，成为 WTO 正式成员。

第三节　实体规范的《WTO 协定》

一、《WTO 协定》的主要框架

《WTO 协定》除了上述的 WTO 组织基本法的序言和 16 条条文之外，还有 4 个附件，规范多边贸易关系的实质性内容则体现在 4 个附件中。其中，附件 1 再分为附件 1A、附件 1B 和附件 1C。

1.《多边货物贸易协定》(附件 1A)和《诸边贸易协定》(附件 4)

货物贸易是自 GATT 长期以来国际社会所调整的主要贸易领域，也是 WTO 三大多边贸易体系之一。WTO 的《多边货物贸易协定》包括《1994 年关税与贸易总协定

（GATT1994）》《农产品协定》《卫生与动植物检疫措施协定》《纺织品与服装协定》《贸易技术壁垒协定》《与贸易有关的投资措施协定》《关于执行1994年关税与贸易总协定第六条的协定（反倾销协定）》《关于执行1994年关税与贸易总协定第七条的协定（海关估价协定）》《装运前检验协定》《原产地规则协定》《进口许可证程序协定》《补贴与反补贴措施协定》以及《保障措施协定》等13个协定。《诸边贸易协定》包括《民用航空器贸易协定》《政府采购协定》《国际乳制品协定》和《国际牛肉协定》等4个协定，其中《国际乳制品协定》和《国际牛肉协定》于1998年1月1日废止。

（1）关税与非关税措施法律制度。WTO关于关税与非关税措施的法律制度在《1994年关税与贸易总协定（GATT1994）》《关于执行1994年关税与贸易总协定第七条的协定（海关估价协定）》《装运前检验协定》《原产地规则协定》《进口许可证程序协定》等协定中予以规定，主要围绕货物贸易中的关税及其征收程序设计法律制度，旨在减少关税和非关税壁垒，以保证公平、公正、自由的国际货物贸易的顺利进行。其中包括关税减让和关税待遇制度，为征收关税而对进出口货物确定完税价格的海关估价制度，在出口成员方境内对出口到进口成员方的产品质量、数量、价格和关税税则中商品分类等进行核实的装运前检验制度，为确定适用关税税率等目的而判断货物原产地制度，以及进口许可证管理制度等与关税和非关税措施相关的法律制度。

（2）反不公平贸易的法律制度。WTO关于反不公平的法律制度在《关于执行1994年关税与贸易总协定第六条的协定（反倾销协定）》《补贴与反补贴措施协定》《政府采购协定》，以及GATT1994第17条和《对GATT1994第17条解释的谅解》等协定和条款中予以规定，主要围绕破坏公平竞争秩序的倾销、补贴行为，以及贸易一方因其为政府或政府所有及控制的企业而居于特殊地位时，为维护公平贸易秩序而设计的法律制度。其中，倾销是指一成员方出口商以低于正常价值的价格，将产品出口到另一成员方市场的行为；补贴是指一成员方政府或任何公共机构向某些企业（一个企业/产业或一组企业/产业）提供的财政捐助、价格支持或收入支持，以使相关企业获得利益的行为；政府采购是指政府或其代理人作为消费者为其本身消费而不是为商业转售所进行的采购行为；国营贸易企业（State Trading Enterprises）是指通过政府授予的特别权力，从事国际贸易活动并有可能影响或扭曲国际贸易流向的，为政府所有或控制的企业或其他企业。

（3）维护经济安全的法律制度。WTO关于维护经济安全的法律制度在《保障措施协定》《关于GATT1994国际收支条款的谅解》，以及GATT1994第18条中予以规定，允许成员方在正常竞争环境下，因面临特殊情势而采取维护国家经济和金融安全的贸易措施，如保障措施、国际收支限制措施和幼稚产业保护措施等。其中，保障措施是指WTO成员方在进口激增并对其国内相关产业造成严重损害或严重损害威胁时，采取的进口限制措施；国际收支限制措施是指当一个国家或地区遇到国际收支失衡时，政府干预外汇市场，或通过鼓励出口或限制进口的方式控制外汇流向的措施；幼稚产业保护措施是指允许只能维持低生活水平、经济处于发展初期阶段的发展中国家成员方，为促进某一特定产业的发展而暂时背离 WTO 的义务以实施关税保护和数量限制的措施。

(4) 环境保护和卫生检疫措施的法律制度。WTO 的宗旨之一是合理利用资源、保护环境，以实现可持续发展和维护人类健康，为此而设计的环境保护和卫生建议措施的法律制度在 GATT1994 第 20 条、《贸易技术壁垒协定》，以及《卫生与动植物检疫措施协定》中予以规定，旨在不对国际贸易造成不必要的障碍。其中，GATT1994 第 20 条第 1 款规定，允许成员方采取为人类、动植物的生命或健康所必需的措施，允许成员方采取与保护可用竭的自然资源有关的措施，此类措施与限制国内生产或消费一同实施。贸易技术壁垒是指强制性或非强制性确定商品某些特征的技术法规或技术标准，以及旨在检验商品是否符合技术法规或技术标准的认证、审批和测试程序所形成的不合理的贸易障碍。卫生与动植物建议措施是指成员方为保护人类、动植物的生命或健康，为实现下列目的而采取的措施：① 保护境内居民和动物的生命或健康免受食品、饮料或饲料中的添加剂、污染物、毒素或致病有机体传入所产生的风险；② 保护境内动物和植物的生命或健康免受虫害、病害、带病有机体或致病有机体的侵入、定居或船舶所产生的风险；③ 保护境内居民的生命或健康免受动植物或其产品等携带的病害所产生的风险；④ 防止或限制因病虫害的侵入、传播而产生的其他损害。

(5) 与贸易有关的投资措施的法律制度。WTO《与贸易有关的投资措施协定》是乌拉圭回合多边贸易谈判的新议题之一，是为了加强国际投资的协调与合作，减少和消除投资者和东道国之间的纠纷而设计的法律制度，主要对东道国的可能对国际贸易产生扭曲或限制的投资措施进行了限制。协议规定禁止使用的投资措施主要包括：要求企业购买或使用当地生产的或来自当地的产品；限制企业购买或使用进口产品的数量，并把这一数量与该企业出口当地产品的数量或价值相联系；对企业进口用于当地生产或与当地生产相关的产品，一般地或在数量上根据该企业出口它在当地生产的产品的数量或价值加以限制；对企业进口用于当地生产或与当地生产相关的产品，通过将其可获得的外汇数量限于可归属于它的外汇收入而加以限制；限制企业出口产品或为出口而销售产品。

2.《服务贸易总协定》(附件 1B)

《服务贸易总协定》(General Agreement on Trade in Services，GATS)是乌拉圭回合多边贸易谈判达成的管理国际服务贸易的规则和纪律，是 WTO 多边贸易法律体系中不可分割的组成部分。服务贸易是指以各种服务作为交易对象的活动，协定将国际服务贸易分为 4 种：跨境交付(Cross-Border Supply，如跨境互联网课程)、境外消费(Consumption Abroad，如出国留学)、商业存在(Commercial Presence，如外国设立银行)，以及自然人流动(Presence of Natural Persons，如个人去外国提供服务)。协定将服务分为12个部门：商业性服务、通信服务、建筑及相关工程服务、分销服务、教育服务、环境服务、金融服务、健康与社会服务、旅游及相关服务、娱乐文化与体育服务、交通运输服务以及其他服务。协定目标是在透明和逐步自由化的条件下扩大服务贸易，以此作为促进所有贸易伙伴的经济增长和发展中国家发展的手段。协定适用于各成员方为影响服务贸易所采取的措施，其中也包括影响基于商业目的所提供服务的政府措施。与《多边货物贸易协定》不同的是，《服务贸易总协定》将各成员方应遵守的义务分为一般性义务和具体义务。前者是指适用于成员方所有服务贸易部门的义务，不管这些服务部门或服务贸易模式是否对外开放；而后者是指各成员方通过谈判，在具体服务贸易领域中关于市场准入和国民待遇方面所承诺的义务，该义务会因成员不同、服务领域不同、服务贸易模式不同而不同。

3.《与贸易有关的知识产权协定》(附件1C)

《与贸易有关的知识产权协定》是乌拉圭回合在国际知识产权保护领域确立的新的统一的国际标准和准则，旨在建立影响国际贸易秩序的知识产权保护基本规则和标准。协定所指的知识产权，包括版权及邻接权、商标权、地理标志权、工业品外观设计权、专利权、集成电路布图设计权和未披露信息专有权等7类知识产权，并规定WTO成员方应遵守最低保护标准原则、国民待遇原则、最惠国待遇原则、透明度原则，以及知识产权保护与公共利益平衡原则等基本原则。协定规定，各成员方应确保在其国内法中提供协定所规定的执法程序，以有效打击任何侵犯知识产权的行为，包括可迅速组织侵权的救济措施和遏制进一步侵权的救济措施。但实施这些程序应避免对合法贸易造成障碍，并为防止其滥用而规定保障措施。

4.《关于争端解决规则和程序的谅解协定》(附件2)

《关于争端解决规则和程序的谅解协定》是WTO对世界贸易体制做出的最突出贡献，是WTO“皇冠”上的一颗“明珠”，因为WTO争端解决机制为保障多边贸易体制提供了可靠性和可预见性。WTO争端解决不仅适用于《多边货物贸易协定》《服务贸易协定》《与贸易有关的知识产权协定》等有关贸易本身的争端，也适用于《WTO协定》和《关于争端解决规则和程序的谅解协定》本身，但该争端解决机制对诸边贸易协定的适用，则应以每个协定各签约方通过的决定为前提条件。

《关于争端解决规则和程序的谅解协定》所管辖案件的范围可分为违法之诉和非违法之诉。前者是指一成员方针对另一成员方的违法行为向争端解决机制提出的诉讼，包括两种类型：(1) 不履行在WTO各项协定项下的义务；(2) 采取了违反WTO规则的措施。后者是指一成员方所采取的措施虽不违反WTO相关协定，但若该措施导致其他成员在WTO各项协定项下利益的丧失或损害，或者阻碍了WTO目标的实现，则其他成员方可以向争端解决机制对实施该措施的成员方提起诉讼。

WTO争端解决程序主要包括以下四项。(1) 磋商。成员方若发生争议，应首先进行磋商,磋商时间一般为60天。(2)专家小组裁决。如果磋商未达成协议,一方可向争端解决机构申请成立专家小组;争端解决机构应于45日内决定是否同意成立专家小组;专家小组应于6个月内做出裁决。专家小组的裁决报告只有在争端解决机构全体一致反对的情况下才能被否决。(3)上诉机构裁决。争端双方就专家小组的裁决向上诉机构提出上诉。上诉机构只对裁决的法律问题进行审查,必须在90日内做出决定。争端解决机构应在30天内接受或否决上诉机构的报告。(4)裁决的执行。已经发生法律效力的建议和裁决应该立即执行,如不能立即执行,则应该确定执行的合理期限。如果败诉方在合理的期限内不履行裁决,可以补偿代替执行。当败诉方未能履行裁决,又未给予补偿时,胜诉方可以要求争端解决机构授权采取报复措施,中止协议项下的减让或其他义务。

【学习小Tip】 GATT和WTO争端解决机制的比较

(1)WTO设置了解决国际贸易争端的统一机构;但是GATT的争端解决机制则属于临时性机构。(2)WTO建立统一的争端解决机制,货物、服务、知识产权以及多边贸易协定均适用;但GATT只适用于货物贸易协定。(3)WTO专家组成立、裁决报告具有自动通过性;GATT的裁决报告则会因争端一方反对而被否决。(4)WTO设置专家小组程序和上诉机构程序的两审级制是国际法中的创举;GATT只设转交小组程序。(5)WTO既允许平行报护,也允许交叉报护,以增强执行力度;但是GATT因仅适用于货物贸易,所以仅适用于平行保护。

5.《贸易政策审议机制协定》(附件3)

贸易政策审议机制是指WTO成员以集体方式对各成员方的贸易政策及其对多边贸易体制的影响,定期进行全面审议并提出相应建议的机制。《贸易政策审议机制协定》的目的在于:(1)促进世界贸易的所有成员遵守其在多边贸易协定项下的规则、纪律和承诺,通过更多地了解成员的贸易政策和实践,以及增加透明度而使多边贸易体制更加顺利地运行,避免贸易摩擦;(2)能对各单个成员的贸易政策和实践及其对多边贸易体制的影响,进行定期集中考察和评估。但贸易政策审议机制不得增加被评审成员在WTO相关协定的义务,也不得把评审结果视为执行WTO相关协定或进行争端解决的基础。

贸易政策审议是定期进行的,其频率取决于各成员方在世界贸易中所占的份额,成员方占世界贸易的份额越大,接受审议的次数就越多,如美国、欧盟、日本和加拿大等4个最大的贸易实体每2年审议一次,随后的16个成员方每4年审议一次,其余成员方每6年审议一次,最不发达成员方的审议周期则更长。

二、WTO 的基本法律原则

为了实现扩大商品与服务的生产和自由贸易的目标，WTO 各协定中都规定了各成员方普遍接受的基本法律原则，如互惠原则、最惠国待遇原则、国民待遇原则、市场准入原则、透明度原则以及公平竞争原则。

1. 互惠原则

互惠原则是指两个成员在国际贸易中相互给予对方以贸易上的优惠待遇。GATT1947 在其序言中明确指出，GATT 缔约方政府“期望达成互惠互利协议，实质性削减关税和其他贸易壁垒，消除国际贸易中的歧视待遇”，以阐明互惠原则是消除贸易歧视的重要原则。其第 28 条规定，“缔约方政府认为，关税时常成为进行贸易的严重阻碍，因此在互惠互利基础上进行谈判，以大幅度降低关税和进出口其他费用的一般水平，特别是降低那些使少量进口都受阻碍的高关税，并在谈判中适当注意本协议的目的与缔约方的不同需要，这对扩大国际贸易是非常重要的”，从而把互惠原则首先运用于关税减让。《WTO 协定》在其前言中重申 GATT1947 序言，称“本协议各成员……期望通过达成互惠互利的安排，切实降低关税和其他贸易壁垒，在国际贸易关系中消除歧视性待遇”。

互惠原则不仅在多边谈判中具有很强的政治效应，而且可以防止“免费搭车”现象，因为在多边谈判中实行的是无条件最惠国待遇，甲方给乙方的优惠要无条件给予丙方，在这种情况下，甲方就希望丙方给予甲方相应的优惠，即互惠。

尽管互惠原则是《WTO 协定》的基本原则，但在适用时仍有例外。如发达国家单方面给予来自发展中国家的工业品或半制成品的关税优惠待遇的普惠制，以及 GATS 第 19 条规定下，在服务贸易逐步自由化的进程中，对发展中国家成员少开放一些部门或放宽较少类型的服务贸易，或根据其发展情况逐步扩大市场准入的程度等方面所给予的适当灵活性等，为互惠原则的例外。

2. 最惠国待遇原则

最惠国待遇是指 WTO 任一成员方在货物、服务贸易和知识产权领域给予任何其他国家的优惠待遇，应立即和无条件地给予其他各成员方。GATT1947 第一次将最惠国待遇原则规定在多边贸易协定中，而继承 GATT1947 的 GATT1994 第 1 条第 1 款规定，“成员方对来源于或运往其他国家的产品所给予的利益、优惠、特权或豁免，应当立即无条件地给予来源于或运往其他成员方的相同产品”。在服务贸易领域，GATS 第 2 条第 1 款规定，“在本协定所涉及的任何措施方面，每一成员方给予任何其他国家服务和服务提供者的优惠待遇，应立即和无条件地给予任何其他成员方相同服务和服务提供者”，并允许各成员方在进行最初承诺的谈判中，将不符合最惠国待遇原则的措施列入最惠国待遇例外清单，附在各自承诺表之后，但不应超过 10 年。在知识产权领域，TRIPs 第 4 条规定，

“给予任何其他国家国民有关知识产权保护的任何利益、优惠、特权与豁免，应立即和无条件地给予任何其他成员方的国民”。

最惠国待遇原则在适用方面存在以下几种例外。(1) 货物贸易领域，存在 GATT 第 20 条规定的一般性例外，第 24 条规定的边境贸易、关税同盟和自由贸易区例外，第 15 条第 9 款规定的外汇安排例外，第 19 条发展中国家成员方之间的优惠待遇例外，第 6 条反倾销和第 16 条反补贴措施例外，以及 GATT1994 第 3 条(a)款等授权条款例外等。(2) 服务贸易领域，除涉及边境贸易、经济一体化区域内成员方相互提供的优惠待遇不适用最惠国待遇外，在《WTO 协定》生效前或生效后按照一定的程序和方式提出最惠国待遇条款的例外措施。(3) 知识产权领域，最惠国待遇的例外主要是基于国际司法协助协议而产生的任何优惠、特权或豁免，或者 TRIPs 对某成员方生效之前，该成员方已经与其他成员方特别签订的协议中给予的优惠或特权。

案例导入答案

【答案】 “无条件”并不意味着不可以对进口产品征收税率设置条件，但这种条件必须根据产品本身的特征设置，且这种条件的差别使得进口产品不构成相同产品。此外，不得设置除产品本身特征之外的条件作为获取最惠国待遇的条件。最惠国待遇原则中的“无条件”不仅仅要求保障法律形式上的平等，而且要保障实施时事实上的非歧视效果。

3. 国民待遇原则

WTO 中的国民待遇是指对其他成员方的产品、服务或服务提供者及知识产权所有者和持有者所提供的待遇，不低于本国相同产品、服务或服务提供者及知识产权所有者和持有人所享有的待遇。国民待遇原则是非歧视原则的具体表现，也是最惠国待遇原则的补充。

货物贸易领域中的国民待遇原则主要体现于 GATT1994 第 3 条第 1 款、第 2 款、第 4 款、第 5 款和第 7 款。例如，第 3 条第 1 款规定了货物贸易领域中的原则性条款，“各成员方认识到，国内税和其他国内费用、影响产品的国内销售、许诺销售、购买、运输、分销，或适用的法律、法规和规定以及要求产品的混合、加工或适用的特定数量或比例的国内数量法规，不得以为国内生产提供保护的目的对进口产品或国内产品适用”，从而对第 3 条其他各款有着指导意义。第 3 条第 2 款和第 4 款分别规定了国内税费和国内规章方面的国民待遇，第 5 款和第 7 款规定了产品加工方面的国民待遇问题。

服务贸易领域中的国民待遇原则主要体现在 GATS 第 17 条，“每一成员方应在其承诺表所列服务部门或分部门中，根据该表所列条件和资格，给予其他成员方的服务和服务提供者，就所有影响服务提供的政府措施而言，其待遇不低于给予本国相同的服务和服务提供者”，但这些待遇以该成员方在服务贸易承诺表中所列的条件或限制为准，并且在该成员方没有做出开放承诺的服务部门，外国服务或服务提供者不享有国民待遇。

在知识产权领域，TRIPs 的总则中规定，任何成员方对其他成员方国民提供的待遇不得低于对本国国民所提供的待遇，其中，“其他成员方国民”不仅是指在 WTO 各成员方有住所的自然人或法人，还包括符合《保护工业产权巴黎公约》《保护文学和艺术作品伯尔尼公约》《保护表演者、录音制品制作者和广播组织罗马条约》和《有关集成电路的知识产权条约》规定的国民标准；“国民”，在 WTO 的成员是“单独关税区”的情况下，系指居住于该区内或者该区内有实际有效的营业场所的自然人或法人。

在国民待遇原则的适用例外方面，GATT 第 20 条规定的一般例外和第 21 条规定的安全例外构成货物贸易领域中国民待遇原则的例外。在服务贸易领域，除了国家安全与一般例外构成国民待遇的例外之外，因在服务贸易中国民待遇不是必须遵守的一般义务，所以成员方谈判承担义务时可在其承诺表中列出不给予国民待遇的条件。在知识产权领域，TRIPs 规定了不少例外，例如：(1)《保护工业产权巴黎公约》《保护文学和艺术作品伯尔尼公约》《保护表演者、录音制品制作者和广播组织罗马条约》以及《有关集成电路的知识产权条约》中的各自有关国民待遇例外规定均构成 TRIPs 中国民待遇的例外；(2) 对于表演者、录音制品制作者以及广播组织者权利保护的国民待遇范围，仅限于 TRIPs 中已规定的各项权利；(3) 任何可能适用《保护文学和艺术作品伯尔尼公约》第 6 条和《保护表演者、录音制品制作和广播组织罗马条约》第 16.1(b)款而构成国民待遇例外的成员方，必须事先通知与贸易有关的知识产权理事会；(4) 在司法和行政程序上，各成员方可以对其他成员方的国民免除国民待遇义务，但不得违反 TRIPs 的各项规定。例如，在行政程序方面，对于专利、商标的申请代理要求仅限于本国代理人完成等。

4. 市场准入原则

市场准入原则是指 WTO 一成员方允许另一成员方的货物、服务与资本参与本国市场的程度，旨在通过各成员对开放其特定市场所做出的具体承诺，改善市场准入条件，从而达到促进世界贸易增长，保证公平自由的竞争环境。在货物贸易领域，市场准入原则主要体现在关税减让、削减非关税壁垒，以及纺织品与服装、农产品贸易领域，如《农产品协定》建立了关于农产品市场准入的规定，各成员方须做出有约束力的关于市场准入的具体承诺，各成员方在减让表中确定最低限度的市场准入机会，并保证市场准入的机会在承诺实施期间内有实质性的增长。在服务贸易领域，市场准入原则体现为具体承诺的义务，市场准入原则只适用于各成员方所承诺开放的服务部门和分部门，而不适用于未予承诺开放的其余部门。如 GATS 第 16 条规定，当一成员方承诺对某个服务部门的市场准入义务时，给予其他成员方的服务和服务提供者的待遇，应不低于其在服务贸易减让表中所承诺的待遇。

5. 透明度原则

透明度原则是指 WTO 成员方应公布所制定和实施的贸易措施及其变化情况，没有公布的措施不得实施，且应将贸易措施及其变化情况，以及有关影响国际贸易政策的国际协定及时公布和通知 WTO。透明度对于增加市场竞争的可预见性以及减少政府暗箱操作无疑具有重要作用。

公布的具体内容包括：产品的海关关税分类和海关估价等海关事务；对产品征收的关税税率、国内税税率和其他费用；对产品进出口所设立的禁止或限制等措施；对进出口支付转账所设立的禁止或限制等措施；影响进出口产品的销售、分销、运输、保险、仓储、检验、展览、加工、与国产品混合适用或其他用途的要求；有关反倾销、反补贴、保障措施等贸易措施；有关服务贸易的法律、法规和措施；有关知识产权的法律、法规、司法判例和行政裁定；WTO 成员方签订的其他影响国际贸易政策的协定等。WTO 规定，成员方应迅速公布和公开有关贸易法律、法规、政策和措施，最迟应在生效之时公开或公布，使 WTO 其他成员方和贸易从事者及时得以知晓，在公布前不得提前采取措施。

关于贸易政策的通知方面，WTO《关于通知程序的部长决定》重申了一般性的通知义务，成立由 WTO 秘书处负责的通知登记中心，负责记录收到的所有通知，向成员方提供有关通知内容，并提醒成员方履行通知义务。其附件列出“需要通报措施的说明性清单”，包括：关税、关税配额和附加税、数量限制、许可证程序和国产化要求等其他非关税措施、征收差价税的情况、海关估价、原产地规则、政府采购、贸易技术壁垒、保障措施、反倾销措施、反补贴措施、出口税、出口补贴、免税和出口优惠融资、自由贸易区的情况、出口限制、其他政府援助、国营贸易企业的作用、与进出口有关的外汇关制，以及政府授权进行的补偿贸易等涉及货物贸易的措施。

在服务贸易领域，GATS 第 3 条第 3 款规定：“各成员方对现行法律、法规或行政规定，如有新的规定或有所改变，以致严重影响本协定项下的有关服务贸易的特定义务时，应立即或至少每年向服务贸易理事会提出报告。”在知识产权领域，TRIPs 第 36 条第 1 款、第 2 款规定，任何成员方应将通过的法律、法规向知识产权理事会通报。

WTO 各协定对通知的期限作了不同规定。(1) 不定期通知。不定期通知主要适用于法律、法规、政策、措施的更新，如《贸易技术壁垒协定》规定，只要成员方国内通过了新的技术法规和合格评定程序，就要立即通知。(2) 一次性通知。如《装运前检验协定》要求，在《WTO 协定》对有关成员方生效时，一次性通知其国内有关装运前检验的法律和法规。(3) 定期多次通知。各协定中有的要求每半年通知一次，但大部分则要求每年通知一次，如《农产品协定》要求，成员方应每年通知对国内生产者提供的补贴总量。

6. 公平竞争原则

WTO 公平竞争原则是指 WTO 成员方应避免采取扭曲市场竞争的措施，纠正不公平贸易行为，创造和维护公平、公正和自由的市场环境。公平竞争原则不仅涉及成员方的政府行为，也涉及成员方的企业行为。

在货物贸易领域，《反倾销协定》规定，允许进口成员方征收反倾销税抵销出口倾销而取得的竞争优势;《补贴与反补贴措施协定》规定,因政府对本国特定出口产品提供财政资助,人为增加产品竞争优势,使进口方同类产品处于不平等竞争地位时,进口成员方可以征收反补贴税。在知识产权领域,TRIPs要求成员方加强对知识产权的有效保护,防止仿造、假冒和盗版等不公平竞争行为。此外,对知识产权许可合同中限制竞争的行为作出了规定,允许成员方采取适当措施,防止或限制以下违反公平竞争的商业做法:(1)防止被许可人对许可合同中的知识产权的有效性提出质疑;(2)进行强制性一揽子许可;(3)在许可合同中规定排他性返售条件;(4)其他滥用知识产权的行为。

第四节　WTO与我国

一、我国加入WTO的历史

1. GATT创始缔约方

我国是GATT的创始缔约方之一。1947年4月至10月,当时的中华民国政府代表我国,参加了联合国经济和社会理事会在瑞士日内瓦召开的国际贸易与就业会议第二次筹备委员会会议。在此期间,我国同美国、英国、法国、荷兰、比利时、卢森堡等18个国家进行了关税减让谈判,达成了关税减让书案边协议,并参与了拟定GATT的工作。1947年10月30日,23个国家在日内瓦签署了GATT;1948年4月21日,当时的中国政府签署了《关贸总协定临时适用议定书》,30天后的5月21日,我国成为GATT创始缔约方之一。1949年10月1日,中华人民共和国成立。但台湾当局于1950年3月6日通过其所谓的"常驻联合国代表"照会联合国秘书长,决定退出GATT,联合秘书长致函GATT执行秘书(1965年改为总干事),其已答复台湾当局相关部门领导人,于1950年5月5日起退出生效,并用电报向GATT其他缔约方分别做了通报。当时捷克等一些国家的代表对台湾当局退出声明的法律效力提出了质疑。

【思考题】　台湾当局宣布中国退出GATT是否有效?

台湾当局退出GATT之后,我国当时并没有及时恢复在GATT中的缔约方地位。20世纪80年代初期,随着我国改革开放的推进,我国开始与GATT进行联络。1981年,中国代表列席了GATT纺织品委员会第三个多种纤维协议的谈判,1982年,我国第一次派代表团以观察员身份列席了GATT第38届缔约方大会,1983年11月15日正式签署第三个国际纺织品贸易协议,成为GATT下的纺织品委员会的正式成员。1984年4月,中国观察员地位扩展到了GATT理事会及其附属机构的会议。

2. 恢复 GATT 的地位谈判

1986 年 1 月，在 GATT 总干事邓克尔来访中国时，我国领导人正式表示要求恢复我国在 GATT 的缔约方地位。同年 7 月 10 日，我国驻日内瓦常驻代表正式向总干事提交了恢复 GATT 缔约方地位的照会。提出该申请后，我国政府随即参加了 GATT 第 8 轮谈判，即乌拉圭回合谈判。1987 年 2 月 13 日，我国政府向 GATT 正式提交了《中国对外贸易管理备忘录》；1987 年 6 月，GATT 成立了“中国的缔约方地位工作组”，其职责为审议我国的外贸制度、起草关于我国恢复 GATT 缔约方地位的议定书，以及提供进行关税减让谈判的场所。从此，我国恢复关贸总协定创始缔约方地位的谈判，即复关谈判正式开启。我国政府代表团参加了乌拉圭回合历次重要的谈判和 3 次部长级会议，并就农产品、非农产品和服务业及知识产权保护等方面提交了具体义务承诺表，为乌拉圭回合最终取得成功做出了贡献。但是在复关谈判上，由于主要西方国家借以我国改革开放以来迅速崛起的经济地位，要求我国承担发达国家在 GATT 中承担的义务，从而使得复关谈判非常艰辛。一直到 1994 年 12 月 20 日在日内瓦举行的 GATT 中国工作组第 19 次会议，仍未能达成复关协议。

3. 加入 WTO 谈判

1995 年年底，应我国政府要求，中国的缔约方地位工作组更名为中国入世工作组，我国复关谈判转变成入世谈判。1996 年 3 月 20—21 日，以当时的对外经济贸易合作部部长助理为团长的我国入世谈判代表团赴日内瓦出席了中国入世工作组第一次会议，表明了我国入世立场未变，以及参与世界贸易组织的进程的决心未变。1997 年，中国入世工作组举行了 4 次会议，就我国入世议定书的部分条款达成了一致。特别是在 1997 年 12 月召开的第 6 次会议上，我国在服务贸易领域提出的最新建议得到了美国、日本、澳大利亚、挪威、新西兰、阿根廷等国代表的欢迎。我国与 WTO 成员方之间的双边谈判也得以循序渐进，到 1998 年 5 月，已经结束了同新西兰、匈牙利、捷克、斯洛伐克、巴基斯坦、土耳其、印度尼西亚、韩国和新加坡等国家的双边谈判，而且同当时的最大贸易伙伴国日本就货物贸易达成了协议。但是同美国的双边谈判则因 1999 年 5 月美国对中国驻南斯拉夫联盟共和国大使馆的轰炸等而一直很坎坷，直到 1999 年 11 月才达成双边协定。

随着我国与 30 多个主要 WTO 成员方的双边谈判的结束，2001 年 11 月 10 日，在卡塔尔多哈举行的 WTO 第四次部长级会议上，《关于中华人民共和国加入世界贸易组织的决定》和《中华人民共和国加入世界贸易组织议定书》审议通过。11 日晚，原对外经济贸易合作部部长代表我国政府签署《中华人民共和国加入世界贸易组织议定书》，并向 WTO 秘书处递交了中华人民共和国主席签署的批准书，完成加入 WTO 的所有法律程序。2001 年 12 月 11 日，我国正式成为 WTO 成员。

二、我国加入 WTO 后的权利和义务

我国加入 WTO 的法律文件主要包括《关于中华人民共和国加入世界贸易组织的决定》、《中华人民共和国加入世界贸易组织议定书》及其附件，以及《中国加入世界贸易组织工作组报告书》。这些文件与《WTO 协定》及其附件共同构成了我国加入 WTO 后应遵循的法律规则，是我国加入 WTO 后享有权利和履行义务的法律依据。

1. 加入 WTO 后所享有的权利

加入 WTO 后我国所享有的权利可归纳为以下四种。(1) 享有 WTO 多边贸易体制已确立的待遇的权利，如享受最惠国待遇；享受 WTO《纺织品和与服装协定》一体化带来的解除配额限制的成果。(2) 享有双边谈判带来的特别权利，例如，我国保留对国内产业进行必要补贴的权利，保留对粮食、植物油等 8 大类关系国计民生的重要产品进行国营贸易的权利，对茶、玉米、大豆、钨矿砂、煤炭、原油、成品油、丝、未漂白丝、棉花、棉花线、棉织物等实行国营贸易的出口管理，对鳗鱼苗、铅、锌、锡等 84 个税号资源型产品征收出口税的权利，以及对进出口产品进行法定检验的权利。维持国家定价和政府指导价的权利，在必要情况下，在向 WTO 秘书处做出通知后，可以增加政府定价和指导价的产品和服务，这些权利包括：保留对烟草、食盐、天然气、部分药品等产品，民用煤气、自来水、电力、热力、灌溉用水等公用事业，以及邮电、旅游景点门票、教育等服务保留政府定价的权利；对粮食、植物油、成品油、化肥、蚕茧、棉花等产品和运输、专业服务、服务代理、银行结算、清算和传输、住宅销售和租用、医疗服务等服务保留实行政府指导价的权利。(3) 获得适当过渡期和逐步开放的权利。例如，关税减让实施期最长到 2008 年，对于与国民待遇相悖的一些措施，包括涉及药品、酒类和化学品等保留 1 年的过渡期；逐步取消 400 多项非关税措施，逐步开放服务贸易市场。(4) 享有全面参与多边贸易体制的权利，包括参与 WTO 部长级会议、总理事会、各委员会的所有正式和非正式会议，全面参与贸易政策审议机制，充分利用 WTO 争端解决机制，以及全面参与 WTO 成立后新一轮贸易谈判，与新申请加入方进行谈判等权利。

2. 加入 WTO 后所负有的义务

加入 WTO 后我国所负有的主要义务可归纳为两种。(1) 遵守 WTO 基本原则的义务，包括保证在整个中国关税领土内统一实施贸易政策的义务，公布所有涉外经济与贸易法律、法规和部门规章的透明度义务，不得歧视义务，独立公正进行司法审查的义务，每四年一次接受贸易政策审议的义务等。(2) 遵守履行加入 WTO 承诺的义务，包括在货物贸易领域，减让关税、为农产品提供最低市场准入机会的义务，在服务贸易中根据减让表允许市场准入的义务，以及在知识产权和投资方面，全面实施 TRIPs 和与贸易有关的投资措施协定的义务。

三、我国加入WTO后取得的成果

加入世界贸易组织，是我国改革开放进程中的一个重要里程碑，在经济发展、全球治理以及政治外交等方面均取得了丰硕的成果。

1. 经济发展

加入WTO给我国带来的最直接的和最显著的成果就是加速了我国的经济发展和减贫进程，例如，在进出口贸易领域，2001—2015年，我国进出口贸易总额由5 000多亿美元扩大至40 000多亿美元，占世界贸易的比重由4%升至13%以上，2009年我国跃居世界第一大出口国，经济规模超过英国、法国、德国、日本，成为世界第二大经济体。同时，让8亿人民成功脱贫。

我国在保持自身增长的同时，也为促进世界各国贸易发展和民众福祉做出了重要贡献。例如，当2008年的金融危机使得全球经济出现衰退，西方国家纷纷出现经济缩水时，我国仍保持开放，对世界经济做出了贡献。

2. 全球治理

我国坚持走多边主义道路，同广大世界贸易组织成员一起维护WTO核心价值和基本原则，坚定支持以规则为基础的多边贸易体制。首先，恪守世界贸易规则，切实践诺守信。截至2010年我国已履行完毕加入WTO时所做出的所有承诺，集中清理了2 300多部法律法规和部门规章，进一步降低关税，全面放开外贸经营权，进一步扩大服务市场开放。其次，我国全面参与、支持世界贸易组织工作，积极参与《信息技术协定》和《贸易便利化协定》等规则谈判，并为协议的最终达成做出重要贡献。特别是在推进贸易自由化便利化方面，我国率先签署《贸易便利化协定》，推动世界贸易组织在全球经济治理中发挥重大作用，支持更多发展中国家融入经济全球化进程并从中受益。

3. 政治外交

我国加入世界贸易组织后，为提升发展中国家的话语权和影响力做出了重要贡献。美国、欧盟、日本和加拿大四方长期在世界贸易组织决策过程中占据主导地位，任何重要协议先由四方筹划好之后，通过各种途径、调动各种资源，促使发展中国家接受。自我国加入WTO之后，与印度、巴西、南非、阿根廷等国家，东盟、非洲、拉丁美洲等广大发展中国家密切合作，在整个多哈回合谈判中发挥了举足轻重的作用，从而确立了我国在世界贸易组织中核心成员的地位。

本章重点

- 试述WTO的基本法律原则。

❖ 试述 WTO 的争端解决制度。

❖ 简述最惠国待遇原则和国民待遇原则的联系与区别。

❖ 简述 WTO 的主要职能。

❖ 简述 WTO 的法律地位。

❖ 简述 WTO 的加入程序。

❖ 简述我国加入 WTO 后的权利和义务。

思考题

❖ 我国复关及其入世谈判长达 15 年之久的原因是什么？

❖ WTO 争端解决机构停摆的主要原因以及解决方案是什么？

❖ 美国在 GATT－WTO 多边贸易机制中的角色是什么？

阅读扩展目录

❖ 赵宏.论世界贸易组织的谈判机制[J].国际贸易，2016(12)：4－9.

❖ 石静霞.世界贸易组织上诉机构的危机与改革[J].法商研究，2019，36(3)：150－163.

❖ 韩永红.特殊与差别待遇：超越世界贸易组织的改革路径[J].政治与法律，2019(11)：136－144.

❖ 胡加祥.上诉机构“停摆”之后的 WTO 争端解决机制何去何从[J].国际经贸探索，2020，36(1)：90－98.

本章知识树

- 世界贸易组织法
  - 世界贸易组织概述
    - 世界贸易组织的产生
    - 世界贸易组织的发展沿革及其成就
  - 作为国际组织的 WTO
    - WTO 的宗旨
    - WTO 的主要职能
    - WTO 的机构
    - WTO 的法律地位
    - WTO 的加入程序
  - 实体规范的《WTO 协定》
    - 《WTO 协定》的主要框架
    - WTO 的基本法律原则
  - WTO 与我国
    - 我国加入 WTO 的历史
    - 我国加入 WTO 后的权利和义务
    - 我国加入 WTO 后取得的成果

第十三章　国际环境法

案例导入

【案情】　“阿莫科·卡迪兹号”是一艘在利比里亚注册的超级油轮，为美国标准石油公司的子公司使用。1978 年 3 月 16 日，该油轮在法国布列坦尼海岸附近触礁搁浅，泄漏约 22 万吨原油，造成史无前例的海洋石油污染事故。此次污染事故对渔业、旅游业损害极大，连同清理海面油污的费用在内，损失共约数亿美元。法国的受害人向该油轮所有人的所在地美国伊利诺伊州的法院起诉，该美国法院受理此案。法国和利比里亚均为 1969 年《国际油污损害民事责任公约》的缔约方。根据该公约，该油轮所有人和运输公司均应对油污事件造成的损害负严格的法律责任，但责任只限于一定的数额。这个数额只能弥补很少一部分的损失，大部分的损失就落在法国的各级地方机关、个人及石油保险公司等主体身上。争执的主要法律问题之一是，根据公约或其他可适用的法律，能不能向其他有关方面提出赔偿要求？

【问题】　油轮的海洋污染损害责任的主体范围是什么？

第一节　国际环境法概述

一、国际环境法的概念

国际环境法是指调整国际法主体间在开发利用、保护和改善环境过程中产生的国际关系，并具有拘束力的原则、规则和制度的总称。国际环境法的主体主要是国家，其客体是国家间在利用、保护和改善环境的国际交往中产生的国际关系，其目的是在国际社会建立一个有利于人类社会和自然持续发展的新的国际法律秩序。正如 1972 年《联合国人类环境会议宣言》所提出的，“保护和改善人类环境是关系到全世界各国人民的幸福和经济发展的重要问题，也是全世界各国人民的迫切希望和各国政府的责任”“各国有责任保证在它们管辖或控制之内的活动，不致损害其他国家的或在国家管辖范围以外地区的环境”。再如，1989 年联合国大会关于召开环境与发展大会的第 44/228 号决议宣布，“大会……认识到保护和改善环境对所有国家的重要性……决定会议在讨论发展方面的环境问题时应以下面各点为目标……促进国际环境法的进一步发展”。

狭义的国际环境法概念的外延包括有关利用、保护和改善环境的条约和国际习惯，而被看作国际法的“软法”且不具有法律约束力的一般法律原则、司法判例、国际法学说和国际组织的决议，可作为广义的国际环境法概念的外延的一部分。

作为国际法的一个分支，国际环境法除了具备国际法的基本特征之外，还具备如下四点特征。(1) 国际环境法的公益性。正如国际环境法的目的所示，国际环境法为各国人民利用、保护和改善地球环境的行为设定了规则，使其始终不超出地球环境的永续性所需要的限度，从而保护地球环境这个最大的、根本的“公共资源”或“公共品”，因此国际环境法具有很强的公益性。(2) 国际环境法的边缘综合性。国际环境法是融汇多种学科知识，并对多种学科产生影响的边缘学科。在法学体系内，国际环境法不仅同国际海洋法、国际空间法、世界贸易组织法以及国际投资法等国际法其他部门法相互渗透和交叉，而且同民法、刑法、行政法、民事诉讼法和经济法等国内法有密切联系。在法学体系外，国际环境法与环境科学、经济学、天文学、生物学、地理学、政治学以及国际关系学等学科都有密切联系。(3) 国际环境法的科学技术性。国际环境法的学科交叉性决定了国际环境法具有很强的科学技术性，因为国际环境法研究对象的本质，即国际环境问题的原因及其后果的判定需要科学技术的支持和论证，且其规范内容不可避免地涵盖技术规范。例如，1972 年《防止船舶和飞机倾弃废物污染海洋公约》将废弃物按其毒性、持久性和对生物和海洋环境的影响，分为“黑名单”“灰名单”和“白名单”三类，分别规定禁止倾弃、经特别许可方可倾弃和经一般许可方可倾弃等三种管理办法。(4) 国际环境法的发展性。国际环境法是在国际环境问题日趋严峻的情况下形成和发展起来的一个新的法律部门，是为了改善和保护国际生态环境和生活环境而产生的，也是国际法进步和发展的必然产物。但国际社会缺乏一个基本的、纲领性的、规定各国的环境基本权利和义务、能够把现有国际环境法的各种规范统一起来的公约或条约，诸多环境条款尚处于“软法”阶段，是在发展和凝固中的一部法律。

二、国际环境法的渊源

国际环境法的渊源主要有与环境问题相关的国际条约、国际习惯法、一般法律原则、司法判例、国际法学说和“公允及善良”原则，以及国际组织的决议等法律文件。其中，国际条约、国际习惯法、国际组织的决议等法律文件则为国际环境法渊源的主要表现。

1. 国际条约

条约是国际环境法的主要渊源之一，包括有关环境问题的全球性公约、区域性条约、多边条约和双边条约，其数量达 900 多项。其中，1946 年《国际捕鲸管制公约》、1971 年《关于特别是作为水禽栖息地的国际重要湿地公约》、1972 年《防止倾倒废物及其他物质污染海洋的公约》、1972 年《保护世界文化和自然遗产公约》、1973 年《国际防止船舶造成污染公约》及其 1978 年议定书、1973 年《濒危野生动植物种国际贸易公约》、1989 年《控制危险废物越境转移及其处置巴塞尔公约》、1992 年《联合国气候变化框架公约》和《生物多样性公约》等，因其为国际社会创立了有关环境问题的国际法一般规则，而被称为国际环境法领域的“造法性条约”。

此外，国际环境法的发展性特征确定了国际环境法相关条约法编纂技术的发展形式，较多地应用“框架公约＋议定书＋附件”的发展形式。例如，在国际合作保护臭氧层方面，1985 年制定了《保护臭氧层维也纳公约》，1987 年签署了《关于消耗臭氧层物质的蒙特利尔议定书》及其附件等。这种“框架公约＋议定书＋附件”的发展形式，不仅有利于各缔约方就重大问题达成一致，不致因为一些具体问题上的分歧而影响在原则问题上的一致，而且有利于条约的修订，不致因为对议定书和附件所规定的非重大原则条款进行修订而影响整个条约的效力。

2. 国际习惯法

由于国际环境法是一个新兴的国际法领域，所以国际环境法领域的国际习惯法还没有形成，但在国际条约以及司法判例中出现了一些习惯法的萌芽。如污染者负担原则、环境影响评价原则以及“不得损害其他国家或在国家管辖范围以外地区的环境的原则”等，但学术界对此仍存有争议。

3. 国际组织的决议等法律文件

与国际环境问题相关的最重要的国际组织法律文件是联合国大会的决议。按照《联合国宪章》第 25 条的规定，联合国大会的决议只是“建议性”的文件，不具有法律约束力。例如，1962 年联合国大会第 17 届会议关于《关于自然资源之永久主权宣言》的第 1803 号决议、1992 年联合国大会第 47 届会议关于《里约环境与发展宣言》的第 47/190 号决议，以及《联合国人类环境会议宣言》《21 世纪议程》等“软法”文件。

三、国际环境法的基本原则

1. 国家资源开发主权权利和不损害国外环境责任原则

国家资源开发主权权利和不损害国外环境责任原则不仅在 1972 年《联合国人类环境会议宣言》和 1992 年《里约环境与发展宣言》中得到宣示，而且在《关于特别是作为水禽栖息地的国际重要湿地公约》《控制危险废物越境转移及其处置巴塞尔公约》《联合国气候变化框架公约》《生物多样性公约》等诸多国际公约，以及 1974 年“核试验案”、1996 年国际法院“关于威胁或使用核武器的合法性的法律咨询意见”等国际司法实践中得以确认。例如，《联合国人类环境会议宣言》第 21 条规定，“按照联合国宪章和国际法原则，各国有按本国的环境政策开发自己资源的主权；并且有责任保证在他们管辖或控制之内的活动，不致损害其他国家的或在国家管辖范围以外地区的环境”。该原则包含两种含义，即各国拥有开发本国自然资源的主权权利，以及各国负有的确保在其管辖范围内或在其控制下的活动，不致损害其他国家或在各国管辖范围以外地区的环境义务。

2. 国际合作原则

国际合作原则是国际环境法的基石，因为国际合作是国际环境立法和国际环境法实施的必要条件。全方位、全因子、整体问题和局部问题相互交叉和相互促进等国际环境问题的特点决定了在立法上，各国须克服利益冲突、协调意志、相互合作才能达成国际环境法规则，才能有效实施国际环境法。《联合国人类环境会议宣言》第 24 条、《里约环境与发展宣言》第 27 条等都确认了各国在国际环境保护方面的国际合作义务。此外，国际合作原则表现为国际环境法的一些具体制度和措施，如信息共享、参与决策、环境评估、环境标准的越境强制执行等技术性措施。例如，1991 年《跨界环境影响评价公约》要求缔约方进行合作，对具有跨界环境影响的环境影响进行评价；1982 年《联合国海洋法公约》第 61 条、第 143 条、第 200 条和第 244 条要求缔约方交流有关渔业资源保护、海洋污染方面的情报和数据；1989 年《控制危险废物越境转移及其处置巴塞尔公约》要求缔约方为控制危险废物的越境转移，而在情报和资料交换、监测、无害技术等方面进行合作。

3. 可持续发展原则

自 1987 年布伦特兰报告书《我们共同的未来》首次提出可持续发展概念以来，可持续发展及其四个核心要素作为一项原则，获得了国际公约、国际组织决议以及国际司法实践的承认和支持。例如，1992 年的《生物多样性公约》在序言中重申“各国有责任保护自己的生物多样性并以可持久的方式使用自己的生物资源”，其中“持久使用”被界定为“使用生物多样性组成部分的方式和速度不会导致生物多样性的长期衰落，从而保持其满足今世后代的需要和期望的潜力”；1992 年《联合国气候变化框架公约》规定“各缔约方有权并且应当促进可持续的发展”；国际法院在 1997 年匈牙利和斯洛伐克的“盖巴斯科夫-纳吉玛洛水利枢纽工程案”中，法官在谈及人类因经济和其他原因干涉自然而使当代和后代所面临的风险时，回顾了过去二十年国际社会制定的规范和标准，并认为在可持续发展的概念中有必要使经济发展和保护环境保持一致，即整体性；在 WTO“海虾和海龟案”中，国际法院在裁决注释中指出，“《WTO 协定》序言中的‘可持续发展目标’是已被普遍接受为整合经济、社会发展和环境保护的概念”。

根据《我们共同的未来》，可持续发展是指“既满足当代人的需要，又不对后代人满足其需要的能力构成危害的发展”，包含代际公平、代内公平、可持续利用，以及环境与发展一体化等四个核心要素。其中，代际公平是布伦特兰报告书的重点，是可持续发展的核心本质，确定了各世代人负有留给后代人生存和发展所必要环境和自然资源，且至少要保持其所继承的环境和自然资源水平的义务。代内公平作为可持续发展的重要因素之一，是指在利用自然资源时应考虑其他国家的需要，是代内的所有人，不论其国籍、种族、性别、经济发展水平和文化等方面的差异，对于利用自然资源和享受清洁、良好的环境享有平等的权利。可持续利用是指以可持续的方式利用自然资源，对于可再生资源，则在保持它的最佳再生能力的前提下利用，对于不可再生资源，则是保存和不以使其耗尽的方式利用。环境与发展一体化是指将保护环境与经济和其他方面的发展有机地结合起来，不仅要求在制定经济和其他方面的发展计划时切实考虑保护环境的需要，而且要求在追求保护环境目标时充分考虑发展的需要。

4. 预防原则

根据《里约环境与发展宣言》的原则十五，预防原则是指“任何可能影响环境的决策和行动都应在其最初阶段充分考虑有关的环境要求，遇有严重或不可逆转损害的威胁时，不得以缺乏科学充分确定证据为理由，延迟采取成本效益的措施防止环境恶化”。

预防原则作为国际环境法的重要原则得到了很多国际环境公约的确认，例如，1982 年《联合国海洋法公约》第 194 条第 1 款规定，“各国应在适当情形下个别或联合地采取一切符合本公约的必要措施，防止、减少和控制任何来源的海洋环境污染”；1985 年《保护臭氧层维也纳公约》第 2 条第 2 款规定，“采取适当的立法行政措施，从事合作，协调适当的政策，以便在发现其管辖或控制范围内的某些人类活动，已经或可能由于改变或可能改变臭氧层而造成不利影响时，对这些活动加以控制、限制、削减或禁止”。

5. 共同但有区别的责任原则

共同但有区别的责任原则指的是由于地球生态系统的整体性和导致全球环境退化的各种不同因素，各国对保护全球环境负有共同的但是又有区别的责任。其中，共同责任是指各国对保护全球环境的责任和义务是共同的，有区别的责任是指在发达国家和发展中国家之间的共同责任是有区别的。有区别的责任是对共同责任的具体化和对共同责任的再分配。

共同但有区别的责任原则初步确立于 1992 年《里约环境与发展宣言》，其原则七指出：“各国应当本着全球伙伴精神，为保存、保护和恢复地球生态系统的健康和完整进行合作。鉴于导致全球环境退化的各种不同因素，各国负有共同的但是又有区别的责任。”此外，1987 年《关于消耗臭氧层物质的蒙特利尔议定书》、1992 年《联合国气候变化框架公约》以及 1997 年《京都议定书》都规定了共同但有区别的责任原则。

第二节 大气环境的保护

一、大气污染防治

大气污染是指大气因某种物质的介入，而导致其化学、物理、生物或放射性等方面特性的改变，从而影响大气的有效利用，危害人体健康或财产安全，破坏自然生态系统，造成大气质量恶化的现象。

1968年欧洲理事会部长委员会通过《欧洲关于控制大气污染原则宣言》提出了预防原则等一系列原则。1972年在斯德哥尔摩通过的《联合国人类环境会议宣言》尽管没有对大气污染进行专门的规定，但在其他污染形式中也提到了大气污染。

关于大气污染防治的重要国际法律文件有1979年通过的《远距离跨界大气污染公约》和1985年通过的《保护臭氧层维也纳公约》及其议定书。

1.《远距离跨界大气污染公约》

1979年《远距离跨界大气污染公约》是国际大气环境保护方面的一个重要的区域性多边公约，由联合国欧洲经济委员会主持签订于1979年11月13日，并于1983年3月16日生效。公约的批准国包括所有欧洲国家、美国和加拿大等30多个国家。

《远距离跨界大气污染公约》是一部框架性公约，其目的在于保护人类及其环境不受来自大气的污染，限制并尽可能减少和防止大气污染以及远距离越境污染。公约第1条规定，“远距离跨界大气污染”是指其物质来源全部或部分处于一国管辖范围内的区域，而对另一国管辖内的区域具有损害影响的大气污染。公约第2—5条规定了四项基本原则：(1) 缔约方决心保护人类及其环境免受大气污染的危害，并努力限制和最大限度地逐步减少和防止大气污染；(2) 缔约方必须通过信息交流、磋商、研究和监测尽快制定控制大气污染物排放的政策和战略；(3) 缔约方必须交流并审查其有关控制大气污染物排放的政策、科学活动和技术措施；(4) 受远距离跨界大气污染影响的缔约方与远距离大气污染的起源地缔约方须应要求及早进行磋商。

公约只规定了基本的原则和制度，未对大气污染的防治规定进行实质性规范，因此公约存在实施不力的问题。在该公约下，欧洲共同体各国分别签署了《关于至少减少30％硫排放或其跨界流动的议定书》(1985年)、《关于削减氮氧化物排放的议定书》(1988年)等8项议定书，对公约框架内的一些具体问题作出了规定，如《关于至少减少30％硫排放或其跨界流动的议定书》要求缔约方以1980年的排放水平为基线，将其全国年度硫排放或其跨界流动至少减少30％。

2.《保护臭氧层维也纳公约》及其议定书

臭氧层能够吸收外层空间照射到地球的紫外线辐射，但由于人类活动中排放了多种消耗臭氧的物质导致臭氧层耗减，南极上空形成了所谓的“臭氧洞”。为此，20 世纪 80 年代中后期开始，国际社会为保护臭氧层几经努力，于 1985 年 3 月 22 日通过了《保护臭氧层维也纳公约》，该公约于 1998 年 9 月 22 日正式生效，我国于 1989 年加入该公约。

《保护臭氧层维也纳公约》也是一部框架性公约，目的在于保护人类的健康和环境，使其免受人类改变或可能改变臭氧层的活动所造成或可能造成的有害影响。公约奠定了系统合作的基础，标志着国际保护臭氧层统一行动的开始，但公约未对损耗臭氧层物质的限制和停止使用规定具体的目标和时间表。

为此，根据《保护臭氧层维也纳公约》第 8 条设立的缔约方会议于 1987 年 9 月在蒙特利尔通过了《关于消耗臭氧层物质的蒙特利尔议定书》，其确定的核心准则之一是各国限制生产和消耗各种不同类型的消耗臭氧层物质；并制订阶段性削减计划，以 1986 年各缔约方的实际使用量为基础，逐步降低受控物质的使用量。《关于消耗臭氧层物质的蒙特利尔议定书》后续于 1990 年、1992 年、1995 年、1997 年和 1999 年进行了调整和修正。

二、气候的国际保护

气候是指大气圈、水圈、生物圈和地圈的整体及其相互作用的系统。气候变化是指除在类似时期内所观测的气候的自然变异之外，由于直接或间接的人类活动改变了地球大气的组成而造成的气候变化。

气候变化问题首次引起国际社会的关注是在 1979 年。在 1979 年由世界气象组织召开的第一届世界气候大会做出声明，号召各国政府“预见和防止可能对人类福利不利的潜在的人为气候变化”。

1985 年 10 月，由联合国环境规划署、世界气象组织和国际科学联盟发起的科学大会呼吁进一步研究气象变化的原因和影响；1988 年 12 月，联合国大会通过了《为人类今世后代保护全球气候的决议》，呼吁各国和国际组织合作努力以防止对气候和生态平衡的不利影响，并批准了联合国环境规划署和世界气象组织共同成立的“政府间气候变化专门委员会”(IPCC)。1989 年 3 月，20 个国家在海牙签署了《海牙宣言》，指出由于大气污染的问题波及全球，只有全球性的努力才能解决这一问题，国际社会应承担维护生态系统平衡和为今世后代保全大气质量的义务。1990 年 8 月，IPCC 通过其第一次气候变化评估报告，同年 10 月召开的第二次世界气候大会接受了该报告，从而为 1992 年《联合国气候变化框架公约》提供了重要的科学依据。1990 年 12 月，联合国大会第 45 届会议以 45/212 号决议决定成立关于气候变化框架公约的政府间谈判委员会。经过 4 次谈判，联合国大会终于在 1992 年 5 月 9 日就公约文本达成最后协议，《联合国气候变化框架公约》于 1992

年6月在联合国环境与发展大会上开放签署，并于1994年3月21日正式生效。自公约1994年生效以来，为了履行公约的义务，缔约方定期召开缔约方会议，其中1997年12月1日至11日在日本京都举行的第三届缔约方会议上通过了具有里程碑意义的《京都议定书》，使得公约的履行又向前迈出了极其重要的一步；2015年12月12日于巴黎举行的第21届联合国气候变化大会上通过的《巴黎协定》则为全球气候工作开辟了新的道路。

1.《联合国气候变化框架公约》

《联合国气候变化框架公约》是第一个全面控制导致全球气候变暖的二氧化碳等温室气体排放，以便应对地球气候变暖给人类经济和社会带来的不利影响的国际公约。公约的目标是“根据公约的有关规定，将大气中温室气体的浓度稳定在防止人为危险干扰气候系统的水平上”。公约规定，缔约方有义务为今世后代的利益、在公平的基础上，根据共同但有区别的责任保护气候系统，对于发展中国家的特殊需要和特殊情况应予以充分考虑；缔约方应采取预防措施，以预见、防止或减少气候变化的原因并缓和不利影响。公约的框架性确立了关于控制温室气体排放，将大气中温室气体的浓度稳定在防止气候系统受到危险的人为干扰的水平上的原则。公约为发展中国家和发达国家规定了有关控制温室气体的不同义务。

2.《京都议定书》

《京都议定书》规定，到2010年，所有发达国家排放的二氧化碳等6种温室气体的数量，要比1990年减少5.2%，发展中国家没有减排义务。

议定书规定了四种允许的减排方式。(1) 两个发达国家之间可以进行排放额度买卖的“排放权交易”，即难以完成削减任务的国家，可以花钱从超额完成任务的国家买进超出的额度。(2) 以“净排放量”计算温室气体排放量，即从本国实际排放量中扣除森林所吸收的二氧化碳的数量。(3) 可以采用绿色开发机制，促使发达国家和发展中国家共同减排温室气体。(4) 可以采用“集团方式”，即欧盟内部的许多国家可视为一个整体，采取有的国家削减、有的国家增加的方法，在总体上完成减排任务。

议定书具有如下重要意义：(1) 没有为发展中国家规定减排义务；(2) 是人类历史上第一个专为发达国家规定温室气体减排义务的具有法律约束力的文件；(3) 以量化的指标和具体的达标时间表落实了发达国家在国际环境事务中的“有区别”的责任。同时，议定书也存在如下不足：(1) 减排目标较低，议定书规定的减排总目标离1996年第二届缔约方会议通过的《日内瓦部长宣言》所指出的消减50%的目标有很大的差距；(2) 核算和核查减排数量时存在不确定因素，例如，森林的作用如何计算、灵活机制应用中的虚假情形如何避免和不同温室气体之间的“全球增温潜值”如何准确转换等都需要进一步的规定。

3.《巴黎协定》

《巴黎协定》于2016年4月22日开放供签署，于2016年11月4日正式生效。《巴黎协定》是继《联合国气候变化框架公约》《京都议定书》之后，人类历史上应对气候变化的第三个里程碑式的国际法律文本，形成了 2020 年后的全球气候治理格局。

《巴黎协定》的主要目标是将 21 世纪的全球平均气温较工业化前水平升高控制在 2℃之内，并努力将气温升幅进一步限制在 1.5℃之内，以加强全球对气候变化威胁的反应。此外，该协定旨在增强各国应对气候变化影响的能力，并使资金流动与温室气体低排放和气候适应性发展的路径保持一致。为了实现这些目标，各缔约方将投入财政资源，以形成新技术框架并加强能力建设，从而支持发展中国家和最脆弱国家根据其本国目标而采取行动。

《巴黎协定》还确立了关于提高适应能力、加强复原力和减少对气候变化的脆弱性的全球适应目标，以促进可持续发展，并确保能够在气温目标方面采取充分的适应对策。缔约方认识到，适应是所有各方面临的全球挑战，是为保护人民、生计和生态系统而采取的气候变化长期全球应对措施的关键组成部分和促进因素。缔约方承认，适应行动应当遵循一种国家驱动的方法，并应纳入相关的社会经济和环境政策以及行动中，认识到在开展适应努力方面国际合作的重要性。

《巴黎协定》还规定，缔约方应酌情合作采取措施，加强气候变化教育、培训、公众意识、公众参与和公众获得信息的机会。

第三节　海洋环境的保护

一、海洋环境保护条约体系

海洋是一个巨大而完整的生态系统，但因为近一个世纪以来人类无节制的陆地生产、生活，以及海洋航行和捕捞活动，海洋生态环境遭受严重污染，这引起了国际社会对海洋污染问题的关注，并开始进行一系列合作以防止和减轻海洋污染。有关防止海洋污染和保护海洋生态环境的国际法逐渐形成体系，并针对不同的海洋污染情况，分别制定了不同的规范。

当前，有关海洋环境保护的一般原则和主要规则，集中体现在 1982 年《联合国海洋法公约》中。但适用于不同类型的污染和不同海域的具体规则和标准，则包括了大量的多边国际公约，例如，1972 年《防止倾倒废物及其他物质污染海洋的公约》及其 1996 年议定书、1973 年《国际防止船舶造成污染公约》及其 1978 年议定书、1969 年《对公海上发生油污事故进行干涉的国际公约》、1973 年《关于油类以外物质造成污染时在公海上进行干涉的议定书》、1989 年《国际救援公约》、1990 年《国际油污防备、反应和合作公约》、1992 年《保护东北大西洋海洋环境公约》等。另外，还有一些区域性国际条约，如

1974年签署、1980年生效，并于1992年修订的《波罗的海地区海洋环境保护相关赫尔辛基公约》等。

二、陆地来源的污染

陆地来源的污染占全部海洋污染的四分之三，包括生活垃圾、工业废物以及农业用的化肥和农药等化学物质，其通过河流进入或直接倒入海洋。关于控制陆地来源污染的条约、议定书和其他文件主要有1982年《联合国海洋法公约》、1974年区域性公约《防止陆源物质海洋污染公约》、1992年《保护东北大西洋海洋环境公约》，以及联合国环境规划署主持签订的区域性海洋环境保护公约及其议定书，如1976年《保护地中海免受污染公约》及其议定书、1981年《保护东南太平洋海洋环境和沿海地区公约》及其议定书、1978年《科威特地区合作防止海洋环境污染公约》及其议定书。此外，还有1985年联合国环境规划署制定的《保护海洋环境免受陆源污染的蒙特利尔准则》，但此文件不具有法律约束力，只有一定的指导作用。

其中，1982年《联合国海洋法公约》未能对污染的控制作出直接规定，而是要求各国制定法律和规章，以防止、减少和控制陆地来源的污染，并考虑国际社会制定的规则、标准和建议的方法及程序，同时要求各国实施这些国内法律、规章和国际规则、标准等。

相比之下，1992年《保护东北大西洋海洋环境公约》不仅明确了陆源的定义，而且规定了缔约方的强制性义务。该公约第1条规定，陆源是陆上点源、散源或海岸，包括通过隧道、管道或其他同陆地相连的海底设施和通过位于缔约方管辖权之下的海洋区域的人造结构故意处置污染物质的源。公约要求缔约方采取控制陆源污染的计划和措施时，针对点源污染应使用最佳可得技术，针对点源和散源污染应使用最佳环境实践，适当情况下，可使用清洁技术。对有些污染物质，如重金属、有机卤素化合物、磷和硅的有机化合物、生物杀虫剂、油类、氮磷化合物、放射性物质的废物和不易降解的合成物质，应用最佳可得技术或最佳环境惯例是强制性的。此外，公约规定所有污染物质的排放必须事先得到许可。

联合国环境规划署主持签订的议定书采用附件形式，其中附件一是黑色名单，属于禁止排放的物质；附件二是灰色名单，属于严格控制排放的物质。

三、海底活动造成的污染

《联合国海洋法公约》第208条、第145条和第209条分别规定了国家管辖的海底活动和国际海底区域的活动造成的污染所应采取的措施。例如，对国家管辖的海底活动，公约第208条规定，沿海国应当制定法律和规章，以防止、减少和控制来自受其管辖的海底活动或与此种活动有关的对海洋环境的污染，以及来自其管辖下的人工岛屿、设施和结构对海洋环境的污染。此外，各国还应通过主管国际组织或外交会议采取行动，制定全球性和区域性规则、标准和建议的办法及程序，以防止、减少和控制此类海洋环境污染。例如，对国际海底区域的活动，公约第 145 条规定，应按照本公约对“区域”内活动采取必要措施，以确保切实保护海洋环境，不受这种活动可能产生的有害影响。为此目的，国际海底管理局应制定适当的规则、规章和程序，以便除其他外：(1) 防止、减少和控制对包括海岸在内的海洋环境的污染和其他危害，并防止干扰海洋环境的生态平衡，特别注意使其不受诸如钻探、挖泥、挖凿、废物处置等活动，以及建造和操作或维修与这种活动有关的设施、管道和其他装置所产生的有害影响；(2) 保护和养护“区域”的自然资源，并防止对海洋环境中动植物的损害。同时，公约第 209 条第 2 款规定，各国应制定法律和规章，以防止、减少和控制由悬挂其旗帜或在其国内登记或在其权力下经营的船只、设施、结构和其他装置所进行的“区域”内活动造成对海洋环境的污染。这种法律和规章的要求的效力应不低于国际海底管理局所制定的国际规则、规章和程序。

四、海洋倾弃造成的污染

通过船舶、航空器、平台或其他运载工具向海洋处置废物或其他陆地废物的行为，包括弃置船舶、航空器、平台和其他浮动工具的行为，对海洋生态环境造成的危害是不可估量的。

《联合国海洋法公约》第 210 条对倾倒规定了原则性条款，即提出了六点要求。(1) 各国应制定法律和规章，以防止、减少或控制倾倒对海洋环境的污染。(2) 各国应采取其他可能必要的措施，以防止、减少和控制这种污染。(3) 这种法律、规章和措施应确保非经各国主管当局准许，不进行倾倒。(4) 各国特别应通过主管国际组织或外交会议采取行动，尽力制定全球性和区域性规则、标准和建议的办法及程序，以防止、减少和控制这种污染。这种规则、标准和建议的办法及程序应根据需要随时重新审查。(5) 非经沿海国事前明示核准，不应在领海和专属经济区内或在大陆架上进行倾倒，沿海国经与由于地理处理可能受倾倒不利影响的其他国家适当审议此事后，有权准许、规定和控制的这种倾倒。(6) 国内法律、规章和措施在防止、减少和控制这种污染方面的效力应不低于全球性规则和标准。

相比之下，1972 年《防止倾倒废物及其他物质污染海洋的公约》则规定得比较详细。公约第 3 条规定，倾倒是指任何从船舶、航空器、平台或其他海上人工构筑物上有意地在海上倾弃废物或其他物质的行为，以及任何有意地在海上弃置船舶、航空器、平台或其他海上人工构筑物的行为，但不包括船舶、航空器、平台或其他海上人工构筑物及其设备的正常操作所附带发生或产生的废物或其他物质的处置，以及并非为了单纯处置物质而放置物质。公约第 4 条第 1 款，将废物分为三类，即禁止倾倒的废物或其他物质，应事先获得特别许可证才可以倾倒的废物或其他物质，以及事先获得一般许可证即可以倾倒的其他废物或物质。公约第7条规定，每一缔约方应将为实施本公约所必要的措施应用于：(1) 在其领土上登记的或悬挂其国旗的所有船舶和航空器；(2) 在其领土上或领海内装载行将倾倒的物质的所有船舶和航空器；(3) 在其管辖下的被认为是从事倾倒活动的所有船舶和航空器，以及固定或浮动平台。每一缔约方应在其领土内采取适当的措施，以防止和处罚违反本公约规定的行为。各缔约方同意合作，以制订有效地适用本公约的程序，特别是适用于公海上的程序，其中包括报告所发现的违反本公约的规定进行倾倒活动的船舶和航空器的程序。

五、来自船舶的污染

来自船舶的污染，包括船舶本身排放的污染和因船舶发生海难事故而引发的船载石油或其他有毒有害物质泄漏引起的海洋污染等两种情况。

1. 控制船舶污染

关于控制船舶污染方面的公约主要有《联合国海洋法公约》和1973年《国际防止船舶造成污染公约》及其1978年议定书。

其中，《联合国海洋法公约》规定了防止船舶引起海洋污染的基本法律框架。例如，公约第211条规定，各国应制定法律和规章，以防止、减少和控制悬挂其旗帜或在其国内登记的船舶对海洋环境的污染。这种法律和规章至少应具备与通过主管国际组织或一般外交会议制定的一般接受的国际规则和标准相同的效力。

相比之下，1973年《国际防止船舶造成污染公约》及其1978年议定书则规定得更加详细。公约及其议定书的目的是“彻底消除有意排放油类和其他有害物质而污染海洋环境，并将这些物质的意外排放减至最低限度”。公约第3条规定，公约及其议定书适用于“有权悬挂一缔约方国旗的船舶”和“无权悬挂一缔约方的国旗但在一缔约方的管辖进行营运的船舶”，不适用于“任何军舰、海军辅助船舶或其他国有或国营并目前只用于政府非商业性服务的船舶”。

此外，《国际防止船舶造成污染公约》规定了对违章排放有害物质的船舶的执行权，即第4条所述的两点内容。(1) 任何违反本公约要求的事件，不论其发生在何处，根据有关船舶主管机关的法律，应予禁止，并给予制裁。如果该主管机关获悉该项违章事件，并确信有充分证据对被声称的违章事件提出诉讼，则应按照法律使这种诉讼尽速进行。(2) 在任一缔约方管辖区域以内的任何违反本公约要求的事件，根据该缔约方的法律，应予禁止，并有相应的制裁措施。每当发生这种违章事件时，该缔约方应：使有关部门按其法律提出诉讼；将其可能掌握的关于已发生违章事件的情况和证据，提交该船舶的主管机关。公约第5条和第6条，还规定了港口国缔约方对停靠该港口或近海装卸站的船舶的检查权，包括检查船舶的证书和检查船舶是否违章排放有害物质。公约要求缔约方向国际海事组织尽快报告船舶向海洋排放或可能排放有害物质的事件。国际海事组织在收到报告后应尽快通知有关方面，如船旗国和可能受影响的国家。

2. 海洋污染事故

国际社会针对海洋污染事故的预防和控制方面签订了诸多公约和议定书，包括1969年《对公海上发生油污事故进行干涉的国际公约》、1973年《关于油类以外物质造成污染时在公海上进行干涉的议定书》、1989年《国际救援公约》、1990年《国际油污防备、反应和合作公约》，以及若干关于海洋污染事故的区域性公约和议定书。

其中，1969年《对公海上发生油污事故进行干涉的国际公约》对缔约方在公海上发生油污事故采取措施的条件作出了比较详细的规定。公约第1条规定，缔约方可以在公海上采取必要措施，防止、减轻或消除由于海上事故，或同事故有关的行动所产生的海上油污或油污威胁而对它们的海岸线或有关利益的严重和紧迫的危险。公约第3条规定，沿岸国在采取上述措施之前，应同受海上事故影响的其他国家，特别是船旗国进行协商，并将拟采取的措施通知其所知道的将会受该措施影响的自然人或法人，并考虑他们提出的意见。公约第5条和第6条规定，沿岸国所采取的干涉措施应同实际损害或有损害危险的情况相适应，否则该缔约方有义务对超过为达到防止、减轻和消除海上油污或油污威胁而采取的合理必要措施所造成的损害给予赔偿。

案例导入答案

【答案】 1984年4月18日和1988年1月12日，伊利诺伊州的地方法院分别对本案的法律责任和赔偿数额做出判决，判决“阿莫科·卡迪兹号”油轮的所有人阿莫科国际石油公司、阿莫科运输公司，以及油轮使用人美国印第安纳标准石油公司应对损害共同或个别承担赔偿责任，共计8 500万美元，并另付利息。法院只适用美国的法律，拒绝适用法国法律和1969年《国际油污损害民事责任公约》。法院对公约做了批判性解释，认为公约规定油轮所有人的严格责任，并不排除其他有关人员的责任，除了代理人和服务人员之外，几乎所有人都要对事故负责。

第四节　自然资源的保护

一、淡水资源的保护

国际环境法在淡水资源的保护方面积累了很多国际司法实践，如常设国际法院1929

年“奥得河国际委员会领土管辖权案”、1937 年“默兹河分流案”，国际仲裁庭 1957 年“拉努湖仲裁案”，以及国际法院 1997 年“盖巴斯科夫-纳吉玛洛水利枢纽工程案”等，为后续形成淡水资源的国际利用和保护相关国际条约体系奠定了基础。

奥得河国际委员会领土管辖权案

《凡尔赛和约》第 331 条第 1 款规定，奥得河(Oder)与奥帕河(Oppa)汇合，同多瑙河一起被宣布为国际河流；第 341 条规定，对奥得河设立国际管理制度，由波兰、俄国、捷克斯洛伐克、英国、法国、丹麦和瑞典等国代表组成的国际委员会进行管理。奥得河及其支流部分流经德国、部分流经波兰，而部分构成德国和波兰的边界。奥得河国际委员会从成立之初起就对委员会的管辖权问题产生了分歧，分歧在于这条河的各个部分是否适用国际管理制度，特别是完全在波兰境内的支流——瓦尔塔河(Warta)和诺泰奇河(Netze)。波兰认为，管辖范围应设在每条河流越过波兰边界的地点，而其他六国则认为，管辖范围应由每条河流不再可航行的地点确定，即使它位于波兰境内。为了解决争端，根据《凡尔赛和约》第 376 条的和解程序，波兰与这六国于 1928 年 10 月 30 日签订特别协定把这一争端提交给常设国际法院解决，要求法院回答以下问题：“奥得河国际委员会的管辖权是否按照《凡尔赛和约》的规定扩大到奥得河支流，但瓦尔塔河和诺泰奇河作为其支流在波兰境内，如果是，为确定委员会上游界限的管辖权必须采用什么原则?”

常设国际法院于 1929 年 9 月 10 日判定：(1) 根据《凡尔赛和约》，奥得河国际委员会的管辖范围扩大到位于波兰境内的瓦尔塔河和诺泰奇河的部分；(2) 为确定奥得河国际委员会上游界限的管辖权而必须采用的原则是《凡尔赛和约》第 331 条规定的原则，即根据《凡尔赛和约》的国际水道所适用原则，流经一国以上的水道在管理上应考虑到沿岸国家的共同利益，这种共同利益决定各沿岸国对于航行具有共同的、平等的法律权利。

默兹河分流案

默兹河是一条国际河流，源于法国境内，流经比利时，在里克斯贺(Lixhe)处成为荷兰和比利时的边界，并在马斯特里赫特(Maestricht)处进入荷兰领土。在博格哈伦(Borgharen)和威塞姆·马斯布拉赫特(Wessem - Maasbracht)之间，默兹河再次成为比利时和荷兰的边界，其后默兹河都在荷兰境内。无论在比利时还是在荷兰，默兹河最重要的功能是为其他水道提供水库，且默兹河流域的居民习惯于利用水路运输。比利时和荷兰对利用默兹河水资源以及运河、水道的使用问题于 1863

年缔结了条约。但随着人口的增加和商业竞争，两国之间就后续建设运河和利用水资源问题产生分歧，因此荷兰于1936年8月1日在常设国际法院向比利时提起诉讼，主张比利时已经或即将执行的与阿尔伯特(Albert)运河相关的工程是对1863年条约的侵犯；比利时则提出反诉，主张荷兰建造的朱丽安娜(Juliana)运河和博格哈伦(Borgharen)大坝也与1863年条约不相容。

常设国际法院驳回了双方的指控，指出双方对其境内的河段和运河有利用的自由，只要该利用不损坏原来的河道或者改变提水量和贮水量。该判决认为沿岸国对其管辖下的河流行使主权权利时，不得妨碍其他沿岸国对该河流行使主权权利。

拉努湖仲裁案

1956年，法国决定拦截拉努湖经卡洛河流往西班牙的河水，以增加拉努湖的贮水量。同时，法国将亚里埃奇河水引入卡洛河，作为补偿。西班牙反对法国这项工程，指责法国违反了两国在1866年签订的《贝约纳条约》。1957年，两国决定将此争议交付国际仲裁庭仲裁。国际仲裁庭驳回了西班牙关于法国的这项工程必须是在两国政府事先同意的前提下的论点。国际仲裁庭认为，这种事先同意是对一国主权的重要限制，但在国际法中找不到这种限制的根据。但国际仲裁庭同时指出，按照1866年《贝约纳条约》附件的有关条款，法国虽有义务通知西班牙当局，与之磋商并考虑下游国家的利益，但其有权就其选择的计划做出最终决定。国际仲裁庭认为“法国有权行使其权利，但不能无视西班牙的利益；西班牙有权要求其权利得到尊重和利益得到考虑”。

与国际淡水资源保护和利用相关的国际条约主要有1997年5月21日联合国大会第51/229号决议通过的《国际水道非航行使用法公约》等全球性条约，以及1978年《亚马孙河合作条约》、1963年《关于莱茵河防止污染的国际委员会协定》、1995年《湄公河流域可持续发展合作协定》和1964年《乍得湖流域开发公约和规约》等一系列区域性条约。

其中，《国际水道非航行使用法公约》是国际社会第一部关于国际淡水资源利用和保护的全球性公约，也是一部框架性公约。公约序言规定，公约的目的是“保证国际水道的利用、开发、养护、管理和保护，并促进为今世后代对其进行最佳和可持续的利用”。公约第1条第1款规定，公约适用于国际水道及其水为航行以外目的的使用，并适用于同这些水道及其水的使用有关的保护、保全和管理措施。此外，公约规定了如“公平合理的利用和参与”“不造成重大损害的义务”“一般合作义务”“交换数据和资料”和“各种使用之间的关系”等与国际水道非航行使用相关的一般原则，并包括了“保护和保全生态系统”“预防、减少和控制污染”“引进外来或新的物种”“保护和保全海洋环境”“管理”“调节”和“设施”等保护内容方面的规定。

除了上述条约之外，1966 年 8 月在国际法协会主持下通过的非政府文件《国际河流水利用的赫尔辛基原则》，尽管对各国不具有法律约束力，但在与国际淡水资源的利用和保护有关的国际法律文件和国家实践中，其为最早的和最经常被援引的关于淡水资源的国际文件。该原则主要包括以下三点规定。(1) 国际流域内的每个国家有权利合理公平地利用流域内的水资源，即确认了国际流域的公平合理利用原则。(2) 各国不应对国际流域内的水体造成任何新的污染或加重现有的污染程度，从而避免对流域内另一国家的境内造成严重损害。国家应为减少各种现有的污染采取一切合理措施，以便不在流域内另一国家的境内造成损害，即规定国家有责任防止和减轻对国际流域水体的污染。(3) 国家有责任停止其引起污染的行为并对同流域国所受的损失提供赔偿，即规定了国家的损害赔偿责任。

二、土壤和森林的保护

国际社会对土壤和森林保护的具有法律约束力的相关国际文书并非很多，以联合国粮食及农业组织于 1981 年 11 月 25 日制定的《世界土壤宪章》和联合国于 1994 年 6 月 17 日在巴黎签订的《联合国关于在发生严重干旱和或荒漠化的国家特别是在非洲防治荒漠化的公约》(以下简称《联合国防治荒漠化公约》)为代表。

《世界土壤宪章》首次对保护和改良土壤的规则作了全面规定。其内容包括关于改善土壤生产力、保护和合理利用土壤、促进土地的最佳利用和各国政府保持土壤的长期生产力的责任等方面。

联合国 1994 年《联合国防治荒漠化公约》于 1996 年 12 月 26 日生效，我国于 1994 年加入该公约。该公约以宣言的方式提出了指导性原则，以规划的方式要求直接受荒漠化影响的发展中国家应将防止荒漠化和干旱置于优先地位，投入必要资金，谋求解决造成荒漠化的人为原因。

《联合国防治荒漠化公约》第 2 条规定了其目标是，在发生严重干旱和/或荒漠化的国家，特别是在非洲防治荒漠化和缓解干旱影响，为此要在所有各级采取有效措施，辅之以在符合《21 世纪议程》的综合办法框架内建立的国际合作和伙伴关系安排，以期协助受影响地区实现可持续发展。为实现公约的目标和履行公约的各项规定，公约第 3 条确认了 4 项指导原则：(1) 应当确保群众和地方社区参与关于防治荒漠化和/或缓解干旱影响的方案的设计和实施决策；(2) 应当本着国际团结和伙伴关系的精神，改善分区域、区域以及国际的合作和协调，并更好地将资金、人力、组织和技术资源集中用于需要的地方；(3) 应当本着伙伴关系的精神在政府所有各级、社区、非政府组织和土地所有者之间发展合作，更好地认识受影响地区土地资源和稀缺的水资源的性质和价值，并争取以可持续的方式利用这些资源；(4) 应当充分考虑到受影响发展中国家缔约方，特别是其中最不发达国家的特殊需要和处境。

此外，《联合国防治荒漠化公约》第 4 条、第 5 条和第 6 条分别规定了缔约方的一般义务、受影响国家缔约方的义务和发达国家缔约方的义务等 3 类义务。

缔约方的一般义务包括：(1) 采取综合办法，处理荒漠化和干旱过程中的自然、生物和社会经济因素；(2) 在有关的国际和区域机构内适当注意受影响发展中国家缔约方在国际贸易、市场安排和债务方面的情况，为促进可持续发展创立扶持性国际经济环境；(3) 把消灭贫困战略纳入防治荒漠化和缓解干旱影响的工作；(4) 促进受影响缔约方之间在与荒漠化和干旱有关的环境保护、土地和水资源养护领域的合作；(5) 加强分区域、区域和国际合作；(6) 在有关政府间组织内开展合作；(7) 适当时确定机构体制，要注意避免重复；(8) 促进利用现有双边和多边资金机制和安排，为受影响的发展中国家缔约方防治荒漠化和缓解干旱影响筹集和输送实质性资金资源。

受影响国家缔约方的义务，除了上述一般义务之外，还包括：(1) 适当优先注意防治荒漠化和缓解干旱影响，按其情况和能力拨出适足的资源；(2) 在可持续发展计划和/或政策框架内制订防治荒漠化和缓解干旱影响的战略和优先顺序；(3) 处理造成荒漠化的根本原因，并特别注意助长荒漠化过程的社会经济因素；(4) 在防治荒漠化和缓解干旱影响的工作中，在非政府组织的支持下，提高当地群众尤其是妇女和青年的认识，并为他们的参与提供便利；(5) 于适当时加强相关的现有法律，若没有这种法律，则颁布新的法律，并制定长期政策和行动方案，以提供一种扶持性环境。

除了一般义务外，发达国家缔约方的义务包括：(1) 在同意的基础上单独或共同地积极支持受影响发展中国家缔约方，特别是非洲国家缔约方，以及最不发达国家为防治荒漠化和缓解干旱影响所做的努力；(2) 提供实质性资金资源和其他形式的支助，以援助受影响发展中国家缔约方，特别是非洲国家缔约方有效地制定和执行防治荒漠化与缓解干旱影响的长期计划以及战略；(3) 促进筹集新的和额外资金；(4) 鼓励从私营部门和其他非政府来源筹集资金；(5) 促进和便利受影响国家缔约方，特别是受影响发展中国家缔约方获得适用技术、知识和诀窍。

三、生物的保护

国际社会很早就开始关注生物资源的保护，如 1867 年《英法渔业公约》、1882 年《北海过量捕鱼公约》、1886 年《莱茵河流域捕捞大马哈鱼的管理条约》等，通过谈判分配各种渔业、海豹等生物资源的开发权，以此希望能够达到可持续捕获的目标。

现有的生物资源保护相关国际条约主要有 1973 年《濒危野生动植物种国际贸易公约》和 1992 年《生物多样性公约》等全球性公约，1968 年《养护自然和自然资源非洲公约》、1940 年《西半球自然和野生生物保护公约》、1979 年《养护欧洲野生物和自然生境公约》和 1985 年东南亚国家联盟国家签订的《关于保护自然和自然资源的协定》等区域性公约，以及 1978 年《国际植物新品种保护公约》、1979 年《保护野生动物迁徙物种公约》和 1958 年《公海生物资源捕捞及养护公约》等特定类型的与生物资源的保护相关的条约等三类。

其中，1973 年《濒危野生动植物种国际贸易公约》的宗旨是通过各缔约方政府间采取有效措施，加强贸易控制来切实保护濒危野生动植物种，确保野生动植物种的持续利用不会因国际贸易而受到影响。公约制定了一个濒危野生动植物种名录，通过许可证制度控制这些物种及其产品的国际贸易，由此使得公约成为打击非法贸易、限制过度利用的有效手段。

1992 年《生物多样性公约》作为国际环境保护领域里的一项重要公约，于 1993 年 12 月 29 日生效，同日对我国生效。公约的目标是保护生物多样性、持久使用其组成部分，以及公平合理分享由利用遗传资源而产生的惠益。公约第 3 条和第 15 条规定了基本原则，“依照联合国宪章和国际法原则，各国具有按照其环境政策开发其资源的主权权利，同时亦负有责任，确保在它管辖或控制范围内的活动，不致对其他国家的环境或国家管辖范围以外地区的环境造成损害”“确认各国对其自然资源拥有的主权权利，因而可否取得遗传资源的决定权属于国家政府，并依照国家法律行使”。

《生物多样性公约》规定了缔约方为保护和持久使用生物资源及生物多样性应采取如下基本措施：(1) 为保护和持久使用生物多样性制定国家战略、计划或方案，或为此目的变通其现有战略、计划或方案；(2) 查明对保护和持久使用生物多样性至关重要的生物多样性组成部分，监测查明的生物多样性组成部分，要特别注意那些需要采取紧急保护措施以及具有最大持久使用潜力的组成部分；(3) 建立保护区系统或需要采取特殊措施以就地保护生物多样性的地区；(4) 主要为辅助就地保护措施起见，最好在生物多样性组成部分的原产国采取措施进行移地保护，最好在遗传资源原产国建立和维持移地保护及研究植物、动物和微生物的设施，采取措施以恢复和复兴受威胁物种并在适当情况下将这些物种重新引进其自然生境中；(5) 在生物多样性组成部分的持久使用方面，缔约方应尽可能并酌情在国家决策过程中考虑到生物资源的保护和持久使用，采取关于使用生物资源的措施，以避免或尽量减少对生物多样性的不利影响，保障及鼓励那些按照传统文件惯例而且符合保护或持久使用要求的生物资源习惯使用方式，在生物多样性已减少的退化地区支助地方居民规划和实施补救行动，鼓励其政府当局和私营部门合作制定生物资源持久使用的方法；(6) 考虑到发展中国家的特殊需要，应在查明、保护和持久使用生物多样性及其组成部分的措施方面建立和维持科技教育和培训方案；(7) 应加强宣传和公众教育；(8) 采取适当程序，要求就其可能对生物多样性产生严重不利影响的拟议项目进行环境影响评价；(9) 应加强信息交流；(10) 应促进技术和科学合作。

此外，《生物多样性公约》第 15 条和第 19 条规定了遗传资源的获取以及公平合理分享由利用遗传资源而产生的惠益。公约第 15 条第 1 款首先重申了各国对其自然资源拥有主权权利，进而确认可否取得遗传资源的决定权属于国家政府，并依照国家法律行使。公约第 15 条第 3 款和第 4 款进一步规定，取得批准后，应按照共同商定的条件进行，且遗传资源的取得必须经提供这种资源的缔约方事先知情同意。就因利用遗传资源而产生的惠益分配方面，公约第 19 条规定，提供遗传资源的缔约方，特别是其中的发展中国家，应在公平的基础上优先取得基于其提供资源的生物技术所产生成果和惠益，此种取得应按共同商定的条件进行。

为了进一步推进“公正和公平分享利用遗传资源所产生的惠益”，经过 6 年谈判，生物多样性公约缔约方大会第十届会议于 2010 年 10 月 29 日在日本名古屋通过了《关于获取遗传资源和公正和公平分享其利用所产生惠益的名古屋议定书》，为向遗传资源的提供者和使用者提供法律上更大的明确性和透明性提供了坚实的基础。通过缔约方国内立法或管制要求支持遵守的具体义务、反映在共同商定的条件中的合同义务等履约规定，以及拟订更加可以预测的获取遗传资源的条件的规定，有助于确保在遗传资源离开提供遗传资源的某一缔约方时惠益的分享。此外，议定书关于获取土著和地方社区所持有的与遗传资源相关的传统知识的规定，可以加强这些社区从利用它们的知识、创新和做法中所产生惠益的能力。通过促进遗传资源和相关传统知识的利用以及增进公正和公平地分享其利用所产生惠益的机会，议定书能够为保护生物多样性、可持续地利用其组成部分和进一步增进生物多样性对可持续发展和人类福祉的贡献而发挥激励作用。

第五节　危险物质和有害废物的控制与管理

一、危险物质的控制与管理

危险物质主要是指有毒化学品、放射性物质和对人类及其环境产生不利影响的由生物技术改变的活生物体等三类物质。这三类物质的生产、经营、运输、处理和利用等相关活动可能给人类带来巨大的灾难，因此国际社会制定了一系列有关危险物质和活动的国际法文件，旨在规范危险物质的活动和管理，预防和减少灾害的发生，以及明确损害责任的承担。

1. 化学品的管理

与化学品的管理相关的国际条约和文件包括化学品登记和分类、化学品国际贸易、持久性有机污染和化学品运输等四个领域。例如，在危险化学品国际贸易方面，1998年9月10日通过、2004年2月24日正式生效的《关于在国际贸易中对某些危险化学品和农药采用事先知情同意程序的鹿特丹公约》，确定了特定危险化学品国际贸易中的事先知情同意程序，是一项具有法律约束力的全球性公约。

《关于在国际贸易中对某些危险化学品和农药采用事先知情同意程序的鹿特丹公约》第1条规定了其目标是“通过便利就国际贸易中的某些危险化学品的特性进行资料交流、为此类化学品的进出口规定一套国家决策程序并将这些决定通知缔约方，以促进缔约方在此类化学品的国际贸易中分担责任和开展合作，保护人类健康和环境免受此类化学品可能造成的危害，并推动以无害环境的方式加以使用”。公约第3条第1款规定，本公约适用于禁用或严格限用的化学品和极为危险的农药制剂。公约第10条、第11条和第12条规定了列入本公约清单的化学物品进口和出口的义务。例如，在进口方面，公约规定缔约方需对列入清单的化学品，在规定的时间内就是否同意进口向秘书处进行答复，并提交本国最后管制行动的化学品清单及相关资料。不同意清单中某一化学品进口的缔约方，应禁止该化学品任何来源的进口及其在本国的生产。秘书处应每6个月将所收到的回复通报各缔约方。在出口方面，出口缔约方应采取适当的立法或行政措施将其他缔约方的答复通知本国有关各方，并采取适当的立法或行政措施，以确保本国出口商遵守每一回复的决定，避免将清单中的化学品出口到不同意进口的另一缔约方境内。缔约方从其境内出口其已禁用或严格限用的某一化学品时，应向进口缔约方发出出口通知。只有收到进口缔约方的同意意见或默许时，出口缔约方才能向进口缔约方发出货物。

2. 放射性物质的管理

在放射性物质的和平利用方面，国际原子能机构已主持并制定了1980年《核材料实物保护公约》、1986年《核事故及早通报公约》、1986年《核事故或辐射紧急情况援助公约》、1994年《核安全公约》和1997年《乏燃料管理安全和放射性废物管理安全联合公约》等5项公约。

其中，《核材料实物保护公约》是一项为了保护用于和平目的的核材料的国际运输的公约，其第4条规定：(1) 任何缔约方不应输出或批准输出核材料，除非该缔约方已经取得保证，即这种材料在国际核运输中将受到附件一所列级别的保护；(2) 任何缔约方不应从非本公约缔约方输入或批准输入核材料，除非该缔约方已经取得保证，即这种材料在国际核运输中将受到附件一所列级别的保护；(3) 任何缔约方不应允许来自非本公约缔约方的核材料经由其陆地或内河航道，或经由其机场或海港运至另一非本公约缔约方，除非该缔约方已经取得尽可能切实的保证，即这种材料在国际核运输中将受到附件一所列级别的保护；(4) 依照前三款规定负责取得核材料将按照附件一所列级别保护保证的缔约方，应指明并预先通知核材料预期运经其陆地或内河航道或进入其机场或海港的各个国家。

《核事故及早通报公约》和《核事故或辐射紧急情况援助公约》是国际原子能机构在

1986年4月苏联乌克兰切尔诺贝利核电站爆炸事故之后，所主持签订的有关核事故的两项条约，两者的目的在于建立一个核事故的及早通报制度，以便将核事故的跨界影响减少到最低程度，建立一个能够在发生核事故时迅速提供援助以便减轻事故后果的国际框架。

《核安全公约》是旨在通过加强本国措施与国际合作，包括适当情况下与安全有关的技术合作，以在世界范围内实现和维持高水平的核安全，公约也适用于核设施的安全。

《乏燃料管理安全和放射性废物管理安全联合公约》是国际社会为处理乏燃料以及放射性废物的管理和贮存安全问题而签订的第一份国际文件。公约第1条规定了其目标主要是，通过加强本国措施和国际合作，包括情况合适时与安全有关的技术合作，以在世界范围内达到和维持乏燃料和放射性废物管理方面的高安全水平。公约第3条规定，本公约适用于民用核反应堆运行所产生的乏燃料的管理安全和民事应用产生的放射性废物的管理安全。

3. 生物的安全管理

细胞组织培养和杂交技术、胚胎移植技术、基因重组技术和一些新的生物处理技术等现代生物技术的应用，往往伴随着巨大的风险，可能对地球物种和生态系统的平衡，乃至人类的健康和安全造成严重的威胁。1992年联合国《生物多样性公约》及其《卡塔赫纳生物安全议定书》、1995年联合国环境规划署《关于生物技术生物安全的国际技术准则》、1991年联合国工业发展组织《关于将微生物引入环境的自愿行为准则》、1990年欧洲共同体《关于转基因微生物的封闭利用的指令》和《关于对环境谨慎引入转基因产品的指令》等国际条约和国际文书，都对现代生物技术的应用作出了规制。

1992年《生物多样性公约》第19条对生物安全管理问题作了两项规定。(1)第3款规定，“缔约方应考虑是否需要一项议定书，规定适当程序，特别包括事先知情协议，适用于可能对生物多样性的保护和持久使用产生不利影响的由生物技术改变的任何活生物体的安全转让、处理和使用，并考虑该议定书的形式”，这是一项考虑制定关于生物安全的专门议定书的规定。(2)第4款规定，“每一个缔约方应直接或要求其管辖下提供以上第3款所指生物体的任何自然人和法人，将该缔约方在处理这种生物体方面规定的使用和安全条例的任何现有资料以及有关该生物体可能产生的不利影响的任何现有资料，提供给将要引进这些生物体的缔约方”，这是一项关于对引进由生物技术改变的活生物体国家提供相关情报的规定。

2000年1月29日，在《生物多样性公约》缔约方会议第一次非常会议中通过的《卡塔赫纳生物安全议定书》第1条，将其目标确定为“依循《里约环境与发展宣言》原则15所订立的预先防范办法，协助确保在安全转移、处理和使用凭借现代生物技术获得的、可能对生物多样性的保护和可持续使用产生不利影响的改性活生物体领域内采取充分的保护措施，同时顾及对人类健康所构成的风险并特别侧重越境转移问题”。议定书第4条、第5条和第6条规定，议定书适用于“可能对生物多样性的保护和可持续使用产生不利影响的所有改性活生物体的越境转移、过境、处理和使用，同时亦顾及对人类健康构成的风险”，但不适用于“由其他有关国际协定或组织予以处理的、用作供人类使用的药物的改性活生物体，以及用于封闭使用的改性活生物体的越境转移”。议定书第 15 条和第 16 条规定，为保护本国的生物多样性和人身健康，进口缔约方有权对拟进口的改性活生物体按照公认的风险评估技术进行风险评估，也可要求出口方进行风险评估，风险评估费用可由出口方承担。风险评估应遵守议定书附件 3 中关于风险评估的规定，缔约方根据风险评估的结果应采取相应的措施。

二、有害或危险废物的控制与管理

1989 年 3 月 22 日签署、1989 年 5 月 24 日生效的《控制危险废物越境转移及其处置巴塞尔公约》为危险废物的越境转移规定了法律框架。该公约于 1992 年 5 月 5 日对我国生效。1990 年国际原子能机构通过的《关于放射性废物国际越境转移的业务守则》是对该公约的补充，规定了放射性废物的管理和转移。

《控制危险废物越境转移及其处置巴塞尔公约》在序言中确定了其目的在于控制和减少公约规定的废物越境转移，把产生的有害废物减至最低限度；将产生的危险废物数量和毒性减至最低限度，并保证在离产生地最近的地方对其进行无害环境的管理；帮助发展中国家对其产生的有害废物和其他废物进行无害环境的管理。

《控制危险废物越境转移及其处置巴塞尔公约》第 4 条确认了各国享有禁止来自外国的危险废物进入其领土或在其领土内处置的主权权利，并规定，如果缔约方禁止进口危险废物，或者没有以书面形式对进口表示同意，其他缔约方就不得向其出口危险废物。此外，公约第 6 条规定了危险废物在缔约方之间越境转移的事先通告和事后报告程序，以及情报管理程序；公约第 8 条和第 9 条规定了危险废物的再进口和非法运输。

本章重点

- 试述国际环境法的基本原则。
- 试述大气环境的国际保护制度。
- 试述海洋环境的国际保护制度。
- 试述自然资源的国际保护制度。
- 试述危险物质的控制和管理制度。

思考题

- 《联合国气候变化框架公约》及其《京都议定书》确定的碳排放交易制度是什么？

❖《世界环境公约(草案)》的编纂工作进展如何?

❖ 国际法有关适应气候变化的法律制度有哪些?

❖ 国家管辖海域外生物遗传资源的获取与惠益分享应遵循什么制度?

阅读扩展目录

❖ 陈红彦.自由贸易协定:提升我国全球气候治理制度性话语权的新路径[J].法学,2020(2):156-171.

❖ 彭亚媛,马忠法.《世界环境公约(草案)》制度创新及中国应对[J].太平洋学报,2020,28(5):14-28.

❖ 孙佑海.绿色"一带一路"环境法规制研究[J].中国法学,2017(6):110-128.

❖ 吕江.从国际法形式效力的视角对美国退出气候变化《巴黎协定》的制度反思[J].中国软科学,2019(1):10-19.

❖ 任虎."里约三公约"框架下利用传统知识适应气候变化相关国际法律制度及我国应对措施研究[J].太平洋学报,2016,24(10):1-8.

❖ 张泽平.航空碳排放及其交易的国际法规制——从"欧盟航空碳排放案"说起[J].环球法律评论,2013,35(1):168-176.

本章知识树

- 国际环境法
  - 国际环境法概述
    - 国际环境法的概念
    - 国际环境法的渊源
    - 国际环境法的基本原则
  - 大气环境的保护
    - 大气污染防治
    - 气候的国际保护
  - 海洋环境的保护
    - 海洋环境保护条约体系
    - 陆地来源的污染
    - 海底活动造成的污染
    - 海洋倾弃造成的污染
    - 来自船舶的污染
  - 自然资源的保护
    - 淡水资源的保护
    - 土壤和森林的保护
    - 生物的保护
  - 危险物质和有害废物的控制与管理
    - 危险物质的控制与管理
    - 有害或危险废物的控制与管理

第十四章　武装冲突法

案例导入

【案情】 美国南北战争期间，南方联盟急需舰船，于 1862 年从一家英国私营造船厂订购了"阿拉巴玛号"。"阿拉巴玛号"一下水，就以试航的名义离港驶往其他水域，船上装备了人员和武器，从而成为一艘巡洋舰。当时，英国已承认南方联盟为交战团体，所以英国在美国南北战争中处于国际法上的中立地位，同时英国 1819 年的外国征募法亦禁止卖军舰给外国。北方联邦政府曾提请英国注意，允许建造"阿拉巴玛号"不仅违反中立原则，也违反英国国内法，但英国政府以美方未能证实该船的真实性质为由拒绝这一说法。当美方提出进一步证据后，英国法律官员准备拿捕此船时，发现其已一去无踪。直至 1864 年被北方联邦政府军队击沉时，"阿拉巴玛号"一直在大西洋、印度洋上航行，并给他国造成了极为严重的损害。在此过程中，"阿拉巴玛号"和其他南方联盟的军舰经常在英国殖民地的港口躲避并取得燃料等方面的供应，但英国当局并未采取措施对其加以拿捕。

美国南北战争结束后，1879 年，美英两国经过谈判缔结《华盛顿条约》，同意将案件提交仲裁解决。1872 年 9 月 14 日，由英国、美国、意大利、瑞士和巴西各指派一名仲裁员组成的仲裁庭裁决认为，由于英国失责没能履行"华盛顿三原则"第 1 款和第 3 款所规定的中立义务，应赔偿美国 1 550 万美元。

【问题】 战时中立及其义务是什么？

第一节　武装冲突法概述

一、武装冲突和武装冲突法的概念

自格劳秀斯在其著作《战争与和平法》中将国际法分为"战争法"和"平时法"以来，有关使用武力的法律规则是传统国际法的核心部分。在传统意义上被称为“战争法”的这一传统国际法，在现代国际法中逐渐被“武装冲突法”的概念所取代。

【思考题】 为什么现代国际法中，“武装冲突法”的概念逐渐取代了传统意义上的“战争法”的概念？

武装冲突是指国与国之间、政府和敌对武装团体之间或敌对武装团体相互之间的军事对抗。武装冲突的主体主要是国家，但还包括民族解放组织、内战中的叛乱团体等。武装冲突既包括战争状态的武装冲突，也包括没有战争状态（没有宣布战争，或至少一方不认为战争状态）的武装冲突。武装冲突法则是指在战争和武装冲突中，以条约和惯例形式，用来调整交战国和武装冲突各方之间、交战国和中立国之间关系以及交战行为的原则、规则和制度的总体。武装冲突法仅适用于战争和武装冲突期间，即当其他法律因战争或武装冲突而停止适用时才得以适用。

二、武装冲突法的形成与发展

1625 年格劳秀斯在《战争与和平法》一书中，全面阐述了传统的和中世纪的战争思想和规则，形成了以战争法为主要内容的国际法体系。1780 年，俄国为保护其在美国独立战争时期的中立地位所发表的《武装中立宣言》宣布了一系列中立规则，并在 1800 年与丹麦、瑞典和普鲁士缔结条约，主张军舰护航，宣布第二次武装中立事件，由此形成了一些重要的战争法规则，奠定了近代战争法的基础。

近代战争法的发展在 19 世纪末、20 世纪初达到了第一次历史性高潮，其标志是 1899 年和 1907 年海牙和平会议，除了签订《和平解决国际争端公约》之外，还制定了一系列战争法公约和宣言。1928 年签订的《巴黎非战条约》(《白里安-凯洛格条约》)第一次宣布废弃战争。

第二次世界大战以后，战争法有了新的发展。1945 年《联合国宪章》宣布禁止使用武力，1949 年日内瓦四公约及其 1977 年两个附加议定书，通过不断完善相关规定，使日内瓦体系不但包括改善伤病员的境遇，保护战俘、平民和其他战争受难者的原则和规则，同时也包括作战方法和手段方面的原则和规则。

三、武装冲突法的内容体系

从历史发展过程看，战争法与武装冲突法可分为两个法律体系，即海牙体系和日内瓦体系。

海牙体系主要由1899年和1907年两次海牙和平会议期间签署的一系列公约和宣言组成。例如，1899年签订了《和平解决国际争端公约》（海牙第1公约）、《陆战法规和惯例公约》（海牙第2公约）及附件《陆战法规和惯例章程》、《关于1864年8月22日日内瓦公约的原则适用于海战的公约》（海牙第3公约）、《禁止从气球上或用其他新的类似方法投掷投射物和爆炸物宣言》（海牙第1宣言）、《禁止使用专用于散布窒息性或有毒气体的投射物的宣言》（海牙第2宣言），以及《禁止使用在人体内易于膨胀或变形的投射物，如外壳坚硬而未全部包住弹心或外壳上刻有裂纹的子弹的宣言》（海牙第3宣言）等3项公约和3项宣言；1907年对1899年签订的公约和宣言进行了修订，并新订了10项公约，包括《和平解决国际争端公约》（海牙第1公约）、《限制使用武力索偿契约债务公约》（海牙第2公约）、《关于战争开始的公约》（海牙第3公约）、《陆战法规和惯例公约》（海牙第4公约）及其附件《陆战法规和惯例章程》、《中立国和人民在陆战中的权利和义务公约》（海牙第5公约）、《关于战争开始时敌国商船地位公约》（海牙第6公约）、《关于商船改装为军舰公约》（海牙第7公约）、《关于敷设自动触发水雷公约》（海牙第8公约）、《关于战时海军轰击公约》（海牙第9公约）、《关于1906年7月6日日内瓦公约原则适用于海战的公约》（海牙第10公约）、《关于海战中限制行使捕获权公约》（海牙第11公约）、《关于建立国际捕获法院公约》（海牙第12公约，未生效）、《关于中立国在海战中的权利和义务公约》（海牙第13公约），以及《禁止从气球上投掷投射物和爆炸物宣言》（海牙第1宣言）等13项公约和1项宣言。

日内瓦体系主要由1864年《改善战地武装部队伤者境遇的公约》（1864年日内瓦公约）、1906年《改善战场伤者病者境遇的日内瓦公约》（1906年日内瓦公约）、1929年《关于战俘待遇的公约》（1929年日内瓦公约）、1949年《改善战地武装部队伤者病者境遇的日内瓦公约》（1949年日内瓦第1公约）、《改善海上武装部队伤者病者及遇船难者境遇的日内瓦公约》（1949年日内瓦第2公约）、《关于战俘待遇的日内瓦公约》（1949年日内瓦第3公约）、《关于战时保护平民的日内瓦公约》（1949年日内瓦第4公约），以及1977年《1949年8月12日日内瓦四公约关于保护国际性武装冲突受难者的附加议定书》（1977年日内瓦第一附加议定书）和《1949年8月12日日内瓦四公约关于保护非国际性武装冲突受难者的附加议定书》（1977年日内瓦第二附加议定书）等一系列公约和议定书组成。

武装冲突法主要包括以下三项内容。（1）适用于“战争”的传统规则。其主要是关于战争和武装冲突的开始、结束和战时中立的传统规则。第二次世界大战之后，几乎所有重大国际武装冲突都不是在战争的名义下进行的。因此，第二次世界大战后武装冲突法的相关内容几乎没有得到任何发展。（2）联合国的集体安全制度。其主要包括和平解决国际争端与禁止武力侵犯，集体协助联合国的防治和执行行动，采用有效集体办法应付和平的威胁、和平的破坏或侵略行为以及联合国维和行动。（3）国际人道主义法。其是指由条约和惯例确立的，限制战争或武装冲突各方选择其作战方法和手段的权利，或保护战争或武装冲突中的受难者，或保护可能受战争或武装冲突影响的非冲突一方国家、人员或物体的国际法规范。

第二节 适用于战争的传统规则

一、战争的开始及其法律效果

传统国际法认为，战争应当以双方或一方进行宣战的形式开始，宣战是国家之间的关系由和平状态进入战争状态的必要程序。但国家往往会因为军事利益上的需要而发动突然袭击，第二次世界大战以后，几乎所有重大的国际性战争或武装冲突都没有正式宣战。因此，宣战不能被认为是一项现行有效的习惯国际法规则，更不能作为判断某一战争是否合法的标准。

传统战争法上，战争的开始将产生如下法律效果。(1) 外交和领事关系的断绝。(2) 经贸关系的断绝。连私人之间的贸易和商务往来也是被严格禁止的。(3) 条约关系发生变化。其中，对于双边条约，如以维持共同政治行动或友好关系为前提的政治性条约，如同盟条约、互助条约、和平条约等双边条约应立即废止；一般政治性和经济性双边条约，如引渡条约、商务条约等，除另有规定外，应停止施行；边界条约等永久性处置条约，则不因战争状态的出现而影响其效力。对于多边条约，若并未规定只在和平时期才适用的条约，则不因战争开始而终止，但其中与交战行为相冲突的条款，可以停止执行，等战争结束后恢复效力；明文规定战时停止效力的条约则停止效力，如 1944 年《国际民用航空公约》规定，该公约于战时停止效力；有关战争行为规则的条约，其效力不受战争的影响，并因战争的开始而自动发挥作用。(4) 对交战国国民和财产的影响。交战国一般认定对方的财产和国民带有敌对性。敌国国民或被扣押或被允许离境。敌国的财产一般被分为国家财产和私有财产、军事性质的财产和非军事性质的财产。国家财产如果是不动产，除使领馆外，可以没收，也可以使用，但不得变卖，如果是动产，则可以没收；属于军事性质的，可以破坏；私有财产，原则上不得侵犯，但可以限制，如禁止转移、冻结和征用等。

由于第二次世界大战以后发生的许多重大国际武装冲突中，武装冲突各方都不承认有战争状态存在，因此，传统战争法所发生的法律后果也发生了变化。在武装冲突爆发时，武装冲突各方继续保持外交关系和领事关系，不发生传统意义上的战争所引起的法律后果。

二、战争的结束及其法律效果

战争的结束通常包括敌对行动的停止和战争状态的结束两项内容。

1. 敌对行动的停止

敌对行动的停止包括投降和停战两种情况。其中，投降是指交战一方承认战败而向对方要求停止战斗；停战是指根据交战各方之间签订的协议而停止军事行动，可分为局部停战和全面停战。有期限的局部停战有时也被称为休战。停火与局部停战相类似，只是地区更为有限，时间更为短暂。局部停战协定由双方在有关地区的司令官签订，而全面停战协定则需由双方军队的统帅或政府签订。

2. 战争状态的结束

战争状态的结束是指交战各方之间一切战争行动的终止与和平状态的恢复。结束战争状态的方式通常有以下三种。(1) 缔结和平条约。缔结和平条约是结束战争状态的最通常和最正式的方式，一般由交战各国在和平会议或者外交会议上签订，其内容是对交战国之间的与战争相关的一切政治、经济、领土和其他问题的解决作出全面的最终规定。(2) 联合声明。即交战国双方以发表联合声明的方式结束战争状态，如苏联于 1956 年 10 月 19 日与日本发表联合声明，宣布结束它们之间的战争状态。(3) 单方面宣布结束战争。即由战胜国单方面宣布结束战争状态，如 1955 年 4 月 7 日，发布了《中华人民共和国主席关于结束中华人民共和国同德国之间的战争状态的命令》。

三、战时中立

作为国际法的一个制度，战时中立虽然在 16 世纪前后偶有发生，但是直至格劳秀斯在《战争与和平法》中论及中立问题之后，中立国具有维持不偏不倚态度的义务才被国际社会一致认可。到了 19 世纪末、20 世纪初，中立制度才有较大的发展，1899 年海牙第 2 公约和第 3 公约中，都包含了中立法的重要规定。1907 年海牙第 5 公约《中立国和人民在陆战中的权利和义务公约》和第 13 公约《关于中立国在海战中的权利和义务公约》，以及 1909 年签订的《伦敦海战法规宣言》(《伦敦宣言》)确立了关于中立的原则、规则和制度。

战时中立是指在战争进行期间，非交战国既不参加交战国之间的敌对武装行动，也不支持或援助交战国的任何一方的不偏不倚、同等对待的法律地位。

在传统战争法中，中立具有以下五点特征。(1) 在战争中是否宣布中立是政治问题，而不是法律问题。但在宣布中立后，会产生交战国与中立国的权利和义务关系，其受战争法关于中立的原则、规则和制度的支配。(2) 中立地位的选择可通过宣言或声明的方式，也可以采取事实上的中立。(3) 战时中立不同于中立化。国家在战时中立一般是战争开始后选择的，而不是国际法的义务，故而随时可以宣布结束中立地位。与此相反，永久中立国地位是由国际条约所确定的，其永久中立国地位不得任意放弃。(4) 战时中立不同于政治意义上的中立、中立主义和不结盟。政治意义上的中立、中立主义和不结盟不产生法律效果。(5) 战争法上的中立是国家的地位,而不是个人或团体的地位。中立规则适用于交战国之间的法律关系,不直接适用于中立国的国民或公司。

根据战时中立法的有关规定,中立国义务有以下三点。(1) 自我约束的义务,又称不作为的义务。中立国对交战国不应给予援助,不能向交战国提供军队、武器、弹药及其他军用器材,以及不能给予交战国情报的方便等。(2) 防止的义务。中立国应采取措施,防止交战国为了进行战争而利用其领土或其管辖范围内的区域。(3) 容忍的义务。交战国依据冲突法规则采取的行动有害于本国国民时,在一定的范围内予以容忍的义务。例如,交战国对其船舶的临检和搜索,对悬挂其船旗而载有战时禁制品或破坏封锁或其他违反中立义务的船舶的拿捕、审判、处罚及非常征用等,中立国应予以容忍。同时,交战国的义务也有以下三点。(1) 自我约束的义务,又称不作为的义务。交战国不得违反国际法的规定,在中立国领土或其管辖区域内从事战争行为,或将中立国领土或其管辖区域作为作战基地,或在中立国领陆或领水区域内改装商船为军舰、建立通信设施或捕获船只等。(2) 防止的义务。交战国有义务采取一切措施,防止虐待其占领区内或境内的中立国使节或国民,防止其军队和国民从事任何侵犯中立国及其国民的合法权益的行为等。(3) 容忍的义务。交战国应容忍中立国与敌对国保持正常的外交和商务关系,以及其他不违背中立法的一般规则的行为等。

1945 年《联合国宪章》禁止非法使用武力,使传统的中立制度发生了根本性的变化。《联合国宪章》下联合国集体安全制度同中立制度在以下三种情况中则不两立。(1) 联合国会员国有义务不得保持中立。《联合国宪章》第 2 条第 5 款规定,会员国对于联合国依本宪章规定而采取之行动,应尽力予以协助,联合国对于任何国家正在采取防止和执行行动时,各会员国对该国不得给予协助。第 25 条规定,会员国同意依宪章之规定接受并履行安全理事会之决议。因而,明确了联合国会员国不得在非法使用武力的国家与受害的国家之间采取中立的立场,而且应尽力协助安全理事会所采取的防止和执行行动,支持受害国。(2) 会员国在安全理事会决定采取强制行动时,不能以与其他国家的协定来规避自己的责任。《联合国宪章》第 103 条规定,联合国会员国在本宪章下之义务与其依任何其他国际协定所负之义务有冲突时,其在本宪章下之义务应居优先。(3) 安全理事会采取强制措施时,不仅会员国,就是非会员国也不能采取中立的立场和态度。《联合国宪章》第 2 条第 6 款规定,本组织在维持国际和平及安全之必要范围内,应保证非联合国会员国遵行第 2 条所规定的原则。因为联合国安全理事会采取的军事或非军事性的强制措施,基本上都是属于"在维持国际和平及安全之必要范围内",所以当安全理事会做出采取强制措施的决定时,不能采取中立的立场和态度。

案例导入答案

【答案】 "华盛顿三原则"确定了在海战中中立国的义务。(1) 中立国政府以"相当注意”(Due Diligence)防止任何船只在其管辖范围内得到装备和武装，如果该政府有理由相信这些船只的目的在于进行游弋或参加反对与其和平相处的国家的作战行动，该政府对于在其管辖范围内进行全部或部分改装以适应战争之用的、旨在进行游弋或从事作战行动的任何船只，也应以“相当注意”尽力阻止船只驶离其管辖范围。(2) 不得允许或容忍任何交战一方利用它的港口或领水作为攻击他方的海军活动基地，以及用于更新或补充军需或武器及补充兵源的目的。(3) 在其港口或领水内，对于在其管辖下的任何人，加以“相当注意”，防止他们做出任何破坏上述义务及责任的行为。

第三节　禁止武力侵犯和集体安全保障体制

一、从正义的战争到全面禁止战争

战争或武力手段在国际法的不同发展阶段的地位是不同的，其经历了一个从传统国际法承认国家的战争权，到《联合国宪章》禁止使用武力或武力威胁的演变过程。

1. 允许正义的战争

奥古斯丁等古代学者认为，只有对首先违法的那个国家进行战争才是被许可的。作为对不法行为的反应战争因此而得到承认，但只应将其作为恢复被不法行为破坏的国际秩序的一种手段。格劳秀斯的《战争与和平法》则将战争区分为正义和非正义战争，其中正义战争是进步的，是为和平服务的战争。

2. 限制国家“诉诸战争权”

根据传统国际法，诉诸战争权是主权国家的合法权利，战争或者武力可以作为国家推行对外政策的工具和解决国际争端的合法手段。但自 19 世纪末、20 世纪初开始，国际社会通过签订一些公约，在解决争端的方法或程序方面限制了国家的战争权。例如，1899 年和 1907 年的《和平解决国际争端公约》规定，各缔约方应尽量用和平方法解决争端，遇到严重争端时，在诉诸武力之前，应酌情请其他国家出面斡旋或调停；1907 年《限制使用武力索偿契约债务公约》在具体事项上限制了国家的战争权，尽管该公约规定了债务国不接受仲裁裁决时可以使用武力；1919 年《国际联盟盟约》进一步限制了国家诉诸战争权。《国际联盟盟约》序言中声明：为增进国际间合作，并保持其和平与安全起见，特允承受不从事战争之义务。该盟约第 12 条规定，会员国承担以和平方法解决他们之间争端的义务，非俟仲裁员裁决或法庭判决或行政院报告后三个月届满以前，不得从事战争。国际联盟的集体安全制度在历史上是一个重要的进步，但在禁止使用武力方面是有明显的缺陷。国际联盟并没有规定战争或使用武力的非法性，只是规定在一定时间内、一定条件下不得从事战争。

【学习小 Tip】 1902 年,英国、德国、意大利的舰队对委内瑞拉实行海上封锁,以强迫其偿还这些国家的契约债务。阿根廷外交部部长德拉果在同年 12 月 29 日写信给美国国务卿,提出不得使用武力索偿契约债务的主张,被称为"德拉果主义"。1907 年《限制使用武力索偿契约债务公约》就是从"德拉果主义"演变而来的。

3. 宣布废弃战争

1928 年《关于废弃战争作为国家政策工具的一般条约》是第一个宣布废弃战争的国际条约。公约第 2 条规定,缔约各方同意,他们之间可能发生的一切争端或冲突,不论其性质或起因如何,只能用和平的方法加以处理或解决。公约是审判第二次世界大战的战争罪犯的破坏和平罪的重要法律依据。但公约有以下两个缺点:(1) 仅笼统地在法律上和在原则上禁止战争作为推行国家政策的工具,其规定不够明确,没有规定对违反者进行制裁的措施或程序;(2) 只针对战争进行了规定,没有包括非法使用武力,使侵略者能够以一般使用武力不构成战争为借口来规避公约的义务。

4. 禁止非法使用武力或武力威胁

两次世界大战所带来的毁灭和破坏,使得国际社会认识到和平的崇高价值。为了确保第二次世界大战之后永久的和平,《联合国宪章》第 1 条将联合国宗旨规定为"维持国际和平与安全",不仅完全禁止侵略行为或其他破坏和平的行为,体现国际社会对侵略行为以及任何其他破坏和平行为的坚决抵制决心,而且明确了采取有效集体办法,以防止且消除对于和平的威胁,制止侵略行为或其他行为对和平的破坏。1990 年 8 月 2 日,联合国安全理事会通过关于谴责伊拉克入侵科威特的第 660 号决议,谴责伊拉克对科威特的入侵,认为这一事件破坏了国际和平与安全,要求伊拉克立即无条件地将其入侵科威特国土的全部军队撤至入侵前的位置,并呼吁两国举行谈判解决争端。1990 年 11 月 29 日,联合国安全理事会通过第 678 号决议,限期要求伊拉克遵守安全理事会第 660 号决议,立即无条件撤出科威特,并恢复其主权、独立和领土完整。决议同时请求联合国所有会员国对执行此项决议提供适当的支援。

二、集体协助联合国的防止和执行行动

集体安全保障是国际社会成员已相互约定,对国家使用武力实施法律管制,并采取有效的集体办法,共同防止侵略,维持普遍和平与安全的国际制度。

《联合国宪章》将集体安全保障的职能,按不同的性质分别授予联合国安全理事会和大会,并规定了相互关系和各自的权限。联合国大会是一个普遍代表性机构,有广泛的讨论权和建议权。联合国安全理事会则是一个行动的机关,是联合国集体安全体制的中枢

机关,原则上只有安全理事会才有权决定采取行动。

根据《联合国宪章》,安全理事会关于"防止和执行行动"的决议是有拘束力的。

《联合国宪章》第 2 条第 5 款规定了会员国集体协助的义务。所有会员国应协助联合国依照宪章采取的一切行动。联合国对任何国家采取防止和执行行动时,所有会员国不得对该国给予协助。在联合国依宪章采取行动的范围内,联合国任何会员国无权自行决定维持中立地位。由于联合国的集体安全是普遍安全,依据《联合国宪章》第 2 条 6 款,非联合国会员国也应当遵守集体安全体制的主要原则。

三、采用有效集体办法对付和平的威胁、和平的破坏或侵略行为

《联合国宪章》第 7 章规定了相对完善的"对于和平之威胁和平之破坏及侵略行为之应付办法"。《联合国宪章》第 39 条规定,安全理事会应断定任何和平的威胁、和平的破坏及侵略行为是否存在,并应依据第 41 条和第 42 条规定的办法形成建议或抉择,以维持或恢复国际和平与安全。

安全理事会有权根据具体情况决定采取不同的应付办法,如临时办法、非武力办法和武力办法。安全理事会根据宪章决定对任何和平的威胁、和平的破坏及侵略行为所采取的武力或非武力行动或办法,称为安全理事会的"防止和执行行动"或安全理事会的"防止和执行办法"。

1. 临时办法

《联合国宪章》第 40 条规定,为防止情势之恶化,安全理事会在第 39 条规定建议或决定办法之前,得促请关系当事国遵行安全理事会所认为必要或合宜的临时办法。此项联合办法并不妨碍关系当事国的权利、要求或立场。安全理事会对于不遵行此项临时办法的情形,应予适当注意。该规定没有明确临时办法的含义和范围,而是授予了安全理事会较大的自由裁量权,只要安全理事会认为必要或适宜,并且不妨碍关系当事国的权利、要求或立场,安全理事会都可以采取临时办法。一般认为,临时办法的形式有停止军事冲突、从特定地区撤离武装部队、接受某种形式的国际政治安排、终止因敌对行动而采取的报复性措施等。

2. 非武力办法

《联合国宪章》第 41 条规定,安全理事会可决定所应采取的武力以外的办法,以实施其决议,并能促请联合国会员国执行此项办法。此项办法包括经济关系、铁路、海运、航空、邮、电、无线电及其他交通工具的局部或全部停止,以及外交关系的断绝。如对伊拉克的包括石油禁运在内的经济制裁、武器禁运及空中封锁等措施均属于非武力办法。

3. 武力办法

《联合国宪章》第 42 条规定,安全理事会如认为第 41 条所规定的办法不足以或已经

证明为不足时，可采取必要的海陆空军行动，以维持或恢复国际和平与安全。此项行动包括联合国会员国的海陆空军示威、封锁及其他军事举动。安全理事会决定采取军事行动，须与会员国缔结特别协议，如果该协议无法签订，则执行武力措施的联合国部队就不能成立。且由于常任理事国具有否决权，因此安全理事会不可能对常任理事国及其力图袒护的国家采取执行行动。因此，在实践中，联合国从来没有依照宪章的明文规定组建对付“和平的威胁、和平的破坏或侵略行为”的联合国部队。

四、区域办法

区域性利益促使有关国家为了共同利益，如安全利益而进行合作，从而出现了美洲国家联盟、阿拉伯国家联盟、非洲统一组织、北大西洋公约组织等区域性国际组织。

《联合国宪章》在一定程度上承认区域安全体制，并将其置于联合国体制的制约下。《联合国宪章》第33条规定，国际争端也可以通过“区域办法或机关”求得解决。《联合国宪章》第52条第1款规定，区域办法或机关的宗旨必须是依联合国的宗旨和原则以适当的区域行动来维持国际和平与安全。《联合国宪章》授予区域办法或机关的基本职能包括两个方面：(1) 以和平方法解决区域性争端；(2) 协助安全理事会实施其集体强制行动的决议。安全理事会对于职权内的强制行动，在适当情形下，应利用区域办法或机关，但没有安全理事会的授权，区域办法或机关则不得采取任何强制行动。依区域办法或机关所采取或正在考虑的行动，应向安全理事会作充分报告。

五、联合国维持和平行动

联合国维持和平行动是指由联合国安全理事会或大会通过决议建立的，由联合国秘书长组织实施的，以联合国的名义使用武装或非武装人员，从事缓和紧张局势或防止敌对行动进一步发展的一种维护国际和平与安全的行动。

联合国维持和平行动有两种形式。(1) 军事观察团。这是小规模维持和平行动，主要任务是观察停火和收集情报。(2) 联合国维和部队。这是规模较大的维持和平行动，主要任务是实际存在于冲突各方之间，以缓和紧张局势、防止战争或武装冲突再度发生。

联合国维持和平行动具有如下特点。(1) 联合国的行动。由安全理事会或大会通过决议而采取的行动，由联合国有关机关负责组织、指挥和管理。(2) 自愿的和非制裁性的行动。虽然是由联合国决定执行的行动，但并不违反争端当事国的意志，而是经所有当事国同意而采取的，维持和平行动并非制裁某个国家，而是基于自由同意与争端当事国进行合作的行为。(3) 除自卫外不使用武力的行动。除为自卫所必需的情况以外，维持和平行动不使用武器。(4) 旨在维持现状的行动。维持和平行动并不变更既存的法律或政治状态，而是旨在通过停止争端各方的敌对行动、确保停战或停火协议的遵守、缓和紧张局势来维持现状。(5) 临时性的行动。除联合国巴勒斯坦停战监督组织是安全理事会附属机构而长期存在外，其他联合国维持和平行动都是临时的。

联合国维持和平行动弥补了宪章明文规定的集体安全体制的不足，是在国际实践中探索和发展出来的新型的集体安全措施，其影响和作用超出了宪章明文规定的武力强制措施。

第四节 国际人道主义法

国际人道主义法是保护战争及武装冲突受害者和适用战争与武装冲突行为的法律规范。国际人道主义法主要由对作战手段和方法的限制以及对战争受难者的保护等两个部分组成。

一、对作战手段和方法的限制

1. 使用作战手段和方法的基本原则

关于作战手段和方法的一些基本原则是在关于武装冲突活动中长期发展形成的，是武装冲突法的基础，集中体现在 1907 年《陆战法规和惯例章程》之中。

使用作战手段和方法的基本原则主要包括以下六点。(1) 限制原则。各交战国和冲突各方对作战手段和方法的选择都应受到法律的限制，如禁止使用不分青红皂白的作战手段和方法，禁止使用大规模屠杀和毁灭人类的作战手段和方法，禁止使用滥杀滥伤、造成极度痛苦的作战手段和方法。(2) 比例原则。作战手段和方法的使用应与预期的、具体的和直接的军事利益成比例，禁止过分的攻击，以及引起过分伤害和不必要痛苦性质的作战手段和方法。(3) 区分原则。区分平民居民和武装部队中的战斗员和非战斗员、有战斗能力的战斗员和丧失战斗能力的受难者、军用物体与民用物体以及民用目标与军事目标等，并在战争与武装冲突中分别给予不同的对待。(4) 中立原则。已退出战斗的人员和平民，必须严守中立原则，不得参加军事行动。(5) 军事必要不能解除交战国义务的原则。强调尽管存在有“军事必要”的原则，但“军事必要”不能被用来解除交战各国或武装冲突各方尊重和适用武装冲突法的原则、规则和制度的义务。(6) 尊重国际法义务的原则。根据“马斯顿条款”(Martens Clause)，在国际协定未规定的情况下，平民和战斗员仍然受来源于既定习惯、人道原则和公众良心要求的国际法原则的保护和支配。

2. 陆战

1899 年和 1907 年的《陆战法规和惯例公约》及其附件《陆战法规和惯例章程》，以及

1977年日内瓦公约第一附加议定书皆规定了陆战中限制作战手段和方法的原则和一些特殊规定，主要包括以下四点。(1) 限制或禁止使用具有过分伤害力和滥杀滥伤作用的武器。这类武器包括极度残酷的武器，如爆炸性弹丸、地雷等，以及有毒、化学和生物武器。(2) 不分青红皂白的战争手段和作战方法。例如，根据1907年《陆战法规和惯例章程》的规定，禁止以任何手段攻击或轰击不设防的城镇、村庄、住所和建筑物；围攻及炮击时，凡关于宗教、艺术、科学、慈善事业的建筑物，历史纪念碑，医院和伤病员收容所等，在当时不供军事上使用者，务宜尽力保全。(3) 背信弃义的战争手段和作战方法。1977年日内瓦公约第一附加议定书明确规定，以背弃敌人的信任为目的而诱取敌人的信任，使敌人相信其有权享受有义务给予适用于武装冲突的国际法规则所规定的保护的行为，应构成背信弃义行为。(4) 改变环境的作战手段和作战方法。1977年日内瓦公约第一附加议定书第55条规定，禁止旨在可能对自然环境引起广泛、长期而严重损害的作战手段或方法。

3. 海战

海战的主要目的是击败敌方的海军、消灭敌国商船、破坏敌国的海岸军事设施。关于海战的特殊规则主要有以下四个方面。(1) 关于战斗员、军舰和商船。交战国的海军部队包括战斗员和非战斗员，不论编入各类监听部队还是编入海岸要塞部队，皆受战争法规和惯例的保护并承担相应的义务。在海战中，海军部队只能使用属于自己编制的船舰攻击敌舰，禁止使用私掠船。商船改装成军舰，具有与军舰相同的地位；为了防御的目的使用武装商船是被允许的，但武装商船如果主动攻击敌国军舰或商船，则会失去国际法上的保护。(2) 海军轰击。禁止轰击不设防的城市、海港、村庄、房舍及建筑；可以轰击处在不设防地点的军事设施，但要提前通知限期拆除，如不执行，才可以轰击；地方当局如果拒绝征集海军提出的、当时必需的粮食或生活用品，可以进行轰击；轰击时必须尽力保全一切宗教、艺术、科学、慈善事业的建筑，历史纪念碑，医院和伤病员收容所等。(3) 潜艇攻击。潜艇不得对遇到的商船立即攻击，在拿捕商船前应先命令它接受临检，以便确定它的性质。对拒绝临检，或拿捕后不遵守指定的航线行驶者可以加以攻击；在确有破坏商船必要情况下，必须先将商船上人员置于安全地方。除拒绝停驶或反抗临检的商船外，潜艇不得予以击沉或破坏；并且不得在将船上人员和船舶文件安置于安全地方前将该船击沉或使其不能行驶。(4) 水雷和鱼雷。1907年海牙第8公约对水雷和鱼雷的使用作出了规定，主要是禁止使用没有系缆的自动触发水雷，但失去控制一小时后失效者除外；禁止使用虽有系缆，但离开系缆后仍有害的水雷；禁止使用射击不中以后仍有危险性的水雷；禁止以断绝贸易通航为目的，在敌国沿岸或港口敷设自动触发水雷；使用系缆自动水雷时，应尽力避免威胁海上和平航行的安全；中立国在其海岸使用自动触发水雷时，也应遵守上述规定。

4. 空战

空战的主要问题是轰炸，即如何限制和减少空中轰炸的残忍伤害，以及如何尽可能避免对非军事目标进行轰炸的问题。1907 年海牙第 10 公约规定，轰炸只能针对军事部队、军事工程、军事建筑物或仓库、军工厂和用于军事目的的运输线；要尽量避免轰炸宗教、艺术、科学和慈善事业的建筑物，历史纪念碑及医院和收容伤病员的其他场所。1977 年日内瓦公约第一附加议定书规定，对平民、民用物体、文物和礼拜场所、自然环境、不设防地方的保护，以及对含有危险力量的工程和装置的保护的规定均适用于空战。

二、对战争受难者的保护

国际人道法中的日内瓦条约体系主要是从人道的原则给予战争受难者以必要的保护，其中战争受难者主要包括战争或武装冲突中的伤病员、战俘和平民。保护战争受难者的公约体系具有如下特点：(1) 公约适用于任何武装冲突，即使其中一方不承认有战争状态；(2) 公约适用于缔约方参加的所有武装冲突；(3) 公约的非缔约方在接受应援用公约规定的条件下，可以同等地受公约的约束；(4) 公约也适用于缔约方的内战。

1. 伤病员待遇

关于改善战地武装部队伤者、病者待遇方面，主要包括：(1) 被控伤员的人道主义待遇和照顾，不得基于性别、种族、国籍、宗教、政治意见或其他类似标准而有所歧视；(2) 国际法上战俘的规定应遵守；(3) 战斗结束后，冲突各方应立即采取一切可能的措施搜寻伤病者，停战或停火搬运、交换或运送遗落的受伤者；(4) 应迅速登记落于其手中的敌方伤者、病者或死者的任何可以证明其身份的事项，并尽速转送战俘情报局；(5) 应保证分别埋葬死者，如可能时，应经医生检查，以确定死亡，证明身份并便于做成报告；(6) 应准许居民或救济团体自动收集和照顾任何国籍的伤者、病者，任何人不得因看护伤者、病者而被侵扰或定罪。

2. 战俘待遇

战俘是战争或武装冲突中落于敌方权力之下的合法交战者，自其被俘至其丧失战俘身份前应享受以下待遇：(1) 战俘拘留所设在比较安全的地带；(2) 不得将战俘扣为人质，禁止暴行、恫吓、烦忧、报复、进行伤残、实验、侮辱人格和尊严；(3) 战俘应保有其被俘时所享有的民事权利，除武器、马匹、军事装备和军事文件以外的自用物品一律归其个人所有；(4) 战俘的衣、食、住要能维持其健康水平，保障医疗和医药卫生；(5) 风俗习惯和宗教信仰应得以尊重，允许宗教、文化及体育活动；(6) 与家庭通信和收寄邮件；(7) 享有司法保障、辩护权和上诉权；(8) 应用其了解的语言进行询问；(9) 不得歧视；(10) 战事停止后，应立即释放并遣返。

3. 战时平民保护

在发生战争或武装冲突时，对在交战国或武装冲突境内的敌国平民一般应允许离境，而对继续居留者应给予以下国际人道待遇：(1) 平民不得成为攻击的对象，不得实施暴力及威胁;(2) 平民不得为报复的对象;(3) 不得把平民安置在某一地点或地区,以使该地点或地区免受军事攻击;(4) 不得在身体以及精神上施加压力,强迫平民提供情报;(5) 禁止实施体罚、酷刑以及医学试验;(6) 禁止实行集体刑罚和扣为人质;(7) 不得强迫从事与军事行动直接相关的工作;(8) 只有在绝对需要安全的情况下,才可以把敌国平民拘禁或安置于定居所;(9) 对妇女和儿童予以特殊保护。

4. 占领区平民保护

在军事占领下,占领当局只能在国际法许可的范围内行使军事管辖权,并应对平民给予以下待遇:(1) 不得剥夺平民的生存权;(2) 尊重平民的人格、荣誉、家庭、宗教信仰;(3) 不得对平民施以暴行、恐吓和侮辱;(4) 不得把平民扣为人质、进行集体惩罚,或谋杀、残害及用作实验;(5) 不得用武力驱逐平民;(6) 不得为获取情报对平民采取强制手段;(7) 不得强迫平民为其武装部队或辅助部队服务或加入其军队;(8) 不得阻断平民正常需要的粮食和医药供应;(9) 不得废除被占领国的法律。

本章重点

- 简述战争的开始对条约关系的变化。
- 简述安全理事会的维护和平措施。
- 简述联合国维持和平行动的特点。
- 简述联合国安全体制与中立的关系。
- 简述使用作战手段和方法的基本原则。

思考题

- 评价传统国际法上的“国家诉诸战争权”。
- 某些国际人道主义法公约可对非缔约方适用的原因是什么?
- 反恐战争与传统战争的不同以及对传统人道法理论的冲击是什么?
- 简述武装无人机的国际法地位。
- 简述人工智能武器的国际法规制。

阅读扩展目录

- 张卫华.人工智能武器对国际人道法的新挑战[J].政法论坛,2019,37(4):144-155.
- 梁亚滨.武装无人机的应用:挑战与影响[J].外交评论(外交学院学报),2014,

31(1)：143－156.

❖ 黄瑶.美国在阿富汗反恐军事行动的合法性问题探析[J].武汉大学学报(社会科学版),2002(5)：561－566.

❖ 赵秉志,王秀梅.美军虐囚事件中的国际刑法问题[J].法学,2005(5)：102－105.

本章知识树

- 武装冲突法
  - 武装冲突法概述
    - 武装冲突和武装冲突法的概念
    - 武装冲突法的形成与发展
    - 武装冲突法的内容体系
  - 适用于战争的传统规则
    - 战争的开始及其法律效果
    - 战争的结束及其法律效果
    - 战时中立
  - 禁止武力侵犯和集体安全保障体制
    - 从正义的战争到全面禁止战争
    - 集体协助联合国的防止和执行行动
    - 采用有效集体办法对付和平的威胁、和平的破坏或侵略行为
    - 区域办法
    - 联合国维持和平行动
  - 国际人道主义法
    - 对作战手段和方法的限制
    - 对战争受难者的保护

第十五章　国际争端的和平解决制度

案例导入

【案情】 挪威曾于1885—1905年在法国发行某些公债，这些公债证券上载明，公债将用黄金或可兑换黄金的货币计算和偿还。自1923年起，挪威停止以其货币自由兑换黄金，这些公债实际只能用挪威克朗偿还。为此，法国政府行使外交保护，出面支持本国债券持有人的要求，在长期谈判未果的情况下，于1955年7月6日向国际法院提出请求书，请求国际法院宣布：债券本息应当以偿付之日的黄金价值清偿。法国和挪威声明，接受《国际法院规约》第36条第2款所规定的“任择性强制管辖”。因此，法国政府明确援引该条款及两国的声明，作为国际法院对本案有管辖权的法律依据。

在1946年12月16日的声明中，挪威政府称：“在它与接受同样义务的其他国家之间，即以义务对等为条件，挪威政府接受《国际法院规约》第36条第2款规定的强制管辖，无须特别协定。本声明自1946年10月3日起生效，为期10年。”法国政府在其接受国际法院强制管辖的声明中宣布：“在它与接受同样义务的其他国家之间，即以义务对等为条件，根据《国际法院规约》第36条第2款，对在本声明批准后涉及事实和情势的任何争端，除当事国已经协议或可能协议诉诸其他和平解决方法之外，接受国际法院的强制管辖。本声明不适用于法国政府认为在本质上属于其国内管辖的事项。”

1956年4月20日，挪威政府对国际法院的管辖权提出了初步反对意见，称法国政府提交国际法院的争端事项处于挪威国内法排他的管辖范围之内，不属于《国际法院规约》第36条第2款规定的争端；根据法国声明中所作的保留，国际法院对本案无管辖权；基于对等原则，挪威不受比法国政府做出的承诺更宽的义务的约束。

国际法院承认法国保留的效力，于1957年7月6日裁定其对本案无管辖权。

【问题】 国际法院的任择性强制管辖权是什么？

第一节　国际争端的和平解决概述

一、国际争端的概念、特征和种类

国际争端是指两个主体之间关于法律上或事实上的论点的分歧、法律上的见解或利益的矛盾对立。

国际争端具有如下特点：(1) 国际争端的主体主要是国家；(2) 国际争端的解决主要取决于有关争端当事国的诚意、努力、同意和第三方的协助；(3) 国际争端往往涉及国家和人民的重大利益，解决时间较长；(4) 国际争端产生的原因相对比较复杂，是各种因素和原因交织在一起的结果；(5) 国际争端的解决受国际关系力量对比的制约，同样性质的争端在不同的情况下，解决的办法和结果可能各不相同。

国际争端因其发生原因和性质的不同，可分成以下四类。(1) 法律争端。法律争端是指争端当事国的各自要求和主张是以国际法为根据的争端。法律争端在传统国际法上被称为"可裁判的争端"，是关系到国家权利问题的争端。《联合国宪章》第 36 条第 3 款规定，凡具有法律性质的争端，在原则上，理应由当事国以《国际法院规约》的规定提交国际法院。《国际法院规约》第 36 条第 2 款规定，具有法律性质的争端可概括为以下四种情形：条约的解释；国际法的任何问题；任何事实的存在，如经确定即属违反国际义务的；因违反国际义务而应予以赔偿的性质及其范围。(2) 政治争端。政治争端是指起因于有关国家的政治利益的争端，通常是不能通过法律方法或有关争端当事国不愿意通过法律方法解决的争端，在传统国际法上被称为"不可裁判的争端"。(3) 混合型争端。混合型争端是指既涉及争端当事国的法律权利，也涉及其政治利益的争端，是国际关系中比较普遍的争端表现形式。它既可以采用法律的解决方法，也可以采用政治的解决方法，还可以采用法律和政治并用的解决方法。(4) 事实争端。这类争端是指起因于有关争端当事国对某项事实、某种情况的真相争执不下的争端。通常是各争端当事国由于对事实问题不清楚或认识不一致，而对事实真相各执一词。这类争端比较适合采用调查、和解等解决方法。

二、解决国际争端的方法

传统国际法上解决国际争端的方法有强制的方法和非强制的方法。

1. 强制的方法

强制的方法有反报、报复、平时封锁和干涉。

(1) 反报。反报是指对某种不礼貌、不友好或不公平的行为以同样或类似行为作为还击。引起反报的行为通常包括禁止或限制商品进口或对进口商品征收高关税、歧视外国侨民、禁止移民或实行过分严格的护照条例、禁止外国船舶进入海港、宣布外交官员为不受欢迎的人并驱逐出境，以及拒绝给予外国政府通常应给予的协助等。引起反报的原因并不是国家的不法行为。反报的目的是迫使对方停止其不礼貌、不友好或不公平的行为。当受到反报的国家改变了其行为时，反报行为就应立刻停止。

(2) 报复。报复是指一个国针对另一国的国际不法行为而采取的相应措施，以迫使对方停止其不法行为或为其不法行为造成的损害提供赔偿。报复必须与所受损害和为取得赔偿所需要的成比例。报复措施通常包括停止执行某些措施，以及使用武力。报复行为必须在谈判破裂后方可施行，而且不能损害第三国的利益。目的达到后，报复则应立即停止。

(3) 平时封锁。平时封锁是指一国在和平时期以军事力量阻止船舶进出另一国的港口或领海，以迫使被封锁国接受前者所提出的解决争端条件的行为。平时封锁始于 19 世纪，是一种以武力来实现的具有严重后果的强制措施，是对被封锁国的主权的侵犯，是单方面的武力行为，在现代国际法上是被禁止的行为。

(4) 干涉。干涉是指争端当事国以外的国家对争端的干预，目的是迫使当事国按照干涉国提出的方式解决争端。干涉可以由一个国家单独进行，也可以由几个国家集体进行。干涉可采取向争端当事国提出警告或威胁的方式，也可采取封锁、军事示威等涉及武力的行动。

2. 非强制的方法

非强制的方法包括政治的方法和法律的方法，其中，政治的方法包括谈判、斡旋、调停、和解和国际调查；法律的方法包括仲裁和司法解决。

19 世纪末以前，非强制的方法只包括谈判、斡旋、调停和仲裁。1899 年第一次海牙会议创立了国际调查委员会解决争端的方法。第一次世界大战前夕，美国国务卿布赖恩与其他一些国家签订的《布赖恩和平条约》推动了常设调查委员会制度的建立。1922 年正式成立的常设国际法院，标志着国际争端的司法解决制度的确立。1928 年《和平解决国际争端的日内瓦总议定书》规定了由争端当事国双方组织特设或常设的和解委员会解决争端的制度。

《联合国宪章》和 1970 年《国际法原则宣言》等重要国际文件规定，和平方法应包括谈判、调查、调停、和解、公断、司法解决、区域机关或办法的利用或当事国选择的其他和平方法等，根据国际实践，协商也可成为解决国际争端的一种重要方法。

第二节　国际争端的政治解决方法

一、谈判与协商

谈判是指两个或者两个以上国家为使有关问题得到解决或获得谅解而进行国际交涉

的一种方法；协商是指在第三方的主持或影响下，争端当事国通过会议进行谈判，以解决争端的方式。

谈判与协商是和平解决国际争端的重要方法，谈判作为一种解决争端的方法在历史上早就出现，但协商作为解决国际争端的方法，其形成时间并不长。

谈判与协商的区别有如下四点。(1) 介入的时间不同。协商可以在争端发生后为解决争端而进行接洽，也可以是在争端发生前为避免争端就潜在问题进行的信息交流和意见沟通过程；但谈判一般是在争端发生之后。(2) 实力因素的介入不同。尽管双方地位在法律上是平等的，但在谈判过程中实力因素的介入往往是主导性的；而在协商过程中，实力因素的介入程度较小，友好互谅的精神体现较明显。(3) 第三方的参与与否。谈判往往排除第三方的参与，而协商并不排除第三方的加入。(4) 约束力的渊源。对谈判结果的遵守是出于法律上的承诺，其中法律约束的成分较多而道义约束的成分相对较少；而对协商结果的遵守更多是基于自愿和道义上的约束。

二、斡旋与调停

斡旋与调停是指在争端当事国不愿意谈判或者虽经谈判但未能解决争端时，由第三方协助当事国解决争端的方法。其中，斡旋是由第三方为争端当事国提供有利于其接触和谈判的便利条件，提出自己的建议或转达各方的意见，从而促使当事国开始谈判或者重新开始业已停止的谈判，斡旋方不得参加当事国的谈判；而在调停中，作为调停人的第三方不仅为当事国提供开始或者重新开始谈判的便利，而且可以主持、参加谈判，向当事国提出实质性的建议作为谈判的条件，努力调和争端各方对立的主张或要求，促使其达成解决争端的协议。

进行斡旋与调停的第三方可以是国家或国际组织，也可以是个人。斡旋与调停结束后，无论争端是否得到解决，第三方的任务即告完成，其不承担任何法律责任。

斡旋与调停在国际上既已存在，例如，1899 年和 1907 年《和平解决国际争端公约》规定：(1) 争端当事国在诉诸武力之前，在情况许可的范围内，应请求友好国家进行调停，其他国家可以不待请求主动出面调停，当事国不得将此视为不友好的行为；(2) 斡旋与调停只具有劝告的性质，没有法律拘束力，争端当事国没有请求调停的义务，第三方也没有进行调停的义务；(3) 调停的第三方提出的解决争端的方法被争端当事国一方宣布不予接受，调停即告终止，不论调停的结果如何，调停的第三方不负任何法律责任。

三、调查与和解

调查是指根据争端当事国的协议组成国际调查委员会，协助当事国解决因事实问题引起的争端的方法。在国际争端中，有些是由于基本事实不清，双方无法达成共识而不能通过谈判解决的，查清事实是解决争端的关键。争端各方通过协议成立国际调查委员会，对发生争议的事实进行调查，提出调查报告，为双方解决争端准备条件。国际调查委员会的报告只限于说明事实真相，对当事国没有法律拘束力。

调查制度由1899年《和平解决国际争端公约》最早确立。该公约规定：凡遇有国际争端不涉及国家荣誉或根本利益而只起因于事实的意见分歧时，如争端当事国不能以外交手段解决，则于情况许可范围内，设立国际调查委员会，进行公正认真的调查，辨清事实，以促进争端的解决。该公约还进一步规定了设立国际调查委员会的方法、期限以及委员会的权限等。

1967年12月18日，联合国大会通过了一项决议，赞成把实地调查作为一种可以充分利用的和平解决争端的方法。利用调查的方法解决争端的范例是1904年日俄战争期间发生的英俄北海渔船事件。当时，俄国波罗的海舰队在途经北海时，将英国渔船误认为日本舰艇予以炮击，造成英国渔船受损，渔民伤亡。事后，英俄两国对事件的事实发生争执，双方同意设立一个国际调查委员会，负责事件的调查工作。后经查明，当时并无日本舰艇在场，事故完全是由于俄国舰队司令官的判断错误所致。最后，俄国向英国赔偿65 000英镑，使争端得到了解决。

和解是指争端当事国通过条约或其他形式的协议，把争端提交给一个若干名成员组成的委员会，委员会通过对争端事实的调查和评估，提出包括解决争端建议在内的报告的一种争端解决方法。和解委员会的报告和建议没有法律拘束力，争端当事国没有必须接受的义务。和解制度是从两次海牙会议通过的《布赖恩和平条约》规定的常设调查委员会的有关规则中发展起来的。1928年国际联盟主持制定的《和平解决国际争端的日内瓦总议定书》首次把和解委员会作为一种国际和解制度以国际公约的形式规定下来。1949年联合国大会对该总议定书进行修订时，再次确认了和解制度。1969年《维也纳条约法公约》第66条及其附件、1982年《联合国海洋法公约》第284条及附件五等都作了与和解相关的规定。

第三节　国际争端的法律解决方法

一、仲裁

1. 仲裁的概念和特点

仲裁，又称公断，是指争端当事国达成协议同意将它们之间的争端交给由双方自己选任的仲裁员来裁决，并承诺服从裁决的一种国际争端解决方法。

仲裁具有如下特点：(1) 争端当事国愿意把争端提交仲裁解决，同时争端当事国有权自己选择仲裁员；(2) 仲裁裁决是根据法律作出的，争端当事国有权选择仲裁所依据的法律；(3) 仲裁裁决对争端当事国有拘束力。

2. 常设仲裁法院

常设仲裁法院是1899年《和平解决国际争端公约》的缔约方，根据公约第20—29条(1907年《和平解决国际争端公约》第40—50条)，于1900年在荷兰海牙建立的国际争端仲裁机构，其由常设行政理事会、国际事务局和仲裁法院组成。其中，常设行政理事会由《和平解决国际争端公约》缔约方驻荷兰的外交代表和荷兰外交大臣组成，由荷兰外交大臣任理事会主席。国际事务局是常设仲裁法院的书记处和有关法院开庭事项的文件转达机关，负责保管档案和处理法院的一切行政事务。仲裁法院由缔约方遴选任命的若干"公认深通国际法和道德名望极高"的个人组成，每一缔约方最多可以选择任命4人担任仲裁员职务；两个或两个以上的国家可以共同任命1人或数人，同一名仲裁员可以由不同的国家任命；每名仲裁员任期为6年，可连选连任。由争端当事国在法院的仲裁员名单中各选定2名仲裁员，再由被选定的仲裁员共同选定第5名仲裁员组成仲裁庭，审理和裁决争端。

3. 国际仲裁制度

国际仲裁制度主要是根据两次海牙会议制订的《和平解决国际争端公约》、1928年国际联盟通过的《和平解决国际争端的日内瓦总议定书》和1958年ILC制定的《仲裁程序示范规则(草案)》确定的。其中，《仲裁程序示范规则(草案)》只具有参考的作用，在当事国选用的情况下才有拘束力。

国际仲裁制度主要包括以下内容。(1) 仲裁条约、仲裁协定和仲裁条款。一般通过订立仲裁条约或协定，当事国表明仲裁合意，承担诚实服从和执行仲裁裁决的义务；或者条约或国际公约规定，在一定的条件下，以仲裁的方法解决有关条约或国际公约解释或适用中所产生的争端时，则表明争端当事国同意把争端的全部或部分提交仲裁解决。(2) 仲裁的范围。仲裁一般解决法律性质的争端，以及当事国认为可以提交仲裁解决的其他争端，涉及国家重大利益、独立、名誉或第三国利益的争端，以及关于一国国内管辖事项、过去的争端、特殊的领土和政治利益的争端等，则被视为不宜仲裁的争端。(3) 仲裁庭的组成。仲裁庭通常由3人组成，有时也由5人组成；争端各方可选择其中1名或2名，然后双方共同指派或由被选择的仲裁员共同指派第3名或第5名仲裁员。(4) 仲裁庭适用的法律和程序。争端当事国可以事先就仲裁所适用的法律和程序达成协议，也可以以公平原则，基于仲裁庭自定程序进行仲裁。(5) 仲裁裁决的效力。仲裁裁决是最终的，对提交仲裁的争端当事国有拘束力，各争端当事国应善意地诚实遵守和执行仲裁裁决。

二、司法解决

司法解决是指争端当事国把争端提交给一个事先成立的、由独立的法官组成的国际法院或国际法庭，根据国际法对争端当事国做出具有拘束力的判决。

在 1907 年第二次海牙和平会议上，与会国家第一次正式讨论了建立一个世界范围内的法院以解决国际争端的问题，但最终仅制定出国际仲裁法院的框架。会议还通过了一项关于建立国际捕获法院的公约草案，但因没有得到任何国家的批准，国际捕获法院始终未能建立起来。第一次世界大战以后，国际联盟建立了常设国际法院；第二次世界大战以后，联合国建立了国际法院。

1. 常设国际法院

国际社会建立真正意义上的国际常设的司法机关的计划，在第一次世界大战以后随着国际联盟的创立得以实现。《国际联盟盟约》第 14 条规定，行政院应制定设立常设国际法院的计划，交联盟各会员国采用。凡各方提出属于国际性质的争议，该法院有权审理并判决。1920 年 12 月 13 日，国际联盟通过《常设国际法院规约》，常设国际法院于 1922 年在海牙正式宣告成立。截至 1946 年 1 月 1 日解散时，常设国际法院共受理了 66 个案件，其中诉讼案 38 件、咨询案 28 件。

2. 国际法院

《联合国宪章》第 7 条和第 42 条规定，国际法院是联合国 6 个主要机关之一，是联合国的主要司法机关。《国际法院规约》是《联合国宪章》不可分割的一部分，联合国会员国是《国际法院规约》的当然缔约方。联合国大会和安全理事会于 1946 年 2 月 6 日选出了国际法院的首任法官，国际法院于 4 月 3 日在海牙举行第一次集会，国际法院正式成立。

《国际法院规约》规定，国际法院由 15 名独立的法官组成，其中不得有两人具有同一国家的国籍。国际法院法官的全体应能代表世界各大文化及各主要法系，因此法官的席位是按地区分配的。按照目前的方案，法官由亚洲 3 人、非洲 3 人、拉丁美洲和加勒比地区 2 人、西欧和其他国家 5 人、东欧 2 人组成。按照惯例，联合国安全理事会各常任理事国在国际法院均应有本国的法官。我国于 1984 年，由倪征=出任国际法院法官，1993 年由史久镛接任了国际法院法官，现任中国籍法官是薛捍勤。

国际法院在审理案件时，法官对本国为当事一方的案件，有权参加审理，不适用回避制度，只有法官以前曾经参与过的案件才不得参加审理。

受案法庭是国际法院司法活动的基本单位，根据案件情况不同，受案法庭的类别亦不相同，可分为普通法庭和分庭两大类。(1) 普通法庭。普通法庭由组成法院的全部 15 名常任正式法官组成，因故不能出席的，也必须有 9 人才构成法定人数。若是当事国在法庭中没有本国国籍的法官，则可临时选派一名“专案法官”参与组成普通法庭。案件若涉及特殊知识领域，国际法院还可委派一名或数名不具表决权的襄审官共同组成受案法庭，以普通程序审理呈送案件。(2) 分庭。分庭一般由常任正式法官的一部分组成，在某些情况下，还可包括专案法官和不具表决权的襄审官。分庭包括：特种案件分庭，由法官 3 人或 3 人以上组成，以普通程序或简易程序处理劳工案件、过境与交通案件等特种案件；特定案件分庭，由国际法院经当事国同意后决定的一定数目的法官组成，以普通程序或简易程序处理不特定种类的某一案件；简易程序分庭，每年由法官 5 人组成，处理案件时应包括正式法官和专案法官，以简易程序处理不特定种类的案件。

国际法院的管辖权包括诉讼管辖权和咨询管辖权。

(1) 诉讼管辖权。国际法院的诉讼管辖权包括对国家管辖权和对事管辖权。《国际法院规约》第 34 条第 1 款规定，在法院可作为诉讼当事者的，仅限于国家。因此，只有国家才能在国际法院成为诉讼当事方。联合国会员国是《国际法院规约》的当然当事方。非联合国会员国的国家也可以根据《联合国宪章》第 93 条 2 款，成为《国际法院规约》的当事方。同时，国际法院的诉讼管辖权是建立在国家同意的基础之上的。《国际法院规约》第 36 条规定，国际法院的对事管辖权有三类：争端当事国提交的一切案件，且不限于法律性质的争端(自愿管辖)；《联合国宪章》和现行条约中特别规定的事件或争端(协定管辖)；国家事先声明接受国际法院管辖的一切法律争端(任择性强制管辖)。

(2) 咨询管辖权。咨询管辖权是指国际法院作为联合国的司法机关，应有关国际组织或机构的请求，具有对有关法律问题提供权威性的意见的权利。《联合国宪章》第 96 条规定，大会及安全理事会可请求国际法院就任何法律问题发表咨询意见；联合国其他机构及各种专门机构，对于其工作范围内的任何法律问题，可随时以大会的授权，请求国际法院发表咨询意见。有权请求国际法院发表咨询意见的联合国 5 个机关中，除了联合国大会、安全理事会、国际法院之外，还有经济和社会理事会、托管理事会和秘书处；16 个专门机构和其他机构是国际劳工组织，联合国粮食及农业组织，联合国教育、科学及文化组织，国际民用航空组织，世界卫生组织，世界银行，国际金融公司，国际开发协会，国际货币基金组织，国际电信联盟，世界气象组织，国际海事组织，世界知识产权组织，国际农业发展基金，联合国工业发展组织和国际原子能机构。

案例导入答案

【答案】 所谓“任择性强制管辖”，根据《国际法院规约》第 36 条第 2 款，规约当事方可随时声明，对于接受同等义务的其他任何国家，承认国际法院对下列一切法律争端享有强制管辖权：(1) 条约的解释；(2) 国际法上的任何问题；(3) 如经确定即属违反国际义务的任何事实的存在；(4) 违反国际义务应作赔偿的性质或范围。

根据《国际法院规约》第 38 条，国际法院根据国际法审判案件，可适用的法律有国际条约、国际习惯、为文明各国所承认的一般法律原则、作为确定法律原则的辅助资料的司法判例和各国权威最高的公法学家的学说。此外，经诉讼当事国同意，国际法院还可以依照“公允及善良”原则裁定案件。

国际法院的诉讼程序主要有如下三项。(1) 起诉。《国际法院规约》第 40 条规定，争端当事国以请求书或特别协议的方式向国际法院提出诉讼案件。以请求书的方式起诉，必须在请求书中叙明请求当事国、被告国和争端事项，并应尽可能说明法院管辖权的根据和诉讼请求的确切性质，简要陈述诉讼请求所依据的事实和理由；以特别协议的方式起诉，争端当事国应将其所订立的特别协议通知法院书记官长，通知书应写明争端的明确事项及争端当事国。(2) 诉讼程序。国际法院的诉讼程序分为书面程序和口头程序，前者是指将诉状、辩诉状及必要时的答辩状，连同可作证明的各种文件和公文，送达国际法院和各诉讼当事国；后者是指国际法院询问证人、代理人、鉴定人、律师和辅佐人，由院长或副院长主持，公开进行，法院另有决定或争端当事国要求公众不得旁听的情况除外。(3) 判决及其执行。国际法院的判决是终审判决，不得上诉。判决对各争端当事国有拘束力。《国际法院规约》对判决的执行不置一词，留交国际法院以外的机制去解决。《联合国宪章》第 94 条规定，联合国每一会员国的任何案件的当事国，承诺遵行国际法院的判决；遇有一方不履行依法判决应负的义务时，其方可向安全理事会申诉，安全理事会认为必要时，可形成建议或决定应采取的办法，以执行判决。

3. 其他司法或准司法机构

除了国际法院和常设国际仲裁法院之外，国际上仍有不少类似的其他司法或准司法机构，主要包括：(1) 裁决国家间争端的机构，如联合国国际海洋法法庭、世界贸易争端解决机构等；(2) 裁判公权力与个人之间争端的机构，如国际刑事法院、欧洲人权法院、联合国行政法庭、国际劳工组织行政法庭和世界银行行政法庭，以及国际投资争端解决中心等；(3) 区域一体化组织的司法机构，如欧洲联盟法院等。

第四节　中国解决国际争端的立场与实践

一、坚持国际争端的和平解决

中国作为负责任的大国和联合国创始会员国，始终如一地遵守和奉行和平解决国际争端的国际法基本原则与《联合国宪章》的有关宗旨和规定。中国一直坚持和平自主的外交政策，主张国家不分强弱大小，一律通过平等协商解决彼此间的各种分歧和争端。

二、坚持国际争端的谈判与协商解决

在中国政府来看，由当事方直接谈判与协商来解决争端是最简明有效的方法，而第三方介入的效果却常常难以把握。因此，诉诸国际仲裁或司法解决争端，一向不被中国政府所考虑(除了世界贸易组织的争端解决机构外)。对于国际调查与和解，虽然在原则上可以接受，但迄今为止中国尚未接受过以调查或和解方法解决中国与其他国家争端的实践。对于斡旋与调停，中国尚未接受过以调停方法解决中国与其他国家之间的争端，但有以斡旋者身份进行斡旋以解决国际争端的类似实践。例如，1990 年海湾战争前，中国外交部部长钱其琛曾赴伊拉克进行过类似于斡旋性质的访问，呼吁伊拉克与科威特谈判协商解决两者之间的领土争端。

三、法律方法或准司法方法的有限利用

原则上，中国反对一切形式的霸权主义和强权政治，支持国际法治的理想和追求，并且认为仲裁和司法解决国际争端是国际法治的应有之意。因此，中国不排除利用任何仲裁庭、国际法院或法庭以及准司法机构解决中国与他国间争端的可能，对于经济、贸易、文化等领域中法律性较强、不涉及重大主权利益的争端，中国可接受仲裁、国际司法或者准司法的方法。但这一方式一般不适用于领土争端，以及与国家尊严和重大主权利益相关的争端。

本章重点

- 简述国际争端的强制解决方法。
- 简述国际争端的和平解决方法。
- 试述国际法院的管辖权。
- 简述国际仲裁的概念及特点。
- 简述中国在解决国际争端中的立场和实践。

思考题

- 试论国际法院判决的执行。
- 试论联合国主要机构在和平解决国际争端中的职责和权力。

❖ 试论中菲南海争端中中国的立场。

阅读扩展目录

❖ 金永明.论南海仲裁案对海洋法的冲击[J].政治与法律,2017(7):105－116.

❖ 张华.反思国际法上的“司法造法”问题[J].当代法学,2019,33(2):137－149.

❖ 朱丹.国际刑事法院的司法能动主义:实践、反思及限制[J].环球法律评论,2020,42(1):127－141.

❖ 管建强.“南海仲裁案”后续法律应对的关键问题研究[J].中国法学,2016(5):51－71.

❖ 罗国强,于敏娜.国际法庭咨询管辖权的扩张倾向与中国策略[J].学术界,2019(10):133－147.

本章知识树

- 国际争端的和平解决制度
  - 国际争端的和平解决概述
    - 国际争端的概念、特征和种类
    - 解决国际争端的方法
  - 国际争端的政治解决方法
    - 谈判与协商
    - 斡旋与调停
    - 调查与和解
  - 国际争端的法律解决方法
    - 仲裁
    - 司法解决
      - 常设国际法院
      - 国际法院
      - 其他司法或准司法机构
  - 中国解决国际争端的立场与实践
    - 坚持国际争端的和平解决
    - 坚持国际争端的谈判与协商解决
    - 法律方法或准司法方法的有限利用

第十六章　国际责任法

案例导入

【案情】 1985年7月10日，一艘未悬挂新西兰国旗的船舶"彩虹勇士号"，在新西兰奥克兰港被法国情报部门指派的两名特工人员安置的炸弹引爆，遭受严重损坏，一名荷兰公民溺水死亡。7月12日，这两名特工人员被新西兰主管当局逮捕，并在11月22日以引爆该船的罪名被判处10年监禁。在联合国秘书长建议下，1986年经新西兰和法国同意，法国向新西兰道歉，并支付700万美元作为赔偿；同时两国就两名特工人员的监禁问题通过外交途径谋求解决。对此，两国于1986年7月9日在巴黎达成协议，将两名特工人员移送到法属波利尼西亚群岛中的豪岛(Island of Hao)隔离3年。法国定期向新西兰汇报有关情况。新西兰如有要求经两国同意，可由第三方去该岛访问，了解情况。除经两国政府同意外，两人不得离开该岛。之后法国政府以健康医疗为由，先后将两名特工人员送回法国。离开前虽曾通知新西兰，但因交通、病情紧急等原因，未能由新西兰及时核证。为此，新西兰根据协议诉诸仲裁。仲裁庭于1990年4月30日作出裁决，认为"一国任何违背义务的行为，不论其起源为何，都引起国家责任"。仲裁庭同时宣布在裁决中公布谴责法国对其义务的违背，作为对新西兰蒙受法律和道德损害的"赔礼道歉"。

【问题】 国际不法行为引起的国家责任包括哪些形式？

第一节　国际责任概述

一、国际责任的概念

1. 国际责任和国家责任、国家赔偿责任

国际责任是指国家在国际社会中因不法行为或因跨境危害后果而由国家承担的责

任，联合国国际法委员会称前者为国家责任，称后者为国家赔偿责任。国家责任是指国家在从事了国际违法行为而承担的国际法上的责任；而国家赔偿责任是指国际法不加禁止行为所产生的损害性后果的责任。

如同在其他社会关系中一样，在国际关系中，某一个法律主体的法律利益受到另一个法律人格的侵犯，就会产生特定法律制度确定的各种不同形式的责任。由于过去只有国家是国际法的主体，所以一般谈及国际责任就联想到某个国家的责任。但是如今的国际法已经发展到包括国际机构、非政府组织，甚至个人的行为。目前，与国际组织在国际活动中应承担的责任相关的公约草案在由ILC制定和讨论；个人的刑事责任问题也随着国际刑事法院的成立而有了很大的发展。

2. 初级规则和次级规则

在国际关系中国家之间通过条约或国际习惯法，承担了各种不同的国际义务。一国违反了其所承担的这些义务，将引起法律后果，即国家责任。将规定实体权利和义务的规则称为“初级规则”或“一级规则”，如“主权平等原则”“不干涉内政原则”和“外交使团不可侵犯原则”等。如果国家违反了这类规则，在国际法上就会产生一定的后果，调整这些法律后果的规则就被称为“次级规则”或“二级规则”，国际责任法则属于后一类规则。这种理论的目的就是将国际责任制度提高到调整整个国际关系的高度。

“初级规则”和“次级规则”的划分标准是由特别报告委员罗伯特·阿戈（Roberto Ago）制定的，其划分的主要原因有以下两点。（1）属于“初级规则”的国际法的实体规则，包含在条约和国际习惯法中。在条约和国际习惯法不断发展的情况下，不可能对这些实体规则进行编纂。（2）起草国家责任条款的便利。这样将容许国家责任条款重申或发展一般的责任规则，而无须解决实施该规则中可能引起争议的问题。例如，国家责任是否因一国对他国造成了损害或伤害才引起的。这些都是“初级规则”所关注的问题，也就是取决于“初级规则”或实体规则的规定。这样将有争议的问题分离出去，可使责任法草案得以顺利进行。

二、国际责任规则的编纂工作

国际责任规则的内容是随着国际关系的发展而不断变化的，其在第二次世界大战后，特别是20世纪60年代以来发生了很大的变化。

1. 第二次世界大战之前

有关国际责任的国际法，从19世纪后期就通过许多仲裁裁决，形成了习惯法规则。1930年3月13日至4月12日，在海牙举行的国际法编纂会议虽然讨论过国际责任问题，但由于分歧太大，没有缔结任何条约。

在过去相当长的一段时间里，国家责任所研究的内容主要是外国人及财产造成的损害而引起的国家责任。哈佛国际法研究部起草的关于国家责任公约的草案、国际法委员会早期的关于国家责任的编纂等，主要都是有关由外国人及其财产造成损害的赔偿责任。这些在很大程度上反映了发达工业化国家在海外扩张中保护其投资利益的需要，因此也受到了很多发展中国家和国际法学者的批评。

2. 第二次世界大战之后

国家责任问题是 1949 年国际法委员会成立后首次列入 14 个编纂议题中的一个，如国际条约法、国际海洋法等，但是真正开始着手编纂是 1953 年。

国际法委员会在 1955 年第 7 届会议中指定加西亚·阿马多(Garcia Amador)担任该专题报告的特别报告员。1956—1961 年，阿马多连续向委员会的 6 届会议提交了 6 份报告，全面论述了由外国人的人身及其财产造成损害的责任问题。

在 1963 年罗伯特·阿戈担任特别报告员之后，国家责任的编纂方向才摆脱了仅限于外国人的人身损害和财产损失的现象，并把侵害外国的环境和自然资源等一般国际不法行为所产生的责任，包括侵犯他国主权、从事侵略战争、严重违反国际人道主义法，以及破坏国际和平与安全等国际罪行的责任都包括在国家责任的编纂工作中。由于这一根本性的发展，国家责任理论提出了两个重要的国际法概念，即国际法不加禁止行为所产生的损害性后果的国家赔偿责任概念，以及国际罪行与国际不法行为的概念区分。

罗伯特·阿戈在国家责任法草案的奠定过程中所做出的贡献是非常巨大的，但是，因为把国际不法行为引起的国家责任和国际法不加禁止行为所产生的损害性后果的国家赔偿责任都包括的一个草案中，混为一谈，国际责任公约的编纂工作一度进展非常缓慢。直至 1978 年第 30 届会议上，国际法委员会才把“国际法不加禁止行为所产生的损害性后果的国际责任”这一专题单独列入工作方案，任命罗伯特·昆廷·巴克斯特(Robert Quentin - Baxter)为特别报告员。这样与国际责任相关的公约编纂工作分成了两路继续进行。1994 年国际法委员会第 46 届会议和 1995 年第 47 届会议一读暂时通过了《国际法不加禁止行为所产生的损害性后果的国际责任》的部分条款及其评注。

1997 年詹姆斯·克劳福德(James Crawford)担任与国家责任相关的公约编纂工作的特别报告员，共提供了 4 次报告，最终于 2001 年 8 月 9 日第 2709 次会议中二读通过《国家对国际不法行为的责任条款草案》的案文，2001 年 12 月，联合国大会通过了《国家对国际不法行为的责任条款》的决议。

跟国家责任不同，国家赔偿责任则碰到了许多诸如概念不清、赔偿责任和预防责任共同讨论还是分开研究等问题。因此，在 1997 年第 49 届会议上，国际法委员会决定将赔偿责任和预防责任问题予以分别处理。国际法委员会决定首先在“预防危险活动造成的跨界损害”这个副标题下讨论预防问题，并任命彭马拉朱·斯里尼瓦萨·拉奥为本专题这一部分的特别报告员。2004 年 7 月 23 日，国际法委员会审议了以特别报告员为首的起草委员会的报告，并一读通过了《关于在危险活动造成的跨界损害案件中损失分配的八项原则草案》。

第二节 国家责任

一、国家责任的构成要件

一个国家对于本国的国际不法行为应当承担国际责任，这是国际法原则。例如，在1927年"霍茹夫工厂案"中，常设国际法院在判决中强调，"任何对约定的违背，就会导致以适当方式进行赔偿的国家责任，这是国际法的一个原则"；在1990年"彩虹勇士号仲裁案"中，仲裁庭认为"一国任何违背义务的行为，不论其起源为何，都引起国家责任"。

霍茹夫工厂案

第一次世界大战后德国战败，根据1919年《凡尔赛和约》，德国将上西勒西亚的一部分领土割让给波兰，其中包括霍茹夫地区。1920年7月14日波兰颁布了一项法令，规定将德国割让的领土的一切财产移交给波兰，并宣布德国在停战日(1918年11月11日)之后所转移的财产一律无效。另一方面，德国在1919年12月24日在未割让的地区另成立了一家私人的"上西勒西亚氨肥公司"，把霍茹夫工厂并入了该公司。德国和波兰为了解决两国之间的财产问题，于1922年，在日内瓦签订了《关于上西勒西亚专约》，规定了转让财产的程序。但波兰根据上述1920年7月14日法令和1922年专约没收了霍茹夫工厂为其国家财产，从而未遵守《关于上西勒西亚专约》规定的财产转让程序。该程序规定在未事先通知工厂的实际所有人之前，不得剥夺其财产。波兰的没收行为实际上也剥夺了德国的"上西勒亚氨肥公司"向德国和仲裁委员会起诉的机会。德国政府根据《关于上西勒西亚专约》第23条将争端提交到常设国际法院，指控波兰违反《关于上西勒西亚专约》。

1926年5月25日，常设国际法院作出判决，裁定德国在霍茹夫地区割归波兰以前，一直保有处置该地财产的权利，德国政府将霍茹夫工厂转让给一家私人公司是有效的，该厂既已转让给一家私人公司就不再是德国的国家财产，没收其财产是对私人财产的侵犯。波兰的行为违反了《关于上西勒西亚专约》。

一国的国际不法行为会在下列情况下发生：由作为或不作为组成的行为依国际法规定归属于该国；并且该行为构成对该国国际义务的违背。

1. 国际不法行为

一国违反该国所承担的国际义务时，就构成国际不法行为。这种行为既包括作为，也包括不作为。作为，是指行为者积极的、直接的行为导致其违反国际义务，而对他方的权益造成了损益；不作为，则是指行为者以消极的态度不忠实地履行自己承担的国际义务，或不能有效地制止或补救，甚至放纵或怂恿个人或团体的不法行为，而对他方的权益造成损害。

在外国外交使团的安全受到威胁时，驻在国政府没有采取及时、有效的保护措施，致使外交使团受到骚扰和入侵，造成损害，这就会引起驻在国的国家责任。例如，在“驻德黑兰美国外交与领事人员案”中，伊朗政府违背了保护外交官员安全的义务，是伊朗政府的不作为；在“科孚海峡案”中，国际法院认定，阿尔巴尼亚没有及时通知过境的英国军舰本国海域中布有水雷这一情况，构成阿尔巴尼亚违反了国际义务，这种义务是“各国不得允许本国的领土被用来从事违反他国权利的活动”的义务。

国际不法行为的定性应根据国际法。在把一国的行为定性为国际不法行为时，须遵守国际法。这种定性不因国内法把同一行为定性为合法行为而受到影响。就国家责任而言，国际义务无论是基于国际条约，还是国际习惯法，都引起国家责任。在 1922 年“温布尔顿号案”中，常设国际法院认为单个国家发布的命令不能凌驾于国际条约的规定之上，根据《凡尔赛和约》第 380 条，德国负有明确的责任，应让“温布尔顿号”通过基尔运河。德国不能提出本国的中立法令来否定德国按照该条约所接受的义务。

温布尔顿号案

“温布尔顿号”是一艘法国公司租赁的英国船，替波兰政府运载一批军火到但泽港，当时波兰和德国处于战争状态。德国政府拒绝了该船根据《凡尔赛和约》通过基尔运河的请求，理由是根据德国中立法，这种船只不得通过运河，因而该船只能绕道行驶而耽误时间。法国向 PCIJ 状告德国违反其条约义务。

PCIJ 认为单个国家发布的命令不能凌驾于国际条约的规定之上，根据《凡尔赛和约》第 380 条，德国负有明确的责任，应让“温布尔顿号”通过基尔运河。德国不能提出本国的中立法令来否定德国按照该条约所接受的义务。

一国的行为是在该义务对该国有约束力的时期起构成对一国国际义务的违背。一国的行为如不符合国际义务对其的要求，即违背国际义务，而不论该义务的起源或特性为何。没有持续性的一国行为违背国际义务时，该行为发生的时刻即为违背义务行为发生的时刻，即使其影响持续存在。有持续性的一国行为违背国际义务时，该行为延续的时间为该行为持续且一直不遵守该国际义务的整个期间。一国违背要求其防止某一特定事件之国际义务的行为开始于该事件发生的时刻，该行为延续的时间为该事件持续且一直不遵守该义务的整个期间。

一国通过被一并定义为不法行为的一系列作为或不作为违背国际义务的情势，开始于一作为或不作为发生的时刻，该作为或不作为连同其他的作为或不作为，足以构成不法行为。在上述情况下，该违背义务行为持续的时间从一系列作为或不作为中的第一个开始发生到此类行为再次发生，并且一直不遵守该国国际义务的整个期间。

2. 国家不法行为的归责性

国家作为国际法的主体，其行为由组成国家机器的各个机关或个人来实施，代表国家行事的法律后果应归责于国家。因此，国际不法行为应可归于当事者本国，否则不能引起该国的国家责任。

根据国家责任条款的规定，可归于国家的行为主要包括以下八项。

（1）国家机关的行为。国家只能通过其机关或代表进行国家行为。国家元首或政府首脑在行使其职权中，如果违反了本国对外所承担的国际义务，则构成国际不法行为。立法机关作为国家机关，如果一个国家的国会或议会通过的法案违背了本国所承担的国际义务，该国就要对这一行为承担国家责任。司法机关的行为，如果违反了本国对外国所承担的国际义务，也可以引起该国的国家责任。例如，一个国家拒绝向外国人提供司法救济，则构成“拒绝司法”，国家应对此承担责任。此外，一机关包括依该国国内法具有此种地位的任何人或实体，其行为应被视为国家行为。

（2）行使政府权力要素的人或实体的行为。虽然不属于国家机关，但经该国法律授权行使政府权力要素的个人或实体，其行为依国际法应被视为该国的行为，但以该个人或实体在特定情形下是以政府资格行事为限。行使政府权力要素的人或实体可能包括一些私人、国营公司、准国营实体、政府代理机构，在特殊情况下，甚至包括私营公司。

拉格朗德案

沃尔特和拉格朗德两兄弟分别于1962年和1963年生于德国，1967年随母迁居美国，在美国成长，一直是德国籍，未入美国籍。两兄弟于1982年1月7日因抢劫银行、杀害经理、伤一雇员而被捕。1984年2月被亚利桑那州高等法院判处死刑。美国和德国都是《维也纳领事关系公约》缔约方，但在审讯和判刑时，包括上诉至联邦最高法院时，均未让两兄弟得知其享有与德国领事通信的权利。德国获悉后，在1999年1月15日处决拉格朗德前，通过各种途径进行干预未果。因此，德国于1999年3月2日，在国际法院状告美国，请求国际法院采取临时措施，命令美国在国际法院作出判决前不予处决。但美国以该命令没有约束力为由，仍如期在次日执行了死刑。

国际法院于2001年6月27日作出判决，裁定美国违背了《维也纳领事关系公约》第36条第2款，以及未执行法院的临时措施而承担责任。“一个国家应为以该国名义行事的主管机关和当局的任何行为承担国际责任。”

（3）由另一国交由一国支配的机关的行为。由另一国交由一国支配的机关，如果为行使支配该机关的国家权力因素而行事，其行为依国际法应被视为支配该机关的国家行为。如一个国的部队交由另一国支配的情况。

雪弗洛案

法国人雪弗洛旅居波斯，被怀疑是间谍而被英国军队在接近里海的地区予以逮捕。事前法国领事因需离开波斯，因此，请英国领事代行法国领事的职务。雪弗洛被捕后，丢失了其在家中的财物、书籍和文件等。法国认为这是由于英国领事的疏忽所造成的，英国应予赔偿。英法两国于1930年3月4日达成协议，成立了仲裁委员会。

仲裁委员会裁决认为，英国政府不能为其领事作为代管另一国领事而承担疏忽责任。

（4）逾越权限或违背指示的行为。国家机关或经授权行使政府权力要素的任何个人或实体，如果以此种资格行事，即使逾越权限或违背指示，其行为仍应被视为国际法所指的国家行为。

尤曼斯案

由墨西哥10名士兵组成的支队在1名军官的率领下，奉命前往安岗谷矿山保护被骚乱威胁的美国人的安全，但他们不执行命令，反而将美国人尤曼斯击毙，并和暴民一起杀害其他两个美国人。为了解决这一事件，根据1923年9月8日的专约，美国-墨西哥一般索赔委员会成立。

仲裁员范·沃伦霍夫(Van Vollenhoven)裁决：“我们不认为这些士兵参与谋杀事件是以他们的私人身份所为的，因为情况表明谋杀行为是在军官的直接监督下和当着他的面进行的。士兵们进行人身伤害，肆意破坏或掠抢往往是在违反上级机关指定的规则下所为的；如果对士兵的违反命令的任何行为都必须视为私人行为，那么也就不会有这种恶劣行为的责任。”

(5) 受到国家指挥或控制的行为。作为一般原则,私人的行为依国际法不归于国家。但是可能由于行事的人和国家之间存在着特定的关系,这种行为应归于国家。因此,如果一人或一群人实际上按照国家的指示或在其指挥或控制下行事,其行为应视为国际法所指的国家行为。

斯蒂芬斯案

墨西哥陆军招募了一批未被纳入编制的辅助人员作为警卫部队。其中一个名为梵伦瑞拉(Vanlenzuela)的卫士在值班时,开枪击毙了美国人斯蒂芬斯。在美国要求下,美国-墨西哥一般索赔委员会于 1923 年成立。

关于这支部队和梵伦瑞拉的身份,该委员会认为:"要确切地断定这些卫士是陆军的一支非正规的辅助部队是很困难的,尤其是因为他们未着制服,也未配徽章……但无论如何,他们是为墨西哥或墨西哥的政治部门行事的……考虑到该地区的情况,必须把梵伦瑞拉视为一个士兵或类似于一个士兵。"根据上述情况,该委员会裁定墨西哥应对其所雇佣、指挥和控制的作为警卫的辅助人员的行为承担责任。

(6) 正式当局不存在或缺席时实施的行为。如果一人或一群人在正式当局不存在或缺席和在需要行使政府权力要素的情况下,实际上行使政府权力要素,其行为应被视为国际法所指的国家行为。

伊格尔诉伊朗案

伊格尔为美国公民,在伊朗发生革命时,于 1979 年 2 月 13 日被两名革命卫士带走,被关押几天后,将他驱逐出伊朗。伊格尔在求偿仲裁法庭控告伊朗违反国际习惯法,专横无理地将其驱逐出境,要求赔偿损失。伊朗则抗辩当时"革命卫队"的行为不能归于伊朗。

美国和伊朗设立了美国-伊朗求偿仲裁法庭,该仲裁庭认为本案涉及"革命卫队"是否代表伊朗政府行事的问题。伊朗没有提出充分证据证明"革命卫队"不是代表新政府行事。相反,当时"革命卫队"行使了政府权力要素,包括在德黑兰机场行使移民、海关和类似职能。该仲裁庭强调,"革命卫队的这种行为如果未得到政府的批准,至少是在正式当局缺席的情况下,行使政府权力要素,新政府必定知道这种情况,其并没有反对这样做"。因此,该仲裁庭裁定伊朗两名革命卫士将原告带走并予以关押的行为应归于伊朗。

(7) 叛乱运动或其他运动的行为。成为一国新政府的叛乱运动的行为应被视为国际法所指的国家行为，未成功的叛乱行为不归于国家。在一个先已存在的国家的一部分领土或其管理下的某一领土内，为组成一个新国家而发动的叛乱运动或其他运动的行为，依国际法应被视为该新国家的行为。

英国“圣弗拉维阿诺号”等船艇事件

1958年，在印度尼西亚政府军和反政府武装的冲突中，英国商船“圣弗拉维阿诺号”“达罗尼阿号”，以及英国潜艇在印度尼西亚领水先后遭到反政府武装分子飞机的轰炸，其中一艘商船被炸沉。

对于此案，英国副外交大臣在英国下议院答辩称：“关于这两起案件，英国驻雅加达大使向印度尼西亚政府提出了质问，印度尼西亚政府回答这一行动不是印度尼西亚政府的武装部队的所为。英国政府对此感到满意。飞机的轰炸是奉印度尼西亚在北西利伯斯岛的叛军的命令行使的。”因此，英国政府认为不可能将叛军的不法行为归于印度尼西亚而成为印度尼西亚的国家责任。

(8) 经一国确认并当作其本身行为的行为。按照前述各情形不归于一国的行为，在并且只在该国确认并当作其本身行为的情况下，依国际法视为该国的行为。在“美国驻德黑兰外交与领事人员案”中，国际法院将示威人群占领使馆及扣留人质的法律情况和伊朗国家发布命令明确表示同意保持这一局面所造成的法律情况做了明显的区分。国际法院指出：“霍梅尼和伊朗其他机关对这一事件的赞同和继续维持的决定，将持续占领使领馆和扣押人质的行为转化为国家行为。”

二、一国对另一国行为的责任

涉及一国对另一国行为的责任主要有三种情况。(1) 援助或协助实施一国国际不法行为。援助或协助另一国实施国际不法行为的国家应该对其援助或协助行为负国际责任，如果该国在知道该国际不法行为的情况下这样做，而且该行为若由援助或协助国实施会构成国际不法行为，就应负国际责任。例如，甲国向乙国提供军事援助和武器，帮助乙国侵占丙国，如果甲国明知乙国的侵略行动时，甲国就应当为援助行为承担国家责任。(2) 指挥或控制一国国际不法行为的实施。指挥或控制另一国实施其国际不法行为的国家应对该行为负国际责任，如果该国在知道该国际不法行为的情况下这样做，而且该行为若由该国实施会构成国际不法行为，就应负国际责任。(3) 胁迫另一国实施国际不法行为。胁迫另一国实施国际不法行为的国家应对该行为负国际责任，如果在没有胁迫的情况下，该行为仍会是被胁迫国的国际不法行为，而且胁迫国在知道该胁迫行为的情况下这样做，就应负国际责任。

以上三种情况都强调了参与国在行为中的主导和控制地位。主观上，其都必须对行为的违法性事先知情；客观上，其本身也都承担了有关的国际义务。当然，以上的规定不妨碍实施有关行为的国家或任何其他国家根据这些条款的其他规定应该承担的国际责任。例如，受胁迫的国家如果超过实施胁迫国要求的范围，或者对胁迫能抵抗而不加抵抗，或者事实上是按照自己的意志行事，也应当负国家责任。

三、国家责任的解除

由于客观原因或条件，一国违反国际义务的不法行为，在如下情形下可以免除承担国家责任。但违反一般国际法某一强制性规范规定的义务的一国，则不得以此作为解除其任何行为之不法性的理由。援引解除行为不法性的情况不妨碍在并且只在解除行为不法性的情况不再存在时遵守该项义务，以及对该行为所造成的任何实质损失的补偿问题。

1. 同意

一国以有效方式同意另一国实行某项特定行为时，该特定行为的不法性在与该国家的关系上即告解除，但以该行为不逾越该项同意的范围为限。例如，外国军舰不得随便驶入一国的领海，但经沿岸国家的明示同意或批准，外国军舰进入一国领海则不被视为对其领海主权的侵犯。

同意的例外不得违反国际法基本原则所确立的国际义务。任何国家不得以所谓已获得有关国家同意为理由而从事与国际强行法规则背道而驰的行为。同意必须有效、明示和合法。

2. 自卫

一国的行为如构成按照《联合国宪章》采取的合法自卫措施，则该行为的不法性即告解除。例如，针对甲国的侵略行为采取合法的自卫措施，而导致的甲国主权的侵犯行为则解除其行为的不法性。

3. 对一国际不法行为采取的反措施

一国针对另一国的国际不法行为所采取的对应自救措施，成为“反措施”。一国不遵守其对另一国国际义务的行为，在并且只在该行为构成针对该另一国采取的一项反措施的情况下，其不法性才可解除。

解除不法性的反措施应限于：(1) 一受害国只在为促使一国际不法行为的责任国履行其义务时，才可对该国采取反措施；(2) 反措施限于暂不履行采取措施的一国对责任国的国际义务；(3) 反措施应尽可能以容许恢复履行有关义务的方式进行。

解除不法性的反措施不得影响《联合国宪章》中规定的禁止威胁或使用武力的义务、保护基本人权的义务、禁止报复的人道主义性质的义务，以及依一般国际法强行规则承担的其他义务。同时,采取反措施的国家仍应履行与责任国之间任何可适用的解决争端程序规定的义务,以及尊重外交或领事代表、馆舍、档案和文件的不可侵犯性等义务。

一受害国在采取反措施以前应通知责任国,具体指明从事一项持续性不法行为的责任国应如何停止该行为,以及应采取哪种赔偿形式;将采取反措施的任何决定通知责任国,并提议与该国进行谈判。虽有上述规定,受害国可采取必要的紧急反措施以维护其权利。但在下列情况下不得采取反措施,如已采取,务必停止,不得无理拖延:国际不法行为已经停止,并且已将争端提交有权做出对当事国具有约束力的决定的法院或法庭,但若责任国不善意履行解决争端程序则不除外。

反措施必须与所遭受的损害相称,并应考虑国际不法行为的严重程度和有关权利。一旦责任国履行其与国际不法行为有关的义务,即应尽快终止反措施。

4. 不可抗力

一国不遵守其国际义务的行为如起因于不可抗力,即有不可抗拒的力量或该国无力控制、无法预料的事件发生,以致该国在这种情况下实际上不可能履行义务,该行为的不法性即告解除。但在下列情况下则不适用:(1) 不可抗力的情况是由援引此种情况的国家的行为单独导致或与其他因素一并导致;(2) 该国已承担发生这种情况的风险。

5. 危难

一国不遵守其国际义务的行为,如有关行为人在遭遇危难的情况下为了挽救其生命或受其监护的其他人的生命,除此行为之外,别无其他合理方法,则该行为的不法性即告解除。但在下列情况下则不适用;(1) 危难情况是由援引这种情况的国家的行为单独导致或与其他因素一并导致;(2) 有关行为可能造成类似的或更大的灾难。

6. 危急情况

一国不得援引危急情况作为理由解除不符合该国所承担的某项国际义务的行为的不法性,除非该行为是该国保护基本利益、对抗某项严重迫切危险的唯一办法;而且该行为并不严重损害作为所负义务对象的一国或数国的基本利益或整个国际社会的基本利益。但一国绝不得在以下情况下援引危急情况作为解除其行为不法性的理由:(1) 有关国际义务排除援引危急情况的可能性;(2) 该国促成了该危急情况。

四、国家责任的形式

《国家对国际不法行为的责任》将国家责任的形式分为两类:国际不法行为的法律后果和损害赔偿。前者包括继续履行的责任、停止和不重复、赔偿;后者则包括恢复原状、补偿、道歉。

1. 国际不法行为的法律后果

一国对一国际不法行为承担的国际责任,产生如下三项法律后果。(1) 继续履行的责任。一国际不法行为的法律后果不影响责任国继续履行所违背义务的责任。(2)停止和不重复。国际不法行为的责任国有义务在该行为持续时,停止该行为;在必要的情况下,提供不重复该行为的适当承诺和保证。(3)赔偿。责任国有义务对国际不法行为所造成的损害提供充分赔偿。损害包括一国国际不法行为造成的任何损害,无论是物质损害还是精神损害。

责任国不得以其国内法的规定作为不能按照《国家对国际不法行为的责任》的规定遵守其义务的理由。

2. 国际不法行为的损害赔偿

对国际不法行为造成的损害的充分赔偿,应按规定,单独或合并地采取恢复原状、补偿和道歉的方式。(1)恢复原状。只在下列情况下,一国际不法行为的责任国有义务恢复原状,即恢复到实施不法行为以前所存在的状况:恢复原状并非实际上办不到的;从恢复原状而不要求补偿所得到的利益不致与所引起的负担完全不成比例。(2)补偿。一国际不法行为的责任国有义务补偿该行为造成的任何损害,如果这种损害没有以恢复原状的方式得到赔偿;这种补偿应弥补在经济上可评估的任何损害,包括可以确定的利润损失。为确保充分赔偿,必要时应支付根据损害赔偿所应支付的任何本金金额的利息。为计算利息,应规定利率和计算方法。利息从应支付本金金额之日起算,至履行了支付义务之日为止。(3)道歉。一国际不法行为的责任国有义务为该行为造成的损失进行道歉,如果这种损失不能以恢复原状或补偿的方式得到赔偿。道歉可采取承认不法行为、表示遗憾、正式道歉,或另一种合适的方式。道歉不应与损失不成比例,而且不得采取羞辱责任国的方式。

在确定赔偿时,应考虑提出索赔的受害国或任何人或实体由于故意或疏忽以作为或不作为促成损害的情况。

案例导入答案

【答案】 国际责任包括继续履行的责任、停止和不重复、赔偿、恢复原状、补偿、道歉等形式。

五、国家责任的履行

根据一般法律原则,只有权利受到侵害的国家才有资格提出求偿。程序上,受害国在提出国际责任之前,应当首先通知不法行为国,要求其停止不法行为,并提出具体的赔偿请求。如果受害国已明确放弃求偿要求,或受害国基于其行为应被视为已以有效方式默许其要求失效,该国就不得援引一国的责任。

在数个国家由于同一国际不法行为而受害的情况下，每一受害国可分别援引实施了该国际不法行为的国家的责任。在数个国家应为同一国际不法行为负责任的情况下，可对每一国家援引涉及该行为的责任，但不允许任何受害国取回多于所受损失的补偿，也不妨碍对其他责任国的任何追索权利。

对于针对本国国民或公司的行为所引起的国家责任问题，只有国籍国才有权利行使外交保护。在寻求外交保护之前，有关受害人必须首先用尽当地司法救济，只有在用尽当地司法救济，或这种司法救济无效的情况下，国际社会才能介入，提出国家责任的问题。

第三节　国际法不加禁止行为的国家责任

一、国际法不加禁止行为的国家责任制度的性质及特点

国际法不加禁止行为的国家责任的产生只取决于损害事实的发生，只要行为造成了损害，行为国就负有赔偿责任。相反，若行为虽违背了义务，但并未造成实际损害，受害国并无求偿权。在赔偿责任中，只要对其所造成的损害给予合理、适当的赔偿，行为国的行动自由就不受限制。

国际法不加禁止行为的国家责任制度的产生，是对传统国家责任制度不可或缺的补充。因为在跨界环境损害领域，其损害常常是由国家的合法行为或国际法不加禁止行为引起的。如果没有国际法不加禁止行为的国家责任制度规则予以援引，则国家在没有条约的情况下，就会发生使受害者的利益得不到充分保护的情况。因此，国际法不加禁止行为的国家责任制度作为传统国家责任制度的补充和发展，应在国际法上予以确立。

国际法不加禁止行为与国际不法行为相比，具有如下特点：(1) 其活动是由国家或相关实体在其本国领土或控制范围内从事的，但其后果具有跨国性；(2) 其活动通常具有潜在的危险性；(3) 活动本身是现行国际法不加禁止的行为；(4) 受害国有权要求加害国给予合理赔偿。

国际法不加禁止行为的国家责任与国际不法行为产生的国家责任相比，存在如下联系和区别。(1) 两者都是国家责任，都是为了确定国家对其行为承担责任。国际不法行为产生的国家责任的成立以国家的不法行为为前提，但国际法不加禁止行为的国家责任的成立则不必要存在不法行为，行为者的行为即使没有违背国际法，但只要发生损害性结果，就应承担赔偿责任。(2) 行为的持续与否方面不同。在国际不法行为产生的国家责任中，不法行为的主体即使其采取补救措施，该行为也不得延续；在国际法不加禁止行为的国家责任中，只要行为主体对其造成的损害性后果给予赔偿，该行为可继续进行，不受限制。(3) 两者的目的一致，但适用的范围不同。国际不法行为产生的国家责任一般适

用于国际法各个领域，但国际法不加禁止行为的国家责任是因应现代高科技的迅猛发展及高新技术的应用，而产生的传统国家责任无法予以解决的特定领域，如民用核活动、航空飞行、外空利用、国际河流和共同水域的利用、海洋开发、远洋石油运输等防止环境污染领域。

因此，同国际不法行为产生的国家责任相比，国际法不加禁止行为的国家责任具有如下法律特征：(1) 国家赔偿责任是在从事国际法不加禁止的活动中，因造成跨国损害的事实与结果而引起的；(2) 国家赔偿责任的承担方式仅有赔偿这一种方式，国家责任的其他承担方式一般不适用于国家赔偿责任；(3) 对赔偿责任的追究不仅要求造成损害的行为的存在，更强调该行为导致的实际物质损害。

二、国际法不加禁止行为的国家责任制度的主要原则

1. 预防与合作原则

《国际法不加禁止行为所产生的损害性后果的国际责任》第 4 条规定，各国应采取一切适当的措施，以预防或尽量减少重大的跨界损害危险，如果这种损害已经发生，则尽量减少其影响。第 6 条规定，当事国应真诚合作，并于必要情形下要求任何国际组织提供协助，以预防或尽量减少重大跨界损害危险，如果这种损害已经发生，则尽量减少损害在受害国和起源国的影响。如果未能履行预防义务，则构成国际法的不法行为，就会产生国家责任问题。

2. 通知与磋商原则

通知原则是任何一种旨在预防或尽量减少跨界损害的制度所不可或缺的一部分。在“科孚海峡案”中，国际法院认为阿尔巴尼亚政府对于在其领海中存在的可知晓的危险，有向一般航行船只通知的义务，这种危险通知的义务产生于一般普遍承认的原则：人道主义的考虑。

除了及时通知外，为了预防和尽量减少造成重大跨界损害，磋商尤为重要。例如，1992 年《里约环境与发展宣言》第 19 条规定，应事先和及时地向可能受影响的国家，提供关于可能会产生重大的跨界有害环境影响的活动的通知和信息，并在初期真诚地与这些国家磋商。经济合作与发展组织在 1974 年 11 月 14 日关于“跨界污染原则”的第 C(74) 224 号决议中的“提供资料和磋商原则”中规定，在进行一项可能会造成重大跨界污染的活动之前，应发出通知和进行磋商。

《国际法不加禁止行为所产生的损害性后果的国际责任》所规定的通知与磋商原则，既不是单纯的手续，也不是为可能受到影响的国家规定否决的权利，但通知与磋商是活动起源国的一项国际法义务，各方应诚意进行磋商，须考虑对方的正当利益。

科孚海峡案

1946 年 5 月，两艘航行通过科孚海峡的英国巡洋舰遭到来自阿尔巴尼亚海岸的炮火轰击。英国政府提出抗议，阿尔巴尼亚政府回复，外国船只通过其领海须事先通知并取得阿尔巴尼亚政府的许可。为了试探阿尔巴尼亚政府的态度，1946 年 10 月，英国船队驶入阿尔巴尼亚领水的科孚海峡北部，其中两艘驱逐舰触水雷爆炸，死伤 82 人。1946 年 11 月 12 日和 13 日，英国海军在阿尔巴尼亚北部扫除22 枚水雷。英国政府要求赔偿。1947 年 5 月 22 日，英国单方面向 ICJ 起诉。

(1) ICJ 判决阿尔巴尼亚有赔偿义务。ICJ 认为阿尔巴尼亚政府对于在其领海中存在的可知晓的危险有向一般航行船只通知的义务。这种危险通知的义务产生于一般普遍承认的原则：人道主义的考虑；海上交通自由原则；一国不得允许其领土被用于损害他国权利的行为原则。(2) 一国军舰在平时不必事先获得许可，就可以通过位于公海两部分之间的用于国际航行的海峡，只要这种通过是无害的。但是，英国海军在 1946 年 11 月 12 日和 13 日进入阿尔巴尼亚领海排雷是侵犯阿尔巴尼亚领海主权的行为。

3. 评估有害影响原则和消除损害后果原则

履行通知与磋商义务的前提条件，是行为国应当对拟议中的活动可能对周围环境和对邻国造成的影响进行评估。《国际法不加禁止行为所产生的损害性后果的国际责任》第 10 条“对于危险的评估”的要求与《里约环境与发展宣言》第 17 条规定一致，即应对可能会对环境产生重大不利影响的活动和要由一个有关国家机构做决定的活动进行环境影响评估。如果损害已经发生，行为国应当尽量减少损害的后果，并对损害给予合理的赔偿。如果行为国拒绝履行这些义务，则引起该国的国家责任。

此外，根据国家领土主权原则和领土完整原则，一国在使用本国领土时，不得滥用权利，给他国的领土和国民造成损害，是“使用自己的财产时不应损害他人的财产”这一国际法一般原则的具体适用。这项原则在“特莱尔冶炼厂案”“科孚海峡案”等国际案例中被多次重申，由此确立了一国不得对他国领土造成损害，以及各国承担国际义务不得允许本国领土被用来从事有害他国权利的活动的国际法原则。

特莱尔冶炼厂案

特莱尔厂是北美最大的冶炼厂，位于加拿大的不列颠哥伦比亚省，该厂排放的大量二氧化硫气体向南越过美国、加拿大边界，在华盛顿州造成严重空气污染，使该州的农作物、森林、草原、牲畜、建筑物遭到了大面积的损害。自 1927 年起，美国和加拿大政府开始进行外交谈判，将该问题交给两国的边境问题联合委员会解决。1931年，该委员会报告提出，截至1932年1月1日，加拿大特莱尔冶炼厂所造成的损害将达35万美元。加拿大政府表示同意付给美国35万美元的赔偿，但美国拒绝。1935年4月15日，两国政府签署一项特别协议，将该问题交由仲裁法庭进行解决。

仲裁法庭在裁决中指出，“一个国家始终有义务防止其他国家受在其管辖下个人的有害行为的侵害”，“任何国家无权如此使用或允许如此使用其领土，以致其污染在他国领土或对他国领土或其领土上的财产和生命造成损害，如果这种情况产生的后果严重且其损害被确凿的证据所证实”。

本章重点

- 简述国家责任的构成要件。
- 试述国家责任的免除。
- 简述国家责任的形式。
- 简述国际法不加禁止行为的国家责任制度的行为规则。
- 简述国际法不加禁止行为的国家责任与国际不法行为产生的国家责任的联系和区别。
- 简述反措施及采取反措施的条件。

思考题

- 试论国际法不加禁止行为造成损害性后果的国家责任的构成要件。
- 试论“保护的责任”与国际责任。
- 试论违反强行法规范的后果与责任。
- 受害国以外国家是否有权采取反措施?
- 试论国际组织的责任规则。

阅读扩展目录

- 余民才.国家责任法的性质[J].法学家，2005(4)：132-140.
- 黄瑶.国际组织责任规则与国家责任规则之比较——以联合国国际法委员会有关

条款草案为视角[J].法学评论,2007(2):58－64.

❖ 李寿平.试论现代国际法上的过失与国际责任[J].法学杂志,2007(6):114－117.

❖ 徐崇利."保护的责任":制度化进程之夭折[J].法律科学(西北政法大学学报),2018,36(6):179－187.

本章知识树

- 国际责任法
  - 国际责任概述
    - 国际责任的概念
    - 国际责任规则的编纂工作
  - 国家责任
    - 国家责任的构成要件
    - 一国对另一国行为的责任
    - 国家责任的解除
    - 国家责任的形式
    - 国家责任的履行
  - 国际法不加禁止行为的国家责任
    - 国际法不加禁止行为的国家责任制度的性质及特点
    - 国际法不加禁止行为的国家责任制度的主要原则

参考文献

[1] 周鲠生.国际法[M].北京：商务印书馆，1981.
[2] 王铁崖.国际法[M].北京：法律出版社，1995.
[3] 张乃根.当代国际法研究[M].上海：上海人民出版社，2002.
[4] 程晓霞.国际法的理论问题[M].天津：天津教育出版社，1989.
[5] 詹宁斯，瓦茨.奥本海国际法[M].王铁崖，陈公绰，汤宗舜，等译.北京：中国百科全书出版社，1995.
[6] 王铁崖，田如萱.国际法资料选编[M].北京：法律出版社，1993.
[7] 李浩培.条约法概论[M].北京：法律出版社，2000.
[8] 中国政法大学国际法教研室.国际公法案例评析[M].北京：中国政法大学出版社，1995.
[9] 柳炳华.国际法[M].朴国哲，朴永姬，译.北京：中国政法大学出版社，1997.
[10] 邵津.国际法[M].北京：北京大学出版社，高等教育出版社，2000.
[11] 贺其治.外层空间法[M].北京：法律出版社，1992.
[12] 杨泽伟.宏观国际法史[M].武汉：武汉大学出版社，2001.
[13] 王曦.国际环境法[M].北京：法律出版社，1998.
[14] 赵维田.国际航空法[M].北京：社会科学文献出版社，2000.
[15] 袁古洁.国际海洋划界的理论与实践[M].北京：法律出版社，2001.
[16] 贺其治.国家责任法及案例浅析[M].北京：法律出版社，2003.
[17] 梁西.国际法[M].武汉：武汉大学出版社，1993.
[18] 梁淑英.国际法学案例教程[M].北京：知识产权出版社，2003.
[19] 周忠海.国际法[M].北京：中国政法大学出版社，2004.
[20] 慕亚平.国际法原理[M].北京：人民法院出版社，2005.
[21] 曾令良，余敏友.国际法[M].北京：法律出版社，2003.
[22] Ki Gab Park.现代国际法概论[M].春川市：韩国翰林大学出版社，1996.
[23] 马克斯·普朗克比较公法及国际法研究所.国际公法百科全书[M].陈致中，李斐南，译.广州：中山大学出版社，1989.
[24]《国际公法学》编写组.国际公法学[M].2版.北京：高等教育出版社，2018.